UMA HISTÓRIA DAS SEXUALIDADES

sesc

SERVIÇO SOCIAL DO COMÉRCIO
Administração Regional no Estado de São Paulo

Presidente do Conselho Regional
Abram Szajman
Diretor Regional
Danilo Santos de Miranda

Conselho Editorial
Ivan Giannini
Joel Naimayer Padula
Luiz Deoclécio Massaro Galina
Sérgio José Battistelli

Edições Sesc São Paulo
Gerente **Iã Paulo Ribeiro**
Gerente adjunta **Isabel M. M. Alexandre**
Coordenação editorial **Cristianne Lameirinha, Clívia Ramiro, Francis Manzoni**
Produção editorial **Simone Oliveira**
Coordenação gráfica **Katia Verissimo**
Produção gráfica **Fabio Pinotti, Ricardo Kawazu**
Coordenação de comunicação **Bruna Zarnoviec Daniel**

AMBASSADE DE FRANCE AU BRÉSIL
Liberté
Égalité
Fraternité

Cet ouvrage, publié dans le cadre du Programme d'Aide à la Publication 2020 Carlos Drummond de Andrade de l'Ambassade de France au Brésil, bénéficie du soutien du Ministère de l'Europe et des Affaires étrangères.

Este livro, publicado no âmbito do Programa de Apoio à Publicação 2020 Carlos Drummond de Andrade da Embaixada da França no Brasil, contou com o apoio do Ministério francês da Europa e das Relações Exteriores.

UMA HISTÓRIA DAS SEXUALIDADES

ORGANIZAÇÃO
Sylvie Steinberg

COM CONTRIBUIÇÕES DE
Christine Bard
Didier Lett
Gabrielle Houbre
Sandra Boehringer
Sylvie Steinberg

TRADUÇÃO
Mariana Echalar

edições sesc

Título original: *Une histoire des sexualités*

© Presses Universitaires de France/Humensis, 2018
© Edições Sesc São Paulo, 2021
Todos os direitos reservados

Preparação André Albert
Revisão Bibiana Leme, Elba Elisa
Capa, projeto gráfico e diagramação Tereza Bettinardi
Imagem da capa **Leda mit dem Schwan** (*Leda e o cisne*), de Peter Paul Rubens, *c.* 1598-1602. Óleo sobre carvalho, 122 cm × 182 cm. Coleção Gemäldegalerie Alte Meister, Dresden, Alemanha

---

Dados Internacionais de Catalogação (CIP)

St347   Uma história das sexualidades / Organização de Sylvie Steinberg; tradução de Mariana Echalar. – São Paulo: Edições Sesc São Paulo, 2021.

336 p.

Referências
ISBN 978-65-86111-23-1

1. História. 2. Demografia histórica. 3. Antropologia cultural. 4. História social. 5. Sexualidade. 6. Poder. 7. Corpo. 8. Procriação. Minorias sexuais. I. Título. II. Steinberg, Sylvie. III. Echalar, Mariana.

CDD-792

Edições Sesc São Paulo
Rua Serra da Bocaina, 570 – 11º andar
03174-000 – São Paulo SP Brasil
Tel.: 55 11 2607-9400
edicoes@sescsp.org.br
sescsp.org.br/edicoes
/edicoessescsp

SUMÁRIO

13 **Nota à edição brasileira**
15 **Introdução** Sylvie Steinberg

PARTE 1
20 SOCIEDADES ANTIGAS: GRÉCIA E ROMA Sandra Boehringer

CAPÍTULO 1
25 O TRABALHO COM A SEXUALIDADE ANTIGA
25 **Que documentos para a sexualidade antiga?**
27 **Breve historiografia da história da sexualidade antiga**
29 **Identidades, gênero e estatutos**
31 **Uma história temática**

CAPÍTULO 2
32 GRÉCIA
32 **Eros, o desejo como força**
34 **Safo e a dimensão "transgênero" do desejo**
36 **O âmbito conjugal**
39 **Fora do âmbito conjugal**
40 **As violências sexuais**
41 **O trabalho sexual; o concubinato**
44 **O homoerotismo masculino dos cidadãos**
45 **"Pederastia", relações eróticas entre mulheres e a questão da identidade**
47 **Normas sociais e constrangimentos sexuais**

CAPÍTULO 3
50 ROMA
50 **O contexto social e cultural**
51 **Sentimentos amorosos: poesia e representação**
53 **O casamento romano**
55 **Relações eróticas fora do casamento**
57 **Violência e** *stuprum*
59 **Onipresença do sexo pago**
60 **A "pederastia" em questão**
62 **Condenação moral dos excessos**
63 **Efeito erótico de uma Grécia imaginária**

PARTE 2
66 O OCIDENTE MEDIEVAL Didier Lett

CAPÍTULO 1
71 O ATO SEXUAL E A RELAÇÃO COM O PRAZER
71 **Papel ativo e papel passivo**
72 **O prazer condenado pelo discurso eclesiástico**
73 **Um esboço de arte erótica no discurso médico**

CAPÍTULO 2
75 A SEXUALIDADE NO CASAMENTO
75 **As regras estritas das práticas sexuais lícitas**
77 **A posição do missionário: o homem por cima da mulher**
78 **Respeito às interdições do calendário cristão**
79 **Valorização da abstinência**
80 **Contracepção**
81 **Aborto**

CAPÍTULO 3
83 AS PRÁTICAS EXTRACONJUGAIS
83 **Adultério masculino e adultério feminino**
85 **Concubinato, um fenômeno comum**
87 **Adultério ou concubinato?**

CAPÍTULO 4
89 SEXUALIDADES ENTRE PESSOAS DO MESMO SEXO
89 **O "nascimento da sodomia"**
90 **"Vício sodomita", um termo polissêmico**
91 **Sodomia: um ato sexual, não uma orientação sexual**
94 **A caça aos sodomitas nos séculos XIV e XV**
97 **A "sodomia feminina"**

CAPÍTULO 5
100 PROSTITUIÇÃO
100 **Uma prática tolerada e confinada nos bordéis públicos**
102 **Cafetinas, proxenetas e prostitutas**

CAPÍTULO 6
104 VIOLÊNCIAS SEXUAIS
104 **Insultos de caráter sexual**
106 **Estupro**
110 **Abusos sexuais contra as crianças**

PARTE 3

112 DO RENASCIMENTO AO ILUMINISMO Sylvie Steinberg

CAPÍTULO 1
117 SOBRE O PRAZER SEXUAL
117 **Prazer e procriação segundo a medicina antiga**
119 **Semelhanças e diferenças entre a anatomia feminina e a masculina**
121 **Por que o prazer sexual foi concedido aos seres humanos?**
122 **Naturalização dos comportamentos sexuais prescritos pela Igreja**
123 **Sobre a proibição dos métodos contraceptivos e abortivos**
124 **A opinião dos médicos sobre a dívida conjugal e a impotência no casamento**
126 **Reciprocidade, estupro e consentimento**

CAPÍTULO 2
129 REPRESENTAÇÕES ARTÍSTICAS NO LIMITE DO PROIBIDO
129 **Novas representações artísticas: o nu e a fecundidade no casamento**
130 **Representações mitológicas: a figura da castidade e a figura da amazona**
132 **Representações e realidade das relações sexuais entre mulheres**
133 **Representações e realidade das relações sexuais entre homens**

CAPÍTULO 3
136 REFORMA E CONTRARREFORMA: O DISCURSO ECLESIÁSTICO
136 **Uma época de repressão religiosa? A moralização do clero**
137 **Renovação da pastoral do matrimônio**
139 **Preocupação com a sexualidade juvenil**
140 **A prostituição entre a Reforma e a Contrarreforma**
142 **É possível avaliar as consequências das reformas religiosas na vida sexual?**

CAPÍTULO 4
144 SOBRE O CONTROLE DA NATALIDADE
145 **Sobre a possibilidade de não procriar**
146 **"Planejamento familiar" já naquela época?**
148 **O século dos "vapores"**
148 **O receio do despovoamento**
149 **A obsessão do onanismo**
151 **Banalização da masturbação**

CAPÍTULO 5
153 O SEXO POLITIZADO
153 **Crítica à sociedade de artifícios e desejo de naturalidade**
154 **Ataque anticlerical**
156 **Grande senhor, homem mau**
156 **Sexualidade e dessacralização da realeza**

CAPÍTULO 6
158 A LIBERTINAGEM EM QUESTÕES
158 **Uma época em busca do "companheirismo conjugal"**
160 **As figuras complementares da esposa estéril e da mulher da vida**
161 **Sobre certos comportamentos masculinos**
162 **O mercado do prazer masculino**
165 **Subcultura homossexual e heterossexualidade triunfante**
166 **Premissas da emancipação sexual?**

PARTE 4
170 O SÉCULO XIX Gabrielle Houbre

CAPÍTULO 1
175 CÓDIGOS DO AMOR E APRENDIZAGENS SEXUAIS
175 **Modelos culturais e práticas das elites**
177 **O lado dos meninos**
178 **O modelo católico da mocinha ingênua**
179 **A influência protestante e a disseminação do flerte**
181 **Na França rural**
183 **Relações pré-nupciais de forte caráter regional**
185 **Onipresença da comunidade interiorana**

CAPÍTULO 2
189 A NORMA: PROCRIAR DENTRO DO CASAMENTO
189 **Discursos convergentes da Igreja e da medicina**
191 **O pesadelo do desperdício onanista**
192 **Os cânones da sexualidade apropriada**
195 **Adultério, ou o reverso do casamento**

CAPÍTULO 3
197 PROSTITUIÇÕES: SEXUALIDADES PERIFÉRICAS
197 **Surgimento do regulamentarismo**
199 **Pluralidade da sociedade das prostitutas**
201 **Prostituição e homossexualidade**
203 **Fotografia pornográfica: novo suporte, novo mercado**

CAPÍTULO 4
205 AFIRMAÇÃO DA HOMOSSEXUALIDADE
205 **Homossexualidade masculina: entre descriminalização e estigmatização**
207 **Rumo à medicalização da "inversão"**
210 **Figuras e sociabilidade homossexuais na virada do século**

CAPÍTULO 5
213 VIOLÊNCIAS E CRIMES SEXUAIS: ENTRE NEGAÇÃO E CONDENAÇÃO
213 **A noção de "atentado aos costumes"**
214 **Necrofilia e incesto: impunidade em discussão**
216 **Maior repressão ao estupro**
218 **Crime conjugal**

PARTE 5
222 SÉCULO XX E INÍCIO DO XXI Christine Bard

CAPÍTULO 1
225 A REVOLUÇÃO SEXUAL COMO PRISMA
226 **A herança da revolução sexual dos anos 1880-1930**
228 **Reflexões sobre a revolução sexual nos "anos 1968"**
232 **Revolução na pesquisa?**
234 **Uma revolução cognitiva**

CAPÍTULO 2
237 O CONTROLE DA FECUNDIDADE
237 **Do neomalthusianismo ao planejamento familiar**
241 **A liberação da contracepção**
243 **O direito ao aborto**
246 **IVG: uma "conquista" do feminismo ainda sob ameaça**

CAPÍTULO 3
250 MUDANÇAS NA HETEROSSEXUALIDADE
251 **Diminuição dos tabus e novas normas**
253 **Os direitos sexuais dos jovens**
256 **Homens "na sombra" das mulheres**

CAPÍTULO 4
259 HOMOSSEXUAIS, LÉSBICAS E TRANS* EM REVOLUÇÃO
259 **1971: Frente Homossexual de Ação Revolucionária**
262 **Herança repressiva e explicitação da homofobia**
265 **Movimentos e culturas LGBT**

267 **A revolução lésbica**
270 **A revolução trans***

CAPÍTULO 5
277 LIBERAÇÃO SEXUAL?
277 **Origens culturais da revolução sexual dos anos 1970**
280 **A "explosão" pornográfica**
282 **As prostitutas tomam a palavra**
285 **Quando o estupro começa a ser ouvido**
287 **Pedofilia e pedocriminalidade**
289 **Críticas feministas**

CAPÍTULO 6
292 UMA REVOLUÇÃO CONTROVERTIDA
292 **Uma revolução universal?**
295 **Uma revolução global?**
297 **Revolução política ou revolução antropológica?**

303 **Índice onomástico**
315 **Referências bibliográficas**
331 **Sobre os autores**

Nota à edição brasileira

"Como escrever uma história da sexualidade nos dias atuais?". É com essa pergunta que a historiadora Sylvie Steinberg abre este livro, fundamentado na obra de Michel Foucault e no compromisso com a desnaturalização das relações entre corpo, gênero, cultura, poder e subjetividade.

Estruturados na ideia de diversidade e no entendimento da sexualidade como um mosaico firmado em dispositivos de controle que regem as práticas dos sujeitos sociais, os estudos aqui reunidos abrangem a história do Ocidente, que principia na Antiguidade clássica, percorre o catolicismo medieval e o Renascimento, atravessa a sociedade burguesa do século XIX e alcança a crítica ao binarismo e o direito à pansexualidade neste início de milênio.

Elemento central à formação identitária, a sexualidade está longe de se estabelecer sob uma perspectiva plana, sendo perpassada por conflitos de ordem moral, religiosa, científica e política, com o intuito de moldar o corpo e o prazer. Diante de sua complexidade, este livro trata da história da sexualidade em diálogo com a demografia histórica, a antropologia cultural e a história social, a fim de também evidenciar como, ao longo do tempo, a documentação histórica foi construída por homens que detinham o conhecimento letrado e, logo, o poder sobre as narrativas.

Desse modo, a extensa pesquisa presente nesta obra nos convida a descortinar a história da nossa sexualidade e compreender diacronicamente como temos lidado com a intimidade e o desejo, com vistas a sempre preconizar o direito à liberdade e à diversidade, tão caros à realidade contemporânea e que permanecem exigindo de nós razão e sensibilidade.

INTRODUÇÃO
SYLVIE STEINBERG

Como escrever uma história da sexualidade nos dias atuais?

A história da sexualidade foi consideravelmente reformulada nos últimos anos por influência de vários fatores. O contexto contemporâneo caracteriza-se por algumas transformações profundas – como a dissociação mental e técnica entre sexualidade e procriação, as reivindicações e as leituras feministas da sexualidade, o olhar para as "minorias" sexuais – que conduzem à renovação da compreensão das sexualidades nas sociedades do passado, tornadas mais claramente "estranhas" a nossos olhos.

A narrativa a seguir percorre da Grécia Antiga até o mundo contemporâneo. Breve síntese dos conhecimentos históricos acumulados desde algumas décadas atrás, concentra-se essencialmente na Europa Ocidental, com uma série de panoramas sobre a França, considerada em sua especificidade histórica, mas também em sua exemplaridade. Não se pretende exaustiva, porém desejaria mostrar a riqueza dos estudos históricos tanto do ponto de vista da inventividade da pesquisa documental como da reflexão aplicada.

Como campo de pesquisa, a história da sexualidade nasceu nos anos 1970, gestada ao mesmo tempo por um contexto social e político de "revolução sexual" – uma noção que será discutida nas próximas páginas – e por uma corrente de estudos preocupada em reconstituir o movimento das "populações", a vida cotidiana dos "humildes", o estado biológico das "massas" ou, ainda, a "vida privada" dos indivíduos. Sob os olhares cruzados da demografia histórica, da antropologia cultural e da história social, surgiu uma história da sexualidade, a apresentar a hipótese de que o comportamento humano ligado à sexualidade – fantasias e representações, práticas eróticas e procriativas, normas e interdições – também tinha uma história, que precisava ser retraçada e não podia ficar isolada dos outros aspectos da história humana.

Foi, primeiro, por meio da observação dos números que essa história se construiu pouco a pouco como um campo específico: enquanto os historiadores demógrafos reconstituíam com paciência e eficácia as evoluções da população europeia desde o século XVII, graças à investigação metódica dos registros paroquiais, os historiadores da "vida privada", como Philippe Ariès e Jean-Louis Flandrin, pesquisavam a vida familiar, os sentimentos pelas crianças pequenas, as condições em que ocorriam o parto e o aleitamento, os ritos matrimoniais, as interdições eclesiásticas, a convivência pré-nupcial, o olhar social a respeito do adultério ou da prostituição etc. Observando atentamente curvas e estatísticas, eles contribuíram para a explicação dos dados colhidos: a idade no momento das núpcias, a temporada das bodas, a regularidade das concepções, o intervalo entre os nascimentos, a frequência dos nascimentos ilegítimos, tudo graças a uma completa renovação das fontes históricas, em que se cruzavam provérbios, mandamentos episcopais, manuais de confessores, legislação real, tratados de pedagogia e livros contábeis. E foi com a "invenção" dessas fontes inesperadas que novos temas vieram à luz, em particular o dos "desvios sexuais", que pouco a pouco foram documentados nos tratados de medicina e nos arquivos judiciais.

Se a Idade Moderna (e o grande desafio que a necessidade de compreender e esclarecer o processo da "transição demográfica" do século XVIII representava para os historiadores) foi o primeiro laboratório da história da sexualidade, o estudo do século XIX tomou vias paralelas: as da história social, da história das sensibilidades, da história das representações e da história das mulheres. Por ter sido o século do romantismo e do aprofundamento dos sentimentos, do romance realista e do decadentismo, da Revolução Industrial e do triunfo da medicina, o século XIX deixou para a posteridade um grande número de imagens da sexualidade conjugal, extraconjugal e prostitucional, que historiadores como Alain Corbin ou Anne-Marie Sohn se dedicaram a decifrar, explicar e periodizar. O século XIX foi não apenas provedor de representações da vida sexual, mas também inventou novas disciplinas acadêmicas dedicadas ao estudo dessa vida sexual: ciências médicas, do higienismo à sexologia, e ciências da psique, da psiquiatria à psicanálise freudiana. Não podemos esquecer que foi no século XIX que a palavra "sexualidade" apareceu, e a "coisa" que durante muito tempo fora inominável começou a ser designada como uma atividade específica e delimitada, pois se elaboraram novas taxonomias que nomearam, uma a uma, as práticas, as "perversões" e os indivíduos que se entregam a elas.

Foi a essa constatação da profusão dos discursos sobre o sexo no século XIX que Michel Foucault deu destaque em sua *História da sexualidade*, publicada a partir de 1976, bem como ao paradoxo de uma época na qual a proliferação dos discursos era acompanhada de uma censura moral reiterada, viva e onipresente do sexo. Questionando-se sobre a posteridade contemporânea desse paradoxo — o século XIX sensual não teria terminado na década de 1950? —, trazendo à luz os dispositivos de controle (religiosos, científicos, políticos) sobre o corpo e a sexualidade, desvendando o empreendimento científico de categorização da sexualidade e valendo-se de uma história da subjetividade, Michel Foucault levou os historiadores da época contemporânea a pistas de reflexão que até hoje são largamente empregadas na França e em outros países.

Nos Estados Unidos, os dois volumes dedicados à Antiguidade greco-romana para os quais contribuiu o historiador Paul Veyne foram igualmente objeto de inúmeros comentários e originaram novas pesquisas nesse campo. A atenção de Michel Foucault à "estilização" da sexualidade proposta pelos pensadores da Antiguidade foi substituída por pesquisas sobre o sentido das palavras utilizadas pelos antigos para designar as atividades sexuais, sob uma perspectiva de análise linguística e discursiva, e também sobre as "categorias" de apreensão da sexualidade próprias das sociedades antigas – sociedades essas que se situam *"before sexuality"*, como diz o título de uma coletânea recente de abordagens desse tipo. O lugar das relações entre pessoas do mesmo sexo nessas sociedades antigas, associado à ausência de terminologia própria para designar tais práticas ou as identidades "homossexuais", foi objeto de numerosos estudos, que se estenderam até a Alta Idade Média e a época além dela. De certo modo, as sociedades medievais e modernas, ao menos até o século XVIII, poderiam ser qualificadas como *"before homosexuality"*. Na esteira das análises de Michel Foucault sobre a transposição das morais antigas pelos Padres da Igreja, hoje publicadas sob o título *As confissões da carne*[1], os historiadores medievalistas deram destaque às complexas adaptações das normas e dos imaginários antigos do casamento e da sexualidade e à reciclagem de noções jurídicas romanas no direito canônico, sem, de resto, ocultar a importância existencial do pecado e da falta para os medievais.

Escrever uma história da sexualidade nos dias atuais consiste, portanto, em escrever, a partir dessas múltiplas heranças, uma história *das* sexualidades que leve em consideração tanto a diversidade das práticas sexuais, em função de idade, sexo, orientação sexual e legitimidade dos parceiros, como as formas históricas de "estilização" da sexualidade conforme a época. "Fato social total", a sexualidade encontra-se na intersecção de vários tipos de abordagens históricas: sociais, antropológicas, culturais, linguísticas. Mas não se pode interessar-se hoje pela história da sexualidade sem recordar a recomendação, feita muito tempo atrás por historiadoras e historiadores das mulheres, de que é preciso ter em mente que as fontes disponíveis foram produzidas essencialmente por homens. É antes de tudo sob o olhar seduzido, fascinado, condescendente ou caçoador deles – o riso é um elemento fundamental para se falar ou não de sexo – que as mulheres do passado evoluem e as relações amorosas e as práticas sexuais são repertoriadas.

---

1 Ed. bras.: Michel Foucault, *História da sexualidade 4: As confissões da carne*, Rio de Janeiro/São Paulo: Paz e Terra, 2020. [N.T.]

A história das sexualidades do início do século XXI também não poderia prescindir das ferramentas criadas no campo da história do gênero. As duas áreas têm em comum a "desconstrução" das categorias contemporâneas de senso comum para exumar aquelas utilizadas pelas atrizes e pelos atores do passado, o questionamento das categorias de análise úteis para abordar os objetos históricos, bem como a evidenciação do caráter cultural de fatos aparentemente naturais – na realidade, amplamente naturalizados. Do mesmo modo, a problemática das relações e dos dispositivos de poder é comum aos dois campos de pesquisa. Os estudos das violências sexuais, escravidão e exploração sexual, e da repressão das práticas sexuais minoritárias ou consideradas "pervertidas" estão evidentemente ligados a essa problemática. Mas todo tipo de sexualidade ou relação estabelecida no terreno da sexualidade também pode ser visto como uma relação de poder, dependente, por sua vez, de outros tipos de relações de poder – econômico ou político, material ou simbólico. Que a sexualidade esteja no fundamento dessas relações de poder, ou simplesmente reflita outros modos de dominação social, é sem dúvida uma questão que encontrará respostas diferentes conforme o contexto histórico ou, ao menos, suscitará questionamentos historiográficos. Em todo caso, a história das sexualidades também se escreve hoje com as palavras da política. Hierarquia, dominação, discriminação, desigualdade e igualdade, liberdade, liberação, revolução, utopia, democracia são noções que, relacionadas à sexualidade das mulheres e dos homens do passado, encontrarão elucidações nas páginas a seguir – sem que o desejo e o prazer (da leitura) sejam esquecidos.

1

SOCIEDADES ANTIGAS: GRÉCIA E ROMA

SANDRA BOEHRINGER

No prefácio à tradução francesa de *The Emergence of Sexuality: Historical Epistemology and the Formation of Concepts* [O surgimento da sexualidade: epistemologia histórica e a formação de conceitos], o filósofo norte-americano Arnold Davidson faz a seguinte constatação:

> *"Nós somos nossa sexualidade", ao menos é o que nos dizem e repetem [...]. Nesse sentido, não há dúvida de que isso é óbvio; não poderíamos pensar sobre nós mesmos, sobre nossa identidade psicológica mais fundamental, sem pensar em nossa sexualidade, nessa camada muitas vezes profunda e secreta de nossos desejos que revela o gênero de indivíduo que somos. E o "triunfo" das ciências humanas é precisamente ter trazido à luz, com toda a força dos conceitos científicos, o papel da sexualidade na formação de nossa personalidade, seu lugar privilegiado no centro de nossa vida psíquica.*[1]

Antes de começar a levantar as etapas e as grandes questões de uma história *das* sexualidades no mundo antigo europeu (Grécia, Roma), é importante refletir sobre o que entendemos como *a* sexualidade e os métodos que nos permitem fazer sua história.

Como destaca Arnold Davidson na esteira dos trabalhos fundadores de Michel Foucault, nas sociedades ocidentais herdeiras de uma cultura judaico-cristã a sexualidade é um elemento importante na definição de nós mesmos. Qual é meu sexo? Meu gênero está de acordo com as normas sociais que definem o sexo? Que percepção eu tenho de minha orientação sexual? De quem eu gosto? Homem, mulher? Quais são meus desejos confessos? E meus desejos ocultos? Minhas práticas são "normais"? Autorizadas?... Todas essas perguntas que nos fazemos hoje – e, sobretudo, que tão frequentemente somos incitados a nos fazer – são características de um dispositivo próprio de nossas sociedades que torna a sexualidade um elemento de nós mesmos, de modo que, por essa noção parecer tão natural, às vezes é difícil historicizá-la. Tem o mesmo efeito a noção de sexo que estabelece uma diferenciação

---

1 Arnold Davidson, "Preface", em *L'Émergence de la sexualité: épistémologie historique et formation des concepts*, Paris: Albin Michel, 2005, p. 9.

entre homens e mulheres, a qual nos parece muito natural, embora os trabalhos produzidos pela história do gênero tenham mostrado claramente em que medida essa diferenciação é um fato cultural e social que evolui no tempo e no espaço.

Não há nada natural nem eterno nas questões relativas às sexualidades, que as situaria fora da história; trata-se, ao contrário, de um sistema com variações, categorizações e hierarquizações. Nesse sentido, fazer uma história da sexualidade é muito diferente de fazer uma simples história do surgimento de certas práticas sexuais e das normas sociais – interdições, valorizações – que as envolvem. E também não é fazer a história da heterossexualidade ou da homossexualidade como se fossem categorias fixas, descritivas ou neutras.

Em sua *História da sexualidade*, cuja publicação se iniciou em 1976 com o volume intitulado *A vontade de saber*[2], Michel Foucault mostra que ligar prática sexual e identidade pessoal é algo recente. Trata-se de um dispositivo que atua a partir do fim do século XVII até o XIX por intermédio do que ele denomina *scientia sexualis*, uma prática discursiva que permite pensar e fazer pensar que uma forma de verdade do sujeito está alojada em sua relação com o sexo e, a partir disso, cria as linhas de separação entre o normal e o anormal, entre o sadio e o patológico: "A sexualidade, bem mais que um elemento do indivíduo que seria repelido para fora dele, é constitutiva dessa ligação que as pessoas são obrigadas a estabelecer com sua própria identidade sob a forma da subjetividade"[3].

No segundo volume, intitulado *O uso dos prazeres* (1984) e que, como o terceiro, se dedica à Antiguidade, ele esclarece: "Parece [...] que existe todo um campo de historicidade complexa e rica na maneira pela qual o indivíduo é chamado a se reconhecer como sujeito moral da conduta sexual"[4].

Os trabalhos de Foucault foram fundamentais, em particular para os especialistas em Antiguidade grega e romana. Se estes recorrem ao termo *sexualidade,* como eu mesma faço aqui, é na forma de categoria "heurística": um meio (e não um fim) que permite buscar nos antigos não uma categoria fixa e imutável, como "o casamento por amor na Grécia Antiga" ou "a comunidade *gay* em Roma", mas, ao contrário, desenvolver um amplo espectro de questionamentos.

Esse procedimento heurístico (do grego *heuriskō*, "achar", "tentar achar") abre caminho para novas interpretações de comportamentos

---

2 Ed. bras.: *História da sexualidade 1: A vontade de saber*, 3. ed., Rio de Janeiro/São Paulo: Paz e Terra, 2015. [N.T.]

3 Michel Foucault, "Sexualité et pouvoir" [1978], em *Dits et écrits III*, Paris: Gallimard, 1994, n. 233, p. 570.

4 *Idem, Histoire de la sexualité II: L'usage des plaisirs*, Paris: Gallimard, 1984, p. 39 [ed. bras.: *História da sexualidade 2: O uso dos prazeres*, Rio de Janeiro/São Paulo: Paz e Terra, 2014 – N.T.].

que decerto situaríamos no campo da sexualidade, mas que os antigos não percebiam dessa forma. Inversamente, ele nos conduz a áreas que hoje nos parecem distantes dessa temática, como a política ou a educação.

Outra incidência: as categorizações atuais do campo da sexualidade, como as de homossexualidade e heterossexualidade, produtoras de identidades, identificações e culturas, apareceram no fim do século XIX; portanto, seria particularmente arriscado e totalmente anacrônico querer encontrar a mais de vinte séculos de distância subdivisões criadoras dessas mesmas identidades. Assim, para compreender os valores e as representações associados às práticas sexuais, para apreender a própria maneira como os antigos as caracterizavam e nomeavam, convém levar em consideração o "campo de historicidade" de que Michel Foucault falava.

Sendo a natureza da documentação à nossa disposição particularmente fragmentária e de interpretação complexa, é essa linha diretriz que seguimos quando a realidade em campo e nossos reflexos culturais nos levam de volta a noções ou termos contemporâneos.

1
O TRABALHO COM A SEXUALIDADE ANTIGA

QUE DOCUMENTOS PARA A SEXUALIDADE ANTIGA?

As antigas Grécia e Roma são sociedades não homogêneas cuja existência se estendeu por um longo período.

As populações helenófonas povoaram não apenas o que hoje denominamos Grécia, mas também uma parte da costa ocidental da atual Turquia, as margens do mar Negro, região que na época se chamava Ponto Euxino, e áreas do entorno do Mediterrâneo, como o sul da França (Marselha), Espanha, Itália e Líbia, assim como o Egito e os territórios conquistados por Alexandre na Ásia. O que nos interessa dessa cultura vem desde o século VIII a.C., data da qual nos chegam os primeiros vestígios da escrita grega. A partir do século II a.C., o mundo grego passa progressivamente para o domínio romano, mas as cidades gregas conservam sua vida política e cultural. Era, portanto, um mundo muito extenso e muito diverso.

Quando falamos de Roma, referimo-nos evidentemente à *urbs*, a cidade da Península Itálica, mas também ao conjunto do território sob domínio romano na época da República e do Império, um espaço igualmente imenso e muito heterogêneo onde se falavam várias línguas e que incluía parte dos três continentes adjacentes ao Mediterrâneo, indo, ao norte, Europa adentro até a atual Grã-Bretanha e, ao sul, até o atual Marrocos.

Os documentos latinos que estudaremos vão do século III a.C. ao século III d.C. e restringem-se à Antiguidade dita pagã. Devemos acrescentar que os romanos falavam e escreviam também em grego, e esse bilinguismo é somente um aspecto da importância da cultura grega para a cultura romana. Quando analisarmos os documentos, será importante termos em mente essa diversidade linguística, temporal e espacial que durou mais de dez séculos; também tomaremos o cuidado de não estabelecer sistematicamente relações de progressão ou continuidade, por serem culturas particularmente variadas.

Sobre as fontes disponíveis, devemos destacar que o historiador e o antropólogo da Antiguidade trabalham com sociedades que deixaram poucos vestígios, em comparação com outros períodos mais recentes da história; os documentos à nossa disposição são certamente numerosos e de natureza diversa, mas chegaram até nós em suportes variados, mais ou menos perecíveis conforme a região do mundo, e, portanto, com frequência desigual de acordo com o período. Muitos desses documentos foram transmitidos pela tradição manuscrita, ou seja, pela cópia de textos; século após século, os copistas privilegiaram certos textos, considerados grandes obras, em detrimento de outros.

A natureza das práticas discursivas que estudaremos (cantos, sátiras, discursos judiciais pronunciados em processos cujo resultado desconhecemos etc.) exige o domínio de métodos de análise diversificados. Em todos os casos, porém, essa análise deve ter em conta que os documentos são vestígios de *performances* vivas. Remeto-me aqui ao importante trabalho de Claude Calame e Florence Dupont, antropólogos especializados na Grécia e na Roma antigas, nos quais nos apoiaremos.

Além do mais, infelizmente temos poucos documentos pertencentes ao que hoje denominamos "arquivos de foro privado", como diários ou correspondências, elementos que, para a história da sexualidade, seriam extremamente úteis. Como consolo, podemos observar que, se tivéssemos esses documentos em nossas mãos, seriam grandes os riscos de projeção do que é intimidade para nós.

Enfim, os documentos que se preservaram são, na maioria, obra de cidadãos, uma parte muito pequena da população, mas dominante em termos de poder social e econômico. Portanto, é mais difícil para o pesquisador colher informações sobre as camadas sociais menos favorecidas e as mulheres. Difícil não quer dizer impossível, no entanto, e veremos quão preciosos são certos testemunhos, como o poema de um autor espartano chamado Álcman, que nos permite conhecer cantos executados por moças que exprimem um forte sentimento homoerótico.

As fontes não têm sexo, no sentido de um sexo que encarnasse o conjunto dos dominantes. Todavia, podemos perceber as nuances, as torções e as operações que cada locutor ou autor introduz nas normas e nas convenções dominantes da sociedade em que vive: isso também diz respeito ao campo da historicidade apreendida.

BREVE HISTORIOGRAFIA DA HISTÓRIA DA SEXUALIDADE ANTIGA

Os primeiros trabalhos sobre a Antiguidade dedicados a questões de sexualidade são bastante recentes. São herdeiros de correntes científicas muito diferentes em seus primórdios, mas que convergem sobre pontos que nos interessam.

Durante muito tempo, e ainda hoje, no contexto dos estudos clássicos ou dos livros didáticos sobre a Antiguidade, falava-se de "vida privada" quando se queria evocar as relações sexuais extraconjugais heterossexuais dos antigos; quando um desenvolvimento se voltava às mulheres, falava-se de casamento, de gravidez ou, às vezes, de prostituição – em relação às escravas, por exemplo. Os temas políticos considerados importantes (a vida pública) diziam respeito exclusivamente aos homens. Abordava-se muito pouco a questão das relações homossexuais e sua importância nessas sociedades. Falava-se ou pudicamente de "amor grego" ou depreciativamente de "vício grego". Com muita frequência esses aspectos eram omitidos, e os textos clássicos estudados nos colégios ou nas universidades foram expurgados das passagens mais explícitas de Platão ou Ovídio. Ainda encontramos em edições acadêmicas não tão antigas do poeta latino Marcial passagens muito picantes traduzidas para o grego antigo – feitas para despertar a atenção das jovens mentes curiosas, não?

Nesse contexto de censura moral, os trabalhos mais interessantes do século XIX e do início do XX sobre a sexualidade no campo dos estudos clássicos – em particular no espaço cultural de língua alemã, em que a história antiga e a filologia clássica gozavam de grande renome – muitas vezes eram realizados à margem e fora do âmbito universitário.

A antropologia teve um papel importante no desenvolvimento dos trabalhos sobre a sexualidade na Antiguidade, em especial com a questão dos ritos de passagem. No mundo anglófono, no início do século XX, pesquisadores como Margaret Mead estudaram sociedades distantes – da Papua-Nova Guiné, por exemplo – e interessaram-se pelos sistemas de aliança ou parentesco nessas sociedades, bem como pela questão da identidade homem/mulher, concluindo que ela é "resultado de um condicionamento social" (Margaret Mead). É esse processo que Simone de Beauvoir analisa mais tarde. Em *O segundo sexo*[1] (1949), ela diz a frase

---

1 Ed. bras.: Simone de Beauvoir, *O segundo sexo*, 3. ed., Rio de Janeiro: Nova Fronteira, 2016. [N.T.]

hoje célebre: "Ninguém nasce mulher, torna-se mulher", querendo dizer que ser mulher advém de uma construção coletiva que mistura estereótipos, mitos, ideologias e preconceitos. Eram associados, assim, aquilo que ainda não se chamava gênero – do inglês *gender* – e a sexualidade.

Na França, logo após o fim da Segunda Guerra Mundial, certas temáticas ainda não encontravam lugar na corrente da Nova História – a história econômica e social da Escola dos Annales – e, quando lhes concederam um lugar, foi no campo subestimado da vida privada. Com o surgimento da história das mentalidades e os trabalhos da terceira geração de historiadores dessa escola, a história das mulheres e, com ela, as questões de gênero e certos aspectos da sexualidade foram mais bem integrados às problemáticas históricas. No decorrer dos anos 1970 e 1980, apareceram trabalhos sobre a Antiguidade nos campos da história das mulheres, na França, e da *gender history*, nos Estados Unidos, onde as questões sexuais foram estudadas mais explicitamente, em uma abordagem transdisciplinar que associava, entre outras, a sociologia, a história e a literatura.

Um pouco antes, nos anos 1960, desenvolveram-se nos Estados Unidos, num contexto de segregação racial, as lutas pelos direitos civis, para as quais convergiram na década seguinte as reivindicações a favor dos direitos das minorias em geral: negros, negras, homossexuais, transexuais etc. Essa efervescência política e intelectual provocou o nascimento de campos disciplinares particularmente fecundos, os *gay and lesbian studies* e, mais tarde, os *postcolonial studies*, os *queer studies* e os *subaltern studies*, campos em que as questões sexuais encontram espaço adequado.

A partir de então, o propósito era promover e estudar as culturas, e não uma cultura dominante, com suas histórias, periodizações e especificidades próprias, tentando evitar o ponto cego da heterossexualidade, muito pouco questionado. Em pouco tempo, esses trabalhos sobre pessoas consideradas fora das normas, marginais, excluídas ou discriminadas mostram que, assim como a história das mulheres era também a dos homens, a história da homossexualidade revela a da heterossexualidade.

O descentramento tornou-se um procedimento necessário: o objetivo era estudar o "normal" não como ordem natural que se situa fora da história, mas como ordem "normalizada", conforme recorda Éric Fassin em *L'Inversion de la question homosexuelle* [A inversão da questão homossexual] (2005) – uma ordem normalizada resultante de um processo social e cultural. Michel Foucault, então professor do Collège de France, teve um papel primordial nesse campo de pesquisa do outro lado do oceano: sua *História da sexualidade*, cujos dois volumes que tratam da Antiguidade foram rapidamente traduzidos para o inglês, teve grande impacto nos Estados Unidos, para as ciências humanas em geral e para a história antiga em particular.

Na França, o historiador Paul Veyne iniciara em 1978 uma reflexão sobre a sexualidade em Roma, mais especificamente sobre a família e o casamento. Seus trabalhos serviram de fonte de inspiração para Michel Foucault, com quem teve uma longa relação intelectual e de amizade. No entanto, durante muito tempo o campo francês das ciências da Antiguidade mostrou-se hesitante, com uma universidade em que as disciplinas ainda eram muito compartimentadas. É em grande parte por intercessão dos pesquisadores norte-americanos que os trabalhos atuais na França sobre sexualidades antigas tiram proveito da importância do pensamento de Michel Foucault.

No fim dos anos 1980 e início dos anos 1990, David Halperin e John Winkler, dois grandes especialistas em Grécia Antiga, abraçaram a corrente historiográfica dos *lesbian and gay studies*. Um coletivo de pesquisadores franceses e norte-americanos publicou em 1990 uma obra acerca da experiência erótica na Antiguidade que trazia um título fundador: *Before Sexuality* [Antes da sexualidade]. Iniciou-se uma verdadeira efervescência de pesquisas, debates apaixonados e obras sobre a sexualidade antiga que persiste até hoje, com a publicação póstuma de *As confissões da carne*, quarto volume de *História da sexualidade*, de Michel Foucault.

IDENTIDADES, GÊNERO E ESTATUTOS

Retornemos à Antiguidade, agora munidos de ferramentas metodológicas mais afiadas. Examinaremos a sexualidade na Grécia e na Roma antigas tratando-as como mundos exóticos, muito diferentes do nosso por inúmeras razões.

Na Antiguidade, em primeiro lugar, o indivíduo não se define intimamente em função de seu sexo; as mulheres gregas não formam um conjunto homogêneo, um grupo social consciente de que recebe tratamento desigual e é dominado pelos homens, muito menos um grupo que se reconhece numa identidade ou natureza feminina. Do mesmo modo, o conjunto dos homens não remete a uma metade da humanidade, porque os escravos, por exemplo, não são considerados *andres* ou *viri*, termos grego e latino, respectivamente, que significam cidadãos ou homens livres, mas são apressadamente traduzidos por "homens".

O sexo do parceiro na relação sexual também não era um critério suficiente para definir ou caracterizar uma relação erótica. Os homens e as mulheres na Antiguidade não se reconheciam a partir de uma identidade heterossexual ou homossexual. Pareceria absurdo, ou mesmo esdrúxulo, a um homem cidadão ser incluído na mesma categoria de um escravo, um estrangeiro ou uma mulher apenas pelo critério de uma atração erótica por uma pessoa do sexo oposto, ou de uma atração erótica por uma pessoa do mesmo sexo. E ainda mais estranho lhe pareceria se esperassem dele que se definisse intimamente, ou psicologicamente, em função de seus parceiros sexuais ou das práticas sexuais de sua preferência. Consequentemente, a homossexualidade não acarretava uma particularidade própria aos indivíduos que a praticavam.

Na Antiguidade, as normas e os usos em torno do que consideramos ser do âmbito da sexualidade não tinham relação alguma com a identidade ou a intimidade; e se certas regras eram infringidas no campo do erotismo, isso não era avaliado em termos médicos ou psicopatológicos. É por isso que, em 1990, um grupo de pesquisadores pôde usar como título de sua obra a expressão *"before sexuality"*, designando assim mundos de antes da sexualidade. Mas, se não existia a sexualidade no sentido que acabamos de definir, as normas e as práticas dos antigos revelam uma cartografia erótica que não era a de um erotismo livre e sem limites.

Os critérios que presidiam a percepção ou a avaliação dos comportamentos sexuais eram acima de tudo de ordem social, mas sutilmente modulados por outros parâmetros, específicos de cada contexto. Distinguiam-se principalmente, embora não haja menção explícita nas fontes, o estatuto dos parceiros livres ou não livres, o estatuto conjugal das mulheres livres, a idade dos indivíduos livres, o lugar e as modalidades das relações — visibilidade ou não, frequência etc. — e o tipo de ato sexual realizado; o sexo dos parceiros era apenas um critério entre outros.

Devemos acrescentar, e isto é importante, que não havia ato sexual que fosse *em si* objeto de julgamento moral definido ou sanção específica, como foi o caso em certos períodos da história com relação à sodomia, porque na Antiguidade o ato sexual era relacionado à pessoa, a seu estatuto, e seguia critérios sociais.

Enfim, na Grécia e em Roma, o lugar do erotismo lícito, em conformidade com as normas sociais, não era aquele que as sociedades ocidentais valorizam hoje (ou seja, *mutatis mutandis*, o do casal heterossexual estável, eventualmente unido pelos laços do matrimônio, com parceiros que se escolhem mutuamente, são consencientes e não têm uma grande diferença de idade entre si). É preciso acrescentar ainda que o erotismo tinha um papel social importante em esferas que hoje são muito distantes dele, como a educação e a política.

O que temos diante de nós, portanto, é uma cartografia erótica social e política muito diferente daquela de nossa sociedade, e o desafio está em identificar as diferenças. Sigamos em frente em nossa viagem por terras exóticas.

UMA HISTÓRIA TEMÁTICA

A abordagem temática que escolhi aqui evita a "ilusão genealógica" – para retomar a expressão do historiador de Roma Paul Veyne – que certas formas de narrativa histórica podem suscitar em alguns casos.

A parte sobre a Grécia poderá parecer mais longa que a dedicada a Roma, mas as observações ou questões de método valerão também para a sociedade romana.

Num primeiro momento, procuraremos saber, por meio de documentos datados do século VIII a.C. até o fim do século III d.C., como são pensados e formulados, para empregar termos contemporâneos, o impulso erótico, o desejo sexual e/ou o sentimento amoroso na cultura grega. Veremos em seguida os contextos institucionais e sociais em que se inserem certas manifestações deles, como o casamento, a violência sexual, o sexo pago ou, ainda, as práticas eróticas valorizadas entre um cidadão adulto e um adolescente. Para terminar, analisaremos as narrativas que trazem à cena os amores multiformes das divindades.

2 GRÉCIA

EROS, O DESEJO COMO FORÇA

Dado que o termo contemporâneo *sexualidade* não remete a nada na cultura grega, tentemos ver com que denominações os antigos falavam das coisas que, para nós, dizem respeito ao sexo e ao amor. Para os gregos antigos, o que leva uma pessoa a unir-se sexualmente a outra é a força de *éros*, um elã às vezes personificado pela divindade homônima. No período arcaico (do século VIII a.C. ao fim do século VI a.C.), a poesia cantada descreve *éros* — que não era somente uma divindade, mas também uma noção, a de elã — como uma força que invade a pessoa apaixonada, fazendo-a perder o domínio sobre si mesma. O amante, ou a amante, torna-se vítima passiva de uma força que a sobrepuja, "como o vento nas montanhas açoita os carvalhos" (fragmento 47), canta Safo em 600 a.C. Esse elã pode dominar homens e mulheres, e o objeto de seu amor pode ser um homem ou uma mulher. O poeta Anacreonte, no século VI a.C., canta o seguinte verso: "Cleóbulo, sou louco por ele!" (fragmento 359). O hino homérico a Afrodite descreve o desejo violento que toma o jovem Anquises quando avista a deusa. Como se pode ver, tanto o homem quanto a mulher podem cantar seus elãs eróticos.

Os documentos relacionados aqui estão entre os mais antigos da história grega. São poesias cantadas por aedos (como nas epopeias de Homero), pelos próprios poetas ou por coros de jovens, e nesse caso estaremos falando de poesias "mélicas" (do grego *melos*, "canto"). Trata-se de uma fonte preciosa, pois nos revela o que era permitido cantar em público, em contextos mais ou menos institucionalizados de festas de aldeia, celebrações cívicas ou religiosas ou, ainda, banquetes. Para esta seção dedicada ao *éros* arcaico, reportamo-nos aos trabalhos do pesquisador norte-americano da Antiguidade John Winkler e do helenista Claude Calame.

Em Homero, na epopeia do século VIII a.C., o termo *éros* também designa um elã, mas o objeto não é necessariamente definido: desejo de boa comida, por exemplo, ou necessidade imperiosa de beber. Encontramos com frequência a frase: "quando saciaram o desejo [*éros*] de comida e vinho", ou então: "quando expulsei meu desejo de soluçar". Podemos compreender que o sentido primeiro do termo *éros* não é a caracterização de uma relação ou a concretização de um ato físico, mas a sensação que invade uma pessoa e se revela paradoxal, o que Safo, poeta grega do século VI a.C., expressou pelo oximoro *glukúpikros*, "*éros* doce-amargo" (fragmento 130).

No século VII a.C., Álcman compôs por encomenda da cidade de Esparta os partênios, cantos para coro de moças dos quais ainda nos restam alguns trechos, infelizmente muito lacunares. A participação nesse tipo de formação coral era uma etapa importante para meninas e meninos no período arcaico e integrava sua *paideia* (educação). Acrescento que o canto era uma prática muito importante na educação, mas também na política. Nesses cantos, destinados a ser interpretados diante do povo reunido em cerimônias oficiais, as jovens coristas celebravam as origens heroicas da cidade e a própria formação coral. Em certas passagens, elas interpretam em primeira pessoa a agitação erótica que lhes provoca a bela Astimelusa (fragmento 26 Calame). As marcas do feminino são muito claras em grego: o "eu" remete especificamente ao conjunto de moças que formam o coro:

> *O desejo me destroça,*
> *ela me lança olhares mais sedutores*
> *que o sono ou a morte;*
> *e sua ternura é soberana.*
> *Mas Astimelusa não me responde, [...]*
>
> *quando se enfeita com o diadema,*
> *parecendo um astro viajante do céu resplandecente,*
> *ou com o ramo dourado, ou a delicada pluma, [...]*
> *ela passa, ligeira [...];*
> *o óleo de Chipre perfuma voluptuosamente*
> *sua cabeleira de menina. [...]*

> *Ah! se ela se aproximasse e tomasse*
> *minha mão distraída, eu seria sua...*[1]

Infelizmente o papiro é lacunar.

SAFO E A DIMENSÃO "TRANSGÊNERO" DO DESEJO

A necessidade gerada por *éros* causa uma sensação paradoxal, semelhante à náusea, em Safo. Apresento aqui, em tradução de Claude Calame e minha, versos inéditos da poeta Safo, que viveu em 600 a.C. na ilha de Lesbos, encontrados em 2014 num papiro pertencente a uma coleção privada nos Estados Unidos (o trabalho dos papirólogos com esses fragmentos continua até hoje). Este poema, dirigido a Cípris, a deusa Afrodite, é curto e lacunar, porém muito explícito:

> *Como não sentir, agora, uma exaltação torturante,*
> *Ó Cípris, amante, seja quem for a pessoa que aqui se ama?*
> *Como não querer sentir seus sofrimentos se apaziguarem?*
> *Qual é o teu propósito*
>
> *inquietando-me e destroçando-me doudamente*
> *pelo desejo que dobra os joelhos?*
> *[...] não [...]*
> *[...]*
>
> *[...] tu, quero [...]*
> *[...] sofrer isso [...]*
> *[...] quanto a mim, tenho*
> *consciência disso. (P. Sapph. Obbink)*[2]

Na poesia de Safo, as marcas de gênero que indicam o sexo da pessoa que ama ou é amada são discretas, mas um estudo rigoroso dos poemas permite ver que, quando o "eu" se refere à personagem-poeta Safo, a pessoa

---

[1] Na edição francesa: "*Je suis rompue de désir,/ elle me lance des regards plus envoûtants/ que le sommeil ou la mort;/ et sa douceur est souveraine.// Mais Astuméloisa ne me répond rien, [...]/ quand elle porte la couronne,/ semblant un astre voyageur du ciel resplendissant,/ ou le rameau d'or, ou la délicate aigrette, [...]/ elle passe, le pied léger [...];/ l'huile de Chypre parfume voluptueusement/ sa chevelure de jeune fille. [...]// Ah! si elle s'approchait et saisissait/ ma main abandonnée, je deviendrais sa...*" [N.T.]

[2] "*Comment ne pas éprouver, maintenant, un vertige, lancinant,/ Ô Cypris, maîtresse, quelle que soit la personne qu'ici on aime?/ Comment ne pas vouloir sentir ses souffrances s'apaiser?/ Quelle est ton intention// à m'agiter et à me déchirer follement/ par le désir qui rompt les genoux?/ [...] pas [...]// toi, je veux [...]/ souffrir cela [...]/ quant à moi, je suis/ consciente de cela.*" [N.T.]

amada também está no feminino, como nesse poema. No entanto, nada nos textos da poeta indica um sentimento de anormalidade, vergonha ou culpa que possa ser relacionado a esse amor entre mulheres; ao contrário, o aspecto sem gênero das sensações descritas por essa poeta famosa durante toda a Antiguidade mostra que a diferenciação entre o amor por uma mulher e o amor por um homem é pouco pertinente.

Prosseguiremos com um poema muito famoso: o fragmento 31 de Safo. Devemos ter em mente que se tratava de um canto acompanhado de cítara; mais uma vez, as marcas do grego indicam que a pessoa que fala é uma mulher:

> *Parece-me semelhante aos deuses,*
> *quem quer que seja o homem*
> *sentado diante de ti, que, muito ao perto,*
> *ouve tuas palavras doces*
> *e teu riso encantador*
> *– e isso inquieta meu coração;*
> *pois um único olhar para ti*
> *e não consigo mais falar,*
> *minha língua se parte,*
> *um fogo sutil se espalha sob a minha pele,*
> *meus olhos não enxergam mais,*
> *meus ouvidos zumbem,*
> *um suor frio me envolve,*
> *um tremor me toma inteira,*
> *ponho-me mais verde que a relva,*
> *e sinto-me quase a morrer.*
> *Mas é preciso suportar tudo, pois...*[3]

O poema, igualmente fragmentado, termina aqui.

Os sintomas físicos causados por *éros* e descritos por Safo parecem suficientemente universais a Louise Labé ("Vivo, morro...") e, mais tarde, a Racine ("Vi-o, ruborizei, empalideci...") para que esses dois autores recuperem esse motivo, modificando apenas as marcas de gênero.

Essa dimensão "transgênero" do sentimento amoroso também aparece na poesia de banquete recitada pelos cidadãos. No simpósio grego, os convivas bebiam, cantavam, e os versos atribuídos a um poeta chamado

---

3 "*Il me semble pareil aux dieux,/ l'homme quel qu'il soit/ assis face à toi, qui, tout près,/ entend tes douces paroles/ et ton rire enchanteur/ – et cela bouleverse en moi mon coeur;/ car un seul regard vers toi,/ et je ne puis plus parler,/ ma langue se brise,/ un feu subtil se répand sous ma peau,/ mes yeux ne voient plus,/ mes oreilles bourdonnent,/ une sueur glacée m'enveloppe,/ un tremblement me saisit tout entière,/ je suis plus verte que l'herbe,/ et me sens près de mourir./ Mais il faut tout supporter, car...*" [N.T.]

Teógnis, que viveu no século VI a.C., fazem parte desse contexto aristocrático. Esses versos apresentam sentenças morais, conselhos à moderação, mas também celebram o amor, como mostra o dístico: "Rapaz, enquanto tiveres o rosto liso, não cansarei de te acariciar, mesmo que tenha de morrer disso" (v. 1327-8). Em outra passagem, um homem que fala em primeira pessoa é desdenhado por um jovem que resiste a seus avanços – como este ousa? Para convencê-lo, conta um mito a fim de fazer um paralelo entre o *país* (menino) e a heroína Atalanta, que repudiava o matrimônio, mas afinal teve de se casar. É interessante constatar que se podia comparar um menino a uma mulher para ser persuasivo num discurso de sedução.

Como se vê, na relação entre amado e amante, a superioridade de um sobre o outro frequentemente se inverte nos retratos sugeridos pelos versos dos poetas arcaicos, quer se trate de poetas mulheres, como Safo, quer de poetas homens, como Álcman, Teógnis e Anacreonte. O que a pessoa dominada por *éros* deseja é a reciprocidade (*philótes*), mesmo quando os amantes não têm a mesma idade ou estão em situação de assimetria social. Isso aparece também nos cantos nupciais, aqueles que celebram o matrimônio, uma união que se baseia na assimetria dos parceiros.

O ÂMBITO CONJUGAL

Se as relações entre marido e esposa podem ser um lugar de práticas eróticas, e um contexto de afeto real, como ilustra a ligação entre Ulisses e Penélope cantada na *Odisseia* ou atestam as diversas inscrições funerárias dos períodos clássico e helenístico, não é nelas que os gregos dos períodos arcaico e clássico esperam *a priori* uma irrupção de paixões ou uma sexualidade feliz, visível e transbordante.

O discurso dos antigos sobre a relação conjugal muda um pouco por volta dos séculos I e II d.C. As fontes são diversas, mas nem sempre diretas: do período arcaico, poemas e cantos nupciais; do período clássico (século V a.C.), por dedução a partir dos processos decorrentes de casamentos litigiosos; os contratos matrimoniais que conhecemos são posteriores ao período clássico e chegaram a nós graças aos papiros preservados nas areias de um Egito em parte povoado por gregos, após as conquistas de Alexandre.

Também nos chegaram imagens registradas em diversos recipientes. Elas apresentam uma visão idealizada do casamento e da vida das esposas, e transmitem informações preciosas sobre as normas e os modelos da época. O casamento é reservado aos indivíduos livres, que constituem apenas parte da população. Representa acima de tudo uma aliança entre duas famílias, não leva em consideração o sentimento dos noivos, e a vida da futura esposa não tem a menor importância. É um processo privado, selado por uma série de atos que empenham o pai da noiva e o futuro genro (*engue*), entre os quais a definição do dote e a futura transferência da moça de uma casa para outra – na cerimônia do *gamos*, ela passa da autoridade do pai à do esposo.

A função do casamento é transmitir patrimônio e gerar filhos legítimos, que podem reivindicar o estatuto de cidadãos ao chegar à idade adulta, se um ou ambos os pais forem cidadãos – essa segunda condição depende da cidade e do período. Este excerto de um contrato matrimonial datado de 311 a.C. é proveniente da cidade de Elefantina, no Egito, e sela a união de dois gregos. Os termos correspondem ao que os processos áticos do período clássico nos permitem saber a respeito dessas uniões:

> *Heráclides toma por esposa legítima Demétria, de Cós, de seu pai, Leptines, de Cós, e de sua mãe, Filótis. Ele é livre, ela é livre e traz roupas e joias no valor de mil dracmas. Que Heráclides forneça a Demétria tudo que convém a uma mulher livre. Viveremos juntos onde melhor parecer a Leptines e Heráclides, tendo deliberado de comum acordo.*
> *(P. Éléph. 1, trad. Joseph Mélèze-Modrzejewski)*

Como em outros períodos da história mais próximos de nós, o casamento não era uma instituição romântica e, apesar de levar em consideração a questão da fidelidade, ela só se aplicava à esposa, e não por razões amorosas ou de confiança mútua.

Os relatos que descrevem as cerimônias ou os poemas que celebram os casamentos evocam a influência das divindades, Eros ou Afrodite, e ressaltam as qualidades ou a beleza dos noivos; o objetivo da união, no entanto, é muito claro: a procriação. Xenofonte, em sua obra *Econômico* (século IV a.C.), apresenta o ideal de casal aristocrático: o rico cidadão Iscômaco escolheu uma esposa muito jovem, moldou-a, educou-a, ensinou-a a administrar o *oikos* (lar) como uma abelha-rainha e a usar joias e maquiagem com moderação. O texto não fala em nenhum momento de uma ligação forte, amorosa ou erótica, entre os cônjuges.

Para Aristóteles, o casamento oferece as condições para se ter uma vida feliz por meio de um vínculo afetivo que visa ao bem comum e, ao mesmo tempo, tem a qualidade de ser uma união procriativa. A amizade (*philía*) é um laço fundamental dentro da família, entre as gerações e também entre os cônjuges. Para o filósofo, o laço conjugal não é o lugar adequado de *éros*; mas, com o reconhecimento e a valorização de um laço de amizade entre os cônjuges, as relações maritais têm uma importância muito maior em sua obra que aquela conferida pelos valores gregos tradicionais – os filósofos nem sempre são um eco fiel da *doxa*.

À parte a cerimônia do *gamos*, que canta e celebra a beleza e o encanto dos noivos, as práticas sexuais entre os cônjuges são evocadas sobretudo nas sátiras. Na comédia *Lisístrata*, representada em Atenas em 411 a.C.,

Aristófanes põe em cena cidadãs atenienses e espartanas que fazem greve de sexo para conseguir a paz. A situação leva a diálogos engraçados, em que as esposas citam as diversas posições sexuais que não poderão mais praticar com os maridos – a posição da leoa sobre o ralador de queijo fez correr muita tinta entre os filólogos, e o mistério nunca foi esclarecido. Os maridos, em crise de abstinência sexual comicamente visível, aparecem assediando as esposas. Evidentemente a peça não é feminista, mas uma denúncia de Aristófanes, inserida em uma mensagem política mais ampla, do pouco interesse de seus concidadãos pelo bem da cidade. Mas a paródia da vida conjugal deve ter divertido o público, como era o objetivo da comédia.

De modo geral, a desigualdade entre os cônjuges transparece tanto na relação de dominação social – o marido torna-se o *kurios* (tutor) da esposa – como na diferença de idade.

Os gregos tinham o costume de dividir as épocas da vida do homem em cinco momentos: a infância; o momento transitório que hoje chamamos de adolescência; a juventude (por volta dos 21 anos); a maturidade, que correspondia ao momento do casamento (por volta dos 30); e a velhice. Esses cinco momentos tinham uma duração bastante diferente para as mulheres: a infância; em seguida o que chamaríamos de adolescência, que durava cerca de quatro anos (nesse período a mulher era designada pelo termo *parthénos*); depois a condição muito efêmera de jovem esposa sem filhos (quando ela é denominada *númphē*); em seguida a de mulher adulta que já é mãe (quando é chamada *gynê*); e, por fim, a velhice.

Não existia idade mínima legal para o casamento, mas os documentos revelam tendências. No século VIII a.C., Hesíodo menciona a idade aproximada de 18 anos; no século V a.C., o Código de Gortina, cidade na ilha de Creta, estabelece a idade mínima de 12 anos para casar; no século IV a.C., Aristóteles cita, em um contexto específico, a idade mínima de 14 anos; enfim, as jovens podiam se casar antes da primeira menstruação.

A conta é fácil. Constatamos que os homens livres viviam bem mais tempo solteiros que as mulheres livres. A diferença de idade usual entre os cônjuges era de dez a quinze anos, e as mulheres podiam ter maridos ainda mais velhos. Em qualquer época ou região, os usos estabeleciam uma assimetria real de idade na relação conjugal dos indivíduos livres. Versos trágicos, em especial o fragmento de uma peça de Sófocles, evocam a dolorosa passagem vivida pelas jovens, da infância feliz no *oikos* dos pais para a condição de mulher adulta na casa do esposo, mas não possuímos documentos, diários ou correspondências privadas que nos deem informações sobre a vivência pessoal delas nesse momento da vida.

Além da questão da idade e do estatuto, inúmeras outras convenções sociais pesam sobre a esposa e aprofundam a desigualdade em relação ao marido.

FORA DO ÂMBITO CONJUGAL

É útil repetir que essas diferenças entre homens e mulheres existem apenas na pequena parte da população considerada livre e/ou cidadã. Os escravos não possuíam liberdade sexual nem o direito de se casar; conforme o estatuto e a cidade, podiam eventualmente formar uma família e permanecer ligados a uma terra, como ocorria em Gortina e Esparta; contudo, quando pertenciam à categoria que hoje se costuma denominar "escravo mercadoria", como em Atenas, eles dependiam inteiramente de seus proprietários, e estes podiam vender as crianças nascidas sob servidão e/ou separar os casais de escravos.

Nossos contemporâneos falam com frequência de pederastia na Grécia Antiga ao se referir às relações eróticas de um cidadão com um adolescente que futuramente será cidadão, sublinhando a diferença de idade para destacar a anormalidade. É preciso deixar claro que o casamento grego – a forma reconhecida de heterossexualidade, para falarmos em termos contemporâneos – é tão pederástico quanto essas relações entre homens. Nesse domínio, como já se pôde notar, devemos nos abster ao máximo dos *a priori* contemporâneos sobre a sexualidade adequada, o normal e o anormal.

Na vida conjugal grega, a mulher cidadã casada e a moça filha de cidadão não eram autorizadas a manter relações sexuais com um homem fora do casamento. Quando uma cidadã ou filha de cidadão tinha relações com um homem que não era seu marido, os gregos falavam de *moicheia*, uma categoria totalmente assimétrica, para a qual o termo contemporâneo "adultério" seria impreciso. O cidadão casado, desde que não se envolvesse com uma mulher pertencente ao *oikos* de um de seus concidadãos, podia ter uma vida sexual totalmente lícita, e até valorizada, fora da relação conjugal. Ele podia ter relações com uma concubina, com prostitutos ou prostitutas, ou com meninos. Já a *moicheia* era severamente punida: a mulher era repudiada pelo marido – que ficava com o dote –, e o amante incorria em diversas sanções de maior ou menor gravidade e humilhação, conforme o período e a cidade.

As fontes sobre esse adultério à grega, que tem peso diferente para homens cidadãos e mulheres cidadãs, são essencialmente processos cujo arrazoado se preservou graças à fama dos "logógrafos", aqueles que escreviam os discursos proferidos por acusados ou acusadores.

O orador ático Lísias, por exemplo, compôs no século IV a.C. o discurso de defesa de Eufileto, acusado de ter matado ilicitamente o amante de sua mulher. Eufileto se defendeu da acusação apresentada pela família do amante argumentando que cometera o ato de maneira lícita, ao pegar o amante em flagrante delito; e, para convencer o júri, ressaltou o perigo que a *moicheia* representava para a comunidade cívica, um perigo, argumentou, pior que o estupro.

AS VIOLÊNCIAS SEXUAIS

Não é fácil falar com precisão da questão da violência sexual na Grécia Antiga, pois, assim como a sexualidade, essa categoria não existia. Os termos gregos que servem para designar o que chamamos de "estupro" possuem um campo semântico muito amplo. O termo grego *húbris* e o verbo derivado dele, *hubrizein*, podem tanto aplicar-se ao estupro como designar um ato de desmedida de qualquer ordem: um excesso no domínio político, ou um insulto a alguém. Em determinadas circunstâncias, *húbris* também pode qualificar uma relação sexual ilícita ou moralmente condenável: apreciar em demasia relações com pessoas que se prostituem, apreciar em demasia relações sexuais com meninos ou mulheres, ou ainda o fato de um cidadão prostituir-se. O estupro também pode ser expresso por uma perífrase que designa, com um eufemismo, um ato realizado sob coação, imposto pela força (*bía*), mas apenas o contexto nos permite determinar se é uma pancada, uma pedrada ou uma relação sexual forçada.

Os gregos tinham consciência da polissemia do termo *húbris*. No fim do século IV a.C., Platão fez um gracejo em *O banquete* (219c) sobre as diferentes implicações da palavra, por meio de uma inversão bem-humorada. Sócrates, afirma Alcibíades, cometeu um ato de *húbris* quando não cedeu aos avanços do belo rapaz que ele era na época: ele o ultrajou não o ultrajando. Passa-se longe do ato forçado contra uma pessoa não consenciente. Esse breve estudo lexical mostra o que é uma categoria significante. Hoje, nossa concepção de violência sexual implica uma definição da pessoa como capaz de consentimento. Essa capacidade significa não estar sob a autoridade de outrem – professor ou empregador, por exemplo – e apresentar condições físicas e psicológicas de decidir. A consequência dessa definição e da importância do consentimento é levar em consideração a vulnerabilidade da pessoa.

Na legislação atual de diversos países europeus, atos de estupro contra pessoas vulneráveis são um fator agravante. Na Antiguidade, não existia essa concepção de vulnerabilidade. Ao contrário, a relação de autoridade ou propriedade determinava o caráter lícito do ato sexual, sob coação ou não. Por exemplo, no caso de estupro de escravos meninos ou meninas, primeiro se definia a quem pertencia o escravo; o proprietário tinha o direito de ter relações sexuais com seus escravos, e a questão do consentimento simplesmente não vinha ao caso; se o escravo pertencesse a outra pessoa, eventualmente havia uma negociação por dano a bens de terceiros – quer tenha o escravo consentido, quer não.

Da mesma forma, o corpo da criança não era protegido contra relações sexuais, forçadas ou não, nem de modo geral por critério de idade. As relações de adolescentes com um adulto, no contexto grego do *éros* entre cidadãos, não eram condenadas, e sim, ao contrário, reconhecidas e valorizadas. Voltaremos a esse ponto.

O matrimônio não pressupunha o consentimento dos noivos, e a mulher era em geral muito mais jovem que o futuro marido. E o laço conjugal autorizava diversos tipos de comportamentos que aqui, desde data recente, seriam considerados estupro (na França, a condenação do estupro conjugal foi incluída no Código Penal em 2006, após jurisprudência de 1990).

A noção de violência sexual é, para os antigos, sobretudo um atentado físico ou simbólico à honra em geral, e o fato de ser sexual não determina em si o caráter repreensível do ato. A importância do critério da relação sexual aparece na noção de *moicheia*, considerada muitas vezes tão ou mais grave que o estupro — nos discursos escritos por Lísias, se uma mulher foi violentada ou manteve relações extraconjugais, o que importa é a injúria ao marido e à honra da família, mesmo em caso de estupro brutal de uma cidadã ou escrava; a primeira vítima não é aquela cujo corpo foi atacado — aliás, ela quase pode ser considerada uma simples vítima colateral.

Assim, levantar a questão anacrônica da violência sexual nos permite trazer à tona as lógicas vigentes na sociedade grega: considerava-se que apenas o corpo do cidadão homem podia sofrer dano direto; consequentemente, apenas ele era vulnerável.

O TRABALHO SEXUAL; O CONCUBINATO

Outro campo muito distante daquele das práticas das sociedades ocidentais contemporâneas é o trabalho sexual. Devido a isso, por vezes é complicado empregar o termo "prostituição", pois se subentende que a pessoa que se prostitui é paga por seu trabalho; na Grécia Antiga, embora se pagasse por sexo, na maioria das vezes era um *pornoboskos* — um proxeneta — que lucrava com ele, ao alugar o corpo dos escravos que lhe pertenciam. Pagar para ter relações sexuais era prática bastante comum para o cidadão, e as modalidades e ocasiões eram muitas: nos banquetes, obviamente, mas também nos bordéis, no aluguel dos serviços de um proxeneta, nos encontros em certos bairros, em casa ou em viagens a outras cidades para participar de manifestações culturais ou fazer comércio.

Se não tirasse proveito dos serviços de um escravo sem o consentimento de seu proprietário, se não recorresse aos serviços de uma mulher livre, esposa ou filha de cidadão, o cliente da prostituição não cometia nenhum ato proibido, não incorria em nenhuma censura ou reprovação moral. As pessoas alugadas por essa clientela podiam ser indiferentemente homens ou mulheres, meninas ou meninos (*paides*), em geral estrangeiros ou não livres, cujos encantos eram particularmente sedutores aos cidadãos gregos.

A idade também não era levada em conta na percepção moral do ato do cliente. Jamais se considerava que um cliente que alugasse os serviços sexuais de outra pessoa era culpado de um ato que atentasse à moral, muito menos dominado por impulsos de ordem psicopatológica; seu comportamento era considerado absolutamente normal. Por sua vez, as pessoas prostituídas ou que se prostituíam não eram vistas como vítimas de outra pessoa ou de uma rede organizada, exceto no caso de rapto ou escravidão forçada de pessoas livres – mas era a sujeição, e não a prostituição, que tornava a pessoa uma vítima.

Os dois elementos que importam são o estatuto e o sexo da pessoa cujo corpo é alugado. Se um homem livre vendesse seus encantos, decerto ficaria sujeito ao desprezo moral, mas não a sanções legais, porque a prostituição não era objeto de nenhum tipo de interdição dessa ordem. Ele seria estatutariamente rebaixado e não gozaria mais do direito de cumprir funções para a cidade, não porque tivesse cometido atos sexuais repreensíveis, mas porque as funções oficiais eram reservadas a cidadãos capazes de gerir seus bens e dominar seus desejos, sobretudo o desejo de submeter-se ao corpo de outrem, e era essa capacidade de mostrar-se digno para cumprir funções que ficava desacreditada. Julgava-se que os indivíduos livres que alugavam seus serviços dependiam do dinheiro ganho com eles, corriam o risco de tomar gosto por essas práticas e perder o domínio sobre si mesmos. Nesse sentido, considerava-se que podiam constituir um perigo para seus concidadãos, se decidissem assumir responsabilidades cívicas.

O caso de uma mulher livre que se prostituísse era problemático, pois a mulher livre dependia do marido, do pai ou do tutor; portanto, seriam as prerrogativas deles que um eventual cliente afrontaria. Consequentemente, na categoria das mulheres livres, apenas as estrangeiras ou as escravas libertas podiam praticar a prostituição. Mas havia exceções, sobretudo em caso de extrema pobreza.

Existia, portanto, nas cidades gregas uma população muito numerosa – escravizada ou liberta, masculina ou feminina – que fornecia o grosso dos serviços sexuais pagos. Esses serviços, aliás, não se limitavam ao campo estrito das práticas sexuais, mas constituíam um entre muitos elementos pertencentes a uma prática cultural e social mais ampla – e por isso a prostituição era frequente e vista como normal. É o caso, em primeiro lugar, dos banquetes que os cidadãos ofereciam em casa para um pequeno número de convidados. Nessas ocasiões, os convivas desfrutavam da comida, do vinho e das numerosas atrações artísticas propostas pelo anfitrião; entre discussões sérias e não tão sérias, entre poemas e jogos, músicos, dançarinos e atores, homens e mulheres, ofereciam seus serviços artísticos e eróticos.

Era nesse contexto de encontros entre as prostitutas e os cidadãos que algumas se tornavam concubinas (*pállakai*; *pallaké*, no singular) ou conseguiam um estatuto menos precário. Atribuía-se a elas o termo *hetaíra*, enquanto, em geral, às prostitutas de situação mais precária aplicava-se o termo *pórnē*. *Hetaíra* ou *pórnē*, é preciso esclarecer que essa diferenciação na designação não é sistemática e varia conforme o contexto.

Se em certas circunstâncias o trabalho sexual podia ser menosprezado, não era em razão de uma condenação moral das relações sexuais, mas do estatuto de trabalhador de quem se prostituía. Em primeiro lugar, o simples fato de trabalhar com o corpo era depreciado na Grécia Antiga de modo geral; em segundo lugar, o trabalho servil era particularmente desprezado, e por isso as *pórnai* (plural de *pórnē*) eram menos bem-vistas que as *hetairai* – estas últimas, mais autônomas em suas atividades e, portanto, com maior domínio de seu tempo e sua prática.

Os cidadãos homens, por sua vez, gozavam de ampla liberdade para conduzir sua vida sexual como bem quisessem, e temos documentos que mencionam explicitamente essa vida extraconjugal.

Um exemplo é o contrato matrimonial, datado de 92 a.C., de Filiscos e Apolônia, que chegou até nós por intermédio de um papiro egípcio (P. Tebt I, 104), proveniente da cidade de Tebtunis, na região de Faium:

> *Não será permitido a Filiscos introduzir outra mulher no lar que não Apolônia, nem sustentar concubina ou menino, nem ter filhos com outra mulher enquanto Apolônia for viva, nem habitar outra casa da qual Apolônia não seja a senhora, nem expulsá-la, insultá-la ou tratá-la mal, nem alienar nenhum dos bens do casal em prejuízo de Apolônia.*

Como se vê, o contrato não proíbe o esposo de frequentar outras mulheres ou meninos, mas há a preocupação em proteger materialmente a esposa, enquadrando o comportamento do esposo: ele não tem o direito de dilapidar o patrimônio do casal nem de perverter a lógica de sucessão. Não é uma questão de fidelidade recíproca, pois o esposo pode frequentar moças e meninos como bem quiser, enquanto a esposa é absolutamente proibida de ter relações fora do casamento. O simples fato de mencionar a *pallaké*, termo traduzido por "concubina" nesse excerto, confirma que existiam casais não desposados formados por um cidadão (casado ou não) e uma mulher livre (estrangeira ou não), a qual possuía um estatuto inferior ao da esposa legítima. O estatuto bastante vago de *pallaké* protegia a mulher de ser considerada escrava ou trabalhadora do sexo. Os filhos nascidos dessa ligação, porém, eram considerados *nothói*, isto é, filhos ilegítimos, que não podiam pretender o estatuto de cidadãos. As *pállakai* não eram, contudo, mais livres que as esposas, pois o homem que tivesse se relacionado com elas podia ser acusado de *moicheia*: uma condição difícil de caracterizar e sobre a qual, aliás, ainda carecemos de estudos.

Outro elemento importante: aparentemente, era primordial restringir as despesas do marido com jovens amantes; mesmo que não se mencione necessariamente a prostituição, o marido fica simplesmente proibido de sustentar um *país*. Também não há menção à prostituição masculina, simplesmente porque o elã erótico não é sexuado e a cultura grega não distinguia a atração erótica que se sente por uma mulher daquela que se sente por um homem.

Agora examinaremos mais precisamente o que chamamos hoje de pederastia e também as relações eróticas entre mulheres, o que nos conduzirá à questão do leque de possibilidades em matéria de sexo na Grécia Antiga.

O HOMOEROTISMO MASCULINO DOS CIDADÃOS

É útil recordar que, na Grécia Antiga, nem o critério do sexo do parceiro nem o tipo de prática sexual eram em si um fator de valorização ou desvalorização, muito menos de condenação. Em contrapartida, algumas formas de relação em contextos sociais delimitados ou períodos específicos da história originaram uma importante produção cultural.

Sobre as relações homoeróticas entre homens, existem fontes de natureza muito variada, com base nas quais foram escritas obras importantes, como *A homossexualidade na Grécia Antiga*[4] (1978), de Kenneth Dover, os já mencionados trabalhos de David Halperin e John Winkler, os de Thomas Hubbard sobre as relações sexuais entre homens da mesma idade e os de Andrew Lear e Holt Parker sobre as imagens pederásticas, muito comuns no período clássico.

Trabalhos sobre relações sexuais entre mulheres foram muitas vezes esquecidos em obras gerais, e estudos específicos surgiram mais tardiamente que aqueles sobre as relações entre homens. Em 1996, Bernadette Brooten interessou-se por essas relações no contexto do primeiro cristianismo, e eu, de minha parte, dediquei em 2007 um livro às relações homoeróticas femininas no período que nos interessa aqui.

A relação entre um cidadão e um futuro cidadão, o *paīs* – termo que, neste contexto, se refere a um adolescente –, é atestada em numerosas fontes como sendo objeto de reconhecimento legítimo, ou mesmo de apoio pela comunidade. São numerosos os poemas eróticos que fazem menção a jovens atraentes. Inúmeras imagens representando os amantes, vestidos ou nus, em cenas de sedução, trocando presentes variados, às vezes muito parecidas com cenas de sedução entre um homem e uma mulher, foram preservadas na louça de banquete que circulava entre os cidadãos homens. Andrew Lear analisou os traços recorrentes e a evolução da pintura em figuras negras e, mais tarde, em figuras vermelhas. François Lissarrague estudou a sexualidade dos sátiros, seres metade homens, metade animais, que aparecem em vasos pintados em posições sexuais nas quais não encontramos casais de homens, a saber, felações em grupo, penetrações anais etc. As representações de relações entre seres

---

4 Ed. bras.: Kenneth Dover, *A homossexualidade na Grécia Antiga*, São Paulo: Nova Alexandria, 1994. [N.T.]

humanos são em geral menos cruas, pode-se dizer, e mostram os amantes frequentemente nus e de frente – trata-se de uma tendência geral.

É preciso esclarecer que as relações sexuais entre mulheres, ao contrário do que se vê hoje em romances ou filmes pornográficos, praticamente não são objeto de olhares eróticos da parte dos cidadãos homens – ao menos é o que se pode deduzir da ausência de cenas sexuais entre mulheres nas representações eróticas em louça de banquete, um suporte frequentemente muito explícito.

Alguns pesquisadores contemporâneos interpretaram as relações entre adultos e *paides*, os jovens futuros cidadãos, como práticas iniciáticas. Contudo, essa leitura é controversa. O documento que originou essa interpretação é um texto do geógrafo Estrabão (século I a.C.) em que ele comenta as palavras de Éforo, historiador que viveu no século IV a.C. e descreveu a paisagem e os costumes cretenses do século V a.C. Éforo relata que o amante anunciava publicamente o futuro rapto do rapaz que ele escolhera e que era "uma marca de infâmia para um adolescente bem constituído e de ilustre ascendência não encontrar um amante" (*Geografia*, IV, 4). Percebe-se o desejo do autor de evidenciar o reconhecimento social dessas práticas. O rapaz era raptado e levado para fora da cidade por uma duração *fixada por lei*; então retornava com presentes simbólicos, representando sua ascensão a um novo estatuto, e com privilégios que lhe eram concedidos pessoalmente. Numerosos documentos, de regiões geográficas diversas e épocas variadas, atestam o reconhecimento e a importância dessa forma de erotismo, mas não remetem necessariamente a um contexto pedagógico – donde os debates em curso.

Atribuem-se aos grandes políticos relações tanto com meninos quanto com mulheres, e esses amores são prova de carisma e competência. Os comentários maliciosos de Aristófanes, suas alusões à excitação que um homem jovem e formoso provocava quando entrava no tribunal ou na assembleia, nos permitem entender que o desejo dos cidadãos não se dirigia exclusivamente às mulheres e não era formulado em termos de oposição normal/anormal. Como analisa o helenista David Halperin em *One Hundred Years of Homosexuality: and Other Essays on Greek Love* [Cem anos de homossexualidade e outros ensaios sobre o amor grego] (1990), não há nenhuma necessidade de explicar ou justificar essa relação erótica como uma inversão em ritos de passagem ou ainda como uma relação necessariamente pedagógica.

"PEDERASTIA", RELAÇÕES ERÓTICAS ENTRE MULHERES E A QUESTÃO DA IDENTIDADE

É igualmente interessante constatar – e é por essa razão que o termo "pederastia" é pouco adequado – que o termo grego *paiderastía* é na realidade muito pouco empregado pelos próprios gregos no período clássico. Formado pelo radical *paid-*, da palavra *paīs*, genitivo *paisdós*, e pelo radical do verbo *erān*, que significa "sentir *éros*", o termo *paiderastía* é utilizado sobretudo por Platão em *O banquete*: o filósofo o coloca na boca de um personagem com o qual tenta mostrar que determinada forma de amor permite uma melhor prática da filosofia. Os gregos falam sobretudo de *éros* em geral, de amante (*erastēs*) e de amado (*erōmenos*), sem especificar a idade ou o sexo da pessoa que suscita o elã erótico.

Assim, embora práticas que *nós* definimos como pederastia apareçam em grande número nos documentos antigos, é forçoso constatar que os gregos não se diziam nem pederastas nem homossexuais, como hoje alguém se diz lésbica ou *gay*. As pessoas que se envolviam nesse tipo de relação desempenhavam papéis ou funções em contextos específicos, mas não tinham o sentimento de possuir uma identidade particular nem o desejo de construir uma cultura específica, fosse ela marginal, fosse majoritária, da qual se orgulhariam ou, inversamente, a qual teriam de esconder, por vergonha ou medo de julgamentos.

Esse leque erótico de possibilidades se abre tanto para os cidadãos como para os deuses, cujos amores os gregos cantam e pintam por séculos e séculos, quer se trate de Apolo ou Zeus, quer de Aurora ou Afrodite. Num epigrama do século III a.C., o autor anônimo se ampara na mitologia para oferecer ao público um leque de amores possíveis: "Foi como águia que Zeus arrebatou o divino Ganimedes, foi como cisne que se aproximou da loura mãe de Helena, experiências incomparáveis, uns preferem a primeira, outros, a segunda, eu a ambas" (*Antologia grega*, V, 65). Nesse breve poema lúdico, o ponto de vista é o do homem livre.

A possibilidade de uma mulher amar uma mulher é dita e cantada explicitamente na poesia do período arcaico. Esse amor não era denominado "lésbico", nem mesmo "sáfico", ao contrário do que a formação dos termos contemporâneos a partir de raízes gregas poderia levar a supor. Foi muito mais tarde, por volta do século XVI, que se atribuiu à poeta um tipo particular de amor e, no século XIX, que se inventaram termos específicos a partir da personagem Safo. Para registro anedótico, na Grécia clássica o verbo *lesbiazein*, formado a partir do nome da ilha de Lesbos, designava, entre outras coisas, a felação.

Nos poemas em que aparecem amores entre mulheres, encontramos a assimetria constitutiva do sentimento erótico, mas não dispomos de informações suficientes para saber exatamente que função esse erotismo desempenhava nas sociedades dos séculos VII e VI a.C.

Os períodos clássico e helenístico são mais discretos quanto a essa forma de amor. O tema ressurge no período romano, mas num tom muito diferente, como veremos. Todavia, podemos salientar que esse amor era digno de ser cantado publicamente no período arcaico e que nada diferenciava esse *éros* dos outros; tanto para as mulheres quanto para os homens, não havia condenação por aquilo que hoje denominamos relações homossexuais.

NORMAS SOCIAIS E CONSTRANGIMENTOS SEXUAIS

Na realidade, as relações malvistas na Grécia, as que atraíam opróbrio ou rebaixavam socialmente, não estão ligadas a uma orientação sexual, e sim a formas de comportamento não exclusivamente sexuais. Não era condenável frequentar prostitutos, mas era muito malvisto gastar dinheiro em excesso com esse tipo de divertimento. Do mesmo modo, que um cidadão gostasse de ser penetrado sexualmente por outro cidadão era um sinal de fraqueza cívica, porém não uma falha moral ou psicológica. A fraqueza cívica tornava o indivíduo inapto a assumir encargos para a coletividade, mas não gerava sentimentos hoje denominados homofóbicos.

Da mesma forma, as relações com prostitutas (*pórnai*) ou cortesãs (*hetairai*), apesar de aceitas e comuns, podiam ser motivo de troça e zombaria quando se suspeitava que o amante perdera o juízo e se deixava influenciar pela amante. O estadista Péricles, por exemplo, foi motivo de chacota por sua relação com Aspásia. Da mesma forma, no célebre processo de 346 a.C., Timarco foi acusado pelo político Ésquines de ter vendido seus encantos a outros homens. Não se tratava em absoluto de um processo por homossexualidade, e sim de uma estratégia para desacreditar politicamente o adversário e, através dele, o principal inimigo de Ésquines, o político e orador Demóstenes: o acusador mostrou que Timarco assumira funções políticas, apesar de todos saberem que ele alugara seu corpo na juventude.

Na mesma ordem de ideias, também se zombava dos sedutores inveterados de mulheres, que às vezes eram tratados como efeminados, pois, com tal comportamento, mostravam não saber resistir a um desejo que perturbava a harmonia social e os transformava em parasitas. Todo tipo de insulto e chacota florescia no mundo dos cidadãos gregos. Eles chamavam de *kínaidoi* (singular *kínaidos*) os que renunciavam por vontade própria a qualquer pretensão política ou poder econômico para dedicar-se aos prazeres, à companhia das mulheres e de outros homens iguais a eles. Riam ao ver em cena, na comédia *As tesmoforiantes*, de Aristófanes, o personagem Agatão, poeta e companheiro de Pausânias, perfumado e depilado, entrando disfarçado numa festa de mulheres. Riam igualmente das esposas em greve de sexo, reunidas na Acrópole, recitando as formas de despertar o desejo dos maridos frustrados, que perambulavam no sopé da colina com o pênis ereto. John Winkler, em *The Constraints of Desire: The Anthropology of Sex and Gender in Ancient Greece* [As coerções do desejo: antropologia do sexo e do gênero na Grécia Antiga], estudou esses comportamentos malvistos, mas não juridicamente condenáveis, e mostrou que a construção grega da virilidade cidadã também fazia forte pressão sobre os homens.

O sistema de normas e constrangimentos ligado ao erotismo na Grécia Antiga nos permite distinguir na leitura que foi feita dele uma sucessão de paradigmas: a oposição normal/desvio psicopatológico, que hoje tem sentido na demarcação dos comportamentos sexuais, sucedeu à oposição pecado/virtude dos séculos precedentes. Contudo, muito antes da invenção do pecado e da interiorização das normas sexuais, os gregos simplesmente opunham o *katá nómon*, o que é adequado socialmente, ao *para nómon*, o que não é adequado socialmente. Essa dimensão amoral da sexualidade aparece nitidamente nas recomendações catárticas que se encontram na entrada dos santuários na Grécia clássica e helenística, uma documentação epigráfica que foi estudada por Marie Augier.

Esses textos gravados na pedra e colocados na entrada dos santuários enumeram os diferentes atos de purificação a que se deve proceder – em geral apenas se lavar ou aguardar um pouco –, conforme as diferentes atividades do percurso da vida que podem gerar mácula (dar à luz, prestar cuidados a um defunto, guerrear). Também especificam quanto tempo se deve esperar para entrar num templo, e citam as causas de mácula, entre as quais as práticas sexuais, sem outra consideração além da menção muito pragmática ao contato com fluidos corporais. Assim, exige-se um tempo de espera suplementar do indivíduo caso ele tenha mantido relações com uma virgem.

De resto, constatamos que a duração da mácula varia de acordo com o templo; que essas recomendações de purificação não diferenciam as relações entre pessoas do mesmo sexo das relações entre pessoas de sexo diferente; e que nenhum ato sexual é distinguido ou singularizado como repreensível em si. Por último, e sobretudo, nenhuma mácula sexual é perene, indelével, nem contamina para sempre. Essas recomendações são, muito pragmaticamente, regras claras e simples de purificação que o indivíduo deve cumprir para entrar num santuário. Estamos muito longe, portanto, do pecado e da falta judaico-cristãos.

***

Uma história de Platão ficou famosa, infelizmente à custa de anacronismos e distorções de sentido. Conta Platão em *O banquete*, no início do século IV a.C., que, após a vitória de Agatão num concurso de arte dramática, Sócrates foi convidado a jantar na casa do jovem autor – essa passagem é longamente comentada pelo especialista em Platão Luc Brisson, cuja análise reproduzo aqui. As discussões naquela noite foram a respeito do *éros*, e um dos convivas, o autor de comédias Aristófanes, contou uma história esdrúxula para explicar os três tipos de atração existentes na natureza humana: "Originalmente, havia três bolas, três seres esféricos: o macho, a fêmea e o andrógino. Por sua desmesura, foram cortados em dois" (*O banquete*, 191-2). Eis como Platão relata o discurso do personagem de Aristófanes:

> *Cada um de nós, portanto, é a metade complementar de um ser humano, porque, cortado à maneira dos linguados, um único produz dois, e cada um procura incansavelmente sua metade complementar. Por isso, todos os machos que são um corte do tipo que então era chamado andrógino procuram o amor das mulheres, e é dessa espécie que provém a maioria dos maridos que enganam suas mulheres, e da mesma forma todas as mulheres que procuram o amor dos homens e enganam seus maridos. Em contrapartida, todas as mulheres que são um corte de mulher não dão a mínima para os homens; ao contrário, é antes pelas mulheres que elas se interessam e é dessa espécie que provêm as* hetairistriai.

É difícil traduzir essa última palavra sem trair seu sentido original, mas poderíamos dizer: "as mulheres loucamente atraídas pelas mulheres". Retornemos a *O banquete*: "Enfim, todos os que são um corte de macho procuram o amor dos machos e, enquanto são meninos, como cortículos de macho, procuram o amor dos machos, sentem prazer em se deitar com machos e se unir a eles".

Nesse texto, o discurso do personagem de Aristófanes, cheio de humor e invenções lexicais como só ele sabe fazer, explica o amor dos homens pelas mulheres, das mulheres pelos homens, dos homens pelos homens e também das mulheres pelas mulheres. Platão não reproduz aqui, como se afirmou muitas vezes, o *mito* do andrógino: em primeiro lugar porque não é um mito grego em que gregos acreditavam, mas uma elaboração platônica com um propósito demonstrativo, quase nos mesmos moldes daquilo que chamamos de "mito da caverna", por exemplo – nenhum grego acreditava no mito da caverna. Em segundo lugar, não é o mito "do andrógino" porque, como se vê, o andrógino é apenas uma das três formas possíveis de desejo; a tradição que chegou até nossa época omitiu as duas outras esferas, a esfera macho e a esfera fêmea, e conservou aquilo que, num dado momento, foi considerado normal, a saber, a atração de um homem por uma mulher, nascida do ser andrógino.

O que Platão queria mostrar, antes de passar a palavra a Diotima na sequência de *O banquete*, é que, seja qual for o corte e seja qual for o sexo, é sempre um elã que atrai um ao outro. Deixo a palavra final a Platão, quando diz por meio do personagem Aristófanes: "Por isso ao desejo de reencontrar essa totalidade, à sua busca, damos o nome *éros*" (*O banquete*, 192e).

3 ROMA

O CONTEXTO SOCIAL E CULTURAL

Os sistemas de gênero na sociedade romana, como os da Grécia Antiga, estão em um contexto *before sexuality*, mas as práticas e as normas romanas têm formas próprias, que merecem uma pesquisa específica. Os primeiros documentos exploráveis datam do século III a.C., e o que nos interessa aqui é a cultura romana dita pagã, que se estende até o fim do século III d.C.

Veremos como o elã erótico e/ou o sentimento amoroso eram formulados em Roma, nessa sociedade anterior à sexualidade, e em seguida os contextos institucionais e sociais em que essas manifestações se inseriam: o casamento, o sexo pago e as leis do adultério. Prosseguiremos em nosso questionamento contemporâneo retornando ao tema da violência sexual e à ideia de consentimento. Por último, analisaremos uma prática proibida em Roma: a relação sexual entre um homem e um jovem cidadão, apesar de o imaginário grego cumprir um papel fundamental no erotismo romano.

SENTIMENTOS AMOROSOS: POESIA E REPRESENTAÇÃO

Em Roma, a divisão entre homem e mulher é muito menos importante que a divisão estatutária entre os *ingenui* (homens e mulheres nascidos livres) e os demais (escravos, libertos e estrangeiros). Dentro da categoria dos *ingenui*, permeada em alguns domínios pela divisão entre sexos, é preciso distinguir ainda os que pertenciam à plebe, à ordem equestre ou à ordem senatorial. Essas hierarquias eram muito fortes, embora a mobilidade social, para usarmos a expressão contemporânea, fosse maior em Roma que na Grécia, como ilustra o caso dos famosos *homines novi* (homens novos), que ocupavam cargos públicos mesmo não sendo patrícios.

Os romanos se definiam mais por sua posição social que pelo sexo. Uma *matrona* de ordem senatorial era, tanto nas representações quanto na vida cotidiana, muito mais equiparável a seu marido que a uma escrava ou mesmo a uma romana livre pobre. Esses elementos devem ser levados em consideração para compreendermos sem anacronismos como os romanos e as romanas entendiam e julgavam as práticas eróticas, suas próprias e as dos outros.

Poderíamos pensar *a priori* que, nos primeiros tempos de sua história, os romanos celebraram ou representaram menos o amor e o desejo que os gregos no período arcaico, mas a explicação está acima de tudo na importância que eles davam a certas práticas discursivas e a suas funções sociais.

A posteridade conservou da poesia latina sobretudo o amor apaixonado de Dido e Eneias, contado por Virgílio na *Eneida*, no último terço do século I a.C. A emoção que a rainha de Cartago sentiu é descrita pela própria personagem quando conta à sua irmã o encontro que teve com o belo príncipe troiano: "Quem é o hóspede que se aproximou de nossa morada? Que expressão em seu rosto, que coragem em seu coração, em suas armas! A mim pareceu-me que é da raça dos deuses e não creio em vão [...], esse homem enterneceu meu coração e perturbou minha alma titubeante" (IV, 9-13, 21-2 [Paris: Belles Lettres, Collection des Universités de France – CUF]). Quando fica sabendo que Eneias partiu sem lhe dizer adeus, Dido é tomada pela dor do amor ofendido, e então é o despeito da rainha desdenhada que se manifesta: "'Que do alto-mar o cruel Dardânio sacie os olhos nesse fogo e leve com ele o presságio da minha morte'. E, enquanto fala, as servas a veem cair sobre a lâmina, e de sangue espumar sua espada e tingirem-se suas mãos" (IV, 661-4). Na realidade, o episódio do encontro da rainha Dido com o príncipe troiano Eneias é muito curto, considerando-se o conjunto da *Eneida*.

As questões dessa epopeia que narra as origens de Roma numa celebração implícita do imperador Augusto são, acima de tudo, políticas. Dido é ferida em sua honra de rainha governante, e Eneias não se esquece de seu próprio destino: aportar o quanto antes na Itália, pois seus descendentes fundarão Roma, a futura Roma de Augusto, para quem Virgílio escreve o poema.

O elã erótico se torna mais explicitamente objeto poético a partir do século I a.C., no fim da República. Ele é menos público e publicizado que o *éros* poético grego, porque no início do principado de Augusto predominavam o tema das origens de Roma e a história da *urbs*, em especial na epopeia. Cabia aos poetas que desejavam tratar de assuntos menos sérios apresentá-los à altura do interesse.

Os poetas elegíacos encontraram numa forma métrica distinta daquela da epopeia um meio de expressar os sentimentos amorosos. Catulo, Ovídio, Tibulo e Propércio, do fim do século I a.C. ao início do século I d.C., são seus principais representantes. Põem em cena personagens poetas batizados com seu nome, vivem aventuras diversas, amam loucamente, são rejeitados por aquela ou aquele que amam, e com frequência essa desilusão é tratada de maneira bem-humorada. Catulo, por exemplo, compôs poemas em homenagem a uma mulher chamada Lésbia: "Nenhuma mulher pode dizer que foi tão sinceramente amada como tu foste por mim, minha Lésbia, jamais se respeitou um compromisso com tamanha fidelidade quanto eu em meu amor por ti" (*poema* 87). Mas em outros versos da mesma coletânea ele se dirige ao belo Juvêncio: "Se sobre teus olhos doces como mel, Juvêncio, me deixassem depositar meus beijos, depositaria até trezentos mil e jamais me saciaria, mesmo que mais abundante que as espigas maduras fosse nossa colheita de beijos" (*poema* 48).

O poeta Tibulo escreveu versos em homenagem ao belo Márato, Ovídio a Corina, enquanto o personagem de Propércio foi vítima do humor instável da bela Cíntia. Em *A arte de amar* e *Os remédios para o amor*[1], Ovídio é pródigo em conselhos judiciosos aos amantes; em *As metamorfoses*[2], relata as mudanças dos corpos e os múltiplos e multiformes amores dos humanos e dos deuses.

Esses poemas não podem ser tomados como documentos diretos sobre os sentimentos pessoais de seus autores. Como mostrou Paul Veyne em *Elegia erótica romana*[3], são divertimentos poéticos compostos para ser recitados e apreciados em momentos dedicados à declamação ou à leitura em público, em particular durante os banquetes dos cidadãos, nos momentos de relaxar o corpo. Após a faina do dia, o *negotium*, os romanos iam às termas e dedicavam-se ao *otium* ("ócio"): desfrutavam do prazer da comida, da bebida, do amor, da conversa e da poesia. Em hipótese alguma esses textos podem ser entendidos como poesia romântica. Neles, tanto as mulheres como os rapazes são mostrados como capazes de inspirar desejo, e isso sem nenhuma forma de categorização baseada no sexo: o estatuto tem primazia. Na ficção elegíaca, as mulheres amadas não são as esposas!

---

1 Ed. bras.: Ovídio, *A arte de amar* (incluindo *Os remédios para o amor* e *Os produtos de beleza para o rosto da mulher*), Porto Alegre: L&PM, 2001. [N.T.]
2 Ed. bras.: *Idem, As metamorfoses*, Florianópolis: UFSC, 2017. [N.T.]
3 Ed. bras.: Paul Veyne, *Elegia erótica romana*, São Paulo: Unesp, 2015. [N.T.]

A influência grega é particularmente marcada, por exemplo, no motivo recorrente do amante conduzido à porta da pessoa amada, inspirado na poesia epigramática do período helenístico. Mas há diferenças também. Na elegia romana, o amor por uma mulher de estatuto social não determinado é mais presente e mais visível que a atração por um rapaz; e o amor entre mulheres não é celebrado nesse contexto poético, ao contrário do que ocorre na tradição grega arcaica.

O CASAMENTO ROMANO

Constatamos que a maioria dos poemas que exaltam o amor e o erotismo falam pouco de casais unidos pelo matrimônio. A relação conjugal entre um homem e uma mulher não era o lugar onde supostamente os indivíduos viviam uma sexualidade plena, realizada e feliz, como parece suceder – ao menos nas representações correntes – com o casal ocidental contemporâneo. Não havia paixão erótica nem amor entre os cônjuges romanos, mas, na melhor das hipóteses, com o tempo podiam surgir *concordia* e afeição.

O casamento romano (*conubium*) tinha como função principal a transmissão do patrimônio e a reprodução social. Dizia respeito a uma minoria da população, as classes censitárias superiores, que tinham herança para transmitir. Havia muitas uniões livres ou concubinatos nas camadas populares, ou quando os cônjuges eram de classes sociais diferentes. O *conubium* era uma união entre duas famílias e estabelecia um laço de solidariedade política e social; a ligação entre sogro e genro, por exemplo, era quase sagrada e tinha relação com a *pietas*.

O casamento contratado era *cum manu* (literalmente "com a mão") ou *sine manu* ("sem a mão"). Segundo o tipo de contrato, a esposa passava para a autoridade do marido ou permanecia sob a autoridade do pai. Ela não possuía os mesmos direitos que o marido em relação à vida sexual; a diferença de idade entre os cônjuges era menor que na Grécia, mas as moças se casavam ainda mais cedo, a ponto de Plutarco, filósofo grego do período romano, manifestar espanto.

De fato, as mulheres se casavam com 12 a 14 anos, e às vezes eram prometidas antes mesmo da puberdade; fraudes com a idade são mencionadas nos textos, comprovando o interesse dos romanos por meninas virgens e muito jovens. Os homens se casavam pela primeira vez com 18 a 20 anos, mas segundas e terceiras núpcias de homens e mulheres eram frequentes, em virtude das altas taxas de mortalidade e também do fato de divórcios serem comuns em todas as classes; os múltiplos casamentos ampliavam as redes de solidariedade. E ser casado não impedia o cidadão de frequentar prostitutas ou ter uma concubina.

Podia existir amor nessas uniões. Suetônio, em *A vida dos doze Césares*[4] (século I d.C.), conta que Tibério, coagido por Augusto a divorciar-se, chorava quando revia sua primeira esposa. Mas, em Roma, maridos muito apaixonados por suas esposas eram alvo de chacota, e manifestações de afeto não eram bem-vistas no espaço público. Há relatos de que o célebre censor Catão (séculos III-II a.C.), conhecido por encarnar os valores dos antigos, expulsou Manílio do Senado porque ele beijara a esposa em plena luz do dia e na presença da filha. O critério da visibilidade pública era particularmente importante no julgamento moral de um comportamento.

As normas sexuais romanas são o objeto da riquíssima obra *Roman Homosexuality* [Homossexualidade romana] (1999), de Craig Williams, e de um livro de Thierry Éloi e Florence Dupont, *L'Érotisme masculin dans la Rome antique* [O erotismo masculino na Roma Antiga] (2001), que analisa todas essas nuances conjunturais, conforme o momento em que ocorria cada prática erótica. Os maridos apaixonados eram tratados como efeminados, quando se desconfiava que eram muito submissos, e com mais violência ainda caso detivessem algum poder político. Pompeu foi ridicularizado por causa do grande afeto que tinha por sua jovem esposa, Júlia, e a relação apaixonada de Marco Antônio com Cleópatra foi usada como propaganda política por seu rival Otávio, o futuro Augusto.

Alguns historiadores contemporâneos consideram que houve uma evolução na concepção de casamento e na ligação entre cônjuges nos séculos I e II d.C. Os sentimentos, e mesmo o erotismo, entre marido e esposa ganharam mais espaço. Isso é perceptível na história contada por Plutarco em *Diálogo do amor*[5] (século II d.C.), sobre a jovem viúva Ismenodora, que raptou seu futuro marido tal como faziam os amantes gregos. Mas é difícil falar de uma evolução real dos sentimentos; podemos apenas constatar uma valorização social do casal casado em certos contextos discursivos, uma evolução que, como destacam Paul Veyne e Michel Foucault, não foi resultado do surgimento de uma cultura cristã nos primeiros séculos de nossa era, mas, ao contrário, produziu-se na continuidade de uma filosofia estoica – pagã, portanto – que promovia o domínio de si e a temperança, que se fortaleciam na fidelidade recíproca do casal.

A correspondência de Plínio, o Jovem, senador e governador sob Nerva e Trajano no início do século II a.C., traz elementos de informação. Numa carta a Híspula, tia de sua esposa Calpúrnia, ele enumera as qualidades desta última – nada de original, são as mesmas que encontramos nos epitáfios romanos celebrando as virtudes da defunta; contudo, numa carta endereçada diretamente a Calpúrnia, ele escreve:

---

4 Ed. bras.: Suetônio, *A vida dos doze Césares*, 5. ed., Rio de Janeiro: Ediouro, 2003. [N.T.]

5 Ed. bras.: Plutarco, *Diálogo do amor*, São Paulo: Martin Claret, 2015. [N.T.]

Não acreditarias como sinto tua falta, e a razão é o amor que devoto a ti, pois não temos o hábito de ficarmos distantes um do outro; eis o motivo por que passo grande parte das noites sonhando acordado com tua imagem. Por que em pleno dia, nas horas em que costumava ir ver-te, meus pés levam-me sozinhos, como se diz tão a propósito, a teus aposentos? Por que, triste e infeliz, como se me tivessem fechado a porta, abandono tua soleira vazia? (VII, 5, trad. A. Adam)

Essas cartas não devem ser analisadas como uma correspondência íntima, no sentido contemporâneo, porque algumas podiam ser lidas em público pelo próprio autor. Plínio apresenta-se como um amante da poesia elegíaca, e a sofisticada referência à porta fechada, aos pés que o conduzem até ela, revela sobretudo um desejo do autor de se colocar em cena de maneira original. Esse documento nos mostra que, naquela época, não era malvisto apresentar o laço conjugal como o lugar de uma afeição profunda. Nisso há de fato uma evolução.

RELAÇÕES ERÓTICAS FORA DO CASAMENTO

Outra mudança no discurso durante os séculos II e III d.C.: as relações que hoje denominamos pederásticas não gozam mais da mesma notoriedade. Continuam a aparecer na forma de uma narrativa muito romântica nos romances gregos da época, que, no entanto, contam sobretudo os amores entre um herói e uma heroína que enfrentam diversas provações para poder se casar. Os amores masculinos são contados como um vestígio de tempos antigos, como uma referência erudita dos autores ao cânone da cultura grega clássica.

É preciso esclarecer que foi a partir do século IV d.C. que os imperadores cristãos Constâncio, Constâncio II e Teodósio I publicaram leis que condenavam a penetração de homens por outros homens e, mais tarde, puniram com tortura e morte os que a praticavam. Todavia, isso não pode ser considerado uma condenação dos homossexuais, no sentido da categoria contemporânea, porque apenas essa forma específica de prática sexual era levada em consideração, o que nem de perto designa o que entendemos hoje por homossexualidade. Michel Foucault, em seu curso "Subjetividade e verdade", ministrado no Collège de France[6], vê tais fenômenos como uma mudança da relação de si para

---

6 Publicado postumamente em 2015, foi o último dos cursos de Foucault no Collège de France a ser transformado em livro. Ed. bras.: Michel Foucault, *Subjetividade e verdade*, São Paulo: WMF Martins Fontes, 2016. [N.E.]

consigo proveniente não de uma invenção da moral cristã, como se pensou algumas vezes, mas de uma evolução da ética pagã. É essa nova relação entre o sujeito, o sexo e a verdade que, recuperada pelo cristianismo, dará nascimento ao que o filósofo chama de "a experiência da carne" nos primeiros séculos de nossa era.

Os usos e as normas do casamento em Roma, portanto, são assimétricos, como na Grécia. Designava-se como ato de adultério o fato de uma mulher casada ou uma filha de cidadão ter relações com um homem que não era seu marido; o amante incorria em graves sanções e, segundo as leis antigas, o flagrante delito autorizava o marido ou o pai, conforme as circunstâncias, a matá-lo. Isso deu matéria a inúmeros casos fictícios que serviram de base para o treinamento dos futuros advogados; no século I a.C., Sêneca, o orador, reuniu em suas *Controvérsias e suasórias* discursos desse tipo para formar oradores. Discute-se, por exemplo, o caráter lícito do caso do marido que pede ao filho que mate o amante de sua mulher, porque ele, sendo maneta, não podia fazê-lo. Esses casos inventados nos fazem penetrar nas sutilezas do que era adultério para os romanos.

Em Roma, a família era a referência cultural e não natural que possibilitava a perpetuação do corpo cívico por meio de nascimentos ou adoções – as quais eram feitas exclusivamente pelo marido. Era, acima de tudo, uma "fábrica de herdeiros", e as mulheres não se tornavam mães dos filhos adotados pelos maridos. Isso é interessante, porque claramente não existia um modelo "natural" que se procurava imitar. O historiador Philippe Moreau fala, nesse caso específico, de adoção sem mãe.

Ao promulgar a *lex Julia de adulteriis coercendis* em 18 a.C., o imperador Augusto implantou uma política demográfica muito diretiva. Ignoramos quais eram exatamente todos os comportamentos previstos na *lex Julia*, mas é certo que ela originalmente abrangia o adultério, no sentido romano, e punia a esposa delituosa e o amante. Sabemos também que o próprio marido era punido se permitisse que a esposa frequentasse um amante. Essa lei sucedeu a outra, a *lex Julia de maritandis ordinibus*, cujo objetivo principal era incentivar o casamento entre membros de uma mesma classe e dificultar o divórcio.

É mais em termos de proteção do grupo dos cidadãos que em termos de moralidade ou fidelidade, portanto, que convém interpretar as leis e os costumes que regiam o casamento romano. Nesse contexto, o homem cidadão tinha toda a liberdade de frequentar homens ou mulheres fora do casamento. A esposa, por sua vez, não podia em absoluto manter relações com um homem que não fosse seu marido. As relações entre mulheres, mesmo não sendo consideradas adultério em sentido estrito, eram particularmente malvistas, e criavam uma reputação que manchava em definitivo a *pudicitia* da *matrona* respeitável e, por consequência, a de seu marido, como veremos.

VIOLÊNCIA E *STUPRUM*

A desigualdade sexual entre os indivíduos não se formulava estritamente em termos de diferença de sexos, como nas sociedades modernas patriarcais. A condição do *vir romanus*, o homem cidadão romano, não era em nada comparável à do escravo, que tinha uma vida muito mais difícil que a de uma mulher cidadã. O escravo era um bem, uma propriedade de um senhor, e todo dano físico e sexual era considerado uma degradação desse bem que justificava um processo, exceto se a pessoa que causou o dano ou cometeu o estupro fosse o proprietário. Citamos como exemplo a célebre frase de Petrônio em *Satíricon*[7], dita pela boca do liberto Trimalquião, que é bastante reveladora do que viviam os escravos domésticos: "Contudo, servi aos prazeres de meu senhor durante catorze anos e não é vergonha nenhuma fazer o que ordena o senhor, mas também saciei minha senhora" (75, 11). Na realidade da sociedade romana, a relação *matrona* – mulher, senhora e esposa de cidadão – e escravo não era admitida, mas se trata aqui de uma ficção romanesca em que Trimalquião, o rico liberto, quer mostrar o caminho percorrido por ele.

Em resumo, não podemos opor homens e mulheres na sociedade romana, pois a estrutura das relações sexuais era muito mais complexa. A relação sob coação, como se pode ver, não era considerada uma violência. Em Roma, somente os corpos do cidadão, de sua esposa e de seus filhos legítimos eram protegidos e considerados vulneráveis, podendo sofrer *stuprum*, uma noção especificamente romana.

O termo *stuprum* não significa necessariamente "estupro" e remete a um vasto campo semântico. Em certas circunstâncias, pode designar uma violação, até mesmo violentíssima, seguida de assassinato. Encontramos um grande número de ocorrências do termo nos historiadores que falam das guerras e dos tratamentos infligidos às populações derrotadas. No entanto, *stuprum* não pode ser traduzido por estupro, nem mesmo por violência sexual, porque em seu uso corrente designa também diferentes tipos moralmente condenáveis de comportamento pessoal relacionado ao prazer – erotismo, volúpia, alimentação –, bem como comportamentos nos quais os parceiros são inteiramente "consencientes". Cícero, por exemplo, condena as práticas eróticas de Verres e Catilina em banquetes regados a vinho chamando-as de *stuprum*, mas o que o orador designa não são atos violentos, e sim a prática de relações eróticas por Catilina e Verres que envolvem o *pudor* de homens livres e cidadãos.

O *pudor* é uma noção romana que podemos definir como uma mescla de honra, reputação, recato e integridade. O tipo de ato designado pelo termo não é obrigatoriamente violento, embora possa ser; e o *stuprum* é

---

7 Ed. bras.: Petrônio, *Satíricon*, Porto Alegre: L&PM, 2016. [N.T.]

acima de tudo uma acusação moral contra um indivíduo que macula sua reputação ou a de outrem, quando se trata de um cidadão livre.

Claramente a dimensão do consentimento das pessoas envolvidas na relação sexual não existia. Quando o historiador Suetônio condena Calígula por possuir à força esposas de cidadãos influentes, é apenas para ressaltar o desprezo do imperador por seus concidadãos e pelas regras de sociabilidade que constroem a comunidade; sua intenção não é, em momento algum, a de condenar o comportamento violento ou sexista do imperador, menos ainda a de sensibilizar o leitor para a causa das mulheres que sofrem abusos. Atacar as esposas era, para o imperador, uma forma de atingir o marido, de humilhá-lo publicamente. As mulheres casadas, e não as mulheres em geral, são simplesmente uma intermediação da relação entre homens livres. Por essa lógica, elas são vítimas colaterais de um ato degradante.

O termo *stuprum* pode, assim, designar relações sexuais ilícitas, ou condenáveis, mas às vezes também serve para denunciar depreciativamente a sedução de um indivíduo livre por outro. Nesse sentido, o termo contemporâneo e desusado "fornicação" pode traduzir, conforme o contexto, o julgamento moral compreendido no termo latino; não se trata de violência nem de infração da lei, mas de condenação de um prazer obtido de forma inconveniente. O termo também pode designar a relação adúltera entre parceiros consencientes, sem, portanto, se referir a um ato violento. Em todo caso, é a noção de atentado à *pudicitia* ou ao *pudor* que é associada ao *stuprum*, e quem o pratica de livre e espontânea vontade atenta contra sua própria honra. No caso do *stuprum*, mais que o corpo, é a *pudicitia* da vítima que é atingida.

O exemplo emblemático é o da nobre romana Lucrécia, contado por Tito Lívio no Livro I de sua *História de Roma*[8]. Violentada por Sexto Tarquínio – membro da família de Tarquínio, o Soberbo, rei de Roma –, Lucrécia responde ao marido, que lhe pergunta se ela está bem: "Como pode estar bem uma mulher que perdeu sua *pudicitia*?". Então, ela pega uma faca e a enterra no coração, dizendo: "Nenhuma mulher viverá impudica invocando o exemplo de Lucrécia" (I, 58). A família e o marido vingam Lucrécia matando o tirano, acontecimento que marca o início da República romana, em 509 a.C.

Essa forma de contar a história evidencia a importância da *pudicitia* para o romano ou a romana, tanto no nível pessoal como no político. Acrescentamos que certas formas de relação pederástica, quando envolvem um jovem cidadão consenciente, também são consideradas *stuprum* ou atentado ao *pudor*, mas não em razão de uma condenação da homossexualidade, e sim por elementos característicos da cultura romana.

---

8 Ed. bras.: Tito Lívio, *História de Roma*, São Paulo: Paumape, 1989. [N.T.]

ONIPRESENÇA DO SEXO PAGO

Em Roma, frequentar prostitutos ou prostitutas não era *stuprum*. Como na Grécia, o comércio sexual era particularmente desenvolvido e bem mais lucrativo que outros setores econômicos. Os proxenetas compravam escravos muito jovens para treiná-los, de modo que o sexo pago era uma indústria florescente. A visibilidade dessa prática era grande, e os documentos que a atestam são numerosos e variados: textos poéticos, grafites, murais afrescos, vestígios arqueológicos...

Segundo o nível do serviço, a prostituição era praticada em ruas sombrias, portos ou casas especializadas. A prática era lícita e regida por lei, e até mesmo sujeita a cobrança de impostos. Com relação ao cliente, frequentar prostitutos e prostitutas de idades variadas e pagar por relações sexuais era coisa comum e totalmente aceita, desde que não gastasse toda sua fortuna com isso. Uma anedota contada por Horácio, poeta do século I a.C., diz que Catão, figura emblemática da austeridade romana, felicitou um rapaz que estava saindo de um lupanar, pois considerava que era preferível satisfazer seus desejos ardentes em tais estabelecimentos a saciá-los com a esposa de um cidadão.

Foi nesse contexto que surgiram as cortesãs, as mulheres de reputação duvidosa – como diz Paul Veyne com certo humor em seu estudo *Elegia erótica romana* – que se tornaram objeto de alguns dos mais célebres poemas de amor. Do mesmo modo, a personagem da cortesã (*meretrix*) no palco cômico é muito familiar ao público romano. Proxenetas de ambos os sexos não tinham boa reputação, mas não era por razões morais de comércio humano. Para o estrangeiro pobre, para o liberto ou o escravo, prostituir-se não era considerado mais degradante que outros trabalhos físicos, cada qual permanecendo em seu estatuto social. Aliás, o termo latino *meretrix*, usado em referência às prostitutas, é formado a partir do verbo *mereor* ("ganhar dinheiro"), e o termo para designar os prostitutos é *scortum*, um substantivo neutro e depreciativo também utilizado para designar as mulheres.

Existem termos específicos de acordo com as competências e as características de cada um, como *exoleti*, no plural, que não se refere necessariamente à prostituição, mas aparece no contexto dos banquetes, em que os convidados fazem escolhas conforme suas preferências. *Exoleti* designa homens-feitos, adultos, para aqueles que preferem homens maduros. Nesse contexto, a expressão *pueri delicati* ("meninos delicados"), escravos do senhor ou prostituídos pelo senhor, designa meninos jovens, não cidadãos, igualmente apreciados nessas noitadas.

A moral romana, porém, proibia um cidadão ou cidadã de alugar seu corpo: era um ato de infâmia para um *ingenuus* (cidadão nascido livre), que o colocava no mesmo patamar de um ator, um gladiador ou um *praeco*, a saber, um arauto, um homem que empresta sua voz a outro. O caso de

Messalina, esposa do imperador Cláudio, da qual se dizia que se prostituía nos bairros mal-afamados de Roma, tornou-se célebre na pluma do satírico Juvenal, uma reputação que devemos atribuir a ajustes de contas políticos.

Não encontramos em Roma uma condenação moral da prostituição como a conhecemos hoje, com a ideia psicologizante de uma intimidade violada ou uma desordem específica cuja causa deve ser conhecida. O cliente, aquele cidadão que passa a noite em bordéis, será criticado não por cultivar maus hábitos ou maltratar as prostitutas, por exemplo, mas simplesmente por gastar o dinheiro da família e negligenciar seu papel de cidadão ao dedicar menos tempo ao *negotium*, o período do dia reservado ao trabalho, e às atividades políticas esperadas do *vir romanus* (o romano).

O tema é objeto de numerosas representações nas comédias dos séculos III e II a.C., fontes antiquíssimas: romanos jovens ou não tão jovens morrem de desejo e despeito pelas prostitutas que os rejeitam. Mas é difícil analisar esses documentos, porque são apenas vestígios de *performances* em que as dimensões cênica e musical eram muito importantes, e que fazem parte de um ritual religioso coletivo que era denominado os *ludi* (os jogos).

Além disso, essas peças em latim costumam recuperar tramas da nova comédia grega; os atores usam roupas gregas, como o *pallium* (manto), e os personagens são codificados em tipos com características recorrentes: o velho, a serva, o escravo etc. A *meretrix* é um dos papéis inevitáveis da comédia romana. A peça *As duas Báquides*, de Plauto, conta o destino de gêmeas cortesãs cuja semelhança é pretexto para diversos quiproquós. Em *O eunuco*, do autor dramático Terêncio (século II a.C.), a cortesã Taís encarna a boa prostituta – a *meretrix*, nesse contexto, é frequentemente a antiesposa, linda e sedutora.

Seria arriscado pretender ver nesses tipos dramáticos o reflexo direto das emoções e dos sentimentos amorosos dos romanos, ou procurar uma psicologia nos personagens. Em contrapartida, a importância dada à figura da prostituta, ao redor da qual gira a atenção de cidadãos ricos ou sem um tostão, mostra certa familiaridade do público romano com a prática da prostituição e as relações que se estabelecem em torno dela.

Enfim, em Roma, a prostituição era praticada tanto por mulheres quanto por homens, e, no caso das relações entre homens, às vezes é difícil para historiadores distinguir o sexo pago das relações que aconteciam entre um homem e um rapaz no contexto romano do *otium*.

A "PEDERASTIA" EM QUESTÃO

Uma grande diferença entre as práticas gregas e os costumes romanos reside no tratamento social da "pederastia". Em Roma, relações sexuais com um menino, um futuro cidadão, eram estritamente proibidas: tratava-se de um atentado a seu *pudor*, e eram consideradas uma forma de *stuprum*, um ato punido com rigor.

Uma lei cujo conteúdo não conhecemos exatamente enquadrava esses atentados ao corpo do indivíduo livre, homem ou mulher: a *Lex Scantinia*. Alguns historiadores a datam do século III a.C., outros, do século II a.C. Sabemos por Suetônio que o imperador Domiciano a tornou mais rigorosa no século I d.C. Essa lei não trata especificamente das relações que hoje denominamos homossexuais. A relação entre um cidadão e um jovem cidadão era proibida porque os romanos a enxergavam como um atentado à honra do rapaz e de sua família, mas isso não significa que não existisse desejo de homens por homens em Roma. Fontes numerosas e variadas deixam entrever que cidadãos cuja cultura erótica não opunha a homossexualidade à heterossexualidade também se sentiam atraídos pelo corpo de homens ou jovens rapazes. Ricos vasos de prata, afrescos e poemas celebram a não mais poder as delícias dessas relações eróticas, totalmente lícitas desde que o parceiro não seja um cidadão romano – o que, aliás, nunca é representado nas imagens.

Da mesma maneira, na ficção, os poetas elegíacos se põem em cena como amantes de rapazes; a relação entre Cícero e seu secretário, o liberto Tirão, era conhecida, e Plínio a menciona de forma explícita em uma de suas cartas, transformando-a até mesmo em tema de um de seus poemas. No século I d.C., o poeta Estácio compôs um poema (*Silves* [*Silvas*], II, 1 [Paris: Belles Lettres, Collection des Universités de France – CUF]) para consolar seu amigo Atedius Melior pela perda do jovem liberto Glaucias, de 13 anos, que ele educara e amara como um amante:

> *Ah! Que foi feito daquela tez de brancura resplandecente, na qual transparecia um sangue rubro, e daquelas pupilas semelhantes a estrelas, e daqueles olhares em que brilhava o céu, e daquele porte reservado, unido à fronte estreita encimada de cachos naturais e da suave linha de uma graciosa cabeleira? Que foi feito daquela boca tão expressiva em seus ternos gemidos, daqueles beijos que, no enlace, cheiravam às flores da primavera, daquelas lágrimas em que se misturava o riso, e daquela voz em que profundamente se misturava o mel de Hibla?*

A interdição das relações pederásticas entre cidadãos em Roma não deve ser interpretada, portanto, como uma regra feita para proteger o corpo de todas as crianças ou prevenir comportamentos "pedófilos". Aliás, não podemos esquecer que, em Roma, onde não existia ministério público, as leis eram aplicadas somente quando havia um queixoso e, portanto, apenas se alguém visse interesse particular em prestar queixa.

CONDENAÇÃO MORAL DOS EXCESSOS

Em Roma, o julgamento moral das práticas sexuais dependia, em primeiro lugar, de suas modalidades, e o que era malvisto eram as escolhas extremas. A hipersexualidade era desprezada e ridicularizada acima de tudo, porque colecionar conquistas era um sinal de descontrole próprio, uma confissão de fraqueza física e mental. Mas, nessa mesma ordem de ideias, um cidadão que proclamasse a importância da castidade e repudiasse qualquer tipo de luxo não era admirado, porque a austeridade total podia ser identificada como uma rejeição da sociabilidade cidadã.

Os poemas satíricos são particularmente úteis para conhecermos o sistema de julgamento moral romano, graças a seu exagero humorístico e caricatural. Os trabalhos de Florence Dupont e Thierry Éloi mostraram que no século I d.C. o poeta Marcial escarnecia em seus epigramas daqueles que praticavam sexo em exagero, descrevendo com detalhes as consequências desse tipo de comportamento para o corpo: Lídia tinha uma vagina mais larga que uma piscina; a tríbade Filênis fazia sexo com onze moças num único dia e tinha um físico de atleta; Sabelo era de uma magreza impressionante, de tanto que fazia sexo; e Vectius tinha uma boca repugnante e exalava um fedor pestilento em decorrência de suas práticas orais.

Assinale-se que no texto satírico não existe uma prática sexual que não seja alvo de troça e caricatura, tudo é motivo de riso: *futuere*, em latim, designa a penetração vaginal; *pedicare*, a penetração anal; *irrumare*, uma especificidade do vocabulário latino, significa penetrar a boca de alguém, ou mesmo violentar pela boca. Mas há uma gradação na sátira da felação: a felação (*fellare*) e a cunilíngua (*cunnum linguere*) são apresentadas como os atos mais degradantes, por sujar o órgão político, a boca, e, consequentemente, a voz de um cidadão.

Em todo caso, o indivíduo que se entrega a qualquer uma dessas práticas é tachado de *mollitia* (literalmente, "moleza"), termo que deve ser entendido como a incapacidade de resistir ao prazer, portanto, como uma perda do controle de si. Pode entrar nessa categoria qualquer homem que hoje consideraríamos um Don Juan, um sedutor inveterado; e a simbologia do sexo masculino em permanente ereção era negativa. Príapo, o deus protetor dos jardins, com seu sexo ereto, encarna um corpo obsceno, e não uma hipervirilidade erótica. Longe de ser um bom atributo, o sexo avantajado enfeia o homem, e Marcial faz troça da *mentula* de Pápilo, que alcançava seu nariz. Está claro o que quer dizer *mentula* neste contexto.

Quanto às relações sexuais entre mulheres, elas eram vistas com indiferença, às vezes com repulsa, e, ao contrário do que acontece no Ocidente hoje, não alimentavam o imaginário erótico – ou muito pouco. Há escassas representações nas paredes dos lupanares; um único afresco representando duas mulheres juntas foi encontrado nas termas suburbanas de Pompeia. Marcial caçoa das práticas de Bassa, amante de mulheres, ou de Filênis, que se entrega febrilmente a todo tipo de prática oral ou vaginal com mulheres, mas não constitui esses atos numa categoria à parte.

Contudo, o fato de certas práticas serem zombadas ou desigualmente representadas não significa que eram proibidas nem que não ocorriam. O que os romanos condenavam era o não respeito a certos espaços, certas medidas ou certos momentos, e sobretudo quem se exibia; esses desvios da norma revelavam uma invalidade de ordem cívica, impossibilitando o acesso às funções do *forum* e do exército. Por exemplo, eles consideravam *infamis* um indivíduo que submetesse seu corpo ao prazer de outro, e a acusação de *infamia* ultrajava definitivamente o *pudor* desse cidadão, isto é, sua reputação e sua imagem social.

A maior qualidade do cidadão civilizado, aquele que gozava de boa *fama*, era saber não misturar o tempo do *otium* com o do *negotium*, saber apreciar com comedimento os prazeres dos banhos e dos banquetes, dois importantes locais de sociabilidade, onde o erotismo dos beijos delicados se misturava à música, à comida e às discussões entre cidadãos.

O ato físico mais erótico e mais requintado, tal como a poesia o apresenta, é o beijo. No entanto, é preciso distinguir o beijo erótico, com troca de fluidos, do simples *osculum*, o beijo nos lábios praticado pelos romanos para se cumprimentar no contexto familiar ou de sociabilidade entre pares. O beijo erótico entre um homem e seu jovem amante, aquele que aproxima duas almas, é descrito nestas linhas transmitidas por Aulo Gélio:

> *Quando beijo meu amado com um beijo semicerrado, aspiro a doce flor de seu hálito em sua boca aberta, minha pequena alma doente e ferida precipitou-se de meus lábios para a passagem aberta de meu sorriso, lançando-se nos doces lábios do menino; ela procura uma passagem, queria saltar. (Noites áticas, XIX, 11)*

EFEITO ERÓTICO DE UMA GRÉCIA IMAGINÁRIA

Terminamos esta viagem com uma nota grega, mas de uma Grécia *made in* Roma. A Grécia desempenha um papel importante no imaginário erótico romano. A epopeia de Virgílio, a *Eneida*, relata a coragem e o desespero de Niso, que perdeu seu amado, Euríalo, no campo de batalha. Nos banquetes, os romanos davam nomes gregos aos belos escravos, os *pueri delicati*, a quem perfumavam e vestiam com requinte. Era tão mais erótico chamá-los assim! Os elegíacos romanos compunham poemas cujos personagens pertenciam ao imaginário grego da poesia de banquete, difundida em todo o Mediterrâneo pelos alexandrinos.

O imaginário erótico associado ao mundo grego deve ser reposicionado num contexto mais amplo; existia entre os romanos um conjunto de fantasias e representações que punha em cena um mundo grego imaginário de prazeres requintados, do qual o amor era apenas uma parte. Os romanos podiam experimentar esses prazeres em certos contextos, como nos banquetes, ou em certos lugares, por exemplo, quando passavam temporadas de lazer em regiões helenizadas, como Marselha ou Campânia, onde falavam grego, se vestiam à maneira grega e discutiam filosofia. Em Roma, uma pitada de cultura grega num momento de sociabilidade podia levar a tensão erótica a outro patamar. Como dissemos no início, o corpo e a sexualidade são acima de tudo uma questão de cultura.

***

Vejamos o que aprendemos com esta viagem em terras gregas e romanas antes de regressar ao presente. A "sexualidade" é uma produção especificamente moderna, que se constrói progressiva e concomitantemente como um instrumento de subjetivação que participa da constituição do sujeito, e é também uma implicação do poder pelo viés psicológico da introjeção das normas sociais no indivíduo.

Como mostrou Michel Foucault em *História da sexualidade* e *A hermenêutica do sujeito*[9], a interioridade psíquica começou a ser inventada a partir do século II d.C. Foucault opõe a construção do sujeito antigo, o que ele chama de "exterioridade ética", a essa interioridade psíquica, essa subjetividade amplamente promovida pela cultura cristã nos séculos seguintes.

Por consequência, se queremos conhecer a sexualidade no mundo greco-romano, convém entendermos antes de tudo que suas lógicas de gênero em geral são muito diferentes das nossas e que, enquanto nossas sociedades enfocam particularmente a identidade de sexo das pessoas, o elã erótico na Antiguidade era menos sexuado. Devemos acrescentar que as relações entre homens e mulheres não alimentavam a base de uma cultura artística e social, como aconteceu no Ocidente a partir do século XII, quando, segundo a análise de Louis-Georges Tin, se inicia a exaltação de uma cultura do amor heterossexual. Numa obra intitulada *L'Invention de la culture hétérosexuelle* [A invenção da cultura heterossexual], o autor põe em evidência os pontos cegos dos estudos sobre as sociedades passadas e faz a seguinte constatação: "Se a reprodução heterossexuada é a base biológica das sociedades humanas, a cultura heterossexual é apenas uma construção entre outras e, nesse sentido, não pode ser apresentada como modelo único e universal".

Evidentemente, se a sexualidade antiga pode nos parecer exótica, não devemos esquecer que ela é apenas um pequeno aspecto das gran-

---

9 Ed. bras.: Michel Foucault, *A hermenêutica do sujeito*, São Paulo: WMF Martins Fontes, 2010. [N.T.]

des e múltiplas diferenças que existem entre essas sociedades e as nossas. Questionar tais diferenças parece muito mais útil que tentar escrever uma história evolucionista e linear *da* sexualidade, traçando um fio genealógico ilusório entre os antigos e nós.

Ao contrário, compreender as diferenças por meio do estudo de outras culturas, ver como, à luz de uma comparação ponderada com o mundo antigo, as categorias significantes são formuladas e construídas hoje, é particularmente útil para pensar as sociedades atuais e compreender como se formula, segundo Michel Foucault em sua introdução à *História da sexualidade*, essa nova e estranha relação com nós mesmos.

2

OCIDENTE MEDIEVAL

DIDIER LETT

No decorrer dos dez séculos que a compõem (séculos V-XV), a Idade Média passou por evoluções importantes em inúmeros âmbitos, inclusive no da sexualidade. Examinarei sobretudo os séculos XII-XV, mas não sem rememorar o que os grandes pensadores da Igreja dos séculos precedentes escreveram acerca da sexualidade e que ainda era abundantemente utilizado no fim desse período. As sociedades medievais assentavam-se sobre fundamentos anteriores ao cristianismo, mas não se pode conduzir uma reflexão sobre a sexualidade medieval sem considerar o enorme peso da nova religião. A noção de pecado atrelada à sexualidade e a hierarquia estrita entre o que é do domínio espiritual (superior) e o que é da ordem carnal (inferior) nos obriga a tentar apreciar as continuidades e as rupturas na implantação progressiva dos novos regimes de sexualidade entre a Antiguidade e a Idade Média.

Percebe-se a fortíssima desvalorização da sexualidade quando se observam as imagens do Paraíso ou do Inferno. Nos séculos XII-XIII, o Paraíso era majoritariamente representado pelo Seio de Abraão: o patriarca, em majestade, segura um pano ou abriga em seus braços as criancinhas que representam os eleitos – todas se parecem, não há distinção de idade nem de sexo. Essa imagem de germanidade espiritual e intensa uniformização contrasta com a do Inferno, em que os condenados, de idade e estatutos sociais diversos, são supersexuados, e corpos de homens e mulheres misturam-se numa promiscuidade que realça a forte carga sensual. A representação dos pecados capitais também apresenta qualidades sexuadas: a avareza é em geral um homem, e a luxúria, uma mulher. Os órgãos genitais são alvo de numerosas punições.

A mensagem bíblica impôs uma simbologia muito assimétrica, baseada na complementaridade hierárquica dos sexos e na dominação masculina, assim como na ideia de que o ato sexual lícito é aquele que se efetua com o propósito de procriar.

Durante séculos, essa história das sexualidades foi escrita a partir de fontes eclesiásticas, de teor normativo, por historiadores que, em geral, se não eram crentes, estavam firmemente implantados num mundo católico ou cristão extremamente heteronormativo, na visão dos quais as prescrições eclesiásticas valiam para as práticas. A única sexualidade abordável e abordada era a heterossexualidade matrimonial, visto que no fim do século XII, com a instauração do casamento como sacramento, houve uma "matrimonialização" das relações sexuais.

Vivemos num outro tempo historiográfico, marcado pela conclusão de uma profunda descristianização de nossas sociedades, que se iniciou ao menos desde o século XVIII, pela expansão da história das mulheres e do gênero e pela consideração de outras formas de sexualidade. Hoje a história das sexualidades se interessa por todas as formas de prática e orientação, pela sexualidade extraconjugal (adultério, concubinato), por relações entre pessoas do mesmo sexo ou violências contra adultos e crianças (estupro, incesto, pedofilia).

Para evitar projeções de nossas concepções da sexualidade contemporânea sobre os discursos e as práticas medievais, assinalamos de saída que, atualmente, existe uma diferenciação entre sexo, gênero e sexualidade. O sexo remete ao corpo e ao físico dos homens e das mulheres. O gênero refere-se à masculinidade e à feminilidade, a modelos de identidade e comportamento. A sexualidade diz respeito às práticas, à orientação sexual (homo/hétero) e ao desejo. Essas distinções não existiam na Idade Média. Se uma pessoa não se encontrava em conformidade com o modelo esperado de comportamento sexual, portanto de sexualidade, não se podia pensar que se tratasse de uma questão biológica, ou de gênero, ou de desejo sexual. As três noções eram intrinsecamente interligadas. Existia uma ordem sexual em que o sexo biológico, macho ou fêmea, determinava um desejo sexual inequívoco pelo outro sexo, mas também um comportamento social específico, masculino ou feminino. A diferença sexual estava inscrita no corpo, e a sociedade medieval construiu um discurso sobre a diferença dos sexos a partir desse dado "natural", atribuindo a cada um dos sexos, com base nos fundamentos das Sagradas Escrituras, uma identidade, características classificadas como femininas ou masculinas. Portanto, os textos ou as imagens não revelam identidades sociais, mas as constroem, estabelecendo-as como naturais.

Para os medievais, existia uma ligação intrínseca entre o coito, o desejo e a procriação. O desejo de prazer e o desejo de procriar misturavam-se no ato sexual. Como toda relação carnal deveria ter uma finalidade procriativa e acontecer no seio de uma união matrimonial legítima, a sexualidade era aceitável somente entre duas pessoas de sexos diferentes. Havia, portanto, uma relação muito estrita entre casamento e procriação. Em 1179, o Terceiro Concílio de Latrão reafirmou o conceito de ato "contra a natureza", com o qual designava todas as atividades sexuais com finalidades não procriativas.

Chamamos a atenção para o fato de que, na Idade Média, não existia o termo *sexualidade*. As palavras *homossexualidade* e *heterossexualidade* aparecem muito mais tarde, em 1868 e 1892, respectivamente. Quando trabalhamos com épocas antigas, somos obrigados a considerar essas questões de vocabulário para saber quais termos devemos empregar ao estudar as relações entre pessoas do mesmo sexo ou de sexos diferentes.

Num primeiro momento, examinaremos a sexualidade entre pessoas de sexos diferentes, a dos casais heterossexuados, que representam a maioria das uniões, para a qual dispomos de documentação mais abundante: tipo de sexualidade, desejo, prazer, relação conjugal, relação extraconjugal, adultério e concubinato. Em seguida nos debruçaremos sobre outras formas de sexualidade, desviantes, condenadas e violentas: relações entre pessoas do mesmo sexo, prostituição, insultos de caráter sexual, estupros de mulheres e crianças.

1
O ATO SEXUAL E A RELAÇÃO COM O PRAZER

PAPEL ATIVO E PAPEL PASSIVO

Segundo Ruth Mazo Karras[1], o ato sexual pode ser definido como "alguma coisa que uma pessoa faz com outra". Na verdade, ao contrário do que observamos hoje, quando os verbos que servem para designar o coito são na maioria das vezes intransitivos, significando que é um ato realizado conjuntamente por duas pessoas, os locutores medievais utilizavam de preferência verbos transitivos: em francês, diziam *"foutre* uma pessoa", em inglês, *swiven*, ou, em latim, *concubere*.

Essa asserção tem duas consequências mais relevantes. Por um lado, significa que em todo ato sexual há um sujeito ativo e um sujeito passivo, e o ato carnal não tem o mesmo significado para um e para o outro. O coito, efetuado no âmbito do casamento ou fora dele, não é pensado em termos de reciprocidade. Deve-se considerar que os dois parceiros não realizam o mesmo ato. Por outro lado, num contexto de forte dominação masculina e não reconhecimento das relações entre parceiros do mesmo sexo, o ativo é o homem e o passivo é a mulher, de forma que

---

[1] Ruth Mazo Karras, *Sexuality in Medieval Europe: Doing unto Others*, New York/London: Routledge, 2005.

foutre na Idade Média significava quase exclusivamente "penetrar". A não ser que uma mulher penetrasse sua parceira com um dildo, um ato sexual entre duas mulheres podia não ser reconhecido como tal, o que em parte pode explicar o profundo silêncio das fontes sobre as relações lésbicas. Consequentemente, no coito, os parceiros não se definiam em termos de pertencimento de gênero (masculino/feminino), mas em termos de papel ativo ou passivo.

As teorias medievais da reprodução apresentam-se em perfeita adequação à maneira de pensar a sexualidade: a mulher passiva e o homem ativo. No discurso médico, as mulheres são consideradas receptáculos ou, na melhor das hipóteses, fornecem o material que se transformará em feto; é o homem, por sua vez, que informa e dá forma. As teorias sobre a contribuição das mulheres na concepção, como matéria inerte à espera do sêmen, fornecem uma justificação científica para essa passividade. Tanto nos tratados de medicina como na literatura – por exemplo, nos *fabliaux*, esses breves contos edificantes ou satíricos dos séculos XIII-XIV escritos na França do Norte –, o homem e a mulher procuram a penetração como fonte de prazer, mas prazer ligado à procriação. O homem deseja a mulher para satisfazer seu prazer, mas também o de sua parceira, porque se acredita que o sêmen provoca o prazer feminino.

Essa maneira de pensar o prazer é condizente com a concepção do ato sexual: a mulher sente prazer porque o homem fez alguma coisa com ela. As mulheres são percebidas como tendo uma forte propensão ao desejo, mas é um desejo de receber, não de dar. Nos *fabliaux*, quando uma mulher se recusa a fazer sexo com o marido, ela exprime essa recusa não como alguma coisa que ela não quer fazer, mas como alguma coisa que ela não deixa que ele faça.

O PRAZER CONDENADO PELO DISCURSO ECLESIÁSTICO

Em resumo, os pensadores medievais condenam o gozo e o prazer. A maioria dos Padres da Igreja acredita que o ato sexual é consequência do pecado original. Santo Agostinho, porém, explica no início do século V que Deus previu a possibilidade de Adão e Eva terem intercurso carnal sem pecado nem culpa no Paraíso, mas eles não efetivaram essa possibilidade porque, antes da Queda, seus órgãos genitais obedeciam completamente à sua razão, à sua vontade, como todas as demais partes de seu corpo. Portanto, foi logo depois de serem expulsos do Paraíso que eles tiveram sua primeira relação sexual. Os grandes pensadores cristãos do século XIII (Pedro Cantor, Robert de Courson ou Thomas de Chobham) aceitam globalmente essa posição. Logicamente, os Padres da Igreja condenam o prazer, pois ele surgiu após o pecado e não existia no mundo ideal do Paraíso.

No fim do século VI, o papa Gregório Magno, numa carta em resposta a Agostinho de Cantuária, que fora enviado à atual Inglaterra em missão de evangelização, explica que não são as relações sexuais que são condenáveis, mas "o prazer da copulação". E acrescenta: "É preciso haver a união carnal, mas ordenada para a procriação, não para a volúpia. E as relações carnais devem ocorrer com o propósito de se ter filhos, não de satisfazer os vícios". Em meados do século XII, Graciano, em seu famoso decreto, faz suas as orientações de Gregório: "Os que copulam não para gerar filhos, mas para satisfazer seus desejos são mais fornicadores que cônjuges" (Decreto de Graciano, *c*. 1140).

Nesse contexto, podemos compreender por que a masturbação, a felação ou a sodomia são severamente condenadas e consideradas "crimes contra a natureza". O homem não deve cometer o "pecado de Onã", isto é, seguir o exemplo desse personagem bíblico, que foi morto por Deus porque derramava seu esperma na terra, em uma interrupção do coito com a mulher de seu falecido irmão (*Gênesis* 38, 6-10).

Os clérigos também advertiam os homens que não se conduziam com moderação em sua vida sexual. Os excessos sexuais fazem mal à saúde, acreditavam, e esse é um argumento de peso para cavaleiros e camponeses, cuja principal atividade (combate ou trabalho no campo) consistia no uso da força. Para condenar a paixão desmesurada de um marido por sua esposa, os clérigos apoiavam-se em são Jerônimo, que qualifica de "adúltero" o marido que se une à sua mulher com muita paixão, sinal evidente de que a ama apenas para seu prazer: "Não há nada mais infame", escreve Jerônimo, "que amar uma esposa como se fosse uma amante".

UM ESBOÇO DE ARTE ERÓTICA NO DISCURSO MÉDICO

Apesar desse discurso dominante de condenação do gozo e do prazer, houve no fim da Idade Média, sob ampla influência do pensamento árabe a partir do século XII, um esboço de "arte erótica" no discurso médico. De fato, a partir do século XIII, o prazer no ato sexual é reabilitado de certo modo, ainda que essa nova postura se limite a uma pequena minoria de pensadores. Em Salerno, entre 1077 e 1087, Constantino, o Africano, escreveu *De coitu* [Do coito], o primeiro tratado latino – fortemente inspirado pelo pensamento árabe – sobre o ato sexual entre um homem e uma mulher considerado do ponto de vista médico. Esse tratado, modificado por Guilherme de Conches no século XII, teve suas questões retomadas e discutidas nas *Questões salernitanas*. Podemos ler na introdução:

> *O Criador, querendo que perdure firmemente e de maneira estável e não se extinga o gênero animal, o fez de maneira que seja renovado pelo ato sexual e pela*

geração, de modo que, assim renovado, ele não seja completamente extinto. Por isso criou órgãos naturais nos animais que fossem adequados especificamente a essa obra, introduzindo-lhes uma faculdade tão admirável e um prazer tão deleitável que não haja animal que não seja atraído pelo ato sexual. Pois se os animais detestassem o ato sexual, não há dúvida de que o gênero animal pereceria.

Constantino, o Africano, e Guilherme de Conches transformaram o prazer num estímulo à procriação. Na tradição hipocrática e galênica – Hipócrates e Galeno, os dois grandes médicos da Antiguidade, influenciaram fortemente todo o pensamento médico da Idade Média e mesmo depois dela –, os médicos acreditavam que o coito era indispensável à boa saúde. Aldobrandino de Siena, em meados do século XIII, e Bernard de Gordon, no início do século seguinte, afirmam que reter o sêmen é prejudicial à saúde. O primeiro explica que as solteironas, as freiras e as viúvas morrem prematuramente porque não praticam a sexualidade. O segundo dá conselhos sobre a estimulação erótica da mulher antes do ato.

No fim do século XV, Dionísio, o Cartuxo, expõe em *A vida exemplar dos casais casados* as teses tradicionais sobre o matrimônio e a abstinência, mas insiste muito na importância do amor que os membros do casal devem ter um pelo outro, um amor que também é carnal. Escreve: "as pessoas casadas podem amar-se mutuamente pelo prazer que se dão uma à outra no ato conjugal". O professor parisiense Martin Le Maistre (1432-1481), numa obra intitulada *Questions morales* [Questões morais], publicada postumamente em 1490, defende as mesmas posições: "Digo que alguém pode desejar ter prazer, primeiro por gosto ao prazer em si e depois para espantar o tédio e a dor de uma melancolia que proviria da ausência de prazer. As relações conjugais que servem para espantar a tristeza provocada pela ausência de prazer sexual não são pecaminosas".

Um opúsculo catalão do fim do século XIV, intitulado *Speculum al foder* [Espelho da cópula], de influência árabe, descreve minuciosamente 24 posições para a realização do ato sexual, uma espécie de pequeno *Kama sutra* do Ocidente medieval.

Segundo os médicos, o prazer masculino e feminino é necessário à concepção. Na maneira de pensar medieval, a mulher é tão ligada à maternidade que seu desejo de engravidar e seu desejo de prazer são uma coisa só, o que explica por que ela é percebida como insaciável.

2
A SEXUALIDADE NO CASAMENTO

AS REGRAS ESTRITAS DAS PRÁTICAS SEXUAIS LÍCITAS

Progressivamente, ao longo da Alta Idade Média e, sobretudo, após a reforma gregoriana – de Gregório VII (1073-1085), principal instigador desse movimento de reforma da Igreja –, estabeleceram-se dois estamentos na sociedade cristã: os padres e os leigos. Os primeiros faziam voto de castidade e se encarregavam da reprodução espiritual da sociedade; os segundos, de sua reprodução biológica. O laicado era considerado inferior ao estamento clerical, mas São Paulo escreve: "é melhor casar-se que ficar abrasado" (1 Coríntios 7,9). Por isso a Igreja reconhecia a necessidade da celebração das bodas, único âmbito lícito da sexualidade e da procriação. Segundo alguns canonistas, como Graciano, a consumação era indispensável para validar a união matrimonial.

O necessário ato carnal era apresentado pela Igreja como "uma dívida conjugal" (*debitum conjugale*) que os cônjuges contraíam um com o outro. Por esse motivo, os homens impotentes não tinham o direito de se casar, pois, como afirma Tomás de Aquino, "eles não conseguirão quitar a dívida [*debitum*] que contraem com o cônjuge no contrato de casamento". A sexualidade dos casais era, assim, reconhecida pela Igreja, mas sujeita a certas condições.

De fato, esse ato necessário não podia se efetuar de qualquer maneira. No início do século XIII, Thomas de Chobham distingue três tipos de coito conjugal em seu manual dos confessores, a *Summa confessorum*. Em primeiro lugar, a copulação lícita, quando os cônjuges têm relações carnais destinadas à procriação e procuram evitar a fornicação, sempre respeitando as interdições do calendário. Em segundo lugar, o coito frágil, realizado sem o controle dos impulsos. E, por último, o coito impetuoso, que abrange três tipos de relação: as que ocorrem entre cônjuges que se amam em demasia e, por isso, são consideradas adultério, porque o marido trata a mulher como uma prostituta, unindo-se a ela por volúpia e em busca de prazer, e não exclusivamente para procriar; o coito contra a natureza, não vaginal e vaginal não missionário; e, por fim, o coito realizado em ocasiões não autorizadas pelo calendário ou na gravidez, no período menstrual ou nas *relevailles* (prática de resguardo que imita o modelo da Virgem Maria, que apresentou Jesus ao Templo quarenta dias após o nascimento).

Ainda no início do século XIII, no Livro IV de sua *Summa aurea*, Guilherme de Auvergne aponta quatro razões no coito conjugal que levam o homem a fazer amor com sua esposa (ele não concebe o inverso): o desejo de procriar, o dever conjugal, a preocupação com evitar a concupiscência e a busca do prazer. Apenas esta última é condenável, porque pode redundar em pecado "mortal", caso o homem se una à sua companheira de maneira tão impetuosa quanto se ela não fosse sua esposa (*coitus impetuosus*).

O coito ilícito é semelhante ao vício contra a natureza, que, segundo Tomás de Aquino em sua *Suma teológica*[1] (*c*. 1270), "implica atos que não resultam na geração humana". Tomás explica:

> *[O coito ilícito] pode realizar-se de várias maneiras. A primeira, quando na ausência de qualquer união carnal, por prazer venéreo, provoca-se polução: o que constitui pecado de imundícia, por alguns denominado masturbação. A segunda, quando se efetua a união carnal com um ser que não é da espécie humana: o que se denomina bestialidade. A terceira, quando se tem relações sexuais com uma pessoa que não é do sexo complementar, por exemplo, homem com homem ou mulher com mulher: o que se denomina vício de Sodoma. A quarta, quando não se observa o modo natural do concúbito, seja não utilizando o órgão desejável, seja empregando práticas monstruosas e bestiais para copular.*

---

1 Ed bras.: Tomás de Aquino, *Suma teológica*, 9 v., São Paulo: Loyola, 2001-2006. [N.T.]

Tomás estabelece graus entre essas práticas: o pior dos pecados, segundo ele, é a bestialidade, em seguida a sodomia, o ato em posição não natural e, por último, a masturbação.

O uso de procedimentos tidos como afrodisíacos também é severamente condenado. Em 1482, Gratiosa, uma grega de Veneza, prepara com a ajuda de duas amigas uma poção mágica para conservar o amor do jovem nobre Contarini: coração de galo, vinho, água e sangue menstrual misturados com farinha, cozidos e reduzidos a pó. Parece que a beberagem teve o efeito desejado, porque o amor do jovem redobra, a ponto de fazê-lo cometer "insanidades": as peças processuais descrevem os dois amantes divertindo-se na cama, Gratiosa medindo o *membrum virile* de Contarini com uma vela, que depois acende na missa em nome do amor que os une. Acusada de feitiçaria, a jovem grega é condenada a ter o nariz decepado – a severidade da sentença explica-se pelo fato de ser de estatuto inferior e tentar enfeitiçar um nobre. O que é condenado nesse exemplo, portanto, é tanto a utilização de procedimentos afrodisíacos de origem diabólica como a união entre pessoas que não pertencem à mesma categoria social.

A POSIÇÃO DO MISSIONÁRIO: O HOMEM POR CIMA DA MULHER

A Igreja tenta fazer com que se admita que apenas uma posição é aceitável no ato carnal, a do missionário: a mulher deitada de costas e o homem sobre ela. A posição "mulher sobre homem" (*mulier super virum*) coloca a mulher numa posição ativa e dominadora em relação ao par. A mulher "cavalga" o homem (metáfora frequente para designar o ato sexual na Idade Média) como uma prostituta, uma mulher adúltera ou "homossexual". Da mesma forma, o coito vaginal em que o homem penetra a esposa por trás (*retro* ou *more canino*, posição popularmente conhecida como "de quatro") é inaceitável, porque rebaixa o homem ao nível do animal e insulta o Criador. Para os casais, casados ou não, a posição *mulier super virum* é um procedimento para evitar ou limitar a procriação, porque se pensava que dessa forma a mulher corria menos risco de ser fecundada. Os textos canônicos, assim como os livros de medicina, garantem aos cristãos que, se eles praticarem essas posições ou copularem fora dos tempos prescritos pela Igreja, trarão ao mundo crianças deformadas, leprosas, enfermas ou monstruosas. A única posição autorizada, a do missionário, respeita a relação hierárquica entre os sexos. Adotá-la é demonstrar – e ao mesmo tempo criar – a superioridade masculina.

Se todas as outras posições sexuais são condenadas com tanta frequência, é porque eram praticadas. No fim da Idade Média, havia uma verdadeira obsessão pelo pecado contra a natureza. No século XIV, Petrus de Palude relata o caso de uma mulher que o procurou porque seu marido quis sodomizá-la. Ele a aconselha ser preferível permitir que a matem, que seu marido cometa adultério ou que ela se cubra de vergonha como uma mula a aceitar tal delito. Para Bernardino de Siena, célebre pregador do século XV, o crime contra a natureza é mais grave que o incesto. "É preferível", escreve, "que uma mulher se una com seu próprio pai de forma natural a que se una contra a natureza com seu marido. [...] Um homem erra se tem relações com sua própria mãe, mas erra mais se tem relações contra a natureza com sua mulher".

RESPEITO ÀS INTERDIÇÕES DO CALENDÁRIO CRISTÃO

Apoiando-se em *Eclesiastes* (3,5), os pensadores cristãos lembram: "Há um tempo para cada coisa [...], tempo para amar e tempo para odiar [...], tempo para abraçar e tempo para fugir dos abraços". Os penitenciais da Alta Idade Média, que cotavam as penitências de cada pecado cometido, são muito instrutivos sobre as práticas sexuais e, principalmente, sobre as interdições impostas pela Igreja. O penitencial mais famoso e mais completo, que recupera muitos elementos anteriores, é o *Decretum* de Burcardo de Worms, escrito entre 1008 e 1012. Trata-se de uma coleção canônica de 1.785 artigos, reunidos em vinte livros, sobre problemas de hierarquia eclesiástica, disciplina, direito sacramental e penitência.

Os penitenciais traduzem a realidade? Os padres que os redigiram tendem a aumentar, a multiplicar os pecados para incitar os fiéis a fazer penitência. Pedem que o homem e a mulher se abstenham de relações sexuais nos principais tempos litúrgicos: aos domingos, quartas e sextas-feiras, nos dois grandes períodos de jejum de quarenta dias antes da Páscoa (Quaresma) e do Natal (Advento) e nas numerosas festas de santos (cerca de 140). O casal também não podia realizar o ato carnal se a mulher estivesse menstruada, grávida, ou nos quarenta dias de resguardo após o parto, ou seja, antes da cerimônia das *relevailles*, e durante o aleitamento, para evitar que o leite se estragasse.

É impossível saber se os casais medievais respeitavam essas prescrições eclesiásticas. Segundo os cálculos de Jean-Louis Flandrin, um dos primeiros historiadores da sexualidade, se os homens e as mulheres da Idade Média observassem escrupulosamente essas interdições, eles teriam relações sexuais entre 1,8 e 3,7 dias por mês. Deixo o leitor refletir sobre essa frequência. No início do século XV, Bernardino de Siena tinha consciência de que os casais aos quais ele se dirigia não respeitavam os períodos de abstinência. Como de costume, depois de vilipendiar os cônjuges impetuosos e pouco respeitosos das interdições, ele exclama: "De mil casais, creio que novecentos e noventa e nove pertencem ao diabo".

Por falta de uma documentação precisa, é difícil estudar o ritmo sazonal de concepções na Idade Média (como fazem os demógrafos especializados em Idade Moderna, a partir dos registros paroquiais nos quais os padres declaravam os batismos, os matrimônios e os sepultamentos dos paroquianos). Os medievalistas às vezes têm de se contentar com a aplicação de resultados de estudos sobre períodos posteriores, estimando que os dados evoluíram muito pouco, o que é sempre meio perigoso. O modelo rural clássico do Antigo Regime revela um pico de concepções entre abril e julho e um vale entre agosto e outubro, durante a alta estação agrícola. O ritmo é diferente nas cidades, sem dúvida. No século XV, a família patrícia dos Le Borgne d'Arras enquadra-se muito pouco no modelo, concebendo sobretudo no início da primavera (às vezes na Quaresma) e no verão. A infecundidade ou a abstinência parecem maiores em junho e no início do inverno.

VALORIZAÇÃO DA ABSTINÊNCIA

A mulher que consegue convencer o marido a respeitar as interdições impostas pela Igreja é sempre valorizada no discurso eclesiástico: às vezes as santas se sobressaem nesse papel. Em 1190, a futura santa Edviges de Merânia (canonizada em 1267), então com 12 anos, foi dada em casamento ao duque da Silésia, Henrique I, o Barbudo. Dessa união nasceram quatro meninos e três meninas. Quando se dava conta de que estava grávida, Edviges rejeitava o marido até o parto. Entre uma gravidez e outra, ela o encorajava a respeitar a abstinência sexual durante o Advento, a Quaresma, às sextas-feiras e aos domingos. Por volta de 1208, após o nascimento de seu último filho, ela decidiu dormir em quarto separado. Seu biógrafo conta que ela viveu assim até a morte do esposo, em 1238. Outras esposas do século XIII, igualmente obedientes aos preceitos eclesiásticos, também foram canonizadas pelo papado para oferecer aos esposos um modelo de castidade conjugal.

As fontes que esclarecem a vida sexual dos casais na Idade Média, como podemos ver, emanam essencialmente do discurso teórico. Quando penetramos a fundo na intimidade da família, a documentação mascara. As fontes inquisitoriais são uma documentação muito rica para o medievalista. Não se trata de discernir as "práticas", pois as pessoas respondem a interrogatórios muito específicos (não se ouve a "verdadeira voz" dos medievais), mas os testemunhos nos permitem adentrar um pouco sua vida íntima. Em 1359, uma longa investigação é conduzida em Entrevennes, na Alta Provença, para tentar provar o casamento de Sybille de Cabris após o falecimento de seu marido, Annibal de Moustiers, contra a família do morto, que tentava recuperar seus bens. Raymonde Cabrilhana, amiga e vizinha do casal, foi interrogada. Ela cita a grande ternura e afeição que unia o casal:

> *Porque eu frequentava a casa deles, e muitas vezes vi o marido abraçá-la. Eu a vi várias vezes numa única e mesma cama com o marido, nus e sozinhos. Vi a beleza, a juventude e a capacidade deles de se entregar aos atos da cópula. Do que vi não posso testemunhar, mas podeis acreditar em mim.*

O historiador fica no ora-veja. Entretanto, o testemunho é cheio de informações. Faz-nos saber que a intimidade do casal medieval era limitada, e às vezes os vizinhos espiavam com inveja ou admiração os cônjuges copulando; também revela a discrição dos homens e das mulheres da Idade Média, que não hesitavam em ocultar sob um véu pudico os embates amorosos para sempre perdidos, mesmo que o objetivo fosse apresentar provas do que viram.

CONTRACEPÇÃO

Apesar do grande peso das interdições, homens e mulheres do fim da Idade Média tinham uma sexualidade sem procriação? Sim, sem sombra de dúvida: os casais medievais tentavam reduzir o número de nascimentos, fosse para evitar que um número muito grande de filhos dispersasse o patrimônio, fosse, nas camadas populares em frequente dificuldade, para evitar mais bocas para alimentar.

Aparentemente, quatro tipos de procedimentos contraceptivos eram utilizados: práticas espermicidas, que consistiam em besuntar o pênis com óleo (de cedro, balsamina ou alvaiade), ingerir beberagens diversas ou fazer a mulher saltitar depois do coito; uso de pessários, como a menta, que, segundo Avicena, "colocada como um supositório antes do coito, impede a fecundação", ou óleo de cedro, polpa de colocíntida ou romã misturados com alúmen, sementes de couve, folhas de salgueiro e mandrágora aplicados após o coito; talismãs, como um cíclame amarrado no pescoço ou um amuleto feito de mel e leite de burra; e o "coito interrompido", que consiste em uma retirada do homem antes da ejaculação.

Esses métodos não deviam ser muito eficazes, mas parecem ter sido utilizados, apesar da oposição feroz da Igreja, para a qual a natureza, divina por essência, é necessariamente boa e não deve ser contrariada. No fim do século XIII, o dominicano Nicolau de Gorra escreveu que a esposa deve "consagrar-se à procriação dos filhos, sem parar e até a morte". Segundo os clérigos, se o casal quiser evitar a geração de filhos, a única solução é a abstinência. Cesário de Arles (*c.* 470-542) escreve: "Se uma mulher não deseja filhos, que faça um acordo piedoso com seu marido, pois a castidade é a única esterilidade permitida a uma cristã".

A partir de meados do século XII, quando o sacramento do matrimônio já está bem consolidado, alguns teólogos se perguntam se o casamento continua válido quando há uso de "venenos de esterilidade". Os métodos contraceptivos são assemelhados ao homicídio. No início do século XI, Burcardo de Worms faz a seguinte pergunta no *Decretum*: "Fizeste como muitas mulheres, que tomam precauções para não conceber [...] com ervas e feitiçarias?". O autor desse penitencial mostra-se particularmente severo, pois determina uma penitência de sete anos, como se fosse um caso de homicídio. Num sermão proferido em 1427, em Siena, Bernardino de Siena compara aos sodomitas as mulheres que praticam aborto ou tentam não engravidar, porque ambos causam "o encolhimento do mundo".

Nos últimos séculos da Idade Média, enquanto o discurso sobre o aborto e o infanticídio pouco muda, a Igreja adota uma posição mais flexível com relação à contracepção. Sinal de uma situação econômica mais precária, ela é tolerada em caso de extrema pobreza. Antonino, arcebispo de Florença (1446-1459), escreve: "É permitido tentar não fazer mais filhos do que se consegue sustentar…". O dominicano Petrus de Palude, no primeiro quarto do século XIV, explica em suas *Sentenças* que o marido pode interromper o coito para evitar "mais filhos do que pode sustentar". A partir do século XIII, surge um novo tipo de coito aceito por alguns clérigos: o *coito reservatus* ou *amplexus reservatus*, em que o homem se retira após a mulher sentir prazer, sem ele próprio chegar ao gozo. No fim da Idade Média, a Igreja concentra seus ataques nos "crimes contra a natureza" em vez de no uso dos "venenos de esterilidade". Essa evolução indica que a noção de pecado no matrimônio sofreu mudanças sensíveis; talvez também indique que os coitos não vaginais tinham se tornado os métodos contraceptivos mais comuns.

Os casais podiam unir-se sem procriar, portanto. Mas também podiam conceber sem procriar, tentando eliminar rapidamente o que fora concebido por meio do aborto.

ABORTO

Os documentos eclesiásticos denunciam o uso com finalidades abortivas de esporos de samambaia ou sementes de gengibre, folhas de salgueiro e arruda, misturas de aloés, salsinha, funcho, ou ainda banhos de camomila (encontramos plantas que também têm valor contraceptivo). As condenações ao aborto na Idade Média são sempre muito severas. Todavia, dois critérios modificam as penas imputadas àqueles e àquelas que realizam uma interrupção voluntária de gravidez: o contexto da concepção e a idade do feto. O legislador faz uma distinção muito clara entre a mulher que agiu num contexto de miséria extrema, para a qual a condenação é mais leve, e a fornicadora que tenta esconder seu crime, julgada com maior severidade. O legislador também faz diferença conforme o estágio de desenvolvimento do feto. Lê-se no penitencial de Beda (século VII): "A mãe que mata a criança que carrega no ventre antes do quadragésimo dia após a concepção jejuará durante um ano, e, após o quadragésimo dia, três anos". No transcorrer da Idade Média, é aceita a teoria da concepção mediata, segundo a qual a animação do feto não ocorre no momento da concepção, mas nos dias seguintes a ela. Em 1234, as Decretais de Gregório IX adotam posição similar àquela de Aristóteles, difundida por Tomás de Aquino, e consideram que um feto masculino é dotado de vida ao cabo de quarenta dias e um feto feminino, após oitenta dias. O aborto que faz desaparecer uma alma infundida por Deus é um crime julgado com severidade quase tão grande quanto o infanticídio.

3
AS PRÁTICAS EXTRACONJUGAIS

ADULTÉRIO MASCULINO E ADULTÉRIO FEMININO

O direito canônico, sobretudo a partir do século XII, tentou promover certa igualdade penal entre o homem e a mulher diante do adultério, considerado para ambos os sexos uma violação da fé conjugal e uma traição ao sacramento do matrimônio. É por esse motivo que se pôde dizer que o adultério masculino foi uma invenção da legislação cristã. Um texto de Graciano chega a explicar que o adultério masculino é mais grave que o adultério feminino, em razão das responsabilidades morais do esposo.

Tal concepção "igualitária" teve consequências jurídicas no norte do reino da França, pois esse delito era julgado nas cortes da Igreja. Como proclama o Artigo 32 dos Estabelecimentos de Rouen, "os adúlteros flagrados não são julgados por nós, mas pela mão da Santa Igreja". Contudo, por causa do papel crescente da justiça laica nessa região, a partir do século XIV — e muito antes em outras (o sul da França e da Europa em geral) —, a concepção igualitária competia largamente com a visão romana do adultério, muito presente no *Corpus juris civilis*, que definia esse delito como "um ato carnal praticado consciente e voluntariamente por uma mulher casada com uma pessoa que não é seu cônjuge".

Na França meridional, onde esse delito é do âmbito das justiças municipal, senhorial e, cada vez mais, real, são culpáveis de adultério a mulher que "conhece" um homem que não é seu marido ou o homem que "macula" a mulher de outro. O estatuto matrimonial do amante não tem a mínima importância. Portanto, é a infidelidade da mulher casada, e não a do homem, que dá fundamento ao adultério, porque ela pode introduzir filhos ilegítimos no matrimônio. Essa visão implica uma desigualdade penal entre homens e mulheres.

No extremo fim da Idade Média, portanto, em quase toda parte o adultério é sobretudo um delito cometido pelas mulheres. As cartas de remissão do reinado de Carlos VI o apresentam como um crime 80% feminino, pois os amanuenses do rei preferiam seguir os princípios do direito romano[1]. Em Saragoça, no século XV, o termo "adultério" é empregado exclusivamente para qualificar as relações extraconjugais das mulheres. Os homens podem sofrer reproche por ter uma concubina, mas não por praticar um ato adúltero. Ao enganar o marido, a mulher comete pecado carnal e ameaça a honra de seu cônjuge e o sangue de sua descendência[2]. Ao pôr chifres em sua mulher, o marido desrespeita o sacramento do matrimônio e comete uma falta espiritual. Aliás, quando o juiz quer desqualificar o marido e determinar a separação, ele aceita *in fine* evocar um adultério masculino, oximoro que denota uma feminização do mau esposo, que, em consequência de seu comportamento, perde a esposa. As fontes aragonesas do século XV chamam de "doente do corpo" (*mala de su cuerpo*) a esposa adúltera. O concubino, ao contrário, nunca faz "mau uso de seu corpo", mesmo quando vive com uma prostituta. No tribunal eclesiástico de Saragoça, para forçar um casamento ou obter uma separação, esposos e esposas não empregam as mesmas estratégias, e os procuradores não apresentam as mesmas argumentações diante deles. Quando o juiz tenta coagir um homem a casar-se segundo as convenções, este último confessa sem muita dificuldade que conheceu carnalmente a futura mulher, mas nega ter falado de compromisso matrimonial. A mulher, em compensação, nega qualquer tipo de relação sexual que a obrigue a casar-se, a não ser que queira forçar o parceiro ao matrimônio. As mulheres, como escreve Martine Charageat, "se sentem menos ameaçadas e comprometidas pelas palavras que por ventura digam que por seu corpo"[3]. Quando é a mulher que transgride as normas sexuais e matrimoniais, ela é necessariamente desleal com seu corpo; quando é o homem, ele é responsável pela pala-

---

[1] Claude Gauvard, "*De Grace especial*": *Crime, État et société en France à la fin du Moyen Âge*, Paris: Publications de la Sorbonne, 1991.
[2] Martine Charageat, *La Délinquance matrimoniale: couples en conflit et justice en Aragon (XVe-XVI{e} siècle)*, Paris: Publications de la Sorbonne, 2011.
[3] *Ibidem*.

vra dita, e seu adultério ou sua vida em concubinato repousam em primeiro lugar sobre a ausência das palavras pronunciadas que constituem o casamento. Diante dos tribunais, o corpo do homem aparece somente quando se quer provar sua impotência, denunciada e revelada pela palavra da mulher.

Como o adultério é punido? Na prática, os casos de adultério levados à justiça são raros, porque é preciso provar o delito, pegar os amantes em flagrante. As autoridades reais, principescas ou urbanas legislam sobre esse delito mais por defesa da ordem matrimonial que por indignação "moral", pois o adultério põe em risco a instituição do casamento e ameaça o patrimônio, a honra e os laços familiares criados por essa união. No norte da França, onde os dois sexos são punidos, as penas são leves. Depois, progressivamente, começa a ser aplicado o *Sed hodie*, oriundo da legislação justiniana: a simples queixa do marido permite a abertura de um processo contra a mulher adúltera; se condenada, ela é internada provisória ou definitivamente num convento e perde seu dote.

No fim do século XII, no sul da França, surge uma pena infamante específica para o adultério, provavelmente originária da Catalunha, que substitui a sanção pecuniária anterior: a corrida. Sob gritos e piadas vulgares da multidão, e precedidos pelo pregoeiro público, os dois "faltosos", às vezes completamente nus, são obrigados a percorrer o trajeto de ruas e praças preestabelecido pela tradição e ocasionalmente acabam açoitados e banidos. Na tradição da região de Agenais e Quercy, a mulher era obrigada a puxar o amante por uma corda atada aos órgãos genitais dele, como ilustra uma miniatura de um manuscrito dos costumes de Toulouse datado de 1296. A partir do século XIV, essa pena é substituída com frequência por uma multa, que parece cada vez mais branda – o que prova, talvez, uma tolerância crescente em relação ao adultério nessas regiões. Em 1320, ela é abolida em Lyon. Em outros estatutos comunais do fim da Idade Média, porém, vemos com frequência um endurecimento das penas aplicadas a mulheres adúlteras ou bígamas: açoite, prisão ou mesmo pena capital; o direito foral aragonês previa a pena de morte para a esposa adúltera ao menos desde 1349. Ao mesmo tempo, observamos uma redução das penas aplicadas ao marido que traiu a mulher.

CONCUBINATO, UM FENÔMENO COMUM

Podemos definir o concubinato na Idade Média como uma relação duradoura entre um homem e uma mulher fora dos laços do matrimônio, isto é, para as autoridades civis, sem pagamento de dote e/ou, para a Igreja, sem troca de palavras de presente. O consensualismo (ou doutrina do consentimento mútuo) promovido pela Igreja a partir da reforma gregoriana mantém o concubinato como algo endêmico.

Muitos clérigos viviam na companhia de uma concubina, "como marido e mulher", às vezes com filhos. Na diocese de Genebra, segundo os relatórios das visitas pastorais de 1411-1414, cerca de 14% dos padres encontravam-se em concubinato, em alguns casos havia muito tempo (25 anos), e tinham filhos. Ser concubina de padre podia garantir segurança, permitindo acesso ao foro eclesiástico em processos contra os paroquianos.

Mas o fenômeno afetava mais os leigos. Em Montaillou, no início do século XIV, ao menos 10% dos casais viviam em concubinato; em Cerisy, na Normandia, entre 12% e 20%, dependendo da paróquia. Os homens conseguiam multiplicar esse gênero de coabitação conjugal. Em julho de 1361, o inquisidor Angelo d'Assisi conduziu um processo contra Vanni di Pietro, morador de Città di Castello. Vanni confessou ter tido três "esposas". Depois que a primeira se retirou para "uma cela perto de Castello", ele viveu por 29 anos com a segunda, com a qual teve três filhos. Havia três anos, morava com sua terceira mulher. Foi condenado a voltar a viver com sua primeira esposa, se esta o aceitasse; do contrário, deveria permanecer solteiro até a morte dela. Além disso, teve de pagar uma multa de cinco florins e cumprir certo número de jejuns e penitências, entre as quais peregrinações a Roma e Assis.

O concubinato é tão frequente no fim da Idade Média que pode ser oficial e reconhecido por contrato. Em um dos atos do escrivão corso Emanuele Nicola De Porta, genovês de Bonifacio, datado de 8 de dezembro de 1287, lê-se:

> *Eu, Giovannetta Oliveti, comprometo-me contigo, Marco Brentane, veneziano, a morar seis anos contigo, como tua criada e concubina, e seguir-te a todos os lugares e terras aonde fores e quiseres levar-me, cumprindo todos os serviços para a tua pessoa e dentro da tua casa. Prometo proteger-te e guardar-te, tu e teus bens, de boa-fé e sem fraude, e não abandonar teu serviço sem tua autorização pelo prazo estabelecido. Dar-me-ás comida e roupas apropriadas e, ao cabo de seis anos, se desejares deixar-me, dar-me-ás, por recompensa e gratidão, dez libras de Gênova. Doutra parte, eu, Marco, comprometo-me contigo, Giovannetta, a manter-te como criada e concubina até o fim do prazo estabelecido e levar-te comigo a todos os lugares e terras aonde eu for, dar-te comida e roupas decentes e guardar-te e proteger-te, saudável ou doente, até o fim do contrato. E se, ao cabo de seis anos, não quiseres mais morar comigo, dar-te-ei dez libras de Gênova.*

Na Espanha do fim da Idade Média, existia a instituição da *barraganía*, um concubinato entre duas pessoas solteiras que, após um ano de vida em comum, tinham na prática os mesmos direitos econômicos e sociais das pessoas casadas: em caso de agressão, as concubinas (*barraganas*) de homens solteiros tinham direito à mesma proteção legal que as esposas, e seus filhos podiam ser herdeiros do pai. Para muitos jovens das camadas desfavorecidas, podia ser uma opção provisória, até que se encontrasse um cônjuge "melhor" e se realizasse um casamento "de verdade", mas também podia ser definitiva.

Por que homens e mulheres optavam por uma vida de concubinato, em vez do casamento? Carol Lansing mostrou que, em Bolonha, de meados do século XIII até meados do XIV, num momento de forte pressão demográfica, algumas mulheres viviam em concubinato porque a família não podia lhes dar um dote suficiente que lhes possibilitasse casar. Mas essa escolha também pode ser explicada pela vontade de contornar as exigências de monogamia, indissolubilidade e exogamia total impostas pela Igreja. Enfim, o concubinato podia ser uma situação provisória para o homem à espera de casamento. Muitos jovens florentinos do fim da Idade Média, expatriados em razão de negócios comerciais ou bancários, viviam com uma concubina, frequentemente de categoria social inferior, e esperavam casar-se depois que regressassem à cidade toscana.

Há, portanto, uma relativa tolerância com essa realidade social. Os problemas surgem apenas quando a situação é escandalosa ou há muito alarde em torno do concubinato. Ao menos até o Concílio de Trento, existiam maneiras de transformar os concubinos em casados e legitimar os filhos nascidos fora do casamento.

ADULTÉRIO OU CONCUBINATO?

Às vezes a fronteira entre adultério e concubinato é pouco nítida. Não é raro que o direito canônico e as sentenças proferidas nos tribunais da Igreja confundam o concubinato com o casamento clandestino, outra forma de vida em comum, sem vínculo matrimonial e não celebrado *in facie ecclesiae*. O concubinato é, portanto, uma relação adúltera cuja duração preocupa as autoridades laicas e eclesiásticas. Ele cria uma relação de indivíduo para indivíduo, mais que de família para família.

Frequentemente os costumes e os estatutos urbanos legislam sobre o adultério e o concubinato ao mesmo tempo. Em 1392, a rubrica das multas por adultério nas contas do bailio de Bruges intitulava-se: "Multas de homens casados que têm casa [*tiennent ostel*] com outra mulher que não sua esposa legítima [*leur droite femme épousée*] e mulheres que têm casa com outro homem que não seu esposo legítimo [*droit mari épousé*]". Em 1475, o bailio de Bruges condena uma certa Katherine Paes a dezoito libras parisis de multa por ter mantido "conversação natural e companhia carnal com um homem que ela sabia casado e com quem durante muito tempo [...] viveu". Em Saragoça, o adultério masculino é designado pelo termo genérico *amancebamiento*, terminologia proveniente do concubinato. Na legislação da comuna francesa de Marches, no fim da Idade Média, o estatuto do "concubino" (o homem que "mantém" ou "sustenta") determina a concubina, porque, se ele é solteiro (*solutus*), sua parceira não é designada pelo termo "concubina", mas, ao contrário, se é casado, ela se torna concubina. Portanto, ela é definida pelo casamento, uma vez que, sendo casada ou não, é ela que leva o homem a transgredir a ordem matrimonial. Sendo assim, é essencial que o/a medievalista estude o adultério e o concubinato juntos, sob a óptica da história do gênero.

Descrevemos rapidamente a sexualidade do fim da Idade Média dentro do contexto lícito do casamento ou à margem dele, isto é, uma sexualidade aceita, mas controlada. Abordaremos agora outras formas de sexualidade.

4 SEXUALIDADES ENTRE PESSOAS DO MESMO SEXO

O "NASCIMENTO DA SODOMIA"

As relações sexuais entre pessoas de sexos diferentes parecem ter sido majoritárias na Idade Média. No entanto, mesmo que seja muito difícil distingui-la, havia uma sexualidade – ocasional ou duradoura – entre pessoas do mesmo sexo. Enquanto as relações entre mulheres são apenas excepcionalmente mencionadas, é mais comum encontrarmos discursos sobre os atos sexuais realizados entre dois homens para os condenar.

O segundo capítulo de *De amore* [Do amor][1], de André Capelão (*c*. 1185), intitula-se "Entre quais pessoas o amor é possível?". Ele responde:

> É preciso deixar muito claro que só existe amor entre pessoas de sexo oposto. De fato, não pode haver amor entre dois homens nem entre duas mulheres: duas pessoas de mesmo sexo não são feitas em absoluto para se dar reciprocamente os prazeres do amor ou realizar

---

[1] Ed. bras.: André Capelão, *Tratado do amor cortês*, São Paulo: Martins Fontes, 2000. O título da edição brasileira provavelmente vem do nome alternativo da obra, *De arte honeste amandi*. [N.E.]

os atos naturais que lhe são próprios. E o amor envergonha-se de aceitar o que a natureza proíbe.

Mark Jordan mostrou de que maneira a "sodomia" nasceu como construção teológica para categorizar e condenar as relações sexuais entre pessoas do mesmo sexo[2]. Nos primórdios do cristianismo, *sodomita* designava quem morava na cidade de Sodoma. Os sodomitas viram Deus destruir sua cidade não por causa das relações sexuais entre parceiros do mesmo sexo, mas por causa do orgulho e da ingratidão deles mesmos. No entanto, esses pecados foram associados a irregularidades ou excessos sexuais. Em seu *Comentário a Ezequiel*, Jerônimo escreve: "O pecado sodomita é o orgulho, a presunção, a abundância em todas as coisas, o prazer e a satisfação". Pouco a pouco, o "vício sodomita" tornou-se um desejo por – ou relações entre – pessoas do mesmo sexo. No fim do período patrístico, embora a exegese latina continuasse a citar a arrogância e o orgulho para qualificar o "crime de sodomia", a interpretação de cunho sexual tornou-se preferencial. Em meados do século XI, no início do "momento gregoriano" – quando começou a haver maior controle das práticas sexuais, que deviam se orientar à procriação –, ao lado do adjetivo "sodomita" surge o substantivo "sodomia", sob a pluma de Pedro Damião, no *Livro de Gomorra*, uma brochura dedicada ao papa Leão IX. Para o autor, o vício sodomita é um crime sexual, mas não exclusivamente um ato homossexual. Apoiando-se numa tradição escrita mais antiga, em particular no *Decretum* de Burcardo de Worms, redigido no início do século XI, Pedro Damião identifica quatro tipos de vício sodomita: a autopolução (hoje diríamos masturbação ou pecado de Onã), a compressão ou fricção das "partes masculinas" (*virilia*), a polução "entre as coxas" (*inter femora*) e a fornicação "por trás" (*in terga*).

"VÍCIO SODOMITA", UM TERMO POLISSÊMICO

No fim da Idade Média, a sodomia, que aparece com frequência em nossa documentação como "vício sodomita" ou "pecado sodomita", ainda era um termo muito polissêmico e entrava numa categoria que englobava pecados muito diversos. Esses pecados nem sempre eram sexuais; muito pelo contrário, incluíam a usura, o crime de lesa-majestade, a heresia ou a blasfêmia, que são insultos contra o Criador. Podemos atribuir ao menos cinco sentidos diferentes ao termo. Em primeiro lugar, podia designar um ato cometido contra Deus (condizente com o pecado de Sodoma), por isso era associado às transgressões religiosas,

---

[2] Mark Jordan, *L'Invention de la sodomie dans la théologie médiévale* [1997], Paris: Epel, 2007.

em particular nos processos políticos do início do século XIV. Nas fontes literárias e judiciais alemãs e suíças da segunda metade do século XV, o termo *herege* aparece frequentemente associado a *sodomia*[3]. Em 1381, o cronista Burkard Zink menciona em Augsburgo que cinco "hereges" (*Ketzer*) foram queimados "por ter cometido heresia uns com os outros". Em segundo lugar, o "vício sodomita" pode aplicar-se a qualquer ato sexual contra a natureza, isto é, sem penetração vaginal, inclusive com o cônjuge legítimo. A terceira acepção de "vício sodomita" é, em sentido estrito, o que hoje chamamos de sodomia, seja ela "heterossexual", seja "homossexual": a penetração anal. Em seu quarto sentido, o vício sodomita também pode designar o que hoje entendemos globalmente por "homossexualidade" masculina, a saber, o conjunto de relações (físicas, sentimentais e afetivas) entre duas pessoas do mesmo sexo, o que os anglófonos chamam de *same-sex relationship*. Por último, a expressão "vício sodomita" é utilizada para qualificar as agressões, estupros ou abusos sexuais cometidos por homens adultos contra meninos.

Portanto, não existia equivalência entre sodomia e "homossexualidade". Sodomia, no fim da Idade Média, designava um amplo leque de comportamentos sexuais proibidos, julgados contrários à natureza, isto é, realizados sem a finalidade de procriar. Pedro Comestor proclama que os sodomitas são como Onã, que "derrama seu sêmen na terra". Jean Gerson define a sodomia como uma copulação com uma pessoa do mesmo sexo e uma ejaculação num receptáculo inapropriado. Antonino (1389-1459), em seu manual dos confessores, vê sodomia na relação de "um homem com um homem, uma mulher com uma mulher ou um homem com uma mulher fora do receptáculo conveniente".

SODOMIA: UM ATO SEXUAL, NÃO UMA ORIENTAÇÃO SEXUAL

O helenista e teórico *queer* David M. Halperin foi um dos primeiros a estabelecer claramente a diferença, no que diz respeito a épocas antigas e aos homens, entre identidade sexual e orientação sexual[4]. Ele propõe quatro categorias de *"male sex and gender deviance"* [desvio sexual e de gênero masculino] nas sociedades em que, repetimos, não existe o conceito de homossexualidade. Segundo ele, há o homem de caráter efeminado (que não necessariamente é atraído por homens), o homem que pratica a pederastia ou a sodomia ativa (que não necessariamente se sente atraído apenas por homens), o homem que manifesta afeição "viril" ou amor por outro

---

3 Helmut Puff, *Sodomy in Reformation Germany and Switzerland, 1400-1600*, Chicago/London: University of Chicago Press, 2003.
4 David M. Halperin, *Cent ans d'homosexualité et autres essais sur l'amour grec* [1990], Paris: Epel, 2000.

homem (especialmente no ambiente monástico) e, por último, o homem que desempenha o papel passivo na relação. Ainda segundo Halperin, apenas esta última categoria poderia constituir uma "orientação sexual".

Essa classificação pode nos ajudar a compreender os comportamentos sexuais dos homens na Idade Média: "O homem que fazia o papel passivo não tinha uma preferência sexual por homens, mas uma inclinação a ser mulher", escreve Ruth Mazo Karras[5]. O homem que tinha relações sexuais com outros homens podia tê-las igualmente com mulheres. Em consequência disso, entre os séculos XII e XV, a sodomia era essencialmente um ato, ou uma série de atos, que um homem podia praticar, mas não era ainda uma orientação sexual estável, muito menos uma "homossexualidade". O exemplo de um prostituto inglês do fim do século XIV ilustra essa afirmação. Trata-se de um certo John (ou Eleanor) Rykener, acusado de prostituição e travestimento em Londres e Oxford em 1394 e 1395. Vestido de mulher, ele mantinha relações com homens "feito uma mulher", diz o texto do processo. Mas também lhe sucedia de fazer comércio carnal "como um homem", com mulheres casadas ou não. Durante o interrogatório, ele confessou preferir os padres, porque pagavam mais que os outros.

Um outro caso de bissexualidade ou transgênero ou intersexuação desse tipo foi atestado em Veneza, onde em 1354 um certo Rolandino/Rolandina Ronchaia foi preso/a por prostituição. Embora fosse casado com uma mulher, explica que

> *nunca a conheceu carnalmente, nem nenhuma outra mulher, porque nunca teve apetite sexual e seu membro viril nunca esteve em ereção [...] e, depois que ficou feminino de rosto, voz, comportamento, mesmo sem vagina e tendo membro e testículos de homem, muitas pessoas o consideravam uma mulher por causa de seus traços femininos.*

Além disso, sabemos que ele tinha peitos, vestia-se como mulher e tornara-se prostituta.

Na ficção, porém, os homens que manifestam tal orientação são frequentemente caricaturais e não gostam de mulheres, ou mesmo as odeiam. *Berinus*, romance em prosa escrito por volta de 1350-1370, conta a história do filho de um rei, Agriano, que "em toda a vida nunca teve mulher nem filhos". Como era muito bonito, onde quer que fosse, as mulheres o admiravam, mas, diz o narrador, "o jogo começava mal, pois ele odiava as mulheres e as desprezava mais que tudo no mundo". Aos 16 anos, tornando-se plenamente rei após a morte do pai, ele convo-

---

5 Ruth Mazo Karras, *Sexuality in Medieval Europe: Doing unto Others*, New York/London: Routledge, 2005.

cou os membros do conselho e anunciou sua decisão de expulsar todas as mulheres do reino, "pois quer[ia] saber se era possível durar sem elas". Seu principal conselheiro, Grianor, ousou responder que aquilo era contra a ordem desejada por Deus, "que criara e dera forma à mulher para fazer companhia ao homem", e acabou encarcerado. Todas as mulheres foram exiladas, inclusive a mãe e a irmã do rei, diz o texto. "O falso rei desnaturado", como o chama o narrador, isolou-se numa torre com cem pajens e ensinou-lhes "seus loucos usos e costumes [...] contra a natureza". Mostrando-se também um guerreiro cruel, foi feito prisioneiro ao querer conquistar uma ilha vizinha e morreu num fosso com seus companheiros "de loucos usos", antes que Deus enviasse um maremoto para varrer a terra da presença desses "homens desnaturados".

No *Decamerão*[6] (décima novela do quinto dia), escrito entre 1349 e 1351, quando a Peste Negra assolava Florença, Boccaccio põe em cena Pedro de Vinciolo, que, apesar de casado para manter as aparências, era "bem conhecido por amar os prazeres, mas suspeito de ser indiferente àqueles que as mulheres proporcionam". Boccaccio enfatiza sua "má índole", sua "depravação", "o vício vergonhoso que o embeiçava". Declara que "ele fere as leis da natureza" e é incapaz de "cumprir os deveres naturais do casamento", para desgosto de sua jovem esposa, que se lastima: "ele não pode prestar o dever a que é obrigado pelo casamento" (isto é, a dívida conjugal). Ela se sente enganada: "Acreditei que ele era homem". Essa frase revela a associação entre identidade masculina e orientação heterossexual, porque "ser homem" significa ser fisicamente atraído por mulheres. A esposa, descrita por Boccaccio como "jovem, robusta, corpulenta, olhos vivos, cabelo de fogo", "de tal maneira que exigiria dois maridos, em vez de um", tenta levar o marido ao bom caminho, mas depois decide arranjar amantes: "Minha infidelidade será menos criminosa que a dele", afirma. Ao escrever isso, sem dúvida Boccaccio revela o que pensa a maioria de seus contemporâneos, ou seja, que o adultério, mesmo o feminino, é menos grave que a "orientação homossexual". Um dia, quando ela já se preparava para divertir-se com um de seus galãs, o marido, Pedro de Vinciolo, aparece de surpresa. Ele conhece bem o jovem amante, pois já lhe havia feito a corte antes. A mulher fica contente de desembaraçar-se dignamente da situação e pensa que o "marido ficou bem satisfeito de pegar um rapaz tão bonito em sua rede". O marido ordena à esposa: "Pois bem, apressa-te a nos servir a ceia, e eu arranjarei as coisas de maneira que não tenhas nada a lamentar". E conclui Boccaccio, ou melhor, Dioneio, um dos narradores do livro: "O que Pedro, depois da ceia, planejou para a satisfação de cada um dos três fugiu-me da memória. Do que me recordo, porém, é que, no dia seguinte de manhã, o rapaz, que não sabia

---

6 Ed. bras.: Boccaccio, *O decamerão*, Rio de Janeiro: Nova Fronteira, 2018. [N.T.]

muito bem se tinha estado durante a noite com a mulher ou com o marido, foi reconduzido à grande praça".

A CAÇA AOS SODOMITAS NOS SÉCULOS XIV E XV

Por cometer um ato ilícito, os "homossexuais" são condenados pela Igreja. O Terceiro Concílio de Latrão, em 1179, decreta:

> *Todo aquele que for reconhecido culpado de ter cometido esse ato de incontinência contra a natureza, em resposta ao qual a cólera de Deus castigou os filhos de perdição e consumiu cinco cidades pelo fogo, se for um sacerdote, será reduzido ao estado de leigo ou internado num mosteiro para penitência; sendo um leigo, será excomungado e afastado da comunidade dos fiéis.*

No início do século XIV, o processo dos templários ilustra a gravidade da acusação de sodomia contra um indivíduo ou um grupo. Entre setembro de 1307 e dezembro de 1314, o rei da França, Filipe, o Belo, e seus principais conselheiros, entre os quais Guilherme de Nogaret e Guilherme de Plaisians, decidem acabar com a Ordem do Templo. Sob coação ou mesmo tortura, os templários confessam os crimes mais terríveis, os que condenam à fogueira. Reconhecem cumprir dois rituais secretos durante as cerimônias de ingresso na ordem: o primeiro consiste em cuspir no crucifixo para simbolizar a negação de Cristo; o segundo, receber um beijo "abaixo da espinha dorsal", isto é, no ânus, sinalizando um pacto com o diabo. Também confessam que veneram ídolos, que os padres da ordem rezam a missa sem consagrar a hóstia e, última ofensa, afirmam que o templário recém-recebido na ordem deve aceitar a prática da sodomia com outros irmãos, como determinavam os estatutos secretos da ordem. A sodomia tornou-se assim um crime tão grave quanto renegar Cristo, adorar ídolos ou fazer pacto com o diabo.

A partir dessa "virada sodomita" no início do século XIV, a acusação de "crime contra a natureza" aparece repetidamente nos processos políticos, sejam eles orquestrados pelos soberanos temporais, sejam pelo papa. Em *A divina comédia*, Dante põe os "sodomitas" no sétimo círculo do Inferno (cantos XV e XVI). A sodomia torna-se uma acusação frequente contra o inimigo, o estrangeiro, o outro. No contexto da Reconquista da Península Ibérica, os cronistas cristãos, para desvalorizar o muçulmano, apresentam o mouro como sodomita, versado no luxo e na fornicação. Na Alemanha do fim da Idade Média, "herege" (*ketzer*) é utilizado frequentemente no lugar de "sodomia", para designar um ato contra Deus.

Em muitas comunas italianas do fim da Idade Média, a obsessão pela ameaça dos sodomitas se transforma numa verdadeira "caça às bruxas". Em Orvieto, até o início do século XIV, a sodomia não é considerada uma ameaça séria, e as penas para essa prática são mais leves que as para raptos ou estupros de mulheres casadas. Mais tarde, em 1308, o Conselho dos Sete considera que "o vício sodomita está crescendo na cidade de Orvieto, um insulto a Deus e ao homem". A partir daí, as penas aplicadas aos sodomitas tornam-se mais pesadas. Eles são conduzidos à força por toda a cidade, precedidos pelo som de trombetas e com uma corda amarrada em torno do sexo. Alguns são marcados a ferro no pescoço com a figura da águia, símbolo da comuna de Orvieto. Depois de cometer tal "crime", não podem assumir cargos públicos.

A partir do início do século XV, a repressão aumenta, e legisladores e pregadores se atiçam. Em Veneza, é criado em 1418 o Collegium Sodomitarum. Em Florença, pouco tempo depois, em 1432, é criado o Ofício da Noite, e em Lucca, em 1448, o Ofício da Honestidade: são todos magistraturas com o encargo específico de reprimir o "vício sodomita". Entre 1432 e 1502, na cidade toscana, que conta com cerca de 40 mil habitantes, 400 homens, em média, são investigados por ano, dos quais de 55 a 60 são condenados por manter relações "homossexuais"[7]. No período fortemente repressivo de Savonarola em Florença (1494-1498), cinco textos legislativos sobre a sodomia estavam em debate. Realidade ou fantasia, em toda a Europa, nos séculos XV e XVI, os habitantes da cidade toscana são mal-afamados por essa prática, tanto que, em alguns textos, "florentino" designa "sodomita".

Na cidade dos doges, o "mal sodomita" ou "vício abominável" é um crime gravíssimo, passível de levar à fogueira, se comprovado. Tomemos um exemplo veneziano do registro mais antigo do Ofício da Noite, datado de 1348. É um processo impetrado contra Pietro di Ferrara e Giacomello di Bolonha, dois servos acusados de ter mantido relações carnais entre si. Após dolorosas torturas, Pietro confessa ter mantido várias relações sexuais com Giacomello e menciona ejaculações entre as coxas, mas sem penetração anal. Por sua vez, Giacomello confessa, também sob tortura, mas dá uma versão muito diferente daquela de seu amante. Explica que, quando dormia com Pietro (era decerto comum que dois servos compartilhassem a mesma cama), recusara várias vezes os avanços do outro, tentando acalmar seus ardores e refugiar-se em outras camas. Os inquisidores duvidam da veracidade dessa versão, não entendem por que Giacomello volta a compartilhar a cama de Pietro. No entanto, após a confissão, Giacomello é absolvido. Considerado ativo na relação, Pietro é queimado vivo entre as colunas da justiça, em

---

7 Michael Rocke, *Forbidden Friendships: Homosexuality and Male Culture in Renaissance Florence*, New York/Oxford: Oxford University Press, 1996.

frente ao Palácio Ducal. A sentença justifica: "Provocado pelo espírito maligno e repudiando todo amor a Deus, com vontade e premeditação, ele cometeu esses pecados contra a natureza"[8].

A escalada da repressão ocorre na Espanha. A partir do século XIII, na legislação castelhana, a pena mais frequente para os acusados de sodomia é a castração. As *Siete partidas* do rei Afonso X, em meados do século XIII, condenam esse pecado da luxúria, ao qual "os homens sucumbem, deitando-se uns com os outros contra a natureza ou contra o uso natural". Em 1486, em Cisneros, em Castela, Juan de Abastas foi acusado de ter cometido "o pecado abominável da sodomia" com um certo Pedro. O procurador apresenta denúncia de "um crime contra a natureza denominado crime de sodomia, o cognominado Juan de Abastas comportando-se como mulher e o cognominado Pedro como homem, o cognominado Pedro conhecendo carnalmente o cognominado Juan de Abastas". Em outras palavras, um não "conhece" o outro, mas o ativo "faz alguma coisa" com o passivo, como um homem "faz alguma coisa" com uma mulher. É dito nesse mesmo processo que, por causa desse delito, "os anjos estremecem e o ar se corrompe", e a população é instada a levantar-se contra esses criminosos com uma "faca vingadora". Em 1497, na *Pragmatica real* dos reis católicos (Isabel e Fernando II), o sodomita não é apenas um transviado, segundo as normas estabelecidas pela Igreja. Ele é um delinquente, uma ameaça à ordem social, capaz de provocar guerras, mortes e pestes.

Esses exemplos na Itália e na Espanha provam que a justiça tentava estabelecer uma diferença entre o "ativo" e o "passivo", sendo o primeiro mais punido pela lei que o segundo. Na aplicação das penas, juízes e legisladores também levam em conta a idade dos acusados. O rigor das condenações dos adultos contrasta com a relativa tolerância com os mais jovens. Os adultos são acusados com mais frequência de ser ativos, e sua "perversidade" é dada como incurável; ao contrário, os jovens são considerados passivos, e muitas vezes supõe-se que adotem essas práticas provisoriamente, enquanto não se casam. Em Florença, as denúncias anônimas por "vício sodomita" ao Ofício da Noite envolvem majoritariamente homens jovens. Em 92% dos casos, o parceiro passivo é um rapazola de 13 a 20 anos, ou seja, de certo modo as estatísticas dão "razão" aos juízes, pois atestam práticas "pederásticas" pré-maritais. Mas essa constatação não significa que não exista também uma verdadeira subcultura "homossexual" urbana no fim da Idade Média. Em Ratisbona, na Alemanha, algumas tavernas, bem como as latrinas públicas ou do mosteiro agostiniano, tinham fama de ser zona de prostituição entre homens no século XV.

---

8 Guido Ruggiero, *The Boundaries of Eros: Sex, Crime and Sexuality in Renaissance Venice*, New York/Oxford: Oxford University Press, 1985.

O aumento sem precedentes das condenações por sodomia deve-se, certamente, mais a mudanças na percepção acerca dos que praticam esse tipo de ato sexual e na maneira como as autoridades comunais, territoriais ou estatais o consideram que ao crescimento "real" da prática. Numa época de crises demográficas como a que sucedeu nos dois últimos séculos da Idade Média (pestes, guerras, fome), os atos "contra a natureza", isto é, sem finalidade de procriação, parecem ser condenados com mais frequência. Todos os pregadores da época acreditavam que os sodomitas são uma ameaça à reprodução da sociedade e consideravam que um marido infecundo não cumpre seu dever cívico. A ascensão da "disciplinarização" da sociedade é também a afirmação do político, da necessidade de ordem pública no âmbito das comunas italianas e dos Estados principescos.

A "SODOMIA FEMININA"

Na literatura dos séculos XIII e XIV, é quase sempre a "homossexualidade" masculina que é sugerida ou representada. Nesse tipo de documentação, o travestimento é a única maneira de abordar a "homossexualidade" feminina: um homem travestido une-se a uma mulher, simulando relações aparentemente "homossexuais", porém, "heterossexuais" na "realidade"; uma moça disfarçada de cavaleiro recebe propostas sexuais de outra mulher, insinuando relações "heterossexuais" na aparência, mas potencialmente "homossexuais".

No discurso e na prática, a constatação é a mesma: relações sexuais entre duas mulheres aparecem apenas excepcionalmente. O Oficio da Noite nunca importunou nenhuma florentina em todo o século XV. Em Bruges, entre 1385 e 1515, das noventa sentenças proferidas por sodomia, apenas sete envolviam mulheres. As relações lésbicas aparecem muito discretamente. Numa carta enviada a Abelardo, por volta de 1132, com um pedido para que ele adaptasse a regra de São Bento às mulheres, Heloísa escreve o seguinte sobre as freiras enclausuradas: "E ainda que elas aceitem apenas mulheres à sua mesa, não há nisso um perigo velado? Para seduzir uma mulher, o que há de mais propício que a adulação de uma alcoviteira? A quem uma mulher se sente inclinada a confessar as torpezas de sua alma abrasada senão outra mulher?". Apesar de não haver certeza acerca de sua autoria, existe uma canção de amor lésbico no século XIII atribuída à *trobairitz* Beatriz de Romans, intitulada *Na Maria, pretz e fina valors [Dama Maria, mérito e fino valor]*. Na Castela do fim da Idade Média, o termo *cavalgar* é utilizado para designar a sexualidade entre duas mulheres.

Às vezes as alusões se transformam em menções mais precisas sobre as práticas e os objetos que possibilitam as relações sáficas com penetração. No célebre *Decretum* de Burcardo de Worms, do início do século XI, embora seja anterior ao período que nos interessa, lê-se:

> *Fizeste como aquelas mulheres que para saciar o desejo que as atormenta estreitam-se como se pudessem unir-se? [...] Fizeste o que certas mulheres têm o costume de fazer, fabricaste uma máquina do tamanho que te convém, ataste-a na altura do teu sexo ou daquele de uma companheira e fornicaste com outras mulheres más ou outras [fornicaram] contigo, com esse instrumento ou outro?*

Por volta de 1175, em *O livro das boas maneiras*, Estêvão de Fougères deprecia as relações carnais entre as mulheres: "Essas damas inventaram um jogo" que ele acha vergonhoso e ridículo, porque uma se esfrega na outra sem falo, "sem atiçador" ou "sem lança". E prossegue: "não há cabo em seu molde", elas "não fazem necessidade do pilão em seu almofariz". Observamos por esses textos que um dos aspectos que atrai a atenção dos autores é a impossibilidade de penetração das mulheres, de "fazer alguma coisa", exceto por meio de artifícios.

A documentação estatutária também fornece algumas informações sobre esse tipo de sexualidade. Os estatutos comunais de Camerino (1424) e Treviso (1315) condenam o "vício sodomita" masculino e feminino. Vejamos um excerto de uma seção dos documentos de Treviso:

> *Do mesmo modo, estabelecemos que, se uma pessoa* [persona], *renunciando ao uso natural* [usu naturali], *une-se* [immiscere] *a outra pessoa, isto é, um homem* [vir] *com um homem de mais de 14 anos e uma mulher* [femina] *com uma mulher de mais de 12 anos, pratica o vício sodomita* [vicium sodomiticum], *chamado na língua vulgar* buçiron *ou* fregator. *Sendo atestado pelo podestade, essa pessoa assim descoberta, caso seja um homem, deverá ser conduzida à praça do Carubio, despida de todas as roupas, presa* [confixus] *ao pelourinho* [palus], *e que lhe transpassem* [figere] *o membro viril* [membrum virile] *com uma agulha* [agitus] *ou prego* [clavus] *e que assim permaneça todo o dia e toda a noite, sob boa guarda, e que no dia seguinte seja queimada* [igne comburatur] *fora da cidade. Caso seja uma mulher que tenha cometido tal vício ou pecado contra a natureza, que seja atada* [legata] *ao pelourinho na praça do Carubio, despida de todas as roupas, e que ali permaneça todo o dia e toda a noite, sob boa guarda. No dia seguinte, que ela seja queimada* [igne cremetur] *fora da cidade.*

Nota-se que, embora ambos os sexos sejam condenados à pena capital, os sofrimentos aplicados ao homem são muito mais cruéis e orientados especificamente aos órgãos genitais.

Em Nuremberg, uma certa Katherina Hetzeldorfer foi acusada em 1477 pela justiça imperial de Speyer de manter relações lésbicas. Ela confessa que teve uma longa relação com "sua irmã" (maneira como ela chamava sua parceira) e relações fortuitas com outras mulheres da cidade de Speyer, pelas quais às vezes pagou. Suas parceiras, intimadas a comparecer à barra para testemunhar, tentaram escapar de penas mais severas apresentando Katherina como a parte ativa, a que tenta realizar "sua vontade masculina". Descobre-se que ela penetrava as companheiras com um dildo que ela mesma fabricara, um bastão de madeira revestido de couro vermelho forrado com algodão. Ela foi condenada à morte por afogamento no Reno.

5
PROSTITUIÇÃO

UMA PRÁTICA TOLERADA E CONFINADA NOS BORDÉIS PÚBLICOS

Tendo tratado das sexualidades desviantes e condenadas, abordaremos agora as sexualidades aceitas, mas sob suspeição, e que, por isso, eram estritamente controladas: as profissões do sexo.

A partir do século XII, a denominação *meretrix publica* aparece e invade a documentação, acompanhando o crescimento urbano e o desenvolvimento da economia monetária. No início do século XIV, o *Fasciculus morum*, manual inglês para pregadores, diz que "o termo *meretrix* pode ser aplicado unicamente às mulheres que se dão a qualquer um e não recusam ninguém, visando a ganho em dinheiro". Na Idade Média, portanto, a prostituição designa ao mesmo tempo uma profissão exercida por uma pessoa que ganha dinheiro vendendo o próprio corpo e uma condenação da moral sexual de mulheres de má fama (*mala fama*), que têm vários parceiros. Mas a prostituição feminina é uma atividade tolerada socialmente e, em muitas cidades no fim da Idade Média, até mesmo institucionalizada, para garantir a "paciência" dos rapazes que se casam mais tarde que as moças, limitar o adultério, evitar ou diminuir a violência masculina ou corrigir – e, do ponto de vista do discurso normativo, "curar" – as tendências homossexuais dos jovens.

No século XIII, entretanto, a prostituição continua proibida em algumas cidades e rechaçada para fora de seus muros, como em Toulouse, em 1201, ou em Carcassonne e Pamiers, alguns anos mais tarde. As medidas esporádicas de expulsão das prostitutas após a visita de um pregador, ou por vontade moralizadora de uma autoridade, nunca são eficazes.

No século XIV e, sobretudo, no XV, os governantes das cidades ocidentais tomam as rédeas da situação, controlam ou constroem bordéis públicos (*prostibulum publicum*), que eles próprios administram ou arrendam, e determinam um ou vários espaços específicos onde as prostitutas são confinadas e fiscalizadas. No século XV, contavam-se em Paris 39 locais de prostituição. O fenômeno é muito evidente no sul da Europa, onde ocorre uma municipalização do bordel público. Em Bolonha, o primeiro é criado em 1330. Em Barcelona, no século XIV, são atestadas duas casas de tolerância: a de Viladalls e a de La Volta d'en Torre, ambas afastadas das vias mais movimentadas. Na cidade catalã, um decreto de 1321 proíbe as prostitutas de exercer o ofício no pomar do convento de Sant Daniel. Encontramos com frequência interdições a essa prática nas proximidades dos conventos ou nos cemitérios. No início do século XV, em Mons (condado de Hainaut), as prostitutas podem exercer a profissão unicamente de dia e num quarteirão bem delimitado, o do Mont-du-Parc. A partir de meados do século XIV, as autoridades comunais de Veneza tentam definir um espaço específico para a prostituição. Em junho de 1358, o Conselho Maior, reconhecendo que "as pecadoras são absolutamente indispensáveis à *Terra*", decidem abrir o Castelleto, uma casa pública no Rialto, bairro onde reside a maioria das prostitutas. O legislador justifica: "É necessário, em razão dessa multidão de homens que entra e sai continuamente de nossa cidade, que haja em Veneza um lugar adequado à habitação das pecadoras". Quando a casa desaba, em 1460, outra é escolhida, também no Rialto.

Esses bordéis não são exatamente *maisons closes*[1], pois as prostitutas atraem clientes nas ruas e às vezes alugam outras casas.

A clientela é bastante diversificada. Muitas vezes as mulheres se comprometem com as autoridades a não ter comércio carnal com judeus, leprosos e doentes. Como elas são "públicas", a presença de cafetões (*leones* ou rufiões) ou cafetinas é rigorosamente proibida pelas autoridades municipais.

No século XIV, em Avinhão, uma prostituta aluga um imóvel e paga uma taxa anual para a diocese, e Marguerita Busaffi, filha de um rico banqueiro florentino estabelecido na cidade dos papas, mantém um bordel muito lucrativo. Em Camerino, no início do século XV, o bordel da cidade é propriedade dos Varano, senhores da cidade. Em Macerata,

---

1 Literalmente, "casas fechadas". Em francês, *maison close* é sinônimo de prostíbulo. [N.T.]

na Marca de Ancona, a *domus postribuli* pública é arrendada pelas autoridades comunais a um gerente de lupanar. Na Alemanha, são abertas 106 casas desse tipo, em sua maioria municipais, entre 1318 e 1550, das quais 30 de 1381 a 1431. A institucionalização e a municipalização dessas casas são menos visíveis nas regiões do noroeste da Europa (Inglaterra, Flandres), com exceção das cidades portuárias, como Sandwich, Southampton e Londres, onde são atestados bordéis oficiais.

CAFETINAS, PROXENETAS E PROSTITUTAS

Quem são as prostitutas? Em geral jovens, como indicam os termos "meninas" ou "raparigas", que às vezes servem para designá-las. Em Dijon, entre 1440 e 1540, aquelas cuja idade é conhecida têm em média 17 anos. São mulheres sozinhas, miseráveis, abandonadas, frequentemente designadas apenas pelo primeiro nome seguido de uma referência espacial, como "Jeannette de Valence". Isso nos leva a supor que são imigrantes, mulheres que se viram privadas das redes tradicionais de solidariedade e, por esse motivo, têm de vender o próprio corpo².

Em Veneza, forasteiras italianas, vindas de Pádua ou Treviso, são as mais numerosas. Em Macerata, elas vêm da França, de Brabante e da Alemanha. Há um grande número de imigrantes de Flandres e Brabante nos bordéis públicos de Londres, do vale do Ródano e da Itália do Norte. No fim da Idade Média, estima-se que metade das prostitutas de Dijon e Lyon fora vítima de estupro, o que as fez perder a honra e as levou a essa profissão. Como escreve Tomás de Aquino: "A vítima de uma violação, se não é desposada pelo sedutor, muito dificilmente encontrará com quem se casar. Poderá ver-se conduzida à devassidão, da qual até então a afastava o pudor intocado".

Na segunda metade do século XIII, alguns legisladores urbanos (em Arras, Mons, Lille, Lyon, Avinhão) tentam obrigá-las a usar roupas específicas (véu, cor única, em geral amarelo etc.) ou proibi-las de usar outras (peles, joias em ouro), para que a sociedade possa identificá-las no espaço público.

Sob certas condições, portanto, as profissões do sexo são aceitas e integradas à sociedade, como atesta também um dos vitrais da catedral de Chartres, doado por prostitutas. Os pregadores do fim da Idade Média condenam as cafetinas com muito mais severidade que as jovens que se prostituem. A figura de Maria Madalena, prostituta arrependida que acompanhou Cristo até o fim da vida deste, é frequente nos sermões que falam da possibilidade de redenção. A partir do início do século XIII, a

---

2 Jacques Rossiaud, *Amours vénales: la prostitution en Occident, XIIe-XVIe siècle*, Paris: Aubier, 2010.

Igreja apoia a criação de casas de acolhimento para as mulheres de má vida que se "retiraram". A partir do extremo fim do século XV, porém, a enorme moralização da sociedade muda o olhar sobre as profissões do sexo e a tolerância que se tinha com elas. Alguns bordéis públicos são fechados, anunciando a condenação e a repressão que acompanham a Contrarreforma.

6
VIOLÊNCIAS SEXUAIS

INSULTOS DE CARÁTER SEXUAL

A sociedade medieval é uma sociedade de honra, em que a reputação (*fama*) tem papel capital. Quando a honra é ultrajada por injúria, afronta, palavras caluniosas ou agressão física, para evitar a desonra ou a vergonha, para "reparar" o ultraje, o indivíduo, a família ou o clã tem de se vingar, produzir violência – sempre com regras e organização –, e assim restabelecer a honra atingida. Homens e mulheres compartilham o mesmo código de honra, mas cada sexo ocupa um lugar específico[1].

A honra masculina é medida sobretudo pela capacidade do homem de agir, em especial no espaço público, enquanto as mulheres defendem um capital simbólico menos individual e mais familiar, buscando preservar sua honra como moça (preservar a virgindade), esposa (proteger o lar) ou mãe (educar, transmitir valores aos filhos). A honra das mulheres reside, acima de tudo, em seu comportamento sexual e familiar. A honra dos homens não é pautada por sua atitude em relação ao sexo oposto, e sim por sua conduta em relação aos outros homens. Segundo

---

1 Claude Gauvard, "*De Grace especial*": *Crime, État et société en France à la fin du Moyen Âge,* Paris: Publications de la Sorbonne, 1991.

Claude Gauvard, "a honra das mulheres é rapidamente confiscada pelos homens, não somente porque eles são encarregados de defendê-la, mas porque sua própria honra depende da honra delas"[2].

A injúria, quer se manifeste como ação, quer como palavra, é motivo frequente de rixa e às vezes até de crime, porque, numa sociedade baseada na honra, é imperioso desmentir a injúria, seja por palavras igualmente injuriosas, seja por agressão física. Os insultos às mulheres, proferidos por homens ou mulheres, põem em dúvida sua reputação sexual: elas são acusadas de serem putas (*rocina*, *puta*, em Castela), mulheres da vida (rameiras, devassas, vagabundas), ou de enganar o marido. Por exemplo, em Bolonha, em 1403, uma mulher casada insulta outra mulher casada: "És a pior das putas de Bolonha e meu pai te pegou várias vezes nos estábulos, ele era teu rufião".

As mulheres também são acusadas de ganhar dote e enxoval prostituindo-se ou servindo de alcoviteira aos padres ou frades da comunidade, ou então de tirar proveito dos encantos de suas próprias filhas. As esposas, filhas ou mães são diminuídas por esses insultos, rebaixadas ao estatuto mais vil da mulher, o de prostituta. Implicitamente, o insulto põe em dúvida a legitimidade da prole.

Em contrapartida, os insultos aos homens, na maioria das vezes, põem em dúvida a honra sexual de sua esposa: são chamados de corno (*coux par plusieurs fois*, *couppeaulx* ou *cornart* nas cartas de remissão francesas do fim da Idade Média, "corno três vezes" nas Marcas dos séculos XIV e XV), proxeneta ou bastardo (*fils de putain*, *bastards*, *biscenzonus* ou *champis*).

Portanto, quando se insulta uma mulher, visa-se diretamente a ela e a seu comportamento (sexual), mas, quando se ofende um homem, ele é atacado indiretamente, porque o que se põe sob suspeita é a reputação (sexual) de sua esposa, mãe, filha ou irmã. Em outras palavras, em ambos os casos, é sempre a sexualidade feminina que é atacada: a mulher é acusada de não controlar seus impulsos sexuais, e o homem é recriminado por não ser capaz de conter a propensão à luxúria de sua esposa ou por ter nascido de uma mãe de *mala fama*. Por meio dos insultos ao corpo das mulheres, visa-se à honra dos homens: eles são acusados de ter ou ser bastardos. Por exemplo, em Bolonha, em 1351, dizia-se: "És filho de uma prostituta, és fruto de um adultério e tua mãe se vendeu para tantos homens", ou, em 1357: "Vigia tua mulher e tua filha, os frades e os padres as fodem".

Esses insultos revelam a importância que a sociedade medieval dá à fidelidade conjugal e explicam por que a injúria, nos pequenos processos que encontramos nos arquivos da justiça penal das comunas italia-

---

2 *Idem*, "Honneur de femme et femme d'honneur en France à la fin du Moyen Âge", *Francia: Forschungen zur westeuropäischen Geschichte*, Paris: 2001, v. 28, n. 1, p. 162.

nas, é um crime mais "misto" que os outros. Em Todi, entre 1275 e 1280, segundo as fontes da justiça do podestade, as mulheres representam quase 30% dos acusados por insulto, porcentagem nitidamente mais alta que as encontradas nos outros crimes, nos quais elas representam de 3% a 7% dos acusados apenas. Concentrando-se na moral e na sexualidade, os insultos contra as mulheres são em geral menos variados que os proferidos contra os homens. A mulher é atacada quase exclusivamente por seu comportamento sexual e conjugal.

Também há gestos ofensivos que consistem, na maioria das vezes, em desnudar uma parte do próprio corpo (exibir as nádegas) ou do corpo de outrem. Como mostram estudos sobre as províncias do Lyonnais e do Artois, tirar o chapéu de um homem é uma grave injúria. Desnudar a cabeça de um homem é uma forma de colocá-lo em estado de neutralidade sexual. Normalmente, é o próprio homem quem tira o que lhe cobre a cabeça quando entra numa igreja, local onde deve manifestar pureza física, ou quando passa por uma mulher honrada. Usar da violência para tirar o chapéu de um homem é, portanto, uma forma de atacar seu sexo.

Por sua vez, as mulheres devem estar sempre com a cabeça coberta quando saem de casa. Nas leis suntuárias da Itália comunal, apenas as meninas, algumas criadas e as moças recém-casadas podem sair à rua com a cabeça descoberta. Em 1473, os estatutos de Orvieto estipulam que apenas as crianças de menos de 12 anos e as moças casadas há menos de oito dias podem entrar na igreja com a cabeça descoberta. Desnudar a cabeça de uma mulher é um crime sexual, um estupro simbólico. Para a mulher, preservar sua honra é pôr e manter sobre a cabeça o que a cobre, mesmo dentro da igreja. É excepcional, e sinal de má fama, que ela não a cubra, pois é seu dever obedecer à palavra de Paulo:

> *A cabeça de todo homem é Cristo, a cabeça da mulher é o homem, e a cabeça de Cristo é Deus. Todo homem que ore ou profetize com a cabeça coberta desonra sua cabeça. Mas toda mulher que ore ou profetize com a cabeça descoberta desonra sua cabeça; é o mesmo que ter a cabeça raspada. (1 Coríntios 11, 3-5)*

Manter a cabeça coberta, usar um véu ou lenço sobre ela, é um sinal de submissão da mulher ao poder masculino.

ESTUPRO

O estupro aparece pouco nas fontes judiciais. Representa 3% das cartas de remissão do reinado de Carlos VI e 1% dos atos do Parlamento Criminal de Paris. Em Veneza, nos séculos XIV e XV, são registrados em média

3,3 estupros por ano. É evidente, porém, que os casos que chegam ao juiz representam uma parte ínfima dos delitos cometidos, pois todos os envolvidos nesse tipo de crime têm interesse em ocultá-lo, por medo da desonra e da vergonha.

Com frequência o estupro é objeto de arranjos "amigáveis" antes da sentença prevista nas leis comunais italianas ou espanholas (*statuti*, *fueros*): compensação paga à família da vítima, contribuição do culpado para o dote da mulher agredida ou casamento de "reparação" (união autorizada entre o culpado e a vítima para encerrar a acusação). Para que o estuprador pague por seu crime, a vítima deve apresentar denúncia. Ora, na maior parte das vezes, a mulher não pode apresentá-la por si própria, em virtude de sua incapacidade jurídica. Nos estatutos comunais italianos, para dar queixa, a mulher não pode escapar da intermediação de um homem, que se apresenta no lugar dela para denunciar o crime. Portanto, a vítima está submetida ao interesse dos homens de sua parentela em ir ou não à justiça.

Para fazer a denúncia, a mulher estuprada precisa passar por cima da humilhação. Uma vez feita a queixa, ela deve apresentar provas. E, com frequência, tem de aceitar que mulheres designadas por um oficial de justiça verifiquem a intimidade de seu corpo logo após o delito. Testemunhas devem atestar que ela é uma mulher de boa reputação e que a ouviram gritar no momento dos fatos. Quantas vítimas conseguiram passar pela etapa da denúncia humilhante, ofendendo a honra de sua família?

Nos *fueros* castelhanos (coletâneas de direito consuetudinário ou territorial que resultaram do esforço de compilação jurídica realizado sob Fernando III, no início do século XIII), há inúmeras rubricas dedicadas ao estupro (*forçar*) de mulheres ou a agressões sexuais contra elas. Nos estatutos comunais italianos do fim da Idade Média, o legislador prevê as penas que devem ser aplicadas aos que "conhecem carnalmente uma mulher contra sua vontade e por meio da violência". As multas são pesadas (cinquenta, cem, duzentas libras). Quando não eram reduzidas por intervenção de uma boa defesa ou uma rede de contatos eficiente, supomos que muitos agressores não conseguiam quitá-las em uma única vez e tinham de negociar com as autoridades a possibilidade de pagá-las a prestação. No século XV, estupro e rapto são condenados nos Países Baixos Borgonheses, Flandres e Castela a pena de morte ou banimento perpétuo. Em Castela, as *Siete partidas*, muito mais rigorosas com esse tipo de crime que os *fueros*, preveem pena capital para o estuprador e confisco de todos os seus bens em benefício da mulher estuprada.

Nos estatutos comunais italianos, o estatuto social, a condição marital e a idade daquele que "conhece à força" não têm a menor relevância. O estuprador não se beneficia de nenhuma distinção. É indiferente para as normas estatutárias se ele é clérigo ou leigo, se agiu sozinho ou em bando, se é jovem ou idoso – na prática, porém, parece que os jovens são a maioria dos estupradores. Em contrapartida, há uma distinção muito clara entre as mulheres "conhecidas": virgem (*mulier virgo*), mulher casada (*nucta*), viúva (*vidua*), solteira (*soluta*) etc. Consequentemente, a multa varia não em função do estatuto do estuprador, mas do da vítima. A ordem das penas obedece à ordem matrimonial, ao estatuto social e à reputação da vítima. Vejamos como procede o legislador da comuna de Osimo, na Marca de Ancona, no início do século XIV. Primeiro ele condena o homem que "corrompe ou conhece" mulheres a pagar dez libras de multa. Acrescenta que, se tiver havido violência (podemos considerar que se trata de estupro), a punição será de cinquenta libras ou então a pena de morte, caso o agressor não possa pagar essa quantia. Depois assinala que o casamento de "reparação", com o consentimento da vítima, anula as penas. Por último, esclarece que essas regras se aplicam somente a quatro tipos de mulheres: virgens, mulheres casadas, viúvas e freiras. Para as outras, o agressor pagará apenas dez libras (se ele não puder pagar, terá a mão decepada).

Em outras palavras, esses estatutos ignoram o estupro quando a vítima não pertence à primeira categoria de mulheres, uma vez que o culpado é condenado a pagar o mesmo valor (dez libras) que aquele que "corrompeu ou conheceu" uma mulher consenciente. A noção de consentimento funciona, então, como critério de variabilidade apenas em relação à categoria "mulheres virtuosas" — às mulheres maduras não se aconselha que permaneçam solteiras, porque, como vimos, o direito protege do estupro apenas as casadas. Na Inglaterra, a partir do fim do século XI, aparece o termo *feme covert* para designar a mulher casada: ela é "coberta", isto é, protegida pela *potestas* do marido. Esse termo se opõe a *feme sole* (*soluta*).

As mulheres solteiras ou de *mala fama* ficam muito expostas. A má reputação da vítima constitui uma circunstância atenuante para o violador. No caso das freiras, reclusas ou não, existe um critério suplementar: se o culpado entrou furtivamente no convento, a pena frequentemente duplica, pois invasão indica premeditação. Penetrar um convento equivale a penetrar uma mulher.

Há maior severidade também nos casos de crime perpetrado contra virgens, pois o agressor mancha a reputação da jovem, reduzindo suas chances de encontrar marido. Ele também a corrompe, porque lhe abre para sempre o caminho do pecado. No caso da virgem e da viúva, o casamento subsequente com o culpado, antes da condenação do malfeito (*ante sententiam*), pode anular a sentença. Reprovado pelo direito romano, esse tipo de casamento é estimulado pelo direito canônico. Cabe ao historiador imaginar então a vida conjugal da vítima com o estuprador.

A lubricidade "natural" feminina (tal como os medievais entendiam) leva à ideia de que a mulher sente prazer ao ser violada. Guilherme de Conches, em *Dragmaticon philosophiae* [Diálogo sobre a filosofia natural], explica: "Conquanto no estupro o ato desagrade no início, ajudado pela fraqueza da carne não é sem encanto no fim". Em *A cidade das senhoras* (1405), Cristina de Pisano dedica um capítulo inteiro à denúncia dessa ideia preconcebida ("Contra os que dizem que as mulheres desejam ser violadas") e põe em cena a Senhora Retidão, para quem a pena de morte é uma "lei apropriada, justa e santa" para esse crime. É difícil, portanto, provar o estupro quando a mulher é previamente considerada perversa e inclinada à luxúria. Por essa razão, o estupro é um dos crimes sexuais para os quais se constata um grande contraste entre a condenação rigorosa em teoria e as penas brandas na prática: os culpados se beneficiam com frequência de circunstâncias atenuantes.

A indenização paga a título de "reparação", salvo em caso de casamento subsequente, que envolve a mulher (ou melhor, a futura esposa), nunca vai para a vítima, mas para a comuna ou o Estado. O objetivo, portanto, não é "reparar" a agressão à integridade física das mulheres, mas propor um sistema de compensação que visa restaurar a honra ultrajada da família e preservar a paz da comuna, ameaçada por uma eventual vendeta do lado da vítima contra o lado do agressor. O estupro, como todos os outros delitos contra a "moral sexual" (concubinato, adultério, rapto etc.), é, acima de tudo, uma desonra para a família. E, no fim das contas, os donos do jogo são os homens. Eles provavelmente pensavam duas vezes antes de apresentar uma denúncia que tornaria público o crime e poderia comprometer a honra da parentela.

Os *Schwarzbücher* [Livros negros] de Friburgo, na Suíça, relatam em 1489 o caso de Anthoyno Barnano, que violentou duas vezes uma adolescente que "ele considera uma filha". Condenado ao afogamento, acabou amarrado um dia inteiro ao pelourinho com uma carapuça de papel (*mictre*) na cabeça na qual estava escrito seu crime.

> *Anthoyno Barnano confessou que, como recebera o encargo de uma menina a qual deveria considerar como filha, é exato que dias atrás, descendo do cômodo de cima para o de baixo para ir à janela, achegou-se à sua filha, beijou-a e mordiscou-a, prometendo dar-lhe também um presentinho. E, em seguida, dominado pelo diabo, apertou-a tanto que abusou [parforcer] dela, agindo contra a vontade dela, e teve sua companhia. Quando a menina queria gritar, dizia-lhe: "Cala-te! Cala-te! Já vou terminar", e punha a mão sobre sua boca para ela não gritar. Além disso, ainda confessou que outro dia, enquanto sua mulher foi a Notre-Dame de Bourguillon, ele se achegou de novo à filha e fez novamente o que fizera antes.*

ABUSOS SEXUAIS CONTRA AS CRIANÇAS

Esses crimes sexuais hediondos estão inscritos nos registros judiciais (*libri maleficiorum*) da Itália comunal do fim da Idade Média. Cientes de que, a partir dos processos preservados nos arquivos, a historiadora ou o historiador tem acesso a uma ínfima parte do que realmente aconteceu (e, portanto, os números citados aqui não têm nenhum valor estatístico), no conjunto da matéria judicial de Bolonha entre 1383 e 1491 contabilizamos cerca de cinquenta estupros de mulheres e mais de cem estupros de crianças ou adolescentes. Entre estes últimos, encontramos o mesmo número de meninos e meninas.

Os condenados por violência sexual contra crianças (incesto, estupro, pedofilia) são muito mais frequentemente andarilhos, servos, criados ou estrangeiros que dignitários, porque são mais frágeis, menos protegidos pelas redes de solidariedade. Eles são designados por expressões como: "homens de má condição, frequentação, vida e reputação". São mimoseados com um léxico equivalente a seu crime: "sodomitas e violentos agressores sexuais", "estuprador" (*stuprator*) ou "perpetrador de estupro" (*stupri perpetrator*). Se a vítima é um menino, o pedófilo pode ser qualificado também de "pervertido" (*perversus*) ou "lascivo" (*lascivus*), com "intenções diabólicas e perversas". A idade dos meninos abusados varia de 6 a 20 anos, situando-se em média em torno dos 14,5 anos, e a das meninas, de 5 a 15 anos, com uma média de apenas 10 anos. Essa diferença de idade entre as vítimas do sexo masculino e as do sexo feminino remete à diferença – e de certo modo a acentua – entre a maioridade sexual e matrimonial das meninas (12 anos) e a dos meninos (14 anos).

Assim como em nossa sociedade contemporânea, na maioria dos abusos sexuais há uma estreita ligação preexistente entre o agressor e a vítima: pai e filha, tio e sobrinha (nos casos de incesto), criado e filha ou filho do patrão (nos casos de pedofilia).

O que é muito interessante em termos de sexualidade e gênero é que o vocabulário empregado pelo escrivão para designar os abusos sexuais cometidos contra essas crianças é radicalmente diferente conforme o sexo. Para relatar uma agressão sexual contra uma menina pequena, ele utiliza as mesmas palavras que servem para designar o estupro de uma mulher adulta. Para descrever a violência cometida contra um menino, ele emprega o vocabulário da sodomia. A menina é "conhecida carnalmente por meio da força e da violência": essa é a expressão clássica para relatar um estupro cometido por um homem contra uma mulher (às vezes podemos encontrar *stuprare* ou, mais raramente, *violare*). Os dois únicos verbos específicos do estupro de moças virgens, às vezes empregados como circunstância agravante, são "corromper" (*corrumpere*) e "deflorar" (*deflorare*). O delito perpetrado contra o menino, como todo ato de sodomia, é descrito mais minuciosamente que o estupro: "olvidados da função natural, conheceram de modo bestial, por perversão sodomita etc.". É um crime "contra a natureza", consumado "à maneira das mulheres" (*more femineo*) ou "penetrando o ânus" (*in ano supponere*). Por isso é julgado com mais severidade que uma penetração vaginal. O abuso sexual sodomita, assim como o incesto, propicia uma acumulação de adjetivos que visam denunciar o aspecto aterrorizante do crime: o "vício" (*vicium*) ou "crime" (*scelus*) ou "pecado" (*peccatum*) sodomita, percebido como "desonesto" (*inhonestus*), "enorme" (*enormis*), "nefando" (*nefandus* ou *nefandissimus*), "horrível" (*orribilis* ou *orribilissimus*), "detestável" (*detestabilis*), "abominável" (*abominabilis*) ou mesmo "destruidor da espécie humana" (*destructor humane species*).

Nos arquivos judiciais de Bolonha, entre 1383 e 1491, "sodomia" ou "vício sodomita" aparecem apenas cerca de dez vezes como designação de uma relação sexual consenciente entre dois homens adultos. Portanto, quase 90% dos casos de sodomia encontrados nesses arquivos são atos de violência sexual cometidos contra um menino ou adolescente.

***

As sexualidades são múltiplas nos séculos XII-XV. Elas variam conforme o tipo de documentação utilizada, os atores e as atrizes considerados, as práticas observadas (lícitas ou ilícitas). Durante muito tempo, as historiadoras e os historiadores medievalistas deram uma ênfase muito grande aos discursos eclesiásticos e esclareceram majoritariamente as diferentes formas de sexualidade praticadas na instituição imposta pela reforma gregoriana: o casamento. Hoje, graças às reconfigurações historiográficas recentes e a um novo interesse por outros tipos de documento, eles estão construindo uma história das sexualidades mais próxima da prática, trazendo à luz, também nesse campo, uma assimetria entre os sexos que revela uma forte dominação masculina, interessando-se pelas noções de prazer e desejo, pelas ligações extraconjugais (adultério e concubinato), pelas relações entre pessoas do mesmo sexo e pelas formas violentas de sexualidade.

3

DO RENASCIMENTO AO ILUMINISMO

SYLVIE STEINBERG

O Renascimento introduz uma ruptura na história da sexualidade? Se a sexualidade é um fato cultural sensível às transformações econômicas, políticas ou religiosas da mesma forma que outros fatos culturais, como a alimentação ou a relação com a morte, então é necessário que se estude a influência dessas transformações nas representações e nas práticas sexuais.

O século XVI europeu foi marcado, como se sabe, por importantes agitações: um vasto movimento cultural de redescoberta de obras filosóficas, literárias e jurídicas da Antiguidade grega e romana levou a uma reabilitação dos cânones estéticos antigos através da descoberta e da exaltação de vestígios arquitetônicos e esculturais. No centro dessa renovação, certo número de textos e obras artísticas antigas foi exumado, possibilitando um novo olhar sobre o corpo e a sexualidade. Os humanistas traduziram textos médicos desconhecidos ou pouco difundidos até então, enquanto os artistas retomaram o erotismo como motivo visual, aproveitando as observações dos anatomistas, que começavam a praticar a dissecação de corpos.

Com os grandes descobrimentos e a conquista de novos mundos, os homens e as mulheres do Renascimento foram confrontados com povos cujas práticas sexuais diferiam das deles. Todavia, longe de resultar numa relativização dos valores morais defendidos pelo cristianismo, o confronto gerou repressão da parte dos conquistadores e dos missionários, que pouco a pouco impuseram o casamento cristão e os "costumes" europeus a populações muito diversas. Não obstante, o Novo Mundo, e singularmente a América, serviram de suporte para fantasias sexuais em que a inversão dos papéis masculino e feminino ou as relações entre pessoas do mesmo sexo são centrais: o exotismo associado à Antiguidade e a esses mundos distantes permitiu que essas fantasias se expressassem indiretamente.

Por fim, a Europa foi palco de uma grande reviravolta religiosa: viu o surgimento da pregação evangélica no início do século XVI, acompanhada da Reforma protestante e dos cismas religiosos. Os reformados desafiaram a Igreja romana a "purificar" os costumes de seus fiéis e os seus próprios. Os Estados protestantes, e os católicos em seguida, criaram medidas estritas de enquadramento e de controle da sexualidade, mas é preciso pôr em questão se conseguiram mudar as práticas reais dos fiéis. As normas decretadas pelas autoridades civis e religiosas, os textos normativos dos médicos e dos juristas e as representações imaginárias da sexualidade se tornaram cada vez mais severos ao longo do século XVII, mas será que conseguiram mudar a sexualidade dos europeus?

Os próximos três capítulos propõem uma travessia pelos séculos XVI e XVII para que se avaliem as interações entre normas e práticas. Tomando como ponto de partida o *corpus* médico do Renascimento, trataremos primeiro de esclarecer como o prazer sexual era concebido e, na medida das fontes disponíveis, vivido. Exploraremos em seguida a fronteira do dizível e do indizível com base em certas representações artísticas da sexualidade. Por último, avaliaremos os efeitos das reformas religiosas sobre os fiéis, a amplitude e os limites da repressão sexual, dando ênfase ao "ápice" da devoção ao período clássico.

Mas outra ruptura já se encontrava em germe nessa época, e eclodiu no século das Luzes. Ao longo do século XVIII, a libertinagem parece conquistar todas as camadas sociais, do lacaio ao grande senhor, do artesão ao pequeno marquês. Consistia tanto em entregar-se livremente ao prazer quanto em limitar a própria prole, tanto em desafiar as interdições religiosas quanto em apontar os preconceitos e questionar os valores morais mais aceitos. Mas será que libertinagem rimava com liberdade sexual? Será que a mesma realidade valia para os mais desfavorecidos e a aristocracia, para o criado e seu senhor e, principalmente, para a criada e seu senhor? Nos três últimos capítulos desta Parte III vamos nos dedicar a buscar as múltiplas significações da libertinagem no Iluminismo. Enfocaremos principalmente a cidade que se tornou a capital desse período: Paris. Utilizaremos textos literários, panfletários e políticos, mas também testemunhos pessoais, porque uma das novidades documentais do século XVIII é a existência de textos privados, memórias e correspondências que permitem dar voz aos indivíduos, ainda que essa voz seja sempre singular e não possa ser generalizável.

Essa tentativa de reconstituir a libertinagem no Iluminismo será dividida em três etapas. Primeiro abordaremos uma prática emergente no século, a questão do controle da fecundidade, e a consequente dissociação desta do prazer sexual, outra grande novidade. Trataremos em seguida da politização da questão sexual no século XVIII, até – e inclusive – a Revolução Francesa. Por último, examinaremos as diferentes interpretações dadas à libertinagem em termos culturais e sociais, desde as que a veem como um disfarce da dominação dos homens sobre as mulheres (e singularmente sobre as mulheres do povo) até as que a qualificam como uma revolução sexual.

1
SOBRE O PRAZER SEXUAL

PRAZER E PROCRIAÇÃO SEGUNDO A MEDICINA ANTIGA

Como os médicos do Renascimento descreviam o prazer sexual? A literatura médica não era um *corpus* novo na época que nos interessa, e sim certo desenvolvimento a partir de uma tradição antiga que atravessou toda a Idade Média. Para explicar a reprodução humana, ou o processo que designavam "geração", os médicos ainda recorriam sobretudo ao *corpus* hipocrático redigido nos séculos VI e V a.C., à obra de Galeno, médico grego nascido na Ásia Menor no século II d.C., e naturalmente à autoridade de Aristóteles, em particular a seu tratado *Da geração dos animais*.

Não obstante, houve muitas novidades. Alguns textos desconhecidos foram descobertos, traduzidos, publicados, e certo número de médicos teve o cuidado de traduzir suas próprias obras para a língua vulgar, a fim de garantir maior difusão. Alguns também redigiram tratados acessíveis no formato de perguntas e respostas, conselhos sobre saúde e receitas. Dessa forma, o saber médico difundiu-se pouco a pouco nas sociedades renascentistas. Temos de tomar cuidado, porém, para não exagerar essa difusão, e nada garante que, em relação à sexualidade e à reprodução, saberes eruditos e profanos fossem sempre convergentes.

Isso dito, encontramos nos médicos do Renascimento, e mais tarde no período clássico[1], uma série de indicações que concernem diretamente ao prazer sexual. Essas reflexões se encontram em tratados sobre a procriação e, na realidade, é raro que o prazer sexual seja considerado isoladamente de suas finalidades procriativas.

O que é, então, o prazer? Para os médicos, o prazer é um prurido ou uma comichão que acontece na maturidade por esfregação e estimulação. A ejaculação dá alívio a essa comichão: para uns, o que provoca o prazer é a emissão do sêmen; para outros, é um "liquor" específico. Em *La Génération de l'homme* [A geração do homem] (1573), Ambroise Paré descreve o processo completo:

> *Existe uma espécie de humor seroso, semelhante ao sêmen, porém mais líquido e mais sutil, contido nas próstatas, que são duas glândulas situadas no início do colo da bexiga, e nas mulheres no fundo da matriz, pelos vasos espermáticos. Esse humor apresenta uma leve acidez picante e irritante, com leve prurido e comichões, que inflama as partes a cumprir seu papel, ao causar volúpia e prazer, porque é acompanhado de grandes quantidades de espíritos que se excitam, e deseja sair. E, por exemplo, como quando há em grande parte do corpo humores ácidos ou acres acumulados sob o couro, que coçam e comicham, eles levam a pessoa a roçar-se e, roçando-se, ela sente um grande prazer.*[2]

Sêmen ou humor específico? Em todo caso, o mesmo mecanismo pode ser observado nos homens e nas mulheres. Os médicos do Renascimento recuperaram a ideia, presente tanto em Hipócrates como em Galeno, de que homens e mulheres emitem sêmen durante o coito. No interior do útero, a mistura dos semens forma o feto. Dependendo das propriedades específicas desses semens, e da maneira como ocorre a mistura, nascem meninos ou meninas.

Essa teoria dos dois semens corresponde a uma concepção elaboradíssima do corpo humano, segundo a qual os fluidos que circulam no corpo masculino e no feminino são idênticos: sangue, fleuma, bílis e cólera. No interior do corpo, esses fluidos convertem-se em outros. Por exemplo, o leite era considerado um "sangue recozido": quando o

---

[1] O "período clássico" ou "idade clássica" (*âge classique*) é uma categorização característica da historiografia francesa, compreendendo do final do século XVI ao começo do século XVIII. [N.E.]

[2] Ambroise Paré, *Oeuvres complètes: De la Génération de l'homme recueilli des anciens et modernes* [1573], Paris: J.-F. Malgaigne, 1840-1841, t. 2, pp. 635-6.

feto não precisa mais ser alimentado pelo sangue da mãe no interior da matriz, o sangue sobe para as mamas e converte-se em leite. Já o sêmen era considerado "a espuma do sangue", segundo a teoria de Galeno.

SEMELHANÇAS E DIFERENÇAS ENTRE A ANATOMIA FEMININA E A MASCULINA

A medicina antiga dá relevo especial às semelhanças entre o corpo da mulher e o do homem, mais que a suas diferenças. O que os distingue é mais uma questão de grau que de natureza, e isso é visível ainda na persistência do modelo anatômico herdado de Galeno, que também se baseia na semelhança. Como Galeno, a maioria dos médicos do século XVI acreditava que os órgãos genitais do homem e da mulher são isomorfos. O historiador norte-americano Thomas Laqueur chama isso de "modelo unissex" de anatomia. Existe analogia entre as diferentes partes dos órgãos genitais: entre a vagina e o pênis, entre o útero e o escroto, entre os ovários e os testículos – aliás, os ovários sendo ainda denominados "testículos femininos" nas pranchas de anatomia. Alguns dos grandes anatomistas italianos da primeira metade do século XVI, Berengario da Carpi e Gabriel de Zerbis, quando tinham oportunidade de dissecar um corpo de mulher (o que era raro, apesar de tudo), procuravam validar o modelo de Galeno, do qual tomaram conhecimento no *De usu partium* [Da utilidade das partes], publicado pela primeira vez *in extenso* em 1528.

Mas as explicações que eram dadas a esses isomorfismos estão ligadas a explicações cosmogônicas e metafísicas que ultrapassam em muito a simples observação. Se os órgãos genitais da mulher são internos, é porque faltam a ela o calor e a secura que caracterizam o homem. Excepcionalmente, acontece de meninas se transformarem em homens precisamente porque, na adolescência, uma onda de calor expulsa os órgãos de dentro de seu corpo. Em todo caso, é o que Montaigne conta em *Voyage en Italie* [Viagem à Itália], história igualmente relatada por Ambroise Paré:

> *[Essa história] é de um homem ainda vivo chamado Germano, de baixa condição, sem nenhuma profissão ou ofício, que foi menina até os 22 anos, e chamava atenção porque tinha um pouco mais de pelo em volta do queixo que as outras meninas; e apelidaram-na Maria Barbuda. Um dia, fazendo esforço para dar um salto, suas ferramentas viris se produziram, e o cardeal de Lenoncourt, bispo de Châlons naquela altura, deu-lhe o nome Germano. Ele não se casou, apesar disso; ainda existe nessa cidade uma canção comum na boca das meninas, em que elas aconselham*

> *umas às outras a não dar grandes passadas por receio*
> *de virar macho como Maria Germano.*[3]

Esse caso não era considerado um prodígio e contava com uma série de explicações naturais. A mulher é um homem imperfeito, de crescimento mais rápido, menos acabado e menos conforme ao plano divino, como indica a criação de Eva a partir de Adão – e somente a partir de Adão. Se porventura, durante a puberdade, ela sofre uma onda de calor muito intensa, eventualmente pode se transformar em homem, porque o imperfeito tende sempre ao perfeito, como explica, a partir dos princípios de Aristóteles, o anatomista Gaspard Bauhin em *Theatrum anatomicum* [Teatro anatômico] (1605).

Portanto, por homologia com os homens, as mulheres possuem um sêmen que provoca o prazer, e esse prazer nasce do coito. Os médicos do século XVI não desconheciam a existência daquele outro foco de volúpia que é o clitóris. Ambroise Paré recomenda aos maridos que, antes da penetração, se entreguem a preliminares com suas esposas:

> *Estando deitado com sua companheira e esposa, o*
> *homem deve afagar, adular, acariciar e sensibilizar,*
> *se achar que ela resiste ao esporão. E o cultivador*
> *não entrará no campo da natureza humana*
> *estouvadamente, sem cumprir primeiro seus*
> *achegamentos, que os fará beijando-a, falando-lhe*
> *do jogo das damas: e também lhe manipulando as*
> *partes genitais e os peitinhos, para que se atice e*
> *sinta comichões, de modo que se tome de desejos pelo*
> *macho (que é quando sua matriz a agita) e assim sinta*
> *vontade e apetite de abrigar e fazer uma criaturinha*
> *de Deus, e que os dois semens possam juntar-se.*[4]

Em meados do século XVI, dois famosos anatomistas, Matteo Realdo Colombo e Gabriele Falloppio, ambos sucessores do grande Andreas Vesalius, disputavam a honra da descoberta do clitóris – descoberta no sentido científico do termo, e não no sentido ordinário, pois essa pretensão seria absolutamente risível e, de fato, fez gargalhar muitos de seus colegas. Essa descoberta provocou certo desequilíbrio no modelo analógico de Galeno ao introduzir na anatomia científica um órgão que não apresenta equivalente no corpo masculino. Mas esse desequilíbrio acabou sendo limitado, pois no fim os anatomistas consideraram o clitó-

---

[3] Michel de Montaigne, *Oeuvres complètes: Journal de voyage en Italie par la Suisse et l'Allemagne*, Paris: Gallimard, 1962, pp. 1.118-9 (Bibliothèque de la Pléiade).
[4] Ambroise Paré, *De la Génération de l'homme, op. cit.*, p. 640.

ris ou como um pênis feminino ou, em conjunto com os pequenos lábios, como o equivalente ao prepúcio.

Entretanto, a ideia de que os isomorfismos de Galeno não são válidos reuniu cada vez mais médicos no decorrer do século XVII. Enquanto os primeiros a praticar a dissecação de corpos procuravam confirmar seus saberes livrescos na observação, o aperfeiçoamento da técnica na anatomia e uma menor reverência aos autores antigos levaram a questionamentos e novas descobertas anatômicas, em especial a dos folículos ovarianos nos anos 1670, por Reinier de Graaf, e a dos espermatozoides em 1677, por Anton van Leeuwenhoek, abrindo caminho para a famosa querela entre ovistas e animalculistas no século XVIII.

POR QUE O PRAZER SEXUAL FOI CONCEDIDO AOS SERES HUMANOS?

Os médicos também se faziam outras questões tradicionais sobre o prazer sexual. Ele pode ser controlado ou é irreprimível? Para responder a essa pergunta, os estudiosos recorriam à imagem do animal de Platão no *Timeu*: os homens não conseguem dominar os movimentos de seu pênis porque são habitados por um animal que tem vida autônoma da razão. Da mesma forma, a mulher sente desejo por meio de seu útero, que faz movimentos incontroláveis – ou, como diz Ambroise Paré, "sua matriz a agita".

Outra questão levantada pelos médicos: quem sente mais prazer, o homem ou a mulher? Os conhecedores diziam em geral que é a mulher, porque ela dá e recebe simultaneamente. Mas, ao mesmo tempo, eles a consideravam mais fria e, portanto, mais lenta para se excitar. Dado que a imaginação também cumpria seu papel, seguia-se uma segunda questão: quem é mais criativo, a mulher ou o homem? Enfim, para que serve o prazer sexual e por que Deus o concedeu aos seres humanos? Aqui, pela primeira vez, os motivos são muito diferenciados. Se as mulheres sentem prazer, é porque Deus quis fazer com que elas se esquecessem do medo de morrer no parto. Se os homens têm prazer, é porque precisam vencer o asco de realizar um ato repugnante, pois o "vaso" da mulher, como se dizia na época, se situa perto da saída dos excrementos. É o que explica, por exemplo, André du Laurens em suas *Opera anatomica* [Obras anatômicas], em *c.* 1595.

Além de descrever o prazer sexual, os médicos operaram uma naturalização do comportamento sexual prescrito pela Igreja. A partir das explicações que eles apresentam, poderíamos dizer que os médicos, assim como a Igreja, eram "pró-sexo", contanto que a sexualidade se desenvolvesse sob formas legítimas.

Para muitos médicos, a ausência de sexualidade podia provocar doenças em consequência da retenção dos humores. Segundo os princípios fundamentais dessa medicina, a ejeção do sêmen é uma necessidade, da mesma forma que a purgação do sangue e dos excrementos – estamos lidando com uma medicina da evacuação. Muitos médicos consideravam perigosa para a saúde a melancolia erótica que acomete os jovens solteiros. Jacques Ferrand, que no início do século XVII escreveu um livro sobre essa doença melancólica, enumera seus sintomas: "[...] palpitação do coração, inchaço do rosto, apetites depravados, tristeza, suspiros, lágrimas sem motivo, fome insaciável, sede desvairada, desmaios, opressões, sufocações, vigília contínua, cefalalgia, melancolia, epilepsia, cólera"[5]. Os médicos, no entanto, também recomendam moderação e descrevem os terríveis sofrimentos daqueles que são dominados pelo que chamam de "mania erótica". Outros, ainda, preocupam-se com a saúde dos clérigos e aconselham remédios para reequilibrar os humores daqueles que, em razão dos votos, não podem expelir os humores supérfluos.

NATURALIZAÇÃO DOS COMPORTAMENTOS SEXUAIS PRESCRITOS PELA IGREJA

Entre os raros médicos que se aventuram a descrever a sexualidade conjugal, encontramos prescrições idênticas às da Igreja. É o que acontece, por exemplo, com as posições sexuais recomendadas para aumentar as chances de gerar filhos. Nicolas Venette, famoso autor do *Tableau de l'amour conjugal* [Retrato do amor conjugal], publicado em francês em 1686, republicado ao longo de todo o século XVIII (e depois dele) e traduzido para vários idiomas, explica que a melhor posição é a do homem sobre a mulher – o que não surpreende. Isso não o impede de descrever todas as outras posições, contribuindo sem dúvida nenhuma para que seu tratado seja um dos pontos altos da literatura pornográfica da época. As demais posições são proscritas porque são contrárias à saúde e à procriação, pois "acariciar de pé, como ouriços", diz ele, embacia a vista, cansa a cabeça, causa dores na coluna e tremores nos joelhos. A posição sentada não gera crianças saudáveis. Permitir que a mulher fique por cima, além de ser contrário à dominação natural do homem, a torna infecunda e gera crianças anãs, mancas, corcundas, vesgas, imprudentes e burras. "Acariciar uma mulher" por trás é, no limite, permitido, se o objetivo for engravidar a mulher ou se ela já estiver grávida e com a barriga muito grande. Venette admite essa extravagância na medida em que ela auxilie na procriação, mas também lhe parece uma posição mais condizente com o reino animal.

Os médicos também naturalizavam certos "tabus sexuais", como o das relações sexuais durante o período menstrual da mulher. Essa interdi-

---

5 Jacques Ferrand, *Traité de l'essence et guérison de l'amour ou de la mélancolie érotique* [1610], Paris: Economica, 2001.

ção é mencionada no *Levítico* e ordena práticas rituais de purificação aos judeus. Desde a Alta Idade Média, os teólogos católicos são bem menos assertivos que o texto bíblico: relações sexuais são permitidas se forem para acalmar a concupiscência, pois um dos fundamentos tradicionais do casamento cristão é evitar o pecado da luxúria e da fornicação. Ainda assim, essas relações não são desejáveis, porque, segundo eles, existe o risco de que os filhos gerados a partir delas sejam monstruosos, leprosos e corrompidos. Por isso, aconselham as mulheres a discretamente fazer seus maridos entenderem que elas não podem pagar a "dívida conjugal", mas, se o marido insistir, pagá-la mesmo assim. Afinal, como diz o teólogo espanhol Miguel de Palacios em suas *Disputationes theologicae* [Disputas teológicas] (1577), mais vale nascer monstruoso que nem nascer.

É principalmente sobre esse risco da descendência monstruosa que os médicos debatem e argumentam a partir das noções sobre a geração que vigoravam na época. O feto corre perigo porque o sangue é supostamente o alimento da criança na matriz da mãe; ora, quando há um sangramento, o sangue fica mais pobre e a criança em formação pode ser prejudicada. Portanto, muitos médicos aconselham aguardar até o fim do período menstrual para gerar, não por uma pretensa impureza da mulher, mas para garantir a boa formação do feto.

SOBRE A PROIBIÇÃO DOS MÉTODOS CONTRACEPTIVOS E ABORTIVOS

Seguindo os preceitos da Igreja, os tratados médicos também silenciam sobre os métodos contraceptivos e abortivos. A literatura médica tinha como objetivo principal ensinar os casais a fazer crianças saudáveis, esclarecê-los sobre o que pode causar esterilidade, saturá-los de conselhos sobre a gravidez e o parto. Portanto, indicações em sentido contrário são dadas sempre de maneira muito indireta. Alguns capítulos apresentam métodos para "fazer o mês voltar", como dizia a expressão consagrada. Aconselham sangrias, dietas e plantas, entre elas a arruda, cuja eficácia abortiva é bastante conhecida hoje. Outros capítulos são dedicados às precauções a se tomar durante a gravidez: não carregar peso, não andar de carroça por caminhos esburacados, não pular corda etc. Ora, as mulheres que queriam "se desembaraçar de seu fruto" recorriam efetivamente a todos esses procedimentos. E nós só conhecemos suas manobras secretas graças a raríssimos documentos judiciais.

O aborto era considerado crime e, além disso, quase não se distinguia do crime de infanticídio, duramente condenado nos tribunais. Na França, foi definido por um decreto do rei Henrique II em fevereiro de 1557. A partir dessa data, moças e mulheres que escondessem que estavam grávidas seriam automaticamente acusadas de ter matado o próprio filho, caso ele morresse no parto. No Antigo Regime, o decreto era lido regularmente pelos padres durante a homilia dominical e reproduzido no cabeçalho dos registros paroquiais.

Contudo, são muito raras as moças e as mulheres condenadas por aborto através desse dispositivo judicial, mesmo que seja indiscutível a perseguição das autoridades às infanticidas. Apenas casualmente, portanto, essas manobras fracassadas são mencionadas em processos contra as infanticidas ou em litígios com os sedutores. Em geral, elas são realizadas com a ajuda de terceiros – o sedutor, um amigo ou uma amiga, uma vizinha –, mas há casos de profissionais da saúde – boticários, parteiras, cirurgiões – dando assistência.

Livros de medicina também podiam ser úteis, como constatamos, por exemplo, num caso apresentado no tribunal eclesiástico (a "oficialidade") de Beauvais, no século XVII, e estudado por Kevin Saule. Envolve um padre chamado Denis Lefebvre, em cuja casa foram encontrados "vários livros de doutrinas perversas que fazem menção a raízes capazes de expulsar a criança, morta ou viva, do ventre da mãe". Os autos assinalam "vários escritos de próprio punho para fazer as mulheres abortarem". Numerosas ervas e raízes, um alambique em forma de sino e "drogas, sebo, pós e frascos" foram encontrados em seu domicílio. O escrivão anota o título dos livros apreendidos, que não passam de obras de fitoterapia. Não há nenhum ilícito entre eles, e o último da relação, intitulado *Le Médecin charitable* [O médico caridoso], de autoria de Philbert Guybert, é até muito popular, com mais de sessenta edições entre 1623 e 1679.

A OPINIÃO DOS MÉDICOS SOBRE A DÍVIDA CONJUGAL E A IMPOTÊNCIA NO CASAMENTO

Como a medicina antiga considera que tanto os homens como as mulheres têm sêmen, a literatura médica apresenta o prazer com certa simetria. Aqui, como nos casos anteriores, ela naturaliza uma recomendação eclesiástica, que considera que os cônjuges se devem, mutuamente, o que em linguagem teológica é chamado de dever ou dívida conjugal. Essa dívida faz parte da teologia do casamento cristão e tem como fonte os escritos de São Paulo. Ela originou recomendações muito precisas, encontradas nos manuais dos confessores desde a Idade Média: os teólogos ordenam às esposas que se submetam ao desejo de seus esposos e aos esposos que adivinhem em suas esposas os desejos que elas não expressam por modéstia natural.

Essa simetria foi considerada igualdade, ou até cumplicidade sexual, por alguns historiadores, mas duvidamos desse igualitarismo que já vem manchado pela assimetria entre o arrojo masculino e a modéstia feminina, considerados ambos naturais. No coito, o homem é ativo e exerce seu poder sobre a mulher; esta, por sua vez, é passiva ou, como diz prosaicamente Nicolas Venette, "apenas consente as carícias de um homem em posição cômoda" (deitada de costas), sem demonstrar qualquer atividade.

Esse aspecto da sexualidade é evidente quando consultamos os arquivos judiciais referentes aos processos por impotência sexual conservados no acervo dos tribunais eclesiásticos. A impotência é um dos raros casos que podem levar à anulação do casamento — que, de resto, era indissolúvel. Homens e mulheres podem apresentar-se diante do oficial — ou seja, o juiz eclesiástico — e denunciar a impotência do cônjuge. Existem alguns processos em que é a esposa quem é declarada impotente — na realidade, quando apresenta uma má-formação nos órgãos genitais. Todavia, na imensa maioria dos casos, é o homem que é levado ao tribunal pela esposa. Eles são então submetidos a uma perícia médica para verificar a impotência e determinar suas causas. Os médicos-legistas procuram más-formações, mas em geral constatam apenas certa frieza, umidade e apatia que nitidamente colocam esses homens no mesmo campo do temperamento fleumático das mulheres, as quais são genericamente qualificadas de frias e úmidas.

Quando esse primeiro exame médico-legal era inconclusivo, o casal era convidado a comprovar a disfuncionalidade alegada executando o que a doutrina canônica chamava de "congresso", isto é, uma relação sexual devidamente constatada pelos especialistas médicos e pelo juiz eclesiástico. Antes, porém, os cônjuges eram ouvidos separadamente e submetidos a um interrogatório sério e rigoroso. Ora, esses interrogatórios nos permitem ter acesso a relações sexuais decerto atípicas, mas também nos revelam modos de relação conjugal que eram sem dúvida bastante difundidos. Muitos homens que sofrem de impotência não conseguem confessá-la à sua companheira. As noites se sucedem em silêncio. Ele tenta penetrar a esposa sem sucesso, mas não lhe passa pela cabeça confiar o segredo. Em certo número de casos, a esposa relata que não entendeu o que estava acontecendo e informou-se com uma mulher da família — mãe, irmã ou vizinha — para tentar romper o silêncio.

Esse tipo de testemunho é muito esclarecedor da ignorância em que as mulheres eram mantidas na infância e na adolescência, bem como das dificuldades de comunicação entre os cônjuges no que se referia às questões sexuais. Os maridos impotentes recorriam com frequência a expedientes que as mulheres consideravam totalmente despropositados, como masturbar-se sobre elas ou pedir sua ajuda, mas também a atos de violência inadmissíveis. Alguns desses atos são altamente simbólicos, como os de um certo Côme Andrenas, comerciante burguês de Paris, julgado em 1617, que espetava a esposa com alfinetes. Todos os testemunhos revelam um sofrimento moral intenso: sofrimento por não estar à altura do ato exigido, por não ser capaz de deflorar uma virgem, por não exercer sua potência diante da mulher, por ser traído e desonrado por seu próprio corpo. A violência surge, então, para disfarçar a impotência com tentativas cruéis de possuir o corpo da esposa.

RECIPROCIDADE, ESTUPRO E CONSENTIMENTO

A noção de consentimento, que deveria ser central numa suposta igualdade no interior das relações conjugais, também não aparece nas fontes. Por definição, as mulheres casadas devem consentir com as relações conjugais, se o marido as desejar, e vice-versa. O consentimento mútuo dado no momento do casamento vale para toda a vida. As seguintes normas são cultivadas desde a infância e a adolescência: os meninos devem conquistar as meninas e tomar algo delas, enquanto as meninas devem preservar esse algo que é sua honra, sua virgindade, sua integridade física e moral.

O ato sexual é muito frequentemente designado como um combate. É descrito na linguagem do século XVI como uma batalha, uma justa, na qual o homem é um cavaleiro galante e o sexo masculino, uma lança ou espada. Seduzir a mulher é cercar uma fortaleza e tomá-la de assalto. Os títulos de algumas obras são bastante explícitos: *Le Fort inexpugnable de l'honneur du sexe féminin* [O forte inexpugnável da honra do sexo feminino], de François de Billon, no qual a honra sexual das mulheres é comparada a uma fortaleza que deve ser protegida. Esse vocabulário militar revela uma moral de guerreiros e espadachins. Por exemplo, em *Vies des dames galantes* [Vida das damas galantes], obra que se apresenta como um quadro dos costumes da corte real francesa no início do século XVI e uma de nossas principais fontes sobre as práticas sexuais dos cortesãos, Brantôme relata verdadeiras investidas amorosas, combates venéreos, cavalgadas heroicas e campeonatos opondo homens e mulheres intrépidos.

Cabe às mulheres, portanto, a responsabilidade de defender sua honra. Sejam solteiras, casadas ou viúvas, devem aprender a consentir a quem é seu senhor e resistir a todos os outros. Legalmente não existe estupro conjugal, ainda que, como vimos, exigências abusivas possam ser consideradas chocantes. Em caso de estupro por um homem que não seja o cônjuge, a mulher deve provar que resistiu com todas as suas forças, que outras pessoas a ouviram gritar e se debater. Também deve mostrar que foi violentada por vários homens, porque os juristas consideram impossível que uma mulher adulta seja forçada por um único indivíduo.

Os casos de estupros são raros nos arquivos judiciais. Poucos parecem chegar à justiça, e por várias razões. A primeira é que muitos estupros parecem ser cometidos por homens que estão de passagem, como andarilhos, viajantes ou soldados transitando entre dois campos de batalha e dois acampamentos. Na maior parte das vezes, as tropas se alojam em residências privadas; na França, o alojamento de guerra pesa como um imposto sobre o camponês. Temida, por receio de extorsão e estupros, a chegada de tropas aterroriza e, algumas vezes, provoca rebeliões. Provavelmente as extorsões são numerosas, embora seja difícil avaliá-las. A justiça militar prevê penas duras em toda a Europa. Na França, os estupradores deviam ser enforcados ou estrangulados, conforme o regulamento militar de 22 de março de 1557, sob Henrique II. Muito frequentemente, porém, os culpados chegam a um acordo financeiro com as famílias, ou criam terror suficiente para abafar o caso.

É por intermédio de outras fontes, portanto, que se pode calcular a frequência dessas agressões: relatos militares, diários pessoais ou obras de propaganda, como as que foram redigidas durante as Guerras de Religião. Algumas canções também põem em forma de música a dor das moças violentadas, como uma impressa em Lyon, em meados do século XVI, que conta o estupro de uma moça raptada por dois soldados quando estava em peregrinação[6]. Ela termina com a seguinte advertência: "Tomai-me como exemplo, mocinhas/ Quando fordes para longe de vossas casinhas/ Não vades aos campos sozinhas"[7].

Ademais, a agressão sexual só pode ser considerada estupro se a mulher em questão é reputada honesta, em outras palavras, se não é uma prostituta ou se o rumor público não a julga uma prostituta. A essa lógica judicial da *bona fama* acrescenta-se a da comprovação. A moça foi seduzida ou violentada? Em Roma, por exemplo, os arquivos judiciais fazem distinção entre as relações "*per forza*" ou "*per amore*". Por esse motivo, as mulheres grávidas dificilmente conseguem processar seu agressor, pois a gravidez prova que elas sentiram prazer no ato.

Nessas condições, a maioria dos casos judiciais conhecidos, fosse em Roma no século XVII, fosse em Roterdã e Delft na mesma época, envolve moças muito jovens, ou mesmo meninas pequenas, às vezes vítimas de maus-tratos e violações; aliás, o desvirginamento é a prova mais evidente do "crime de estupro". Essa é a prova que os médicos procuram nas roupas íntimas das meninas violentadas ou que as parteiras tentam verificar ao examiná-las corporalmente. No caso das que ainda não são núbeis, pouco importa aos juízes que tenham cedido sob a promessa de casamento ou que já conhecessem o sedutor antes de serem violentadas por ele: o estupro aparece sobretudo como um crime contra a honra das virgens, um atentado a seu valor moral e de troca no mercado matrimonial.

Em contrapartida, no caso das mulheres casadas, o estupro é um atentado bem menos evidente à integridade física, pois não existem

---

6 *La Fleur de toutes les plus belles chansons et plus amoureuses qui soyent faictes, dont plusieurs n'ont pas encore été imprimées, recueillies de plusieurs autheurs*, Lyon: PMR, 1546, p. 42.

7 "*Prenez exemple en moy jeunes fillettes/ Quand vous irez hors de vos maisonnettes/ De n'aller point aux champs toutes seulettes.*" [N.T.]

critérios de avaliação do consentimento nem valores atribuíveis a esse consentimento. Considera-se que a mulher casada cede ao ataque, uma vez que é sua responsabilidade proteger-se. Alguns juízes holandeses chegam a condenar as mulheres casadas que sofreram estupro, sob a acusação de adultério, com o mesmo peso que seus agressores (na maioria das vezes, a um longo exílio).

No período renascentista, Lucrécia é incontestavelmente a figura mais requisitada nas representações pictóricas do estupro. O estupro de Lucrécia é representado raramente ou, em todo o caso, bem menos que seu suicídio, mas nos quadros e afrescos que tratam de sua história a alusão ao ato sexual é importante, porque a faca que ela enfia no próprio torso lembra aquela com que Tarquínio a ameaçou antes de violentá-la. Lucrécia é uma figura muito popular, está presente na imagética dos artesãos e dos lojistas parisienses, assim como nos emblemas dos governantes urbanos e nas alegorias apreciadas na corte real. Isso nos leva à renovação dos motivos visuais do erotismo na época do Renascimento.

2
REPRESENTAÇÕES ARTÍSTICAS NO LIMITE DO PROIBIDO

NOVAS REPRESENTAÇÕES ARTÍSTICAS: O NU E A FECUNDIDADE NO CASAMENTO

O imaginário erótico evolui ao longo do Renascimento. A redescoberta da Antiguidade grega e romana gera uma extraordinária renovação dos motivos pictóricos, esculturais e literários. Os saberes e as expectativas relacionados à sexualidade se expressam através dos novos cânones estéticos.

É evidente que essa cultura visual e literária não se dirige a todos da mesma maneira. Muitas obras artísticas se destinam à intimidade dos poderosos, e as criações literárias são lidas apenas por uma minoria de letrados. Não obstante, alguns suportes são amplamente difundidos, como os jornais a preços populares, também conhecidos como folhas volantes ou panfletos, as gravuras mais ou menos grosseiras vendidas pelos mascates ou ainda, na França do século XVII, os livros da famosa "Bibliothèque Bleue" [Biblioteca Azul], uma coleção destinada ao mercado popular. Residências de comerciantes, artesãos e, às vezes, camponeses podem ter o interior ornamentado com representações gráficas diversas, enquanto certos livros são lidos e relidos no serão, em família ou coletivamente.

Na segunda metade do século XV, as ricas famílias de comerciantes de Florença encomendam baús de casamento ornamentados (*cassoni*) para presentear e selar a aliança entre os recém-casados. Às vezes, na face interna da tampa desses baús, há uma personagem pintada, deitada de lado. Segundo os pesquisadores, é provável que esses baús formem pares: um com a pintura de um homem, geralmente vestido, e outro com a pintura de uma mulher, geralmente nua. Essas representações, protegidas pelas referências mitológicas, convidam o casal recém-unido a cultivar suas relações sexuais e constituem uma espécie de bom presságio para a fecundidade. A pose langorosa das mulheres, apoiadas sobre o cotovelo e com o tronco elevado, era considerada a perfeita representação da luxúria por Cesare Ripa, mestre da simbologia no século XVI. Essa figura se encontra nos famosos "primeiros nus femininos deitados" de Giorgione e Ticiano, no século XVI. Como bem observa Daniel Arasse, o nu feminino de Ticiano, a *Vênus de Urbino*, mostra em segundo plano uma criada abrindo precisamente um desses famosos baús ornamentados.

Os cônjuges toscanos tinham à sua disposição, portanto, na parte interna de seus baús de núpcias, figuras excitantes e ao mesmo tempo simbólicas de sua fecundidade. Savonarola não estava enganado quando esbravejava contra os *cassoni*: "A jovem noiva cristã sabe muito mais sobre as astúcias e artimanhas de Marte e Vulcano que sobre os deleitosos martírios das mulheres santas contados nos dois Testamentos"[1].

REPRESENTAÇÕES MITOLÓGICAS: A FIGURA DA CASTIDADE E A FIGURA DA AMAZONA

Como temia o intransigente pregador florentino, as figuras saídas da mitologia ou da história antiga tornaram-se o suporte de um novo erotismo a partir do Renascimento. Mas, contrariando seus temores, a maioria dessas imagens exprimia uma visão muito tradicional da sexualidade.

Tomemos o exemplo da figura da castidade, representada na Idade Média pela figura da "donzela com o unicórnio" ou da "dama com o unicórnio". Como mostrou Sara Matthews-Grieco num estudo aprofundado de cerca de 6 mil gravuras do século XVI, a castidade continua sendo na época uma figura feminina: não encontramos homens representando a castidade. Mas ela ganha traços bem mais vigorosos e militantes que "a dama com o unicórnio"; ela se transforma na deusa Palas, de armas e capacete, que esmaga um dragão com os pés.

Essa virgem Minerva contrasta com a figura de Vênus e encarna a capacidade das jovens de resistir às ofensivas do amor, ao cultivar uma virtude defensiva, sim, porém ativa — o vocabulário guerreiro da sexualidade é recuperado. Generalizando-se a partir dos anos 1550, essa repre-

---

[1] Girolamo Savonarola *apud* Esther Moench, *Les Dits du coffre*, Avignon: Petit-Palais, 1994.

sentação indica provavelmente que a castidade continua sendo o apanágio das mulheres, mas sua defesa é vista agora como um combate permanente – contra os ataques dos homens, mas também contra si mesma.

Completamente diferente dessa versão virtuosa é a figura encarnada por outra virgem armada, ou ao menos por outra mulher armada: a amazona, que também é muito presente na cultura visual do Renascimento. A amazona representa sobretudo a sexualidade transgressiva das mulheres quando estão por cima. O motivo da amazona foi redescoberto pelos homens cultos do Renascimento através das personagens de Pentesileia, que guerreou ao lado de Troia, mas foi vencida por Aquiles, e Taléstris, que foi ao encontro de Alexandre, o Grande, para gerar uma descendência dele. Esse episódio de Taléstris com Alexandre, por exemplo, foi escolhido por Primaticcio para decorar o quarto da duquesa d'Étampes, amante de Francisco I, em Fontainebleau entre 1541 e 1545. Uma primeira cena representava a amazona e sua tropa em armaduras masculinas indo ao encontro de Alexandre; uma segunda mostrava as mesmas protagonistas nuas, cercadas de Amores alados, e Taléstris deitando na cama de Alexandre. A cena é uma homenagem à virilidade do rei Francisco I, facilmente identificável sob as feições do conquistador, porém mostra ao mesmo tempo o poder sedutor da primeira das cortesãs, uma vez que a linguagem visual da conquista privilegia o lado da amazona em armadura.

Criaturas maravilhosas, as amazonas tornam-se muito populares também na literatura de cavalaria do século XVI. As personagens Marfisa e Bradamante iluminaram os romances populares italianos de Boiardo e Ariosto com seu esplendor. Rainhas amazonas atravessam todo o ciclo romanesco de *Amadis de Gaula*, um dos *best-sellers* da literatura renascentista, e do qual Cervantes caçoou muito em *Dom Quixote*[2]. Nessas narrativas épicas, as rainhas enfrentam o combate guerreiro tanto quanto o combate venéreo. Conquistadoras e conquistadas, elas encarnam as duas faces da sexualidade: masculinas no disfarce, femininas na adesão ao amor. Essa ambivalência é reforçada por certo exotismo: as heroínas são muçulmanas e se convertem ao cristianismo por amor aos gentis cavaleiros.

A figura da amazona se renova no contexto da descoberta dos novos mundos, no qual sua sexualidade assume formas assustadoras. Cristóvão Colombo, em sua segunda viagem, em 1494, descreve a ilha de Matinino: ali vivem amazonas que, como em Heródoto, no qual ele se inspirou, acasalam na primavera com homens próximos e lhes devolvem os filhos varões.

Nova menção à existência dessas mulheres fabulosas é feita por Francisco de Orellana, que viajou pelo grande rio Marañón em 1542. O explorador conta que conheceu mulheres que, como as da antiga Cítia, amputavam um seio. É a partir desse relato que o nome do rio muda para

---

2 Ed. bras.: Miguel de Cervantes, *O engenhoso fidalgo D. Quixote de La Mancha*, São Paulo: Ed. 34, 2002. [N.E.]

Amazonas, e as fabulações de Orellana são retomadas por André Thevet em um livro intitulado *As singularidades da França Antártica* (1557)[3]. Uma gravura particularmente simbólica ilustra o livro: dois homens pendurados por apenas um pé numa árvore e uma tropa de amazonas nuas crivando-os de flechas. Uma delas aparece agachada, acendendo uma fogueira sob a árvore, à maneira dos guerreiros antropófagos do Caribe, que assavam seus inimigos num *barbacoa*, do qual derivou por deformação a palavra francesa *barbecue* [churrasco]. Não saberíamos expressar melhor a inversão total que essa cena representa para o imaginário sexual europeu.

REPRESENTAÇÕES E REALIDADE DAS RELAÇÕES SEXUAIS ENTRE MULHERES

Ao longo do Renascimento, portanto, os motivos visuais herdados da Antiguidade tornam-se pretexto para abordar temas transgressivos, como o da mulher que fica por cima, mas também o dos amores entre pessoas do mesmo sexo. A pintura renascentista raramente aborda de frente o tema do amor lésbico, porém o sugere com frequência. Mas esse é um tema realmente transgressivo? O que dizem essas representações a respeito do olhar social sobre o lesbianismo?

Vejamos, por exemplo, a história de Mirtilo e Amarílis, uma das mais retratadas por pintores e literatos. Um jovem apaixonado, desesperado por não ter acesso à sua amada, disfarça-se de mulher e encontra-a no meio de suas companheiras pastoras. Por brincadeira, elas organizam um concurso de beijos, na verdade uma verdadeira guerra, e o jovem ganha com o pé nas costas. Contada na tragicomédia *Il pastor fido* [O pastor fiel], de Giovanni Battista Guarini, essa cena se tornou um clássico da comédia pastoral em todas as línguas europeias, enfeitou tapeçarias e foi retratada por pintores como Antoon van Dyck e Jacob van Loo. Tanto no teatro como na pintura, mocinhas com os seios meio descobertos beijam-se com volúpia.

Apesar de a fábula celebrar a vitória da heterossexualidade, afinal os beijos do pastor disfarçado são muito melhores que os das pastoras, por um momento o que é perceptível aos espectadores – quer estejam no teatro, quer diante de um quadro – são os prazeres que as mulheres se dão mutuamente. Essa *mise en scène* aparece em nítido contraste com a ausência quase total de informações e arquivos sobre as relações entre mulheres na Europa do Renascimento.

A discrição é tão grande que o lesbianismo – termo pouco utilizado na época, preferindo-se "tríbades" ou "saboeiras" – às vezes é chamado de "pecado mudo" por teólogos e juristas. Os casos judiciais são extre-

---

[3] Ed. bras.: André Thevet, *As singularidades da França Antártica*, Belo Horizonte: Itatiaia, 1978. [N.T.]

mamente raros, e as crônicas mencionam apenas um processo ou outro em que mulheres foram condenadas por tribunais. O ato é, no entanto, criminalizado, considerado um crime contra a natureza e classificado como "sodomia". Da mesma forma que as relações entre homens, a sodomia heterossexual e a bestialidade, o lesbianismo é passível de pena de morte por enforcamento ou na fogueira.

Mas então por que encontramos tão poucas condenações? Uma das primeiras explicações é a dificuldade das autoridades judiciais para provar o ato sexual entre mulheres. O jurista espanhol Antonio Lopez é da opinião de que a fogueira convém apenas nos casos em que uma mulher tinha relações com outra mulher por meio de um instrumento material; nos demais, aplica-se uma pena corporal mais leve. Do mesmo modo, o jurista italiano Prospero Farinacci (1554-1618) esclarece, no início do século XVII, que, se uma mulher "se comporta de forma corrompida com outra mulher por esfregamento, ela é passível de castigo", não especificado. Em contrapartida, "se introduz um instrumento de madeira ou vidro no ventre de outra, ela é passível de pena de morte".

Conhecemos muito pouco os detalhes dos raros e diferentes casos conservados graças a menções mais ou menos breves nas crônicas. Mas tudo indica que as mulheres condenadas à morte no século XVI haviam sido convencidas, como diz Montaigne a respeito de uma delas, a "usar invenções ilícitas para suprir uma falta de [seu] sexo"[4], enquanto suas parceiras recebiam penas mais leves ou eram soltas, às vezes consideradas vítimas e ludibriadas pela primeira.

Isso posto, devemos supor que os juízes reconheciam como relação entre mulheres apenas a que imitava o coito entre homens e mulheres? Ao contrário. Pudemos constatar que eles estabeleciam distinções muito precisas entre as usuárias e as não usuárias de dildos. Entre essas diferentes práticas, a mais severamente condenada era a que envolvia penetração. Portanto, os juízes do século XVI buscaram reprimir a "luxúria" entre as mulheres, mas o fizeram num quadro jurídico muito preciso que não previa a punição das mulheres quando elas não usurpavam o privilégio masculino da penetração.

REPRESENTAÇÕES E REALIDADE DAS RELAÇÕES SEXUAIS ENTRE HOMENS

Os pintores renascentistas também tiveram oportunidade de representar as relações dos homens entre si: na mitologia, Zeus e Ganimedes, Apolo e Jacinto, Orestes e Pílades, Aquiles e Pátroclo e, na história,

---

4 Michel de Montaigne, *Journal de voyage en Italie par la Suisse et l'Allemagne*, op. cit., p. 1.118.

Adriano e Antínoo. No caso dos homens, mais que no das mulheres, essas representações contrastam fortemente com os preconceitos sociais em relação à homossexualidade masculina – ou, como se dizia na época, o crime sodomita. Qual é, então, a atitude da sociedade diante das relações entre homens e de que maneira essas representações pictóricas são relacionadas a uma transgressão?

A realidade da repressão à homossexualidade masculina na Europa nos séculos XVI e XVII é mais documentada que a do lesbianismo. Na Itália, afamada como um foco ativo de "sodomitas", cidades como Florença e Veneza promulgam leis severas desde o século XV e criam instituições especiais. Em Roma, os tribunais inquisitoriais também se assenhoram da questão, sobretudo porque desde os anos 1520 os adversários protestantes a caracterizam como uma nova Babilônia e o clero romano como uma seita de "sodomitas".

Também na catolicíssima Espanha é a Inquisição que persegue o *pecado nefando*. Entre 1541 e 1593, por exemplo, 107 "sodomitas" são condenados pelo tribunal aragonês, dos quais 10 membros do clero. Em Paris, 43 pessoas são mandadas para a fogueira entre 1540 e 1670 sob a mesma acusação. Os países protestantes não ficam atrás. Em Genebra, os calvinistas perseguem cerca de 50 pessoas entre 1555 e 1678. Em todos os casos documentados, notamos a fragilidade numérica da repressão, dirigida sobretudo a adultos que tiveram relações forçadas ou violentas com homens mais jovens, ou mesmo com meninos, sendo que estes não são condenados.

Essa repressão parece ter motivos diversos no século XVI. É preciso estar à altura das críticas lançadas pelo campo religioso adversário, protestante ou católico, estabelecer uma pureza sexual redentora – em especial no caso dos calvinistas –, mas também açular a desconfiança contra os estrangeiros, sobretudo os que professavam outra fé. Em Genebra, os condenados são principalmente italianos. Na Espanha, são os cristãos-novos, isto é, os descendentes dos judeus e dos muçulmanos convertidos, que são suspeitos de ter conservado a antiga fé.

Essas indicações socioeconômicas são produto da repressão – as autoridades judiciais preferem condenar os marginais – ou refletem prevalências? A partir de um caso que sucedeu em 1578, em Roma, perto da porta Latina, e ficou conhecido graças a Montaigne e a várias peças do processo, Gary Ferguson avançou a ideia de que a marginalidade podia ter certo papel na constituição de pequenas comunidades homossexuais – no caso em questão, cerca de dez homens adultos e rapazes, originários de Espanha, Portugal e Albânia, em sua maioria pobres e serviçais –, na medida em que eram excluídos do mercado matrimonial local e, por isso, obrigados a criar laços sociais entre si. Acusados de ter celebrado um casamento entre homens e preparado um banquete de núpcias, esses homens revelam em seu crime a existência de uma sociabilidade alternativa, cujos códigos fazem parte da cultura paródica e carnavalesca da sociedade urbana da época, usada por eles para expressar-se e fortalecer laços. Embora seja difícil distinguir entre os condenados um sentimento identitário ou práticas sexuais peculiares, dado que alguns documentos os acusam de pederastia e outros não, eles parecem formar uma comunidade e ter referência em códigos culturais comuns.

Existe, portanto, uma nítida distorção entre a realidade da repressão, que se mostra limitada, e a execração dos que exercem essas práticas sexuais. Aqui também os Grandes Descobrimentos nos permitem avaliar o imaginário cristão e europeu através de sua projeção sobre populações que até então eram desconhecidas e cujas práticas, assim como a moral sexual, eram diferentes.

Entre as práticas mais espantosas que os conquistadores espanhóis descobriram na América, e as mais abomináveis de seu ponto de vista, o "berdachismo" não gerou tentativas de explicação de tipo etnológico, muito menos compaixão. Atestados em muitas populações ameríndias, os "berdaches" eram meninos que se travestiam de mulher desde a infância e cumpriam certo número de funções nessas sociedades, como rituais xamânicos, mas também funções sociais e, decerto, sexuais. Desde o início da conquista, há relatos das atrocidades que os conquistadores cometeram contra eles. Núñez de Balboa, descobridor do istmo do Panamá, é conhecido por ter jogado catorze berdaches aos cães. Tal como os sacrifícios humanos e o canibalismo, o berdachismo é considerado uma prova da presença do demônio na América e da incompatibilidade das religiões americanas com o cristianismo.

De origem francesa, o termo "berdache" designa jovens rapazes que tinham relações passivas com homens adultos. Ele atravessa o Atlântico bastante precocemente e passa a ser usado para designar esses "transgêneros" americanos. Isso demonstra claramente quanto de seus próprios valores os observadores projetam sobre os americanos nativos, às vezes descrevendo com pertinência suas funções religiosas específicas, como faz, por exemplo, o jesuíta francês Jacques Marquette, que percorreu o rio Mississippi e entrou em contato com os algonquinos illinois na década de 1670. Esses exploradores os condenam ao opróbio dos "sodomitas" europeus e se dizem perplexos e enojados com a vontade dos "berdaches" de viver como mulheres, e não de acordo com sua "perfeição" masculina.

Conquistadores e missionários levaram à América e às outras terras descobertas os preceitos da Igreja sobre a sexualidade. Bem ou mal, os evangelizadores do Novo Mundo impuseram ali, pouco a pouco, o casamento cristão monogâmico, a confissão dos pecados carnais e a repressão dos transvios. Fizeram isso num contexto de intensa renovação espiritual e disciplinar, o da Reforma católica, também conhecida como Contrarreforma.

3
REFORMA E CONTRARREFORMA: O DISCURSO ECLESIÁSTICO

UMA ÉPOCA DE REPRESSÃO RELIGIOSA? A MORALIZAÇÃO DO CLERO

O início do século XVI foi marcado pela crítica violenta dos primeiros reformadores (Lutero, Calvino e outros) aos desvios da Igreja romana com relação à moral sexual, em particular a dos clérigos. Para resumir, ao mesmo tempo que extinguiram o celibato dos padres e retiraram o caráter sacramental do matrimônio, os reformados enalteceram a interiorização da moral sexual cristã e intensificaram as marcas pessoais externas da sobriedade e da austeridade. A reação da Igreja romana, mediante as decisões do Concílio de Trento (1545-1563) e sua aplicação, foi tomar certo número de medidas para enquadrar mais estritamente a sexualidade dos fiéis e lutar contra os desvios dos clérigos.

Antes de tudo, a Igreja tridentina procurou moralizar o clero, e para isso dotou-se de uma série de instrumentos. Em primeiro lugar, a formação dos futuros padres passou a ser feita em uma nova instituição, os seminários, que se disseminaram ao longo do século XVII. A função dessas novas instituições era formar bons padres, padres instruídos, que usavam hábito, não trabalhavam, não caçavam, não bebiam nem mantinham relações sexuais. Em segundo lugar, os bispos deviam visitar assiduamente as paróquias de sua diocese e fazer os vigários obedecer a uma rigorosa disciplina eclesiástica. Enfim, os infratores eram presos e condenados pelos tribunais eclesiásticos nos casos muito escandalosos.

Um exemplo de todo esse esforço é o da diocese de Toledo, onde 300 aldeias e 1,5 mil padres foram pacientemente visitados ao longo do século XVII; além disso, o tribunal inquisitorial perseguiu mais sacerdotes: de 1561 a 1620, de cada mil acusados no tribunal de Toledo, 114 eram do clero e, de 1621 a 1700, 213. É claro que nem todos foram processados por delitos sexuais. Os números mostram o interesse crescente das instituições eclesiásticas pela moral religiosa, mas não a extensão das transgressões a ela, pois muitos desses casos nunca chegaram aos ouvidos dos inquisidores ou da hierarquia eclesiástica – ou porque foram mantidos sob sigilo, ou porque os paroquianos não fizeram queixa.

Na França, em 1652, no momento em que a Reforma católica está no auge, o bispo de Autun diz que, em suas visitas pastorais, conheceu muitos padres amancebados, cujos filhos ilegítimos serviam na missa; e confessa-se espantado que os paroquianos achem muito normal esse tipo de comportamento. E, de fato, parece que esses padres amancebados continuaram a viver tranquilamente com as suas famílias, levando uma vida absolutamente idêntica à de suas ovelhas. Aliás, o concubinato parece incomodar menos os fiéis que a violência sexual ou o assédio agressivo voltado às paroquianas. Estes últimos parecem ser a maioria dos casos registrados a partir da segunda metade do século XVII; como o concubinato se torna mais difícil, é mais comum encontrarmos casos de violência sexual nos processos.

RENOVAÇÃO DA PASTORAL DO MATRIMÔNIO

A Igreja que nasceu com o Concílio de Trento também promoveu uma nova pastoral do matrimônio. Uma vez que o objetivo era usar os leigos como ponta de lança na reconquista religiosa, houve uma clara reavaliação do casamento, em contraste com o pouco valor que a doutrina católica lhe atribuía em comparação com o celibato consagrado. Francisco de Sales, bispo de Annecy e um dos escritores espirituais mais influentes do início do século XVII, dedica um capítulo de sua *Introdução à vida devota*[1] à honestidade no leito conjugal. Ele compara em poucas páginas o ato venéreo ao ato de comer, o que lhe permite dizer indiretamente o que não quer dizer diretamente. Afirma que comer com moderação conserva a pessoa, é uma "coisa boa, santa e recomendada", mas admite que também se pode comer para manter uma "conversação

---

1 Ed. bras.: Francisco de Sales, *Introdução à vida devota*, Petrópolis: Vozes, 2019. [N.T.]

mútua" ou "saciar o apetite". Em contrapartida, o excesso de comida e os maus modos à mesa levam ao pecado venial, ou mesmo ao mortal. Enfim, acrescenta que:

> *é verdadeiro sinal de espírito trapaceiro, mau, abjeto e infame pensar nas carnes e comezainas antes da hora da refeição, e mais ainda se após a refeição brinca-se com o prazer que se experimentou ao comer, prolongando-o por palavras e pensamentos, e espojando o espírito na recordação da volúpia que se desfrutou ao engolir os bocados, como fazem os que, diante do jantar, concentram o pensamento no espeto e, após o jantar, nos pratos.*

A ideia de que os cônjuges cristãos deviam se proibir de desejar a carne e de pensar nela fora do leito conjugal encontra-se em numerosos escritos espirituais da época. Assim, mesmo casados, os devotos comprometiam-se a manter a castidade da mesma forma que os solteiros. A promessa de que o casamento é o lugar natural da vida devota vem com um controle mais rigoroso dos cônjuges. Nesse sentido, o desenvolvimento da prática da confissão teve certo papel, assim como os diretores espirituais. Mas já foi assinalada a fraca representação do tema da sexualidade nas diretrizes sinodais e nos mandamentos dos bispos, em especial na Normandia.

Podemos dizer o mesmo da relutância dos confessores em abordar o assunto. Contrariamente ao que se acreditava, os cerca de seiscentos manuais publicados entre 1550 e 1650 tratam muito raramente do tema da sexualidade, sempre com muita cautela. Não existia o perigo de que eles dessem aos fiéis ideias que nunca haviam passado pela cabeça deles antes? Também existia perigo para os próprios confessores, que podiam ser induzidos a maus pensamentos ou até a ações funestas. Tivemos acesso a milhares de processos instaurados pelos tribunais eclesiásticos contra padres assediadores, acusados por paroquianas de terem tentado se aproveitar delas quando iam se confessar, quando estavam doentes, de cama ou com medo de ter chegado sua hora.

Na Espanha e no Novo Mundo, onde esses processos foram estudados a fundo, viu-se que a prática da confissão podia funcionar como um poderoso instigador de fantasias para os padres que ouviam as confissões de suas ovelhas. Poucas mulheres ousavam prestar queixa das atitudes de seus confessores; a maioria deles era denunciada por outros padres, depois de ouvirem a confissão da queixosa. Para o Santo Ofício, o importante era que o sacramento não fosse profanado, ou seja, que as indecências fossem cometidas antes ou após a confissão. Mas o grande número de casos é sem dúvida uma das razões da cautela dos manuais de confissão e dos sínodos em relação a essa questão.

PREOCUPAÇÃO COM A SEXUALIDADE JUVENIL

Em resumo, o enquadramento da sexualidade pela Igreja parece ser muito seletivo, preocupando-se prioritariamente com a sexualidade juvenil fora do casamento. Essa preocupação se insere num contexto demográfico em que a idade de se casar aumenta constantemente, chegando a 23-24 anos para as mulheres e 24-25 anos para os homens no fim do século XVII. O período entre o início da puberdade e as núpcias se prolonga, o que preocupa as autoridades religiosas. Desde o século XVI, protestantes e católicos se ocupam em manter a estrita observância das três etapas do matrimônio canônico: promessas ou palavras de futuro, consentimento mútuo ou palavras de presente e *copulatio carnalis*. Tentam reduzir o prazo entre a promessa e o matrimônio, combatem os casamentos presumíveis solenizando o matrimônio em si e lutam contra os casamentos secretos, que não respeitam as novas regras – do lado dos protestantes, excluindo o matrimônio do âmbito do sacramento e, do lado católico, ao contrário, valorizando a importância do sacramento.

O controle sobre os jovens é rigorosamente formalizado entre os calvinistas: quando se descobre uma relação fora do casamento, os transgressores são denunciados aos anciãos, convocados pelo Consistório a expiar a *paillardise*[2] (esse é o termo consagrado) e condenados à privação da comunhão até que peçam perdão à comunidade, às vezes de joelhos e em lágrimas.

Nas sociedades católicas, esse controle parece menor, mas existe, especialmente quando se anuncia uma gravidez ilegítima. Na França, a partir de meados do século XVI, como dissemos, as moças grávidas são obrigadas a informar sua gravidez a um magistrado. Nos séculos XVI e XVII, elas podem ainda denunciar seus sedutores ao tribunal eclesiástico e exigir ajuda de custo para o parto ou para a alimentação do bebê. Embora as possibilidades de reparação escasseiem ao longo desse período, o cuidado das comunidades com o destino dessas moças não diminui. Atestado em algumas localidades da Europa, o costume de levar o recém-nascido à casa do pai, em caso de desinteresse de sua parte, comprova esse controle popular sobre a sexualidade juvenil.

No século XVII, a Igreja católica também toma o cuidado de separar os sexos em todas as ocasiões possíveis; pede para que crianças de sexos diferentes não sejam postas para dormir juntas, para que as escolas paroquiais separem meninos e meninas, para que os jovens fiquem separados em peregrinações ou procissões, que eram ocasiões tradicionais de encontro. Um certo número de preceitos eclesiásticos se dedica à

---

2 A palavra *paillardise* costuma ser traduzida por "lascívia". Curioso é que ela deriva de *paille* (palha) e no século XV *paillard* significava "vagabundo que se deita na palha", segundo o dicionário *Le Petit Robert*. [N.T.]

questão das vigílias e tenta proibir a mistura de sexos, como na região de Dijon, onde no inverno os jovens costumam se reunir nas *escraignes*, isto é, em cabanas aquecidas, afastadas das casas, para se dedicar a pequenas tarefas e, é claro, namorar.

A PROSTITUIÇÃO ENTRE A REFORMA E A CONTRARREFORMA

Os reformadores religiosos também tomaram novo interesse pela prostituição. Foi precisamente ao longo dos séculos XVI e XVII que a prostituição começou a ser definida como conduta desviante e a ideia de repressão se generalizou. Os primeiros a romper com os usos antigos foram os Estados protestantes, em particular as cidades-Estado protestantes da Alemanha. Nos anos 1520-1530, os bordéis fecharam, encerrando um sistema municipal que, sob controle de médicos e fiscais municipais, funcionava muito bem, contribuindo para a economia urbana – os bordéis ofereciam comida, bebida e banho – e para a receita da cidade. As prostitutas passaram a trabalhar na rua, ou em bordéis clandestinos, e ficaram sujeitas a multas, assim como seus clientes. O fim dos bordéis foi resultado de campanhas de opinião realizadas pelos evangélicos e, mais tarde, pelos reformadores. Buscava-se denunciar a hipocrisia da moral católica e especialmente as transgressões sexuais do clero, moralizar as relações conjugais, pregar uma ética sexual virtuosa aos jovens e mostrar a onipresença da devassidão, que passara a ser considerada uma doença contagiosa.

O avanço da Reforma foi acompanhado de uma política de interdições. Na Holanda calvinista, por exemplo, os bordéis fecharam a partir de 1578. Em Amsterdã, foi criada em 1597 uma casa de trabalho ou *spin house* para pobres, mendigos e prostitutas. Como na Inglaterra, onde os bordéis foram fechados sob Elizabeth I, a política de correção das prostitutas estava correlacionada a uma nova política de correção dos pobres em geral: mendigos, andarilhos e sujeitos de mau caráter foram alvos cada vez mais frequentes de políticas de controle e isolamento.

Nos países católicos, uma política similar se impôs a partir dos anos 1560. Foi nesse ano que Paris fechou seus bordéis. Em Roma, Pio V tomou medidas em 1566 para expulsar as prostitutas. Essa política tropeçou nos notáveis romanos, representantes do *popolo romano*, que a viam como um atentado a suas prerrogativas, à economia e à reputação da cidade diante dos peregrinos. Após negociações, decidiu-se que as prostitutas romanas ficariam confinadas na região do Campo de Marte, onde apenas uma pequena parte, o Ortaccio, era restrita à atividade à noite. Um dos argumentos apresentados pela prefeitura romana era de que a presença de prostitutas em Roma provava a presença do pecado sobre a terra e a capacidade da Igreja de combatê-lo, da mesma forma que a presença residual de judeus em Roma provava a Antiga Aliança e a grandeza da Igreja, que conseguira converter a maior parte da Europa e do Novo Mundo à "verdadeira fé".

Esses argumentos podem ser relativizados pela enorme mobilização que ocorreu na Europa católica para tirar as prostitutas da vida que levavam e encaminhá-las a uma vida pia e virtuosa, o que dá outro matiz à tendência de repressão. Temos numerosos indícios disso na Espanha, por exemplo, bastião da Reforma tridentina, onde, no entanto, a prostituição foi legal até 1623, o que significa que, assim como na Idade Média, ela era reconhecida como atividade de utilidade pública aos cuidados da administração da cidade e, às vezes, de seu senhor, mesmo quando este era membro do clero.

Os bordéis eram regidos por resoluções municipais, e os edis nomeavam, para cada um deles, um "pai", ou uma "mãe", encarregado de aplicar essas resoluções com supervisão médica. O local, acessível por uma única porta, ficava fechado durante a semana santa. A prefeitura cobrava impostos dos bordéis e os revertia para uma confraria ou um hospital. As prostitutas usavam um sinal distintivo. Havia uma prostituição clandestina que fazia concorrência à prostituição legal: prostituição em tabernas, ruas, muros ao redor das cidades, estradas vicinais (as *rameras* ficavam à beira da estrada, em choças cobertas de ramas) ou em domicílio. Essa prostituição clandestina, com seus *rufians* – que exploravam e mantinham as mulheres em razão das dívidas que elas tinham com eles –, seus aliciadores e taberneiros de moral duvidosa, foi descrita nos romances picarescos espanhóis e nas *Novelas exemplares*[3] de Cervantes.

No auge da Reforma católica, muitos pregadores iam pregar nos prostíbulos, ordenando às prostitutas que saíssem dali e se casassem. Confrarias, hospitais e pessoas físicas davam dotes a órfãs e prostitutas. Instituições foram criadas para acolher prostitutas arrependidas, como a Casa Pia, em Sevilha, ou doentes, como o Hospital de San Cosme y San Damián, na mesma cidade, também conhecido como Las Bubas, em referência à recém-surgida sífilis.

O mesmo movimento de beneficência é observado na França no mesmo período, com casas fundadas por congregações, confrarias e por iniciativas particulares, em especial de senhoras devotas. Em Paris, o convento de La Madeleine ou Madelonnette expandiu-se em 1620 com a ajuda da marquesa de Maignelay. A casa de refúgio de Sainte-Pélagie foi fundada por Marie de Miramion e tinha a particularidade de receber apenas mulheres que pudessem pagar uma pensão para se afastar da vida de desordem.

A partir da criação da Tenência Geral de Polícia, em 1667, houve uma tendência à reclusão delas no Hôpital de la Salpêtrière. Não era um

---

3 Ed. bras.: Miguel de Cervantes, *Novelas exemplares*, São Paulo: Cosac Naify, 2015. [N.T.]

projeto claramente definido como uma "Grande Internação" de pessoas com comportamentos desviantes, como o que Michel Foucault descreveu em *História da loucura na Idade Clássica*[4]: 1,7 mil ou talvez 2 mil prostitutas por ano passavam curtas temporadas de um mês ou dois em Salpêtrière, então eram soltas e, às vezes, recolhidas novamente algum tempo depois. A repressão em Paris e na Espanha misturava-se a iniciativas individuais e locais que visavam tirar as prostitutas da condição em que viviam, num clima de rigor moral em que o trabalho manual e uma disciplina copiada dos conventos tinham como meta a correção pessoal.

É POSSÍVEL AVALIAR AS CONSEQUÊNCIAS DAS REFORMAS RELIGIOSAS NA VIDA SEXUAL?

Os reformadores religiosos alcançaram seu objetivo? Alguns indícios nos levam a crer que sim. O primeiro é a queda no número de nascimentos ilegítimos, que é ainda mais patente se a correlacionarmos ao aumento da idade do momento do casamento. Segundo os cálculos dos historiadores demógrafos, os nascimentos ilegítimos, que já eram pouco numerosos no século XVI (2% a 3%), diminuíram ainda mais no século XVII (em torno de 1%). Esses resultados são um sinal de que os fiéis interiorizaram plenamente os preceitos da Igreja, reprimiram ou sublimaram o desejo sexual, ou que as práticas sexuais não fecundativas se mantiveram entre os jovens, limitando a repressão às práticas de penetração? Esse debate opõe os historiadores da sexualidade André Burguière e Jean-Louis Flandrin, entre outros.

Tudo leva a crer que os dois movimentos ocorreram simultaneamente. Homens e mulheres que se encontravam no olho do furacão das reformas, protestantes ou católicos militantes, certamente adotaram comportamentos sexuais mais condizentes com a mensagem de suas respectivas igrejas. Também tentaram convencer outras pessoas, fazendo da luta contra a devassidão juvenil ou da recuperação moral das prostitutas o objetivo de suas atividades beneficentes.

Mas temos também numerosos testemunhos sobre as limitações dessa pastoral. Em algumas regiões, o concubinato pré-marital persistiu. Há vários testemunhos, por exemplo, sobre a região do Labourd, no País Basco francês, onde no século XVII existia uma espécie de casamento de experiência. A segregação dos sexos almejada pela Igreja nunca chegou a se impor nas zonas rurais. Em algumas regiões europeias, as relações pré-nupciais incluíam uma sexualidade que, em princípio, não chegava ao coito. Nos Alpes, por exemplo, o costume do *albergement* perdurou;

---

4 Ed. bras.: Michel Foucault, *História da loucura na Idade Clássica*, São Paulo: Perspectiva, 1978. [N.T.]

em 1609, o bispo do vale da Tarentaise excomungou quem se entregava a essa prática, descrevendo-a: nos sábados e nos dias de festa, as jovens camponesas podiam, com o consentimento dos pais, dividir sua cama com um rapaz, que fazia um pacto com elas para "preservar sua pureza". Essa sexualidade juvenil, com beijos, carícias e toques genitais, é atestada de maneira mais ou menos formal em toda a Europa Alpina, graças a certo número de testemunhos que se conservaram até nossa época.

Em resumo, o controle da sexualidade não era completo na época das reformas religiosas, mas é provável que os cristãos conhecessem melhor as normas decretadas por suas respectivas igrejas. Também ocorreu a interiorização dessas normas em parte considerável da população. Michel Foucault supôs que essa interiorização se produziu graças ao silêncio que imperava sobre a sexualidade e ao aumento dos discursos normativos. Mas esse aumento ainda não é visível no século XVII, época em que os discursos são relativamente raros. Todavia, os novos contornos da sexualidade já começam a se esboçar; atos que antes pareciam inofensivos são sexualizados e tornam-se suspeitos; talvez seja esse o caso dos beijos e abraços entre amigos do mesmo sexo, que poucos recriminavam no século XVI (por exemplo, os beijos entre pastores) e provavelmente se tornaram ambíguos.

Pela transferência das práticas ascéticas do mundo eclesiástico para o mundo leigo, os fiéis casados, ou ao menos os mais carolas, aprenderam a silenciar seus sentidos e eliminar a menor conotação erótica de seus pensamentos, emoções e desassossegos. Alguns recorriam aos métodos usuais dos religiosos para calar os sentidos: o jejum, a mortificação, o uso dos cilícios (cintos de crina) ou a aplicação da disciplina (chicotinho doméstico) são muito comuns no período da Contrarreforma e vão muito além das fronteiras do mundo monacal.

Assim, se não venceram em todas as frentes na luta contra as formas de sexualidade que consideravam indecentes ou ilícitas, as reformas religiosas designaram com força novas interdições e estabeleceram novos limites a seu exercício. No fim do século XVII, a sexualidade ainda não tinha um nome, mas certamente tinha novos limites.

4
SOBRE O CONTROLE DA NATALIDADE

Incontestavelmente, o século XVIII permaneceu no imaginário coletivo como o século da libertinagem. E, incontestavelmente, o século XVIII foi vivido como uma época libertina. Nunca antes os termos *libertino* e *libertinagem* alcançaram tamanha amplitude. Foram utilizados em todo tipo de texto literário, filosófico e médico, e até nos documentos policiais para designar as pessoas que se entregavam livremente ao prazer. Como esclarece a *Enciclopédia*[1], os libertinos cultivam "o hábito de ceder ao instinto que nos conduz ao prazer dos sentidos; eles não respeitam os costumes, mas não tendem a afrontá-los". Quando se tratava de mulheres ("libertinas"), a palavra tinha um sentido mais antigo: significava desobedecer e recusar-se a respeitar as normas; aproximava-se vulgarmente de "debochada".

Os comportamentos libertinos, portanto, são aqueles que se distanciam dos "preconceitos" dominantes a respeito da sexualidade, mas também demonstram certa atração pelo transvio; podem, ainda, comportar uma crítica implícita ou explícita às normas estabelecidas. Empregado em sentido elogioso ou com desprezo, o adjetivo "libertino" aparece em

---

[1] Ed. bras.: Denis Diderot e Jean le Rond d'Alembert, *Enciclopédia*, 6 v., São Paulo: Unesp, 2018. [N.T.]

toda parte e acaba deturpando uma realidade que acreditávamos conhecer bem, especialmente graças a uma literatura libertina que deixou sua marca no Século das Luzes. São designados como libertinas e libertinos, por exemplo, as mulheres e os homens que se recusam a se reproduzir e, para tanto, recorrem a métodos contraceptivos.

SOBRE A POSSIBILIDADE DE NÃO PROCRIAR

Primeira mudança importante do período iluminista: a possibilidade mental e concreta de dissociar a procriação do desejo sexual. Essa possibilidade adquiriu a forma de uma realidade, segundo as fontes de que dispomos. De fato, ao menos em certo número de cidades grandes europeias estudadas por historiadores demógrafos, como Genebra e Rouen, observamos uma queda extraordinária da fecundidade ao longo do século XVIII. Em Rouen, objeto de estudo de Jean-Pierre Bardet, os notáveis tinham cerca de sete filhos em 1700; em 1800, não tinham mais que três ou quatro. Essa diminuição atingiu pouco a pouco todas as categorias sociais urbanas: lojistas, artesãos e trabalhadores pagos por jornada começaram a controlar sua fecundidade, no mais tardar, a partir dos anos 1710 e 1720. Em 1800, nos meios operários da capital normanda, as mulheres não punham no mundo mais que quatro ou cinco crianças.

Outras medidas permitiram a disseminação de novas posturas diante da concepção, inclusive em coletividades menores que Paris ou Rouen. Os dados coletados por Scarlett Beauvalet-Boutouyrie em Verdun indicam o tipo de controle de natalidade adotado pelos casais: a contracepção conhecida como "encerramento da reprodução". Enquanto os intervalos entre os nascimentos (ou intervalos intergenésicos) mantêm relativa estabilidade ao longo do século, há uma diminuição constante da idade das mulheres no momento de sua última parturição. As mulheres casadas nas décadas de 1750 e 1760 tiveram seu último filho aos 37,5 anos, em média; as que se casaram nos anos 1770 e 1780 pariram pela última vez aos 35 anos. Em outras palavras, após certa idade e uma vez efetivado o projeto familiar, os casais abstinham-se de relações fecundantes, ou se privavam totalmente de relações sexuais.

Sabemos que alguns métodos contraceptivos alcançaram uma difusão que, indubitavelmente, não tiveram nos períodos anteriores (séculos XVI-XVII). São mencionados principalmente em testemunhos de homens que tiveram relações sexuais com prostitutas ou em romances pornográficos. As esponjas são atestadas no romance libertino *A cortina indiscreta, ou A educação de Laure*[2], atribuído a Mirabeau. Os

---

2 Ed. port.: Conde de Mirabeau, *A cortina indiscreta, ou A educação de Laure*, Lisboa: Círculo de Leitores, 1994. [N.T.]

preservativos, que também eram chamados de "redingote inglês", aparecem sob a pluma de Pidansat de Mairobert, num romance intitulado *L'Espion anglais* [O espião inglês], quando ele descreve a casa de Gourdan, uma famosa cafetina da capital. Eram pedaços de intestino de cordeiro, dos quais sabemos por outros testemunhos que eram vendidos nos arredores do Palais Royal, centro da prostituição parisiense.

O mesmo romance cita outras práticas que então se supunham evitar a concepção, como a lavagem *post coitum*. Contudo, é pouco provável que esses métodos tenham sido empregados de forma maciça fora do meio da prostituição, precisamente porque no imaginário da época eles estavam ligados a esse universo. Os casais casados parecem preferir a prática do coito interrompido; temos algumas indicações disso em correspondência privada de cônjuges momentaneamente separados, na qual eles falam das precauções que haviam tomado anteriormente.

"PLANEJAMENTO FAMILIAR" JÁ NAQUELA ÉPOCA?

Essa mudança foi também uma importante mudança de mentalidade e nos relacionamentos. Os historiadores destacam de longa data que esse novo planejamento dos nascimentos está estreitamente ligado a profundas mudanças de atitude em relação às crianças. Eles mostram quanto o século XVIII se preocupou com o bem-estar dos bebês, quanto médicos, sanitaristas, filósofos – entre os quais Rousseau em primeiro lugar – insistiram no incentivo à amamentação materna em detrimento da amamentação mercenária, criticaram práticas como o enfaixamento dos bebês e chamaram a atenção dos pais para as necessidades físicas e psicológicas da primeira infância, a necessidade de lavar as crianças, fazê-las exercitar-se, observar seu desenvolvimento e estimulá-las.

Esses novos cuidados com a condição dos bebês e das crianças pequenas, a queda da mortalidade infantil e a limitação do número de nascimentos criaram um círculo virtuoso característico da grande mudança demográfica que se iniciou no século XVIII e se denomina transição demográfica.

Essa mudança de mentalidade veio acompanhada também de mudanças no relacionamento dos casais. A adoção dessas atitudes malthusianas só poderia ocorrer num clima novo, em que os dois cônjuges negociavam entre si o planejamento familiar. Tanto quanto é possível saber, essa negociação não era fácil e muito frequentemente era bastante delicada. Ao menos é essa a impressão que temos quando lemos as correspondências privadas. Em cartas à mãe ou ao marido, as mulheres manifestam seu medo de morrer no parto, evocam problemas de saúde, o cansaço que sentem durante a gravidez, as exigências da amamentação e, mais tarde, as angústias causadas pelas doenças, graves ou não, de seus filhos pequenos. Muitos maridos se mostram sensíveis a esses riscos, mas em geral é somente depois do casamento que tomam consciência deles, e por influência de suas esposas e sogras. Aliás, estas últimas parecem particularmente presentes nas negociações, como se vê no exemplo bastante conhecido de madame de Sévigné, no século anterior, exortando o genro em cartas e mais cartas a ser moderado com a esposa, madame de Grignan, para que ela não morresse dando à luz.

Desse ponto de vista, o exemplo do casal Albis de Belbèze, cuja correspondência foi estudada por Nahema Hanafi, representa bem a evolução em curso. Denis d'Albis de Belbèze, magistrado do Parlamento de Toulouse, casou-se em 1777 com uma jovem de 20 anos (27 anos mais nova que ele), também de família parlamentar[3] católica. A correspondência que eles trocam entre si durante a década de 1780 mostra que o planejamento familiar era uma negociação permanente. Após o nascimento do segundo filho, Thérèse, cansada, segundo ela, do "desagradável ofício de fazer filhos", incentiva o marido a divertir-se com outras mulheres enquanto ela se recupera do parto. Um mês e meio após dar à luz, ela escreve:

> *Não te preocupes, estou perfeitamente bem. Não tenho febre há mais de oito dias, mas preciso poupar-me e, sobretudo, não fazer mais filhos. Assim, minha pobre criança, podes tomar teu partido e, desde que me tenhas em teu coração, permito que tenhas uma bonita mulher na Joyeuse ou em Vans. Acarinha-a bem, e isso fará com que não penses mais em coisas que só me serão nocivas. [...] Não esqueças de relatar-me tuas conquistas, pois tudo que possa dar-te prazer dá a mim também.*

Denis protesta, dizendo que lá onde ele está não há senhoras muito interessantes, mas promete divertir-se, se a ocasião surgir, para agradar a esposa. Depois é a mãe de Thérèse que escreve ao genro para pedir a mesma coisa, considerando que é para satisfazer o desejo de sua filha. Mais um filho nasce em 1785, seguido dos mesmos incentivos da parte da jovem esposa, com a condição de que ele lhe conte suas conquistas. Como se pode ver, mesmo no mundo parlamentar, reputado por sua austeridade moral, a libertinagem masculina é vista como um escape para diminuir as relações sexuais entre os cônjuges e espaçar os nascimentos, cada vez menos desejados. A esposa, por sua vez, parece se restringir à abstinência.

---

3 No contexto francês do Antigo Regime, o termo "parlamentar" é uma referência judiciária, e não legislativa. [N.E.]

O SÉCULO DOS "VAPORES"

Diante dessas aspirações, mais bem documentadas pelas camadas mais altas da sociedade do século XVIII, havia inúmeras pressões sobre os casais para contrariar seus projetos.

A pressão da Igreja mantinha-se por intervenção dos confessores e dos diretores espirituais. Não obstante, sua eficácia era variável, e os mais praticantes continuavam sensíveis às mensagens da Igreja sobre a dívida conjugal. Há pistas, porém – inclusive nos meios ainda muito ligados à fé católica, como o da família Albis de Belbèze –, de que os fiéis estavam se autonomizando dos preceitos eclesiásticos. O aumento espetacular de nascimentos ilegítimos e concepções pré-nupciais é um indício que também se verifica nas zonas rurais, mesmo que nestas a queda de fecundidade seja menor que a observada nas grandes e pequenas cidades.

Os médicos tomaram o lugar dos eclesiásticos, ao menos nas camadas privilegiadas. A sociedade do século XVIII sem dúvida passou por uma medicalização: os médicos e os cirurgiões são mais numerosos que nos séculos precedentes, e também mais influentes, na medida em que apresentam sua doutrina aos círculos de sociabilidade maciçamente frequentados por eles: academias, salões, clubes filosóficos. A literatura médica da época, através das coletâneas de casos (por exemplo, os tratados médicos), mantém a ênfase nos perigos que ameaçam aquelas e aqueles que não dão vazão a seus humores. A ausência de atividade sexual podia, assim, provocar distúrbios de gravidade variável: melancolia, imaginação desordenada, hipersensibilidade das fibras e dos nervos – fibras e nervos são novos elementos da estrutura do corpo que pouco a pouco substituem os humores hipocráticos das épocas precedentes.

A nova doença dos vapores, que ataca as elites do século XVIII, às vezes podia ser provocada, segundo os médicos, pela continência sexual que se impunham os casais da alta sociedade, em razão do medo de fazer muitos filhos, ou os intelectuais e os literatos, quando excessivamente ascéticos. No fim do século, essa doença era designada principalmente como um mal feminino. A histeria também era considerada uma doença de mulher, e alguns médicos acreditavam que ela desencadeava o que chamavam de "furores uterinos" – que faziam a doente querer copular a todo custo para acalmá-los.

O RECEIO DO DESPOVOAMENTO

Nas últimas décadas do século, a pressão sobre os casais podia vir também de outro tipo de observador da vida pública, mais difícil de caracterizar, porém não menos influente: os intelectuais preocupados com a questão da população. Esses "populacionistas" estavam inquietos com o suposto despovoamento que a França vinha sofrendo. Na realidade, eles confundiam a queda da fecundidade, isto é, a diminuição do número de filhos por mulher, constatada em particular nas famílias da nobreza e da alta burguesia, com uma suposta queda populacional. A pouca idade da população e a diminuição da mortalidade infantil fizeram, ao contrário, com que o número de habitantes do reino crescesse automaticamente, mesmo os casais tentando limitar pouco a pouco o número de filhos.

Essa preocupação induz os populacionistas a criticar os "segredos funestos" usados pelos casais, segundo a expressão popularizada por Jean-Baptiste Moheau, um dos pais dessa nova ciência à época conhecida como "aritmética política" e que hoje chamamos de demografia. Essa análise equivocada os levou a julgar as elites sociais com severidade e a acusá-las de degenerar a espécie humana com suas práticas anticonceptivas.

Cada tratado, dissertação ou panfleto populacionista contém um retrato caricato do homem da alta sociedade, esgotado por prazeres e ocupações mundanas que o impedem de manter o interesse pelo ato conjugal, isso quando não é especialista na libertinagem despudorada, ocupando seu tempo com conquistas e corrompendo sua descendência com sífilis, ou lues, incontestavelmente a grande doença do século.

O retrato da mulher da sociedade é igualmente negativo: egoísta, preocupada apenas com sua beleza e seu prazer pessoal, coquete e excessivamente frágil, é recriminada por se negar a procriar. Em *L'Ami des hommes, ou Traité de la population* [O amigo dos homens, ou tratado da população], publicado em 1756-1758, Mirabeau descreve da seguinte maneira as aspirações malthusianas das mulheres da aristocracia:

> *O magistrado que desposa uma moça da corte perde a inocência... tão desvantajosamente quanto seu vizinho que vira genro de financista. A sogra espera pacientemente que passe o entusiasmo com as núpcias, o primeiro parto a chama de volta, anunciam uma menina: "Teremos um menino na próxima vez", diz a velha mãe. "Oh! Peço vossa licença", responde a parturiente, "o ofício não vale a canseira e não estou disposta a fazer sacrifícios pela minha posteridade. Já amo loucamente esta pequena e quero que seja herdeira", e o trastalhão aplaude.*

A OBSESSÃO DO ONANISMO

Nesse contexto de preocupação com a baixa fecundidade das elites, surgem novas obsessões médicas relativas às práticas não conceptivas, como a masturbação, à qual os médicos quase não deram importância nas épocas precedentes. O fim do século XVIII inventou a obsessão da masturbação e iniciou um movimento repressivo que só aumentou no século seguinte. Evidentemente, nos períodos anteriores os confessores condenavam a prática como sendo contrária à ordem de crescer e multiplicar-se posta pelas Escrituras aos cristãos. Mas, para os médicos, ela era até então vista sobretudo como terapêutica, na medida em que podia expulsar os humores supérfluos do indivíduo – continuava-se naquela medicina da evacuação e do equilíbrio dos humores. A novidade é que, a partir de então, a prática será descrita como perigosa para a saúde, funesta para todos os indivíduos, independentemente de compleição física, idade e sexo.

Novidade do século XVIII, a masturbação infantil parece particularmente preocupante, pois supostamente provoca esgotamento físico, nervosismo, fragilidade excessiva e até esterilidade irreversível. O termo "onanismo" surgiu na Inglaterra com uma obra epônima, *Onania*, que fez um sucesso considerável graças a uma campanha publicitária bem orquestrada na emergente imprensa. Escrito provavelmente por um charlatão londrino, o livro permitiu que um grande número de boticas fizesse fortuna vendendo medicamentos terapêuticos, em especial uma pomada milagrosa que refreava os desejos impuros. Traduzido em vários idiomas, várias vezes reimpresso, acabou servindo de inspiração a um médico renomado e muito mais sério, o doutor Samuel-Auguste Tissot, celebridade em Genebra e autor de um tratado importante, *L'Onanisme* [O onanismo], que teve ao menos 35 edições em francês e 61 em todas as línguas europeias desde o fim do século XVIII até o XIX.

A influência de Tissot é perceptível nas obras que recuperaram suas teses e nas cartas que ele trocou com um grande número de pacientes de toda a Europa, desejosos de se curar desse hábito considerado a partir de então um perigo. Essa mesma obsessão se encontra sob a pluma dos grandes espíritos do século, como Jean-Jacques Rousseau, que descreveu horrorizado em suas *Confissões*[4] a insistência de um de seus colegas de mesa para se exercitarem juntos nessa prática.

De onde surgiu esse pânico? Segundo o historiador norte-americano Thomas Laqueur, a masturbação teria se tornado um problema no século XVIII, no contexto de uma economia capitalista nascente, para a qual era necessário definir a real necessidade dos indivíduos, impondo limites à intimidade e à busca do prazer por si mesmo. Thomas Laqueur descarta a relação entre o medo da masturbação e o problema do despovoamento, mas, embora não apareça na obra do bom doutor Tissot uma apreensão pelo desperdício do precioso sêmen, há, em compen-

---

4 Ed. bras.: Jean-Jacques Rousseau, *Confissões*, Bauru: Edipro, 2008. [N.T.]

sação, em todos os seus escritos e nos de seus discípulos, um temor de amolecimento geral da espécie, e "moleza" remete aqui à masturbação, à efeminação ou mesmo à homossexualidade masculina, bem como à incapacidade de gerar.

Outra obsessão roubou a atenção dos médicos no século XVIII, embora em menor intensidade que a masturbação masculina: a obsessão do que chamavam "tribadismo". Os médicos que se interessaram pela masturbação feminina observavam que a prática excessiva na infância poderia causar o crescimento do clitóris, possibilitando que uma mulher possuísse outra. A figura da tríbade não é novidade na literatura médica, já a encontramos nos séculos XVI e XVII. A novidade é que essa conformação possa ser resultado de práticas masturbatórias e que a homossexualidade feminina apareça como uma possível consequência do autoerotismo.

A explicação dos médicos para essa continuidade não é que o hábito da prática masturbatória possa inspirar as mulheres a dar prazer a outra mulher de maneira análoga; o que os preocupa é que o prazer solitário ocasione problemas físicos irremediáveis. Não se trata apenas de corromper a imaginação erótica, reconhecida como um poderoso estímulo ao autoerotismo – como comprova a existência de gravuras sugestivas em que uma mulher aparece em pleno exercício, com um livro na mão. Ele também pode ter consequências anatômicas que desviariam as moças dos desejos heterossexuais com finalidades procriativas.

BANALIZAÇÃO DA MASTURBAÇÃO

É legítimo nos perguntarmos que influência essas novas representações médicas da sexualidade tinham sobre as camadas altas da sociedade. Os médicos faziam lotar os auditórios, e a literatura médica gozava de uma popularidade que certamente nunca tivera. Mas, quando lemos textos pessoais produzidos nesses meios, temos a impressão de que essa obsessão pela masturbação discutida pelos especialistas ainda não tinha a influência crucial que alcançou no século XIX. Vejamos dois exemplos.

O tabelião Pierre-Philippe Candy, da província do Dauphiné, escreveu a partir de 1779 um diário, descoberto por René Favier, no qual anotou meticulosamente e em código, com a ajuda de certo número de símbolos e palavras em latim, todos os seus atos sexuais até se casar em 1786. Essa prática contábil talvez seja sinal de uma mente técnica, inclinada a listar e arquivar, mas também pode ser sinal do novo espírito produtivista e capitalista apontado por Thomas Laqueur. Seja como for, a masturbação ocupava um espaço importante na vida de Candy, até mesmo obsessivo, e ele a praticava sozinho ou na companhia de mulheres, registrando cada ato com um código diferente. Ficamos sabendo, por exemplo, que ele tinha o tratado de Tissot, *L'Onanisme*, e que o pegara no seminário onde havia estudado – portanto, a obra era lida nos seminários – e o abandonara. Candy desabafou certa vez com uma pessoa não identificada, e que talvez não fosse um padre, e essa pessoa o aconselhou a "preservar sua saúde", prova de que a prática era considerada perigosa. Mas nem a leitura de Tissot nem o conselho do desconhecido parecem ter mudado o comportamento do tabelião.

O segundo exemplo é o de Antoine Morand de Jouffrey, membro de uma riquíssima família de Lyon, que se correspondeu com sua esposa, Magdeleine, também rica herdeira de uma família de comerciantes, durante os anos em que foi obrigado a se afastar da cidade em função da revolta de 1793. As cartas de Antoine, analisadas por Anne Verjus e Denise Davidson, são as de um homem apaixonado e terminam sempre com declarações de amor e expressões do desejo físico que a esposa lhe inspira. Ele alude aos prazeres solitários com elegância, recorda sonhos e fantasias por eufemismos comuns na época, como "encantar a viuvez". Apesar de considerar que esses prazeres são "uma fruição mentirosa" e de recorrer a eles com moderação para "depois não ter muito que descontar", parece-lhe normal e banal não apenas praticá-los como também comunicá-los à sua esposa enquanto estiver separado dela.

A crítica dos médicos às práticas anticonceptivas dos casais no século XVIII foi, assim, em parte integrada moralmente pelos pacientes, mas não parece ter exercido muita influência em contrabalançar o desejo progressivo dos casais de limitar sua descendência. Em contrapartida, tinha também teor político e recorte social, na medida em que visava especialmente às elites do regime monárquico.

5
O SEXO POLITIZADO

CRÍTICA À SOCIEDADE DE ARTIFÍCIOS E DESEJO DE NATURALIDADE

A politização das questões sexuais é uma característica do Iluminismo. O alvo incontestável de todos os intelectuais que se interessam pelas questões demográficas são os aristocratas. Consideram que os cortesãos, frágeis e corrompidos pelo prazer, sofrem de esgotamento sexual, ou foram seduzidos pela confusão dos sexos. Os homens perderam o vigor guerreiro de seus ancestrais, e as mulheres usurparam a ciência, a arte política e a autoridade doméstica, que exercem enquanto entretêm os convidados nos salões. Textos populacionistas desfiam quase sempre os mesmos casos anedóticos, mostrando guerreiros contemporâneos incapazes de levantar a espada de seus ancestrais ou tendo um ataque apoplético após a morte de seu papagaio, o que parece ser o cúmulo da fraqueza e da frivolidade.

Em contraste com esse corpo aristocrático débil e corrompido, o corpo do povo é descrito como robusto e fecundo. Consideram que as moças do povo, e mais precisamente as do campo, não foram alteradas pela libertinagem e conservam uma saudável capacidade reprodutiva, em harmonia com as leis da natureza. Poupadas do mundo moderno, não sofrem dos vapores e das fraquezas que atingem as damas da sociedade; quando Susana, em *As bodas de Fígaro*[1], leva os sais para a condessa, ela deixa muito claro que não sofre desse tipo de doença. As moças do campo são como Vênus exóticas, descobertas em viagens exploratórias, que representam por si mesmas uma espécie de ideal de naturalidade na sexualidade.

Esse ideal de naturalidade não é necessariamente um ideal de moralização. Em Rousseau ele o é, incontestavelmente, mas em Diderot, por exemplo, a apresentação da Vênus exótica é um apelo à reforma dos costumes sexuais na Europa e, ao mesmo tempo, uma maneira de promover uma crítica social. Em "Suplemento à viagem de Bougainville"[2], Diderot encena um diálogo entre o navegador Bougainville e o sábio insular taitiano Orou em que este último tenta convencer seu interlocutor europeu de que o "código da natureza" praticado no Taiti é justo. Diderot aproveita esse diálogo para criticar os costumes sexuais da época. No Taiti, meninos e meninas, quando chegam à puberdade, são vivamente incentivados a fazer amor o quanto antes, o que contrasta de maneira evidente com a castidade obsessiva que se exige sobretudo das moças europeias. O ato sexual é realizado em público, enquanto o europeu, diz ele, se enfurna "na floresta escura com a pervertida companheira de seus prazeres. Os casais se fazem e se desfazem ao capricho apenas do desejo, e lá a mulher não é propriedade do homem".

Mas Diderot exalta também uma sociedade taitiana em que a sexualidade se amolda perfeitamente às exigências da procriação: as mulheres estéreis são excluídas do grupo e usam um véu negro para indicar que são intocáveis, e a preocupação com a demografia interfere no projeto de emancipação sexual, que busca uma sexualidade em consonância com os desígnios da natureza, segundo a expressão consagrada dos filósofos do século XVIII. Diderot faz seu bom selvagem dizer: "Não existe praticamente nada em comum entre a Vênus de Atenas e a Vênus do Taiti: uma é Vênus galante, a outra é Vênus fecunda".

Assim são contrapostas a civilização europeia, na qual o controle da sexualidade é um elemento básico do edifício social e as mulheres são oprimidas ao mesmo tempo que servem de vetor da artificialidade, e o ideal taitiano, no qual tudo se resume à promessa feita pela natureza.

ATAQUE ANTICLERICAL

Além da aristocracia de corte, outro grupo visado pela crítica iluminista é o clero. Ele é objeto de ataques contundentes, que miram sobretudo a

---

1 Ed. bras.: Beaumarchais, *As bodas de Fígaro*, São Paulo: Edusp, 2001. [N.T.]
2 Ed. bras.: Denis Diderot, "Suplemento à viagem de Bougainville", em *Estética, poética e contos. Obras II*, São Paulo: Perspectiva, 2000. [N.T.]

hipocrisia e a arbitrariedade do celibato clerical. A denúncia da devassidão dos religiosos, de suas práticas homossexuais, do assédio às mulheres que os procuram para se confessar, é um dos elementos do anticlericalismo do Iluminismo. *A religiosa*[3], de Diderot, um dos ataques mais célebres à hipocrisia do clero, só foi publicado na íntegra sob a Revolução Francesa. Encontramos essa hipocrisia nos textos pornográficos, que tratam abundantemente do tema, e também nos títulos mais vendidos dessa literatura, como *Teresa filósofa*[4], *Dom Bougre, portier des chartreux* [Dom Bugre, porteiro das cartuxas], *La Tourière des carmélites* [A rodeira das carmelitas], *Les Lauriers ecclésiastiques* [Os louros eclesiásticos], que descrevem todas as infâmias que acontecem no mundo dos conventos e mosteiros.

Talvez seja nesse mesmo domínio do anticlericalismo que as pontes entre realidade e ficção pornográfica estejam mais visíveis. O romance pornográfico de fato reutiliza casos famosos para apresentá-los ao público: por exemplo, o caso Cadière-Girard, ocorrido em 1730, aparece em diversos escritos pornográficos. Que caso foi esse? Catherine Cadière, de 20 anos, acusou seu confessor, o padre Girard, superior do Seminário Real de Toulon, de feitiçaria e incesto espiritual. O caso, que se complicou com as pretensões de santidade da moça, que acreditava ter estigmas, foi julgado no Parlamento de Aix. Alguns anos depois, o filho do procurador dessa corte, o marquês de Argens, recuperou o caso numa autobiografia fictícia, na qual descreve as relações sexuais dos dois protagonistas testemunhadas por uma criada através do buraco de uma fechadura. A mesma ação aparece em *Teresa filósofa*, no qual se torna uma cena de flagelação num genuflexório. E Sade imagina Justine na mesma posição, confessando-se a um monge libertino.

Durante a Revolução Francesa, os ataques continuaram com a publicação em 1790 de *La Chasteté du clergé dévoilée, ou Procès verbaux des séances du clergé chez les filles de Paris* [A castidade do clero desvendada, ou Autos das visitas do clero às moças de Paris], escrito a partir de documentos apreendidos na queda da Bastilha. Na verdade, esses documentos eram registros dos inspetores da Tenência Geral de Polícia, que nas últimas décadas do Antigo Regime foram encarregados de vigiar os clérigos, ou mesmo fazer uma verdadeira "caça aos abades", segundo Louis-Sébastien Mercier, estudioso dos costumes de Paris. Essas anotações, extremamente precisas no que se refere aos locais frequentados pelos clérigos e a suas práticas sexuais, alimentaram a literatura pornográfica e tiveram um papel inequívoco nos debates sobre o celibato clerical que ocorreram no início da Revolução Francesa e também nas discussões muito acaloradas e violentas que acompanharam a Constituição Civil do Clero em 1790.

---

3 Ed. bras.: *Idem, A religiosa*, Rio de Janeiro: Ediouro, 1994. [N.T.]
4 Ed. bras.: Anônimo do século XVIII, *Teresa filósofa*, Porto Alegre: L&PM, 1997. [N.T.]

GRANDE SENHOR, HOMEM MAU

Na segunda metade do século XVIII, certo número de escândalos envolveu grandes senhores predadores, cujos prazeres consistiam em gozo cruel.

Em 1768, o duque de Fronsac raptou e estuprou a filha de um comerciante da rua Saint-Honoré. A ação, cuidadosamente planejada, começou com um incêndio proposital, graças ao qual o duque jogou a jovem em uma carroça e a sequestrou. A opinião pública se mobilizou ainda mais contra o duque porque a justiça parecia protegê-lo, e a riqueza do duque era suficientemente grande para que ele conseguisse um arranjo prévio para abafar o caso. Os rumores se espalharam em Paris. Jornais clandestinos acusaram Fronsac de ter usado uma máquina infernal, uma cadeira mecânica instalada no bordel de propriedade de Gourdan, que lhe permitiu manter a adolescente amarrada e de pernas abertas para que a violasse impunemente. Alguns falavam de assassinatos rituais.

No mesmo ano estourou "o caso de Arcueil". Dessa vez, o acusado era o marquês de Sade, que teria encarcerado uma viúva de 36 anos, Rose Keller, algumas horas depois de tê-la contratado como criada, e em seguida a teria desnudado e chicoteado até lhe arrancar sangue. Mais uma vez, correu dinheiro para impedir que a queixa seguisse seu curso normal, e a família de Sade obteve uma ordem de exílio do rei para afastá-lo de Paris. Trabalho perdido. O caso chegou ao Parlamento de Paris, invadiu os salões parisienses, foi comentado em todos os jornais estrangeiros. Aristocrata sanguinário, adepto de rituais sexuais perversos e humilhantes, Sade foi a ilustração da impunidade judicial que, até a Revolução Francesa, beneficiava sua classe e os abusos que esta era capaz de cometer contra as mulheres do povo, em consequência de sua posição dominante.

Horrorizados com essas extorsões extraordinárias, Voltaire, em seu *Dicionário filosófico*[5], e Beaumarchais, com o personagem do conde de Almaviva, acrescentam à lista a reprovação veemente de um costume bem mais corriqueiro: o abuso sexual das criadas. Ao denunciar o famoso "direito da primeira noite", que, observa Voltaire, nunca existiu formalmente em nenhum texto feudal, contribuíram para a lenda funesta de uma aristocracia dissoluta, corrompida e mundana, que virava as costas para seus deveres com os vassalos e com a nação inteira.

SEXUALIDADE E DESSACRALIZAÇÃO DA REALEZA

Enfim, a onda pornopolítica não poupa nem mesmo a realeza. Enquanto Luís XIV e Luís XV eram considerados reis galantes, poderosos e capazes

---

[5] Ed. bras.: Voltaire, *Dicionário filosófico*, São Paulo: WMF Martins Fontes, 2020. [N.T.]

de satisfazer seus desejos com favoritas famosas, Luís XVI era percebido como um rei tímido, pouco inclinado ao sexo e sem nenhuma libido. O fato de não ter gerado descendência oito anos após o casamento, em vez de ser atribuído à esterilidade da esposa (interpretação usual dos médicos, que sempre atribuíam a esterilidade às mulheres), foi rapidamente imputado à frouxidão de seu caráter. Nos bastidores das relações diplomáticas, já se conhecia o problema da impossibilidade do rei – ligado a uma má-formação do prepúcio que foi resolvida com uma cirurgia. Foi talvez a partir de vazamentos da correspondência diplomática que se iniciou uma campanha de gravuras e panfletos apresentando e representando a impotência sexual do rei.

A rainha Maria Antonieta, por sua vez, era apresentada como uma libertina, uma descarada, uma "rainha celerada", segundo Chantal Thomas. Desde seu primeiro parto, em 1778, surgiram dúvidas sobre a paternidade da criança, e os panfletos se deleitavam com discussões sobre quem seria o verdadeiro pai: o conde de Artois ou o conde de Fersen? Com a revolução, a campanha se avolumou consideravelmente: Maria Antonieta herdou os traços mais sinistros da literatura panfletária, que antes já se interessara por madame de Pompadour e madame du Barry, ambas amantes de Luís XV e ambas caluniosamente apontadas como saídas dos esgotos da prostituição. A rainha foi acusada de ter sido deflorada por um soldado alemão e até por seu irmão José II, o que a rebaixava à sua identidade austríaca de inimiga do povo. Sofria de "furores uterinos", gostava de orgias e bebedeiras, tinha relações com todos os tipos de parceiras femininas, da madame de Polignac à duquesa de Lamballe. Durante o processo contra ela, o fanático Hébert a acusou de ter ensinado o próprio filho a se masturbar, apresentando-a como uma mãe incestuosa, uma nova Agripina.

O que devemos ver nisso é uma tentativa de dessacralização da realeza. As campanhas panfletárias contra Luís XVI e Maria Antonieta faziam parte de um discurso de descrédito das elites em geral em que a sexualidade era usada como ponto focal da crítica ao regime aristocrático e monárquico. Mas há um paradoxo nisso: a denúncia da libertinagem das elites é feita na mais crua linguagem pornográfica, e os panfletos pertencem a essa mesma cultura libertina que pretendem denunciar. Para entender esse paradoxo, devemos examinar as realidades e os significados da libertinagem no século XVIII.

6
A LIBERTINAGEM EM QUESTÕES

UMA ÉPOCA EM BUSCA DO "COMPANHEIRISMO CONJUGAL"

Exagerando um pouco, poderíamos dizer que a historiografia da sexualidade no século XVIII oscila entre duas visões da libertinagem que, se não são opostas, ao menos contrastam muito.

A primeira destaca o novo tipo de relação conjugal promovido pelo século XVIII: o de *A nova Heloísa*[1]. Esse período é visto como o da ascensão de uma aspiração à liberdade de escolha no amor e ao amor romântico no casamento. Muitos historiadores ressaltam essas novas formas de associação conjugal e a busca de felicidade que move os casais no século das Luzes. Na leitura dos escritos pessoais das elites letradas, fica muito clara sua empolgação com essa nova aspiração, bem como com os projetos de reforma do casamento, que são cada vez mais patentes até o fim do século, quando os partidários do divórcio publicaram um bom número de tratados.

Tanto Philbert em *Le Cri d'un honnête homme* [O grito de um homem de bem], de 1768, quanto Cerfvol em *Mémoire sur la population* [Memó-

---

[1] Ed. bras.: Jean-Jacques Rousseau, *Júlia ou A nova Heloísa*, São Paulo: Hucitec, 2006. [N.T.]

ria sobre a população], publicado no mesmo ano, ou então Linguet em *Légitimité du divorce* [Legitimidade do divórcio], de 1789, afirmam que a separação legal dos casais possibilitaria relações familiares mais harmoniosas, atenuaria o sofrimento dos cônjuges e dos filhos e reduziria a libertinagem, que, segundo eles, é causada pelo desentendimento conjugal. Eles defendem o divórcio em nome da liberdade de escolha, do amor conjugal e do desejo de felicidade. Mas será que esse desejo transpôs a barreira das classes sociais e chegou àqueles que não liam *A nova Heloísa* e não se viam forçosamente como a Júlia de Rousseau?

Paradoxalmente, encontramos sinais dessas aspirações nos arquivos do século XVIII referentes às moças do povo que foram seduzidas e abandonadas. Desde o famoso decreto de Henrique II, essas moças eram obrigadas a declarar sua gravidez a um oficial de justiça, geralmente no escritório do intendente ou, em Paris, na sede da polícia, no Châtelet. Sem essa declaração, elas ficavam sujeitas a uma punição fatal, se a criança viesse a morrer durante o parto. Ora, quando estudamos mais a fundo essas declarações, como fez Jacques Depauw na cidade de Nantes, notamos uma mudança a partir de meados do século. Em Nantes, as declarações de gravidez mostram um nítido aumento da promessa do amante de se casar com a declarante: passam de 63% entre 1726 e 1736 para 89% entre 1780 e 1787. Essas promessas são reforçadas por símbolos diversos de compromisso: noivado, promessa diante do tabelião, contratos, presentes... que davam à moça a firme certeza de que o homem ia cumpri-las. Também das ligações prolongadas resultam mais nascimentos fora do casamento que no passado. Cada vez mais mulheres declaram ter sido sustentadas por alguém que as "amava por inclinação", segundo a expressão várias vezes repetida.

Temos a mesma impressão ao analisar os números das concepções pré-nupciais. Na zona rural francesa, a taxa de concepção pré-nupcial raramente é inferior a 8%, mas observamos que, nas cidades, essa taxa é bem mais elevada e cresce continuamente ao longo do século. Em Saint-Denis, periferia operária da capital, vai de 11%, entre 1670 e 1739, a 20,8%, entre 1740 e 1792. Na periferia das cidades normandas, constatamos a mesma alta: em Sotteville-lès-Rouen, por exemplo, a taxa de concepção pré-nupcial chega a 30% entre 1760 e 1790. Isso significa que, mais que no passado, os casais se escolhem e antecipam as relações conjugais antes de consagrá-las pelo casamento.

Os casamentos de experiência se tornaram comuns nos meios operários no século XIX. Nas camadas populares urbanas, a questão do casamento aparece de maneira totalmente nova. Os casais das classes populares urbanas se esquivam mais que os camponeses das estratégias matrimoniais baseadas na troca de bens e na reputação, bem como dos rituais cheios de regras dos encontros, ambos descritos com nostalgia por Restif de la Bretonne em *La Vie de mon père* [A vida do meu pai].

A liberdade de escolha parece muito mais frequente, com todos os riscos que implica para as moças, ou seja, o de ser enganadas pelo homem em quem confiaram e acabar sozinhas com a criança que conceberam.

AS FIGURAS COMPLEMENTARES DA ESPOSA ESTÉRIL E DA MULHER DA VIDA

A segunda visão acerca da sexualidade no século XVIII realça a intensificação de um padrão duplo. Por um lado, as normas que regiam o comportamento sexual de homens e mulheres sofreram uma mudança perceptível, na medida em que o prazer sexual feminino passou a ser considerado supérfluo para a procriação. Por outro lado, para satisfazer a demanda tanto dos jovens solteiros como dos homens casados, houve uma divisão cada vez mais drástica entre as mulheres honestas, feitas para casar e ser mães, e as mulheres perdidas, vindas das camadas populares e destinadas a satisfazer os prazeres de uma aristocracia decadente e de uma burguesia comercial nascente.

Hoje, a primeira hipótese pode ser relativizada. Com relação à mudança nos discursos médicos sobre o prazer sexual conjugal e à eliminação progressiva do prazer feminino como elemento indispensável para a procriação, os fatos não estão tão estabelecidos como pareciam à primeira vista. No século XVIII, as teorias da geração estavam em evolução, graças à descoberta dos folículos ovarianos por Reinier de Graaf, nos anos 1670, e dos espermatozoides por Anton van Leeuwenhoek, em 1677. Ovistas e animalculistas tinham debates acalorados: os primeiros sustentavam que o óvulo funciona como um ovo, e os segundos, que os animálculos, isto é, os espermatozoides, são os principais responsáveis pela formação do feto. Tanto uns como os outros duvidavam da existência de um sêmen feminino equivalente ao esperma, o que, segundo o historiador Angus McLaren, levou à corrosão progressiva do direito das mulheres ao prazer.

Mas não podemos afirmar com segurança que essas novas teorias médicas, pouco consolidadas e ainda em debate, tenham sido importantes para a contestação do prazer feminino. Por um lado, esse debate já era antigo, e os médicos se interrogavam de longa data, seguindo uma tradição aristotélica, se existiam mulheres que concebiam sem prazer. Por outro, parece que a maior parte dos médicos do século XVIII substituiu simplesmente a emissão de sêmen pela ovulação e acreditava que a produção de óvulos ocorria por excitação sexual. A frígida burguesia vitoriana ainda não havia entrado em cena.

A partir dessa constatação, como sugere o historiador britânico Tim Hitchcock, podemos dizer que não foi a teoria médica que pôs em xeque o prazer feminino, e sim que ocorreu um movimento geral na direção de uma cultura sexual cada vez mais falocêntrica. Segundo Hitchcock, a literatura libertina e pornográfica, que se desenvolveu em grande escala no século XVIII, encerrava um modelo de relação sexual muito centrado no coito e na infinita disponibilidade das mulheres aos homens.

Peter Nagy, numa obra intitulada *Libertinage et révolution* [Libertinagem e revolução] (1975), revela que, se existe uma relação semântica e filosófica entre libertinagem e liberdade, ela aparece na literatura libertina apenas para os homens, porque todas as heroínas dos romances só sabem "se prostrar" diante da liberdade masculina e não passam de "mulheres-objeto" ou "máquinas de proporcionar prazer", estopins do desejo masculino. É raro que as personagens femininas dos romances libertinos se revoltem contra sua condição, salvo em pouquíssimos discursos de defesa — veementes, porém clandestinos —, como aquele que Choderlos de Laclos apresenta sob a pluma da marquesa de Merteuil[2]. E o que mais se procura nas páginas desses romances é o encontro oportuno e o momento oportuno em que a mulher cede — *a noite e o momento*, segundo o título da obra de Crébillon. Em contraste, os raros romances pornográficos escritos por mulheres, como o de madame de Choiseul-Meuse, *Julie, ou J'ai Sauvé ma Rose* [Júlia, ou Salvei a minha rosa], publicado em 1807, apresentam uma alternativa à sexualidade predadora ao não resumir a sexualidade ao coito.

SOBRE CERTOS COMPORTAMENTOS MASCULINOS

Devemos concluir que as aspirações dos homens e das mulheres em relação à sexualidade no século XVIII eram violentamente distanciadas uma da outra? É muito difícil afirmar, na falta de estudos estatísticos que evidenciem esse contraste, como acontece nos estudos sexológicos contemporâneos. Havia muito provavelmente, na realidade como na ficção, tipos de comportamento masculino muito variados; em relação aos comportamentos femininos, é bem mais difícil conhecê-los por meio de escritos privados, a não ser que venham descobertas inéditas.

Entre os homens que deixaram memórias e diários, a atitude em relação ao sexo é muito variada; já mencionamos algumas. Tomemos o exemplo de Louis Simon, aldeão do Maine, estamenheiro (operário que trabalhava com tecido de lã), que escreveu um livro de recordações de sua juventude (anos 1760-1770), editado e estudado por Anne Fillon. Louis era um rapaz romântico à maneira de Rousseau, apaixonado por uma moça que ele louva por sua castidade: Nannon Chapeau, moradora recente de sua aldeia e sua futura esposa. Foi ela que se apaixonou primeiro, marcou

---

2 Ed. bras.: Choderlos de Laclos, *Ligações perigosas*, São Paulo: Penguin, 2012. [N.T.]

encontros e convenceu-o a se casar com ela. Como ela estava comprometida com outro rapaz, o caso se complicou. Louis ficou muito contrariado com a situação e um pouco enciumado. Para segurá-lo, Nannon o cobriu de "todas as carícias e condescendências convenientes e possíveis a uma moça honesta", diz ele no diário. Aqui, a moça toma a iniciativa e joga, sem demasiada impudência, com os limites da decência feminina.

Outro homem do povo, Jacques-Louis Ménétra, vidraceiro de profissão, tem um comportamento muito diferente. Ménétra é um verdadeiro predador e relata em suas memórias, editadas por Daniel Roche, estupros e relações mais forçadas que consentidas com "as caças" ou "as mercadorias para homem", como ele chama as mulheres. Ele cruza com elas durante suas farras e estupra algumas no campo ou em quartos.

Quanto ao já citado tabelião Candy, sua juventude foi uma busca constante de prazeres. Toda moça que passa por ele é provocada, beliscada, apalpada, agarrada, tocada nas partes genitais; é o típico libertino comum dos romances pornográficos comentados por ele em seu diário, decerto menos inocente que o Querubim de Beaumarchais em *As bodas de Fígaro*, mas muito parecido com ele em seu alvoroço e em sua busca polimorfa por prazer.

Devemos deduzir desses diversos comportamentos que no século XVIII havia uma verdadeira cultura masculina de violência sexual? Se é difícil fazer generalizações a partir de uns poucos casos individuais, e mais ainda de fontes judiciais que, por definição, apresentam uma sexualidade trágica, é inequívoco que a idade tardia do casamento, uma sociabilidade juvenil que separava meninos de meninas, a emulação masculina, muitas vezes violenta, que predominava nos grupos de jovens, o peso das desigualdades sociais em prejuízo das moças do povo e o valor negativo atribuído à perda da honra sexual criavam um contexto particularmente favorável ao desenvolvimento da violência sexual masculina.

O MERCADO DO PRAZER MASCULINO

Mesmo que a cultura da época talvez ainda não visse o prazer feminino como algo supérfluo, a realidade mostra o advento de um verdadeiro mercado sexual em torno do prazer masculino e uma fragilização objetiva da condição da mulher do povo, no bojo de um processo de progressiva urbanização e industrialização. Ao longo do século, as mulheres migraram em número cada vez maior para as grandes e médias cidades em busca de emprego, em geral no setor têxtil artesanal e no serviço doméstico. Essa fragilização aparece no aumento extraordinário da concepção ilegítima, visível nas periferias e mais ainda na região central das cidades: 10% em Lyon e Grenoble, 12% em Lille, 25% em Toulouse e 30% em Paris no século XVIII.

Obviamente, muitas dessas mulheres que deram à luz na cidade eram camponesas que fugiam para esconder a vergonha, como se dizia, e depois retornavam ao campo. Também havia entre elas as que viviam em concubinato, o que é um sinal de estabilidade e desejo de relações amorosas bem estabelecidas. Mas esse aumento não deixa de refletir o crescimento contínuo do que as fontes, por falta de termo melhor, chamam de depravação ou libertinagem popular. Desse ponto de vista, as fontes policiais das grandes cidades, como Paris, Londres e Amsterdã, revelam a existência de uma sexualidade venal nunca antes vista.

Em Paris, a Tenência Geral de Polícia, criada em 1667, era responsável pelo combate à "depravação" e ao "escândalo público". O tenente-geral tinha o poder de julgar expeditamente as moças cuja conduta fosse considerada muito indecorosa, em audiências que se realizavam cerca de uma vez por mês e eram precedidas de investigação conduzida por um dos comissários do Châtelet. Desde 1747, a Tenência Geral contava com um departamento de costumes, no qual se sucederam dois inspetores particularmente escrupulosos e muito conhecidos dos historiadores: o inspetor Meusnier, de 1747 a 1757, e o inspetor Marais, de 1757 a 1777. Ambos deixaram arquivos muito abundantes e muito precisos.

Ordens de exílio, autos de prisão, interrogatórios, fichas individuais, sentenças, registros das unidades do Hospital Geral de La Salpêtrière, Saint-Martin e Sainte-Pélagie, onde as moças ficavam internadas, formam uma massa de documentos a partir da qual Érica-Marie Benabou pôde reconstituir os contornos dessa nova divisão sexual de forças em *La Prostitution et la police des moeurs* [A prostituição e a polícia de costumes], publicado em 1987. Os adjetivos "depravada" e "libertina", intercambiáveis na maioria das vezes, são usados para qualificar a grande diversidade de situações com que os policiais lidavam.

Em primeiro lugar, as mulheres acusadas de escândalo público, de frequentar cabarés, divertir-se com soldados, ir às festas e aos jardins da capital. Algumas são denunciadas pelos pais, outras pelo marido, e outras ainda pelos vizinhos.

Em segundo lugar, as que exercem ocasionalmente a prostituição e são chamadas arruadeiras. Restif de la Bretonne, em *Le Pornographe* [O pornógrafo], considera essas mulheres particularmente perigosas, porque em geral têm doenças e trabalham para uma clientela pobre, que acabam contaminando.

Em terceiro lugar, as operárias do setor têxtil, as costureiras, as balconistas, as cabeleireiras, as lavadeiras, as passadeiras, as criadas domésticas que eventualmente cedem a uma alcoviteira após serem convencidas a se entregar a um homem que pode tirá-las da condição em que vivem. O passo que essas mulheres dão na direção da prostituição é facilmente explicado por estarem submetidas a salários muito baixos, muito irregulares, e à falta de trabalho em períodos de crise, e por terem contato com uma clientela às vezes abastada. Foi o que aconteceu, por exemplo, com certa senhorita Harroir, saída de uma família pobre de Metz para trabalhar para uma modista na rua des Petits-Champs. O policial que a observa nota que "o coquetismo das moças das lojas teve uma impressão muito forte sobre ela" e, assim que um fornecedor de tecidos propôs tirá-la daquele "vil estado", ela agarrou a chance. Alguns meses depois tornou-se amante de Mayneaud filho, conselheiro no Parlamento.

Em quarto lugar, as moças ligadas a uma casa ou um bordel mais ou menos chique, dos quais os mais célebres são os de Gourdan, de Dubuisson, de Desrameaux ou de Pâris.

Por último, as cortesãs que, tal como Manon Lescaut, conseguem ascender na sociedade – com frequência atrizes, dançarinas ou cantoras. As pensionistas dos três teatros do rei (Comédie-Française, Teatro Italiano e Ópera) possuíam um estatuto muito particular, porque não estavam submetidas à autoridade de um pai ou um marido e, a partir do momento que eram contratadas, dependiam apenas da autoridade do rei. Em contrapartida, eram vigiadas de perto pelos inspetores do departamento de costumes e comumente serviam de isca ou recompensa em casos políticos e financeiros envolvendo a grã-finagem parisiense. Para um número muito reduzido de pensionistas, a libertinagem era a via de acesso ao estatuto de cortesã, coberta de riquezas e homenagens.

Anne-Victoire Dervieux foi uma dessas cortesãs. Nascida em 1752, filha de lavadeira, chamou a atenção de um agenciador do príncipe de Conti, que a apresentou a seu mestre. Graças a esse primeiro amante, ela foi aceita na Ópera e destacou-se por seu talento. Em 1780 conseguiu uma pensão de oitocentas libras como dançarina do balé da corte. Teve uma série de amantes riquíssimos na sequência. O banqueiro Charles-Joseph Paul Peixotto de Beaulieu a cobriu de presentes magníficos. O tenente de polícia Lenoir a colocou sob sua proteção e lhe deu participação nos lucros das bancas de jogo mantidas por ele – o jogo era outra coqueluche da alta sociedade. Enfim, o magnata suíço do Banco Thélusson lhe ofereceu uma mansão luxuosamente mobiliada, projetada por Brongniard, na rua Chantereine, onde ela recebia a sociedade aristocrática e libertina.

Quantas mulheres viviam do comércio do sexo? Em *Le Pornographe*, Restif de la Bretonne, frequentador de prostitutas e informante da polícia, calculou mais de 20 mil em 1769. Alguns anos depois, em 1783, Louis-Sébastien Mercier contou 30 mil mulheres públicas e 10 mil mulheres tidas e mantidas, índices enormes, sem comparação com a situação dos séculos precedentes. Essa inflação no número de prostitutas corresponde à realidade do crescimento de Paris no século XVIII, marcado pela afluência de uma população jovem, masculina e feminina, com pouca esperança de se estabelecer rapidamente numa época de casamentos tardios e constantes dificuldades econômicas.

A libertinagem, nesse contexto, não era apenas para as profissionais. Entre as mulheres detidas por depravação ou libertinagem, 97,7% declararam exercer uma profissão e eram em geral muito jovens: em 1765, 1766 e 1770, quase a metade das mulheres detidas tinha entre 19 e 26 anos. Algumas foram vendidas ou traficadas porque eram virgens – era opinião corrente em Paris e Londres que dormir com uma virgem podia curar a sífilis. Além disso, essa era claramente a preferência dominante da clientela, atestada, por exemplo, na tabela de preços apresentada por Restif de la Bretonne em *Le Pornographe*, quando ele propõe que os problemas causados pela prostituição poderiam ser resolvidos com a criação de bordéis ou, como ele diz, do "parthénion".

Enquanto uma mulher de 30 a 36 anos cobraria, dependendo de sua beleza, de 18 soldos a 1 libra e 4 soldos[3], uma menina de 14 a 16 anos pediria 96 libras. E Restif cogita, sem nem pestanejar, que meninas abaixo de 14 anos se apresentem por si mesmas ou sejam levadas pelos pais ao "parthénion", onde se tomaria o cuidado de esperar até que chegassem à puberdade. Podemos notar também que as cortesãs de alto gabarito, das quais se poderia imaginar que tivessem escolhido essa condição, começaram muito cedo, em geral por volta dos 14 anos, sem o conhecimento dos pais ou, ao contrário, induzidas por eles. É o caso da atriz Claire Hippolyte Clairon, que entrou aos 15 anos para a Comédie de Rouen graças à proteção de um negociante da cidade, antes de tornar-se uma das maiores atrizes da Comédie-Française. Ela relata em suas memórias que sua mãe, que tivera pensionistas, fora responsável por suas "más inclinações".

SUBCULTURA HOMOSSEXUAL E HETEROSSEXUALIDADE TRIUNFANTE

A interpretação dos contemporâneos para os fenômenos da prostituição e da libertinagem é social, moral e política. Mais recentemente, porém, surgiu a hipótese de que, além desses fatores, uma mudança cultural pode ter afetado as relações entre homens e mulheres ao longo do século XVIII, acentuando a dominação masculina ao término de uma verdadeira revolução no gênero.

Para o historiador Randolph Trumbach, que estudou a libertinagem londrina, não só o sexo teria se tornado cada vez mais falocêntrico como também o corpo social teria sido submetido a uma injunção à heterossexualidade cada vez mais forte. Essa injunção e esse condicionamento são vistos como um instrumento da dominação dos homens sobre as mulheres, mas também de marginalização da homossexualidade.

---

3 Um soldo valia um vigésimo de libra. O sistema decimal foi implantado na França em 1795, mas o franco só se tornou obrigatório em 1799. Para a conversão, estipulou-se que 101 libras e 5 soldos equivaliam a 100 francos. [N.T.]

Sobre esse último ponto, observa-se uma mudança nas grandes capitais europeias: surgiram locais de paquera e sociabilidade homossexual masculina, onde homens de diferentes camadas sociais se encontravam. Em Paris, eles eram vigiados pelos informantes da polícia, por meio dos quais podemos conhecer esses homens. Estes transgrediam certas interdições, encontravam-se em bosques e jardins, em especial no Jardim de Luxemburgo e nas Tulherias. Distinguiam-se dos outros homens por códigos estritos de vestimenta e formas de designar a si mesmos por diminutivos ou apelidos com conotação sexual, muitas vezes de sonoridade feminina. Alguns se vestiam de mulher para seduzir outros homens ou se prostituir, transpondo as fronteiras de gênero. Aliás, essa era uma das especialidades das *molly houses*, os cafés londrinos que recebiam uma clientela assídua designada pelo termo pejorativo *molly*, adepta do erotismo provocado pela dissimulação dos sexos.

Randolph Trumbach sugere que esse "terceiro sexo" foi inventado no século XVIII, no âmbito de uma subcultura homossexual emergente, em que as relações entre homens passam a excluir qualquer outra relação, ao contrário do que sucedia no século precedente, quando as relações homossexuais eram uma etapa quase banal da vida sexual dos jovens. A verdade, no entanto, é que temos pouquíssimos elementos para afirmar com certeza o que acontecia nos períodos precedentes. Permanece, contudo, a tese desse historiador de que, presos nas malhas de uma heterossexualidade dominadora, os homossexuais teriam desenvolvido uma cultura de ambiguidade sexuada que, pouco tempo depois, foi naturalizada pelos observadores externos como algo derivado de causas fisiológicas precisas: uma compleição física supostamente frágil e um comportamento passivo.

Na verdade, o desenvolvimento de uma libertinagem dominadora e escravizante para as mulheres das classes populares teria tido como corolário a emergência de um tipo humano novo, homossexual, para os que viviam à margem dessa nova heterossexualidade triunfante. Essa interpretação repousa em parte numa visão pessimista da libertinagem, que dá pouco espaço à hipótese da liberação sexual.

PREMISSAS DA EMANCIPAÇÃO SEXUAL?

Para trazer nuances a essa visão pessimista, talvez devamos começar por uma cronologia da libertinagem que consiga explicar, ao menos em parte, a ambivalência de suas significações. Michel Delon, especializado em literatura libertina, sugere que as três heroínas de *Ligações perigosas*, de Choderlos de Laclos, sejam vistas como três momentos diferentes da libertinagem e de sua interpretação: madame de Rosemonde, a velha anfitriã indulgente, encarnaria o início do século XVIII, quando as mulheres da aristocracia recorriam a agradáveis gracejos para impor respeito por seu sexo; a audaciosa madame de Merteuil representaria a emancipação libertina de meados do século XVIII, cheia de astúcia e desejo de liberdade individual; já a devota madame de Tourvel encarnaria, para além de suas convicções religiosas, o heroísmo sentimental *fin de siècle*, iluminado pela leitura de *A nova Heloísa*. Dessa forma, o século se encerrava com um retorno do pêndulo, com um moralismo esclarecido que desconfia da estreita moral religiosa, mas exalta a virtude conjugal e condena a luxúria perdulária das elites corrompidas.

Se o Código Civil de 1804 é o ponto de chegada dessa história, devemos considerá-lo inevitável? Voltando aos arquivos da polícia parisiense, às vezes notamos um tom diferente, que nos faz pensar que a libertinagem era também uma esperança de mudança, inclusive para as mulheres e para as camadas populares. Um exemplo bastante intrigante: nos anos 1770, os inspetores parisienses vigiavam uma comunidade de 24 operários que fabricavam leques e viviam juntos na rua Quincampoix; eles "trocam de marido e de mulher quando lhes convém", sob a autoridade de uma mulher que a polícia denomina "iluminada", porque diz não precisar "nem de Igreja nem de padre".

Outras histórias de vida corriqueiras mostram mulheres jovens e adultas que se rebelaram contra sua condição sexual e pareciam bastante decididas a romper o jugo que lhes era imposto. A polícia parisiense se tornou no século XVIII o último recurso dos pais desamparados, porque dispunha da arma da ordem de prisão, isto é, a possibilidade de internar arbitrariamente os maus elementos. Por exemplo, em 1760 uma mãe quis internar a filha de 15 anos, que já havia fugido uma vez. A todo instante a menina ameaçava ir embora outra vez, "dizendo que uma moça não é menos honesta porque anda com homens nem porque não quer ir à missa".

Outro caso envolve uma mulher que se casou muito cedo e não aceitava a vida conjugal. Ela tinha 16 anos, o marido se chamava Baudoin e vendia aguardente. Estamos em 1703, e o tenente de polícia de Argenson redige o seguinte relatório:

> *Ela declara abertamente que jamais amará o marido, que não há lei que a obrigue a amá-lo e que cada um é livre para dispor de seu coração e de sua pessoa como bem quiser, mas é uma espécie de crime dar um sem dar o outro. Seguindo seus princípios, ela dorme na casa da mãe, onde, dizem, se encontra com um de seus amigos; às vezes ela vai à casa de outro homem que ela bem que gostaria de fazer passar por um parente, e não há impertinência que ela não diga contra o marido, que se sente bastante infeliz a ponto de se ver em desespero.*

Mas o discurso subversivo não termina aqui. O policial acrescenta:

> *Falei duas vezes com ela e, mesmo acostumado há muitos anos com os discursos impudentes e ridículos, não pude deixar de me admirar com os argumentos em que a mulher apoia seu sistema. O casamento é, propriamente dizendo, apenas uma experiência, segundo suas ideias. Quando a inclinação não combina com o contrato, não se pode fazer nada. Ela quer viver e morrer nessa religião.*

O ministro Ponchartrain, a quem se destina o relatório e a quem cabe a decisão da internação, faz uma anotação austera à margem: "Excessivo, falar severamente com ela", atestando assim que a religião da mulher não se resume à busca desenfreada de prazer, mas é expressão de um gênio forte, como se dizia na época.

Último exemplo: a historiadora Arlette Farge, em *La Vie fragile* [A vida frágil] e em *La Révolte de Madame Montjean* [A revolta de madame Montjean], relatou detalhadamente um caso de adultério ocorrido entre 1774 e 1775. Ela o extraiu de um documento excepcional, redigido pelo marido, um artesão fabricante de roupas. Nesse longo documento escrito para a polícia, ele se queixa das mudanças ocorridas no caráter de sua mulher depois que ela fez uma viagem a Gisors, onde frequentou uma sociedade diferente da dela e quis imitá-la. Desde então, ela se recusava a trabalhar e dedicava toda sua energia a exibir-se de braços dados com galante companhia nos jardins do Palais Royal ou nas Tulherias, a passear de fiacre, a oferecer aos amigos frutos do mar e ostras – alimentos que eram associados ao sexo – em jantares regados a muito vinho e damascos servidos em aguardente, a ir ao teatro e à Comédie.

Percebe-se nela uma vontade de romper com a vida monótona de trabalho, e o apelo dos prazeres da capital se encontra ao alcance da mão numa sociedade cada vez mais articulada em torno dos prazeres materiais oferecidos pela boa mesa, pelos belos móveis e objetos, pelos passeios, pela flanância etc. O documento não trata propriamente de traição e depravação, mas de uma esposa que gosta de passear em companhia galante, ceder aos gracejos e às provocações dos amantes, entrar em joguinhos dignos da antologia de *La Correspondance de la Gourdan* [A correspondência da Gourdan]. Por exemplo, o documento relata que ela e sua irmã despiram um tal Démars e o chicotearam por simples diversão na famosa viagem a Gisors.

Essa história modesta expressa os sonhos e as frustações de uma mulher do século XVIII, uma pequeno-burguesa cujo principal objetivo era não trabalhar e passar o dia lendo na janela. Também se nota nela um desejo de libertinagem pueril, que consistia em dar graça à vida indo de prazer em prazer (sexual ou não), brincar e, sobretudo, agradar.

Essas historietas pinçadas nos arquivos mostram a ambivalência da libertinagem no século XVIII. O ponto de chegada desses homens e mulheres foi não o Código Civil e a moral burguesa que decorrerá dele no século XIX, mas a primeira legislação revolucionária, que por um breve período entre 1792 e 1793 instaurou o casamento civil e o direito de divórcio e definiu os contornos de um novo estatuto para os filhos bastardos.

A trajetória de uma Olympe de Gouges, autora da célebre *Declaração dos direitos da mulher e da cidadã*, ilustra bem essa ligação entre o mundo da libertinagem, o desejo de viver uma vida amorosa livre e as orientações que guiaram as reformas do direito da família sob a Revolução. Olympe de Gouges propôs em 1790 um "contrato social do homem e da mulher" em que somente a vontade dos parceiros importava, prevendo o direito de se separar, caso as "inclinações mútuas" desaparecessem, e de legar seus bens mesmo aos filhos nascidos fora dessa união. Tal posição – que podemos qualificar como libertária – se originou sem dúvida nenhuma da história pessoal de Olympe de Gouges. Casada sem amor aos 17 anos, mãe de um filho legítimo e viúva, ela se recusou a casar-se com o pai de seu segundo filho – ilegítimo, portanto – e ganhou fama de cortesã por sua maneira de viver. Essa fama subiu com ela ao cadafalso, ao qual foi condenada por razões que não tinham nada a ver com o seu libertarismo sexual. Mas sua trajetória pessoal ilustra bem os sonhos de emancipação de certa fração da população no século XVIII, inclusive nas classes populares e de ambos os sexos.

Embora seja incontestável que um grande número de mulheres foi vítima de uma libertinagem masculina frequentemente cínica, dominadora e mundana, o espírito do tempo também materializou certo número de desejos de emancipação em relação a normas e realidades bem estabelecidas: sair de um cotidiano de submissão conjugal, controlar a geração de uma descendência, escolher um parceiro e poder separar-se dele eram desejos que também constituíram as premissas da liberdade sexual.

4

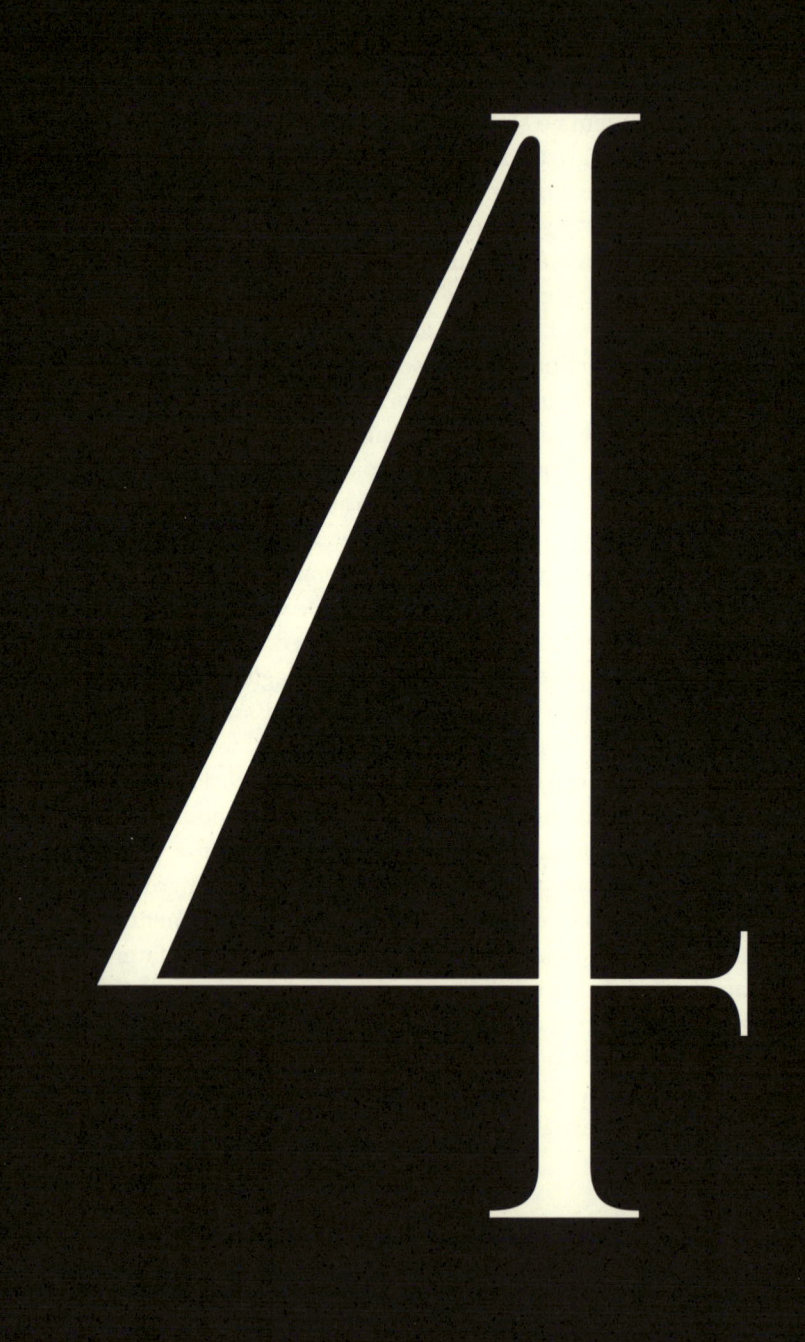

SÉCULO XIX

GABRIELLE HOUBRE

Em 1976, em *A vontade de saber*, primeiro dos três tomos de *História da sexualidade*, Michel Foucault, professor do Collège de France, apresenta análises capitais sobre a sexualidade do século XIX, um século marcado acima de tudo pela potência ascendente do biopoder médico, que culmina na Belle Époque, ou seja, a partir dos anos 1880.

Dois novos vocábulos aparecem na terminologia médica nessa época, a começar por "sexualidade", cujo uso se referia à reprodução dos vegetais e se amplia aos animais e aos seres humanos. Julien-Joseph Virey intitula "Sexualité, génération des êtres" [Sexualidade, geração dos seres] um anexo de sua *Histoire naturelle du genre humain* [História natural do gênero humano] (1800). Mais tarde, por volta de 1910, quando a ciência da sexualidade se constitui na França por influência da medicina alemã, encontramos "sexologia". Os médicos são de fato produtores fecundos de discursos e práticas que medicalizam a sexualidade. Eles elaboram saberes em que a lógica da norma se sobrepõe à relação desses saberes com a lei. Desenvolvem uma argumentação racional que pretende diferenciar o normal do patológico, sob uma perspectiva de regulação social e controle da sexualidade. Desse ponto de vista, distanciam-se pouco dos discursos multisseculares da Igreja, pois promovem uma sexualidade conjugal com finalidades reprodutivas e condenam comportamentos que possam transgredi-la.

Convém sublinhar que esse "dispositivo" de sexualidade, para usar a terminologia de Foucault, é elaborado por homens. As faculdades de medicina francesas abrem-se tardiamente para as mulheres; elas são tomadas primeiro por estudantes estrangeiros, e apenas em 1875 Madeleine Brès se torna a primeira francesa a exercer a profissão de médica. No fim do século, o número de doutoras em toda a França não chega a cem, e é inconcebível que se valham do título para tratar diretamente da sexualidade. Precavida, Madeleine Brès especializa-se em medicina da amamentação e da criança, um domínio especificamente feminino. Isso tem consequências em uma medicina intrinsecamente marcada por uma visão da organização social que reproduz a diferenciação estrita dos sexos feminino e masculino herdada do século precedente.

O século XVIII é decisivo na elaboração e difusão de uma nova identidade feminina, imaginada sob um aspecto duplo, físico e moral. Assim, o livro *Système physique et moral de la femme* [Sistema físico e moral da mulher], do médico Pierre Roussel, publicado pela primeira vez em 1775 e republicado até o fim do Segundo Império[1], generaliza uma natureza feminina vulnerável e sensitiva, dependente da força protetora e da razão masculinas. Essa ideologia biologizante se encontra também em Portalis, um dos redatores do Código Civil de 1804, quando justifica da seguinte maneira a inferiorização "da" mulher — aqui, em sua acepção universal — e a dominação masculina:

> *Não são de modo algum as leis, mas a própria natureza que determina o quinhão de cada um dos sexos. A mulher necessita de proteção porque é mais fraca; o homem é mais livre porque é mais forte. A obediência da mulher é uma homenagem ao poder que a protege e uma consequência necessária da sociedade conjugal, que não sobreviveria se um dos cônjuges não fosse subordinado ao outro.*

Assim é justificado um dos artigos mais significativos do Código Civil, que transita do biológico para o político estipulando que "o marido deve proteção à mulher, a mulher deve obediência ao marido" (Artigo 213). Ele confirma a desigualdade dos sexos e orienta sem nenhuma ambiguidade a divisão do poder no casamento. No limiar do século XIX até o XX, "a" mulher é subordinada à sua capacidade materna: deve ser mãe educadora no lar ou nada. Sua sexualidade é entendida pelos médicos quase exclusivamente sob essa perspectiva, ou seja, em termos de fecundidade. Aliás, essa característica os faz valorizar a puberdade das meninas, que encontram sua utilidade social com a nubilidade.

Três grandes pontos merecerão nossa atenção, e em primeiro lugar a questão da aprendizagem da sexualidade, que difere de acordo com o sexo e o meio social. Em consonância com os médicos, os pedagogos reivindicam para as meninas uma educação baseada na inocência e na virgindade do corpo. Esse modelo educacional católico da mocinha ingênua é eficiente na burguesia e na aristocracia: as moças descobrem a sexualidade abruptamente, na noite de núpcias. Ele não se estabelece igualmente no campo, onde as jovens camponesas têm uma relação mais livre com o corpo e a sexualidade. No caso dos meninos, a experimentação sexual participa diretamente da construção da virilidade; por isso, a sociedade aceita que eles tenham uma sexualidade pré-nupcial.

O segundo ponto é a elaboração da norma: uma sexualidade heterossexual, conjugal e reprodutora. Somente com Freud, no fim do século, a satisfação é enunciada como o principal objetivo do impulso sexual. Na prática, a busca do prazer desloca-se do casamento para o adultério.

---

[1] O Segundo Império Francês foi derrubado em 1870. [N.T.]

Os homens podem ainda afagar seu imaginário erótico ou praticar atos sexuais específicos recorrendo à prostituição. Isso vale também para a pornografia, que se desenvolve a galope desde o surgimento da fotografia, por volta de 1839.

Enfim, a conceituação de uma norma favorece a patologização das sexualidades irregulares, como a homossexualidade, que tem lugar de destaque na literatura médica do último quarto do século dedicada a toda uma série de "perversões". A primeira ocorrência desse último termo, no entanto, é assinalada já em 1849 num artigo do psiquiatra Michéa sobre o sargento Bertrand, um necrófilo que desenterrava cadáveres de mulheres para satisfazer sua sexualidade. Bertrand encarna uma nova figura de criminoso sexual e causa sensação. Mas o século XIX é um século que ainda sofre para reconhecer as violências e os crimes sexuais cometidos diariamente contra as mulheres e as crianças dos dois sexos. Em matéria de perversão e criminalidade, assim como de aprendizados e normas, a perspectiva de gênero é indispensável para desconstruir os discursos e explicar tanto as práticas como os imaginários culturais.

1
CÓDIGOS DO AMOR E APRENDIZAGENS SEXUAIS

MODELOS CULTURAIS E PRÁTICAS DAS ELITES

Em matéria de prática amorosa, o século XIX se distancia do modelo do século precedente, dominado pela figura do libertino, que se caracterizava por conduta social transgressiva, sexualidade imoderada e uma lista de conquistas – quer fossem heróis fictícios, como o visconde de Valmont em *Ligações perigosas*, de Choderlos de Laclos (1782), quer atores da história, como o exuberante Casanova. Um jovem aprendiz libertino, ingênuo e inexperiente, tinha de aprender os códigos sexuais mundanos, frequentemente com uma mulher da alta sociedade, para formar sua coleção de seduções.

Esse modelo cultural dá lugar, na primeira metade do século XIX, ao modelo do romantismo, que rompe com a ideia libertina de desregramento dos costumes. No entanto, ele conserva um dos princípios antigos, o da educação sentimental, moral e sexual reservada aos meninos. Havia uma educação sentimental para as meninas também, mas em hipótese alguma uma aprendizagem sexual. A religião desempenha um papel estruturante na educação delas, mas é relativamente ausente da educação dos meninos.

Nessa primeira metade do século, o tema principal de um grande número de romances é o aprendizado amoroso de um jovem rapaz com uma mulher visivelmente mais velha, que também o inicia nos hábitos extremamente codificados do mundo. Esse motivo literário da educação sentimental é inspirado em grande parte nas *Confissões* de Jean-Jacques Rousseau, publicadas em 1788, nas quais ele conta sua relação com madame de Warens. É sucedido por romances tão famosos quanto *Adolfo*[1], de Benjamin Constant (1816). Mas é sobretudo nos anos 1830 que o tema é retomado por Stendhal em *O vermelho e o negro*[2], Charles-Augustin Sainte-Beuve em *Volupté* [Volúpia], Honoré de Balzac em *O lírio do vale*[3], Alfred de Musset em *A confissão de um filho do século*[4], antes de Gustave Flaubert escrever o magistral *Educação sentimental*[5], em 1869. Poderíamos citar ainda um grande número de títulos de autores hoje desconhecidos, mas muito lidos por seus contemporâneos.

É preciso deixar claro que Sainte-Beuve, Balzac e Flaubert, assim como Rousseau, apoiam-se em tramas factuais e psicológicas bastante autobiográficas, das quais emerge, com algumas variantes, a bipolarização dos desejos amorosos do jovem rapaz, dividido entre a sedução austera de um amor ideal, mas casto, e a atração cômoda, mas sem glória, dos amores carnais, ou mesmo venais. O amor ideal, de essência platônica, é sempre dirigido a uma mulher ou mocinha de posição social ao menos equivalente à do pretendente, manifestando dessa forma o narcisismo, a soberba e a ambição dos jovens das elites. Em contrapartida, o amor carnal pode ser praticado com uma mulher casada da alta-roda, uma cortesã do *demi-monde* ou mesmo, na base da escala social, uma mulher do povo, ou uma vulgar prostituta.

Para além da pregnância desse modelo cultural, que analisei em *La Discipline de l'amour: L'éducation sentimentale des filles et des garçons* [A disciplina do amor: a educação sentimental das meninas e dos meninos] (1997), podemos nos perguntar sobre a realidade da conduta amorosa dos jovens burgueses e aristocratas. A sociedade aceita implicitamente que os rapazes tenham uma educação sexual pré-nupcial que ela recusa peremptoriamente à mulher e, assim sendo, muitos pais preferem que seus meninos caiam nos braços de uma mulher casada da alta-roda a que andem na companhia dispendiosa, malsã e perigosa de atrizes, costureirinhas sedutoras ou, o que é pior, prostitutas.

---

1 Ed. bras.: Benjamin Constant, *Adolfo*, Rio de Janeiro: Ediouro, 1989. [N.T.]
2 Ed. bras.: Stendhal, *O vermelho e o negro*, São Paulo: Penguin Companhia, 2018. [N.T.]
3 Ed. bras.: Honoré de Balzac, *O lírio do vale*, Porto Alegre: L&PM, 2006. [N.T.]
4 Ed. bras.: Alfred de Musset, *A confissão de um filho do século*, Barueri: Amarillys, 2016. [N.T.]
5 Ed. bras.: Gustave Flaubert, *Educação sentimental*, São Paulo: Penguin Companhia, 2017. [N.T.]

O LADO DOS MENINOS

Aqui entram as preocupações higienistas. O contágio venéreo se alastra, e a doença emblemática do século XIX, a sífilis, parece lançar sua maldição sobre as relações sexuais. As prostitutas são as primeiras suspeitas dos médicos por essa disseminação. O tema desse perigo venéreo é largamente explorado por artistas, romancistas, desenhistas e pintores, sobretudo a partir dos anos 1870, quando há um recrudescimento da doença. Pense-se, por exemplo, em várias obras do artista belga Félicien Rops, *Mors syphilitica* (c. 1890) ou *La Parodie humaine* [A paródia humana] (1878), na qual uma elegante silhueta feminina, seguida por um burguês, dissimula a morte. Mas em 1830 o desenhista Jean-Jacques Grandville publica uma litografia intitulada *Voyage pour l'éternité* [Viagem pela eternidade], em que uma prostituta chama um jovem dândi prestes a iniciar sua aprendizagem sexual: "Quer subir, jovem senhor? Venha, não terá motivo para se aborrecer!". Essa representação feminina, em seu dualismo, traz claramente a marca do romantismo. A prostituta esconde, por trás de uma aparência física agradável, uma realidade macabra, porque ela é, na verdade, um esqueleto e encarna a devastação mortal provocada pela sífilis. Os jovens que são instruídos por uma pessoa próxima – um pai, um irmão, um amigo ou um médico – a respeito da realidade sexual geralmente são informados desde muito cedo dos danos causados pela lues.

São raras as cartas que mencionam diretamente a sexualidade no século XIX, pois seria ofender as regras da decência. Rapazes preocupados em afirmar sua identidade viril podem eventualmente permitir-se transgredir os códigos epistolares tácitos. Por exemplo, em 1819, um jovem burguês chamado Carcassonne endereça a um de seus amigos de colégio uma carta em que se mostra inteiramente informado dos riscos, sobretudo no contato com as prostitutas. Afirma que quase todos os soldados pegaram essa doença venérea por culpa das "putas de Perpignan" – palavras dele. Seu asco é irreversível: "Tenho um horror tão irresistível a essa corja que preferia comer apenas a minha futura mulher a ter de tocar numa dessa laia", afirmação que mostra simultaneamente o pouco apreço erótico que atribui à sexualidade conjugal. Em outra carta a esse mesmo colega, que lhe anunciara ter atravessado o Rubicão sexual aos 18 anos, o mesmo Carcassonne admite que ainda é virgem. Retruca ao amigo: "Reconheço em ti meu campeão, e tua modéstia não negará esse triunfo quando souberes que aos 17 anos e 6 meses ainda conservo minha virgindade".

Essa experimentação competitiva da sexualidade, para a qual Anne-Marie Sohn também chamou a atenção em *Sois un homme!* [Seja homem!] (2009), faz parte da construção da masculinidade no século XIX. É tão clássica quanto a expressão obscena oral e escrita da sexualidade, da qual a correspondência de Flaubert com seu amigo Bouilhet é um exemplo entre muitos outros.

Mas retornemos a Carcassonne, que, apesar de reconhecer a derrota, faz questão de mostrar atividade viril. Para isso, ele narra ao amigo suas primeiras experiências sexuais, que acontecem na casa de um de seus camaradas, quando os pais deste se ausentam. Os jovens burgueses haviam reunido umas operárias, segundo detalha Carcassonne, "vizinhas de [...] média virtude, novinhas, de 15 a 18 anos, e bem falantes". Nessas festinhas finas, a liberdade de comportamento é real, mas encontra um último obstáculo fundamental, do qual, aliás, ele se queixa na carta:

> *Essas donzelas toleram bastante bem que as beijemos, que passemos a mão em seus seios e outras partes, mas, quando nosso ardor nos faz querer ir até o fim, elas tomam ares surpreendentemente recalcitrantes em comparação com sua conduta e dizem, em tom decidido: "Tudo, exceto a minha flor".*

E o rapaz tem de esperar pacientemente até o Carnaval, alguns meses mais tarde, para enfim ter ocasião de se livrar da virgindade. Assinalamos nesse relato o caráter coletivo dessas práticas sexuais, que reúnem jovens mais experientes que aquele em questão. Esse caráter coletivo aparece também na visita ritualizada ao bordel, outra forma de os jovens burgueses começarem sua trajetória sexual quando não encontram uma criada suficientemente generosa ou submissa para lhes proporcionar sua "primeira vez".

O MODELO CATÓLICO DA MOCINHA INGÊNUA

Não há nada disso para as moças das elites. Ao contrário, a sociedade deseja, acima de tudo, que elas sejam sempre *oies blanches* [literalmente, "gansos brancos"] – para o cúmulo, ainda extrai do bestiário uma ave de reputação lastimável. Embora a expressão date da Belle Époque, foi na primeira metade do século XIX que esse modelo educacional foi concebido e implantado com uma eficiência assustadora.

Nesse sentido, a ruptura pós-revolucionária é impressionante, pois as donzelas do século XVIII foram criadas com menos pudicícia. É claro que nem todas foram despertadas desde a puberdade para a questão da diferença dos sexos por um pai enciclopedista, aficionado pelas novas orientações médicas, como ocorreu com Angélique Diderot. Numa carta a Sophie Volland datada de novembro de 1768, Denis Diderot explica que revelou à sua filha de 15 anos "tudo que diz respeito à condição de mulher", começando sua audaciosa educação sexual pela pergunta: "Você sabe qual é a diferença entre os sexos?".

No início do século XIX, a burguesia está tão assustada com a afirmação física e moral das mulheres durante a revolução quanto repugnada com a permissividade dos comportamentos em vigor. Por isso se apressa em proteger suas filhas de toda influência perniciosa, erguendo uma barreira em torno delas e colocando-as sob a dupla tutela da mãe e da Igreja. A burguesia mantém suas filhas na inocência, um conceito normativo definido a partir da "ignorância dos prazeres do amor", como explica o *Dictionnaire des sciences médicales* [Dicionário das ciências médicas], de 1820. Essa inocência requer a virgindade do sexo e do corpo, e submete as moças a um ideal de castidade, pudor e pureza. As donzelas são exortadas a seguir o modelo da Virgem Maria. Aliás, constatando a popularidade da figura marial, a Igreja a reforça com a proclamação do dogma da Imaculada Conceição em 1854.

Confinadas num universo asséptico, sem nenhuma referência corporal ou carnal, as moças da época romântica não são capazes de imaginar o futuro matrimonial em sua dimensão fisiológica. Stendhal, observador atento da condição da mulher, afirma numa carta a Prosper Mérimée, datada de 23 de dezembro de 1826, que "muitas jovens não sabem exatamente em que consiste o matrimônio físico" – o que é confirmado mediante as raras alusões feitas pelas principais interessadas. É o caso de Clémence Badère, uma jovem burguesa que se confessa "sumamente ignorante dos deveres do matrimônio" no momento de se casar com um rapaz do qual, no entanto, ela gostava muito[6]. A propósito da noite de núpcias, ela confessa: "No dia seguinte, queria que anulassem o meu, via aquilo, em muitos aspectos, como uma coisa condenável e malsã, da qual era preciso se envergonhar".

De fato, a primeira noite conjugal encerra bruscamente o simulacro de uma educação incorpórea, a ponto de um grande número de observadores apontá-la como um estupro legal da mulher pelo marido, e de Balzac, em *Fisiologia do casamento*[7] (1829), prevenir a mocidade contra as uniões infelizes com a frase: "Não comece jamais o casamento com um estupro". Ele se junta, dessa forma, às críticas mais gerais formuladas por Fourier, pelos saint-simonianos e por George Sand contra os maus casamentos, que entregam donzelas ignorantes e sem amor a homens com frequência mais velhos e atraídos pelo dote.

A INFLUÊNCIA PROTESTANTE E A DISSEMINAÇÃO DO FLERTE

Em 1824, a condessa Claire de Rémusat, em *Essai sur l'éducation des femmes* [Ensaio sobre a educação das mulheres], retoma essa exigência tirânica da inocência, mas em termos que se desviam do reto caminho

---

6 Clémence Badère, *Mes Mémoires*, Paris: Alcan-Lévy, 1886.
7 Ed. bras.: Honoré de Balzac, *Fisiologia do casamento*, em *A comédia humana*, Rio de Janeiro/Porto Alegre: Globo, 1959, t. XVII. [N.T.]

católico. De fato, sua abordagem tem mais semelhanças com a pedagogia protestante do livre-arbítrio, que defende que as moças aprendam por si mesmas a discernir o que é condenável do que não é e ascendam, ao menos parcialmente, ao reino do conhecimento. Esse modelo educacional, claramente divergente do modelo católico francês da *oie blanche*, é usual nos países de cultura protestante. Alexis de Tocqueville não deixa de assinalar em *A democracia na América*: "Longe de esconder das moças as corrupções do mundo, os americanos quiseram que elas as vissem e aprendessem por si mesmas a fugir delas. E preferiram garantir sua honestidade a respeitar em demasia sua inocência"[8].

Na França, a inocência das donzelas como princípio educacional tem cada vez mais detratores sob o Segundo Império: eles a condenam, entre outras coisas, por fomentar o adultério. Mas é somente na Belle Époque que se apresentará abertamente a questão dos conhecimentos sexuais que uma moça deve ter antes da noite de núpcias, e que as moças que reivindicam maior autonomia no processo matrimonial poderão começar a apropriar-se da prática anglo-americana do *flirt*.

O flerte, que a partir dos anos 1880 difunde-se largamente, permite que as moças escapem da vigilância materna e se exponham a toda uma gama de excitações carnais. A jovem artista Marie Bashkirtseff, concordando aos 18 anos com o desejo de sua mãe de vê-la assentada, vai além das instruções maternas e se lança numa política ofensiva de flerte, na qual chega a autorizar um de seus pretendentes a beijá-la. Ela se arrepende de tal maneira dessa liberalidade imprudente que se sente maculada e "suja como após 24 horas de viagem num trem". Ela se lamuria em seu diário[9] – sem contar que a manobra para agarrar o marido fracassa, e com isso sua reputação fica comprometida. O relato íntimo dessa experiência nos faz concluir que *As semivirgens*[10], romance de título explícito publicado em 1894 por Marcel Prévost, é uma caricatura que visa sobretudo provocar a libido masculina: ele fala de mocinhas que levam os jogos eróticos do flerte ao último limite. O livro causou escândalo e foi um dos mais vendidos da época.

Portanto, o que diferencia as moças da Belle Époque das *oies blanches* do período romântico é o acesso a uma cultura do corpo, ainda que incipiente. Isso não significa, no entanto, que mesmo púberes elas compreendam o que implica a sexualidade conjugal ou o teor das prerrogativas de que o cônjuge dispõe sobre elas a partir da noite de núpcias,

---

8 Alexis de Tocqueville, *De la Démocracie en Amérique*, Paris: Librairie de Charles Gosselin, 1840, v. 2 [ed. bras.: *A democracia na América*, v. 2: *sentimentos e opiniões*, São Paulo: Martins, 2014 – N.E.].
9 Ed. bras.: Marie Bashkirtseff, *O diário de Marie Bashkirtseff*, Porto Alegre: Globo, 1943. [N.E.]
10 Ed. bras.: Marcel Prévost, *As semivirgens*, Rio de Janeiro: Laemmert, 1896. [N.T.]

queiram elas ou não; até porque as mães, que foram vítimas da pedagogia do silêncio, da coerção e do subterfúgio, não conseguem superar as profundas inibições, pelas quais pagaram caro, para informar as filhas.

Essas mães, no entanto, são interpeladas no debate que se inicia sobre a eventual educação sexual das moças. Os médicos, cada vez mais favoráveis a isso, querem que as mães previnam as filhas do perigo das doenças venéreas. Com raras exceções, como as radicais Nelly Roussel e Madeleine Pelletier, que desejam reabilitar o corpo e a função sexual das mulheres, as feministas não abordam o tema antes da Primeira Guerra Mundial; aliás, nesse quesito elas foram precedidas por simpatizantes como Victor Margueritte, que em 1908, muito antes de publicar *A emancipada*[11], se posiciona a favor da iniciação sexual – ao menos teórica – em seu romance *Jeunes filles* [Moças].

Um ano antes, o então jovem advogado Léon Blum se mostra mais atrevido e, num ensaio intitulado *Do matrimônio*[12], defende a ideia de uma sexualidade pré-nupcial para as moças. Essa defesa progressista da igualdade amorosa do casal quase custa sua carreira.

NA FRANÇA RURAL

A situação é outra nas classes populares. Sabemos relativamente pouco sobre a aprendizagem sexual da juventude operária, mas, em contrapartida, estamos bem informados sobre as representações e as práticas sexuais da juventude camponesa, graças a uma série de trabalhos pioneiros, em especial os do historiador Jean-Louis Flandrin, que em 1975 publicou *Les Amours paysannes (XVIe-XIXe siècle)* [Os amores camponeses (séculos XVI-XIX)]. Publicado em 1980, o livro *Mari et femme dans la société paysanne* [Marido e mulher na sociedade rural], da antropóloga Martine Segalen, tornou-se um clássico, e recorro muito a ele aqui, assim como, em menor medida, ao trabalho mais recente de Jean-Claude Farcy, *La Jeunesse rurale dans la France du XIXe siècle* [A juventude rural na França do século XIX] (2004). Cabe recordar que, numa França majoritariamente rural durante todo o século XIX, a sexualidade dos camponeses e das camponesas é a da grande maioria da população.

Ora, a questão da aprendizagem sexual na França rural se apresenta em termos bastante diferentes daqueles da França urbana. É preciso citar, em primeiro lugar, a questão das fontes à nossa disposição. Trata-se de um meio muito pouco alfabetizado, sobretudo entre as mulheres, o que explica os poucos relatos escritos diretamente pelos

---

11 Ed. bras.: Victor Margueritte, *A emancipada*, Rio de Janeiro: Flores & Mano, 1922. [N.T.]
12 Ed. bras.: Léon Blum, *Do matrimônio*, Rio de Janeiro: Mundo Latino, 1946. [N.T.]

camponeses, e mais ainda os relacionados à intimidade, à vida conjugal e à sexualidade. Em contrapartida, há uma fonte oral que merece toda nossa atenção: os provérbios. Embora a origem e a data de nascimento dos provérbios sejam essencialmente desconhecidas, eles não podem ser deixados de lado na análise de fenômenos sociais e culturais, em particular os que se referem às representações coletivas e aos mecanismos mais ou menos conscientes que as produzem. Ora, muitos desses provérbios tratam da sexualidade.

Além disso, devemos muito às fontes judiciais, estudadas especialmente por Anne-Marie Sohn, das quais aflora um discurso camponês indireto, retranscrito por escribas da burguesia, e também à obra de folcloristas, etnógrafos, sociólogos, economistas e mesmo simples viajantes, procedentes das elites masculinas e em geral cheios de preconceitos ligados a seu meio social – que consideram superior. Esses observadores sociais muitas vezes ficam chocados e, ao mesmo tempo, encantados com o ritual das práticas amorosas e a liberdade dos costumes camponeses – uma liberdade que pode ser bastante grande localmente, pois, como devemos ter sempre em mente, as particularidades regionais são numerosas e contrastantes.

A sexualidade das camponesas e dos camponeses está sujeita a pressões sociais importantes, relacionadas às estratégias matrimoniais das famílias, uma característica que não difere muito do que encontramos na burguesia e na aristocracia. O que predomina no século XIX é o casamento de razão como estratégia de consolidação da posição social. No campo, o objetivo é acima de tudo manter o controle da propriedade agrícola (quando se tem uma), aumentar sua área ou restringir seu desmembramento. Portanto, a liberdade amorosa dos jovens é limitada: os pais têm de aprovar o casamento, e os filhos raramente vão contra a opinião deles.

Todavia, assim como nas elites, nota-se uma evolução no último terço do século XIX, quando há um aumento dos casamentos por inclinação. Embora, teoricamente, o fim da infância marque a separação de meninos e meninas, na prática as ocasiões de encontro são frequentes.

Há os encontros propiciados pelo trabalho, em especial no retorno do campo ou quando se busca água ou recolhe lenha nos bosques, como um filho de carroceiro, nascido em 1897 na região de Beauce, conta em *Grenadou, paysan français* [Grenadou, camponês francês]: "Por volta das cinco e meia ou seis horas, a vizinhança toda se encontrava. Enquanto as velhas conversavam, as moças se afastavam de fininho. Os carroceiros retornavam do campo, soltavam os cavalos e beijavam a moça. A rapaziada se via quase todos os dias".

As feiras também possibilitam o encontro de moças e moços, enquanto os pais estão ocupados vendendo os animais ou fazendo compras. Paul Fortier-Beaulieu, em *Mariages et noces campagnardes* [Bodas e matrimônios camponeses] (1937), ressalta a importância das feiras na região do Poitou. As mães levam as filhas à feira de Niort quando estas completam 15 anos para apresentá-las à comunidade. E Fortier-Beaulieu assinala:

> *[As moças] que querem se casar vestem roupas de cores vistosas e vão à feira, onde os rapazes se reúnem. Às vezes, para se sentirem mais seguras, vão em grupos de duas ou três. Lá chegando, inspecionam, olham os rapazes com atenção, examinam-nos e, se um deles lhes agrada, elas se insinuam para ele, isso consistindo em conversar com ele, afastá-lo do grupo, provocá-lo inocentemente [...]. Se essas preliminares logram, o moço e a moça não se largam mais e passam juntos o resto do dia.*

Note-se que as moças tomam a iniciativa no jogo amoroso, ao contrário do que acontece nas elites.

RELAÇÕES PRÉ-NUPCIAIS DE FORTE CARÁTER REGIONAL

Outras ocasiões de encontros regulares são os serões, os bailes e, em outro registro, as saídas da missa, mais frequentada pelas moças que pelos moços – eles preferem esperá-las sair do ofício. Existe no campo um ritual amoroso que os jovens podiam interpretar com alguma liberdade, sem falar nas numerosas singularidades regionais e locais. Em suas narrativas, os folcloristas, que são burgueses, frequentemente mostram-se desconcertados diante de abordagens amorosas que julgavam toscas, grosseiras ou, na melhor das hipóteses, pitorescas, e acabam destacando em suas descrições a expressão corporal dos jovens camponeses, evidentemente muito distante da postura dos jovens burgueses.

Em regra, os jovens dos dois sexos se manifestam pouco pela linguagem e muito pelo contato físico, e de forma muito mais expressiva, na medida em que as camponesas em geral se sentem muito mais à vontade com seu corpo que as jovens burguesas. Os namorados quase não se beijam, mas jogam pedrinhas um no outro, torcem o pulso um do outro, dão-se empurrões ou tapas nos ombros e nos joelhos, tapas com força proporcional à intensidade do sentimento. Esse é um aspecto importante numa vida rural em que grande parte das atividades, inclusive as das mulheres, exige resistência. "Nas tardes de verão, ao anoitecer, as pessoas saem para tomar a fresca, fora de casa, num banco", relata em 1928 o folclorista Hugues Lapaire em *Le Berry vu par un Berrichon* [O Berry visto por um nativo do Berry]:

> *Trocam-se olhares, depois palavras inocentes, depois brincadeiras pesadas. O mocetão dá empuxões, empurrões, pega na mão da rapariga e a aperta até fazer estalar os dedos. Ela responde à gentileza com um soco nas costas. O rapaz esfrega o ombro, faz troça com cara de pateta e constata que a moçoila tem pulso e dará uma ótima dona de casa.*

Um dos rituais mais conhecidos é o do *maraîchinage* da região de Saint-Jean de Mont, na Vendeia, celebrizado pelo doutor Marcel Baudouin em 1906. O *maraîchinage*, como indica o nome, é praticado pelos *maraîchins* e pelas *maraîchines*, isto é, os habitantes dos *marais* [pântanos] da costa da Vendeia. A *maraîchine* em idade de se casar distingue-se por andar com um guarda-chuva na mão, qualquer que seja a estação. Os rapazes ficam de olho nas moças e, segundo o doutor Baudouin:

> *Quando um [dos rapazes] chega a uma escolha, ele aborda energicamente a moça, dando-lhe um forte puxão pela parte de trás de sua saia de tela. Outras vezes, ele dá o primeiro bote pegando-a pelo ombro esquerdo e então passando-lhe o braço esquerdo pelo pescoço. Em seguida, tenta arrancar-lhe o guarda-chuva da mão. Se a moça é consenciente, ela o deixa pegar o guarda-chuva pelo cabo, mas não o solta. Mas quando quem a puxa pelo "rabo da saia" é um admirador que não lhe convém, ou se está prometida a um pretendente a quem espera naquele dia, ela resiste vivamente ao ataque.*

Constatamos mais uma vez que, mesmo quando não dá o primeiro passo no jogo amoroso, a moça tem um papel muito ativo, e a moral burguesa induz os folcloristas a fazer um julgamento de valor sobre um ritual diferente do seu. Percebe-se que é unicamente pelo dever de observação que apontam singularidades que consideram totalmente estapafúrdias, como a que Paul Sébillot assinala em *Coutumes populaires de la Haute-Bretagne* [Costumes populares da Alta Bretanha] (1886): "Quando um rapaz e uma moça querem provar que se amam, um cospe na boca do outro". Para os jovens bretões, essa estranha troca de saliva parece indicar, na realidade, o início do noivado.

A dimensão simbólica da sexualidade é muito forte no campo. A sexualidade das mulheres é particularmente temida: de todos os poderes maléficos que a crença popular atribui às mulheres, os homens devem se preocupar sobretudo com seu apetite sexual, mediante o qual elas podem se impor sobre o marido. Muitos provérbios revelam esse temor social, e empregam especialmente metáforas com galináceos. "Quando a galinha procura o galo, o amor não vale um caracol"[13], dizem no Limousin, enquanto no País Basco francês a ênfase é na potência sexual da mulher: "Um galo basta a dez galinhas, mas dez homens não bastam a uma mulher"[14]. Essa potência sexual feminina inverte a ordem social camponesa, que exige a submissão da mulher ao homem. Um grande número de provérbios adverte contra essa inversão e pede o restabelecimento da ordem social ancestral. "Quando o galo canta, a galinha se cala"[15], dizem os picardos. Já os provençais preferem este: "Quando a galinha banca o galo, a casa vai mal"[16]. A contradição acentuada que os provérbios expressam traduz a grande heterogeneidade regional dos comportamentos amorosos no que diz respeito à sexualidade pré-nupcial.

ONIPRESENÇA DA COMUNIDADE INTERIORANA

Em muitas regiões, esses ditados tratam da moça apaixonada que cedeu ao pretendente ou aceitou vários pretendentes, o que é muito pior. Essa moça é duramente criticada, porque arruína sua honra e a de sua família. Os provérbios do Languedoc põem em relevo a perda da virgindade e a frivolidade de uma moça muito disputada pelos rapazes: "Cordeiro manso mama sua mãe e a alheia"[17], dizem. Já os provençais estabelecem uma correlação entre a virtude feminina e a fortuna do casal: "Moça sem boa fama, camponês sem boa terra"[18]. Na Saboia, a sociedade camponesa é visivelmente mais tolerante, sobretudo quando a moça se deixa seduzir, tanto por bem quanto por mal: "Moça a quem levantaram as saias nunca foi desonra para uma casa"[19].

Apesar da condenação moral da Igreja, algumas regiões toleram a prática sexual antes do casamento – que continua tardio, e com noivados tradicionalmente longos, de três a dez anos. No fim do século XIX, a idade média no momento do casamento é de 24 anos para as mulheres e 28 para os homens na França rural como um todo. Na Bretanha, as moças se deixam *bouchonner* pelos rapazes, isto é, permitem que eles as tomem pela cintura ou lhes acariciem os seios; o que importava é que os rapazes as tocassem por cima da roupa, e nunca diretamente na pele – o que se diz é que as moças da época se excitavam apenas por formalidade. Na Vendeia, o *maraîchinage* permite beijos e toques que podem

---

13 *"Quand la poule recherche le coq, l'amour ne vaut pas une noix."* [N.T.]
14 *"Un coq suffit à dix poules, mais dix hommes ne suffisent pas à une femme."* [N.T.]
15 *"Quand le coq a chanté, la poule doit se taire."* [N.T.]
16 *"Le ménage va bien mal quand la poule fait le coq."* [N.T.]
17 *"Brebis apprivoisée de trop d'agneaux est tétée."* [N.T.]
18 *"Fille sans bonne renommée, paysan sans ferme."* [N.T.]
19 *"Jamais fille qui s'est fait trousser le cotillon n'a déshonoré une maison."* [N.T.]

conduzir à relação sexual; o famoso guarda-chuva da *maraîchine* também serve para proteger o casal recém-formado dos olhares indiscretos.

Na Savoia, o costume do *albergement*, embora perseguido pela Igreja desde o século XVII, persiste no século XIX, como relata o observador:

> *Jovens camponeses têm o hábito de nos domingos e dias de festa, que pelo costume os cristãos reservam ao descanso e ao serviço de Deus, prolongar a vigília até tarde da noite com as moças em idade casadoura e, a pretexto da distância de suas casas, pedir hospitalidade com a intenção de se deitar com elas, o que na linguagem coloquial é chamado de albergar. E as moças, apesar de terem prometido manter a castidade e sem pedir o consentimento dos pais, não recusam a proposta. Ao contrário, mantendo as roupas de baixo, deitam-se na mesma cama com os moços, abandonando-se irrefletidamente à sua discrição. Ali, sob a ação da paixão amorosa, apesar do inútil obstáculo interposto pelas roupas, acontece muito frequentemente que se rompam tanto as frágeis promessas como os himens da virgindade, e tornem-se mulheres aquelas que, pouco antes, ainda eram donzelas.*

De fato, as moças chegam a perder a virgindade, o que evidentemente não era encorajado, mas, contanto que não engravidem, não é nenhuma tragédia, diferentemente do que seria para uma donzela burguesa. As jovens camponesas ainda podem encontrar um marido, mesmo que seja outro rapaz.

Mais uma vez, os provérbios alusivos à situação mostram como ela é comum. "Celebrar a Páscoa antes de Ramos"[20], dizia-se na Gasconha, no Limousin, na Savoia e na Auvergne, usando-se como referência o calendário cristão. Na região do Perche, na Lorena e em Touraine, dizia-se que a moça "quebrou o tamanco" ("tamanco" era uma gíria para designar o útero) e, na Picardia, que ela "trincou a avelã" (a avelã, fruto símbolo da fecundidade, representa o útero).

A demografia, que utiliza registros de nascimento e de casamento para calcular o número de crianças nascidas fora do casamento, corrobora a pertinência desses provérbios. Em Beauce, por exemplo, a concepção pré-nupcial representa 20% da primogenitura na primeira metade do século XIX, proporção que diminui de forma lenta e limitada ao longo do século. A Igreja tenta combater isso que, para ela, é um desregramento inaceitável dos costumes.

---

20 *"Faire Pâques avant les Rameaux."* [N.T.]

Enquanto os moços se afastam da prática religiosa, a Igreja tenta reforçar seu jugo sobre as moças, em especial quando institucionaliza as *rosières* — jovens virgens recompensadas por manter a virtude e a castidade — tanto nas zonas rurais como nas urbanas. Os padres criam também associações femininas de devoção, como as "confrarias de Santa Catarina", padroeira das virgens. O que está em jogo é proteger as moças por meio do controle de seu tempo livre, o que implica separá-las diligentemente dos rapazes e ocupar os poucos momentos que não são dedicados ao trabalho. Dessa forma, os padres tentam reduzir as chances de sedução ou agressão, em particular porque o Código Civil de 1804 suprimira a "busca de paternidade", que permitia às mulheres seduzidas processar o sedutor ou o estuprador e obter uma pensão para a criança.

No campo, nem mesmo os casais casados se pertencem de fato. Há uma intromissão constante da comunidade interiorana na vida do casal, até mesmo em sua intimidade. Na noite de núpcias, os jovens aldeãos desempenham um papel primordial na confirmação da passagem dos cônjuges da juventude para a idade adulta. Marido e mulher tentam se retirar discretamente para o quarto nupcial, quando há um, mas são incomodados por invasões frequentes dos amigos. Os recém-casados já esperam por essas invasões e sabem que, se tentarem impedi-las, o revide será mais desagradável ainda, por isso aguentam com paciência. Não é raro que os jovens brincalhões invadam o quarto nupcial para, por exemplo, esconder sinos no colchão e esperar escondidos atrás da porta para ouvir o barulho que farão quando o casal se deitar — o que sempre provoca risos gerais. Em seguida o séquito entra ruidosamente no quarto levando uma beberagem qualquer que o casal tem de beber, conforme a região, seja para impedir que o marido cumpra seu dever, seja, ao contrário, para estimular a sexualidade conjugal. O objetivo dos jovens, portanto, é retardar ou facilitar as primeiras relações sexuais, ou, em todo caso, controlar e participar ativamente delas por meio do consumo coletivo de alimentos.

Às vezes são as confrarias femininas que intervêm. Nas províncias de Artois e Picardia, na manhã das bodas, as rainhas de Santa Catarina vão à casa da futura esposa para deixar velas benzidas e imagens emblemáticas da associação no leito onde a menina se tornará mulher. Simbolicamente colocam a virgindade da noiva sob a proteção de Catarina. A vela representa o poder purificador do fogo.

Assim, o espaço e o tempo da vida privada do casal são muito restritos, sempre sob a vigilância da vizinhança. O diz que diz define a reputação das moças. As relações amorosas e as relações sexuais ilegítimas são o assunto favorito das mulheres no lavadouro público, local estratégico tanto nos espaços rurais como nos urbanos. Lembremo-nos de *O abate-*

douro (1876)[21], de Émile Zola, que faz uma representação marcante com a personagem de Gervaise.

Enfim, é preciso mencionar ainda o que podemos chamar de tribunal da juventude no campo da sexualidade e da moralidade. Toda união que crie desordem nos costumes locais é reprovada. Um velho que queira se casar com uma jovem, ou cônjuges que não combinem social e economicamente, ou então dois amantes pegos em adultério, ou um marido que bata na mulher ou – o que era muito mais grave – que apanhe dela, tais situações levam a reações muitas vezes violentas da juventude, que é quem controla a ordem sexual da aldeia.

As práticas sexuais consideradas desviantes são denunciadas publicamente e resultam em manifestações coletivas punitivas, os famosos "charivari", cuja tradição data da Idade Média. Em caso de adultério, o retrato do chifrudo é carregado pela aldeia sob xingamentos, o que põe a comunidade a par do infortúnio conjugal. Em geral, apenas a mulher é considerada culpada, e um boneco cheio de símbolos pornográficos é colocado em cima do telhado de sua casa, ou então, durante a noite, os jovens ligam as casas dos amantes com uma trilha de palha (como era costume no Oise) ou de penas (no Gers), outra maneira de tornar público o escândalo da transgressão sexual.

---

21 Ed. bras.: Émile Zola, *O abatedouro*, Londrina: Eduel, 2019. O título original joga com as acepções de *assomoir*, que é tanto "armadilha" quanto uma gíria para "taverna". Este último foi o termo usado no título da tradução portuguesa da obra. [N.E.]

2
A NORMA: PROCRIAR DENTRO DO CASAMENTO

DISCURSOS CONVERGENTES DA IGREJA E DA MEDICINA

A norma geral da sexualidade é a da procriação conjugal. Essa norma é imposta sobretudo pelos discursos convergentes da Igreja e dos médicos. Eles se juntam para defender que não existe sexualidade fora do casamento e que não sirva à reprodução. Entre os fatores que mais influenciam as concepções e as práticas socioculturais da sexualidade, encontra-se, evidentemente, uma herança católica ainda muito viva, apesar da ascendente descristianização da França no século XIX. Globalmente, ela atinge mais os centros urbanos que as zonas rurais, mais os homens que as mulheres, e mais os operários que os burgueses.

Na primeira fila dos preceitos editados e confirmados pela Igreja católica está a injunção de Deus a Adão e Eva, no livro do *Gênesis*, para que se reproduzissem: "Sede fecundos, multiplicai-vos, enchei a terra" (Gn 1,28). A norma, portanto, continua sendo a sexualidade procriativa e conjugal: "Por isso o homem deixa seu pai e sua mãe, une-se à sua mulher, e eles se tornam uma só carne" (Gn 2,24). Percebe-se também a influência de Santo Agostinho, que concebe o ato sexual apenas como expressão do amor conjugal. Mais tarde, no século XIII, São Tomás de Aquino reforça esses dois preceitos fundadores, mas legitima o prazer sexual, desde que esteja intrinsecamente associado a essa sexualidade. Ele escreve na *Suma teológica*: "A volúpia sexual é legítima quando ordenada para o ato procriador; é má e condenável quando buscada sem relação direta ou indireta com o ato normal no matrimônio legítimo ou de outra maneira que não convenha ao ato da geração".

É fácil entender que dessa normatização religiosa decorra toda uma série de interdições das formas de sexualidade anticonceptiva e, em primeiro lugar, do pecado de Onã. Segundo a terminologia clerical da época, durante muito tempo a expressão designa não a masturbação, como a entendemos hoje, mas o coito interrompido, uma prática simples e popular utilizada desde sempre para evitar a concepção. De Santo Agostinho aos moralistas do século XX, o coito interrompido é firmemente condenado, como, aliás, todos os outros métodos anticoncepcionais – mas isso não os impede de persistir. A esse propósito, uma volumosa literatura eclesiástica, estudada por Martine Sevegrand em *La Sexualité, une affaire d'Église? De la contraception à l'homosexualité* [Sexualidade, um assunto de Igreja? Da contracepção à homossexualidade] (2013), nos permite saber que o coito interrompido se difunde amplamente no século XIX, inclusive entre os católicos praticantes. Essa observação confirma a queda progressiva da fecundidade registrada pelos demógrafos na segunda metade do século XVIII, e sabemos que as regiões mais católicas, como o Grande Oeste da França, também são alcançadas por essa mudança, mesmo que com certo atraso em relação às outras províncias.

No século XIX, os médicos se organizam numa corporação poderosa e, com os demógrafos, auxiliam o Estado na gestão das populações. Antes de qualquer outra ciência do corpo humano, a medicina define o uso dos órgãos de geração e faz surgir a própria noção de sexualidade. Como recorda Alain Corbin, esta última aparece em 1837, na tradução de um livro do fisiologista alemão Karl Friedrich Burdach: "sexualidade" designa aquilo que permite a geração em vegetais, animais e homens por meio da diferença dos sexos, assim como a maneira pela qual essa função essencial, que assegura a sobrevivência da espécie, penetra e impregna o ser por inteiro[1].

A primeira preocupação dos médicos nessa matéria não é muito diferente da doutrina da Igreja, ao promover a sexualidade conjugal procriativa. Todavia, eles se distanciam da Igreja quando tentam impor novas normas, muito mais precisas e invasivas, mesmo correndo o risco de interferir na esfera íntima.

Michel Foucault mostra o peso sociopolítico desses discursos no que chama de "dispositivo de sexualidade", como dissemos. Depois dele,

---

[1] Alain Corbin, *L'Harmonie des plaisirs: Les Manières de jouir du siècle des Lumières à l'avènement de la sexologie*, Paris: Perrin, 2008.

os trabalhos de Alain Corbin, entre os quais sua obra pioneira sobre a prostituição, *Les Filles de noces: Misère sexuelle et prostitution au XIXᵉ siècle* [As moças-damas: miséria sexual e prostituição no século XIX] (1978), também chamam a atenção para a medicalização da sexualidade no século XIX. Assim, Michel Foucault e Alain Corbin abrem as portas para uma série de trabalhos, entre os quais a obra de Sylvie Chaperon *Les Origines de la sexologie* [Origens da sexologia] (2011), que passa em revista os conhecimentos médicos sobre a sexualidade na segunda metade do século XIX.

O PESADELO DO DESPERDÍCIO ONANISTA

Entre os *topoi* dessa literatura médica abundante, não podemos deixar de recordar a onipresença de uma figura herdada do século precedente, a do "onanista" ou "masturbador", que se impôs a partir do célebre tratado publicado em 1760 pelo médico suíço Samuel-Auguste Tissot, *L'Onanisme: Dissertation sur les maladies produites par la masturbation* [O onanismo: dissertação sobre as doenças causadas pela masturbação]. Esse livro é reeditado até o século XX e marca a literatura médica de forma duradoura. Uma série de obras, em especial no século XIX, esmiúçam as patologias dessa "perversão solitária" e repetem em termos terríveis como ela é nociva, tanto para a saúde do corpo como para a da alma.

As descrições mórbidas dos efeitos do onanismo fazem partem da propaganda antimasturbatória para intimidar a população. Os meninos são obrigados a ler – as meninas são muito frágeis para suportar tal provação – *Le Livre sans titre* [O livro sem título], publicado em 1830, que tem como epígrafe uma advertência para lá de alarmista do doutor Tissot: "Esse hábito funesto mata mais jovens que todas as doenças do mundo". O livro contém, de um lado, análises de todas as terríveis consequências fisiológicas da masturbação e, de outro, ilustrações da fisionomia do jovem masturbador, cada vez mais desfigurada, destruída, esquelética, consumida até a morte por esse ato.

Para os médicos, uma das consequências mais preocupantes da masturbação é que ela afasta os homens das mulheres, e vice-versa; além disso, ameaça inverter a ordem dos sexos, porque supostamente torna os homens efeminados e as mulheres viris. Transparece, assim, no retrato do onanista transgressivo e sem vitalidade a angústia de uma sociedade para a qual o prazer solitário prefigura simultaneamente a desordem social e o fim da espécie.

A partir disso, os médicos elaboram uma gama de tratamentos terapêuticos e coercitivos, como o brometo para combater a excitação sexual e o espartilho para impedir que o homem ou a mulher que o esteja usando alcance seus órgãos genitais – uma criação de 1819 do médico ortopedista Jalade-Lafond, à qual jovens e crianças de ambos os sexos são submetidos durante décadas. Por fim, um tratamento mais radical, e felizmente mais raro, é reservado às meninas: a ablação do clitóris. Os médicos acreditam que esse órgão é inútil, por não participar na procriação e poder causar impulsos incontroláveis. O clitóris é supostamente a causa da síndrome "histeroepiléptica", visto que, segundo a concepção médica do século XVIII, a histeria faz parte da natureza feminina. A ablação do clitóris é praticada até os anos 1880 pelo doutor Garnier, como ele conta em sua suma: *L'Onanisme seul et à deux, sous toutes ses formes et leurs conséquences* [O onanismo solitário ou a dois, sob todas as suas formas e consequências], publicada em 1883. Como ele, muitos de seus colegas denunciam o "onanismo a dois", deplorando a frequência desse "serviço ignóbil" na relação conjugal, entre outras "fraudes conjugais". Nesse caso, o objetivo é combater as práticas voltadas à busca do prazer sem o risco de concepção, como o coito interrompido, as carícias bucogenitais, o coito anal, a masturbação e o preservativo – este último começa a se difundir na sociedade da Belle Époque por influência do movimento neomalthusiano.

A cópula com uma esposa infecunda, estéril ou na menopausa também é motivo de reprovação, porque esgota inutilmente a vitalidade do esposo. Não desperdiçar o esperma é o primeiro conselho dos médicos aos homens nos manuais de sexualidade conjugal, que não são nada novos: o primeiro e mais conhecido é o *Tableau de l'amour conjugal*, de Nicolas Venette, publicado em 1686 e com mais de 130 edições até os anos 1970 (sem contar as traduções). Um verdadeiro *best-seller*.

A tradição pode ser antiga, mas a proliferação desse tipo de obra a partir do Segundo Império é impressionante. Ela mostra a vontade dos médicos de regrar as práticas sexuais mais comuns através de uma literatura de vulgarização, mesmo que sua influência real sobre a conduta conjugal seja questionável. Não é porque leem um livro que as pessoas mudam suas práticas.

OS CÂNONES DA SEXUALIDADE APROPRIADA

Mesmo não pertencendo a uma elite médica em sintonia com o surgimento da sexologia, muitos médicos acompanharam os progressos da ciência. Por exemplo, o doutor Montalban, autor de *La Petite bible des jeunes époux* [A pequena bíblia dos recém-casados] (1885), é uma ilustração representativa quando menciona e descreve o orgasmo. Alain Corbin estudou esse tipo de literatura médica, e apresentamos aqui algumas das conclusões do artigo que ele publicou na obra coletiva *Amor e sexualidade no Ocidente*[2] (1991). O orgasmo, em sua acepção moderna, só é realmente conhecido, com seus mecanismos de desencadeamento e propagação da volúpia, a partir dos anos 1840-1850, com os trabalhos do médico alemão Kobelt e, mais tarde, de seus colegas franceses Béraud e Roubaud. Aquelas obras consagram páginas e mais páginas às posições sexuais mais propícias à fecundação. A relação entre sexualidade e procriação ainda é uma preocupação constante, e a posição do missionário parece ser a mais adequada para a fecundidade do ato: Montalban sublinha a multiplicação dos pontos de contato quando um corpo está por cima do outro, proporcionando as mais agradáveis sensações. Em compensação, o casal deve evitar as "posturas ilegítimas", como diz o doutor Garnier, que vê risco posterior de aborto e até de esterilidade na expressão corporal muito sofisticada e sedenta de prazer.

O lugar das brincadeiras conjugais não poderia ser outro senão o quarto do casal. A historiadora Michelle Perrot recorda em *História dos quartos*[3] (2009) que, apesar de não ser a fronteira da civilização nos antípodas do harém oriental, o quarto do casal "marca outra concepção do gênero e das relações de sexo largamente construídos pela história". Os médicos do século XIX, bebendo da fonte religiosa, elevam o quarto dos pais ao posto de "santuário do amor e da maternidade", onde o casal deve se isolar dos outros moradores da casa, e em especial das crianças. Dentro do quarto, a sexualidade é ainda mais estritamente circunscrita e, como declara o doutor Montalban, "uma boa cama é o único altar onde se pode realizar dignamente a obra da carne". O costume permite que os cônjuges utilizem, além da cama de casal, camas individuais em quartos compartilhados ou separados. Para não ofender mais que o necessário o pudor da mulher, recomenda-se penumbra ou escuridão durante o ato sexual.

Esses médicos também são clínicos que recebem homens e mulheres com problemas genitais variados, por exemplo, uma continência sexual não tolerada, excessos insatisfatórios que, no caso dos homens, podiam adquirir a forma de ejaculação precoce ou, ao contrário, coitos muito frequentes; paixões inadequadas podiam também levar ao gozo ilícito em atos como masturbação, sodomia, tribadismo e bestialidade, uso de "fraudes conjugais" e até incapacidade sexual (por impotência, falha ou esterilidade), a qual é sempre vergonhosa.

A resposta dos médicos às vezes vem em ordens secas. O doutor Bergeret, diante de um homem de 49 anos que lhe parece exageradamente lascivo, ordena abstinência total de sexo, para grande pesar do

---

2 Ed. bras.: Alain Corbin *et al.*, *Amor e sexualidade no Ocidente*, Porto Alegre: L&PM, 1992. [N.T.]

3 Ed. bras.: Michelle Perrot, *História dos quartos*, Rio de Janeiro/São Paulo: Paz e Terra, 2012. [N.T.]

paciente. Bergeret se nega a qualquer tentativa de negociação, mesmo as mais desesperadas: "Ele veio logo cedo me perguntar, quase com lágrimas nos olhos, se eu não podia lhe liberar uma mulher a cada oito dias apenas", e Bergeret conta que foi inflexível[4].

Os médicos debatem qual seria o número adequado de relações sexuais a prescrever a seus pacientes e leitores. Em geral, admitem duas ou três por semana para um jovem vigoroso, mas apenas uma a cada três semanas para os casais perto dos cinquenta anos. Essa vontade de moderar a atividade sexual masculina é explicada em grande parte pela extrema valorização da energia peniana e seminal no ato sexual, em detrimento de uma sexualidade feminina que, ao menos na primeira metade do século, é considerada oportunista, ou passiva.

Há, posteriormente, uma reavaliação da potência sexual das mulheres na literatura médica, ao mesmo tempo que se desenvolve um discurso patologizante da frigidez feminina, como mostram os pesquisadores australianos Peter Cryle e Alison Moore em *Frigidity: An Intellectual History* [Frigidez: uma história intelectual] (2011). A disfunção sexual masculina suscita mais atenção dos médicos quanto à necessidade de tomar as precauções para evitá-la. Assim, a emissão do precioso líquido seminal – essa "vida em estado líquido", como dizem os doutores Réveillé-Parise e Seraine – exige um esforço intenso que deve ser limitado na relação com mulheres, que parecem ter uma capacidade de gozo repetitivo, muito superior à do homem quando provocada[5].

Isso porque, de um lado, os médicos atribuem aos homens necessidades sexuais claramente mais prementes que as das mulheres. Em 1880, o doutor Fiaux acredita que os homens sofriam uma "crise procriadora" a cada três ou quatro dias, enquanto as mulheres apenas a cada três semanas[6], mas não sabemos em que ele se apoiou para fazer tal afirmação. De outro lado, os médicos imputam às mulheres um apetite sexual insaciável, opinião que se encontra no *Grand Dictionnaire universel Larousse* (1866-1876): no verbete "Mulher", há uma referência à famosa figura da Messalina, cansada, mas não saciada por 25 amantes, esclarece o texto. Ali também se afirma que a potência sexual de uma mulher equivale à de dois homens e meio, sem nenhuma especificação de como foi realizado esse cálculo supostamente científico.

Para os médicos, a produtividade da cópula é mais importante que qualquer outra consideração, e seu sucesso exige do homem, que é o mais decisivo dos dois parceiros, energia e presteza, salvo na noite de núpcias, quando o ato lento e os abraços ternos são recomendáveis. Os

---

4 L.-F.-E. Bergeret, *Des Fraudes dans l'accomplissement des fonctions génératrices*, Paris: J.-B. Baillière et Fils, 1868.
5 Louis Seraine, *De la Santé des gens mariés*, Paris: F. Savy, 1865.
6 Louis Fiaux, *La Femme, le mariage et le divorce*, Paris: G. Baillière et Cie., 1880.

médicos querem, na verdade, evitar "o cio selvagem", o ataque desprecavido do "homem instintivo", com toda a ferocidade do termo", e "o estupro conjugal" das jovens virgens sem nenhum conhecimento somático e sexual. Afora a estreia da sexualidade conjugal, que requer destreza e paciência, os homens devem demonstrar vigor indispensável no coito. Para isso, os médicos estimam que as manhãs são mais propícias que as noites, e os períodos pós-digestivos, mais favoráveis que logo em seguida às refeições.

Quanto à rapidez do ato sexual, ela é aceitável entre a maioria dos casais. Dispomos de um estudo bastante preciso do sexólogo suíço Auguste Forel: a partir de uma pesquisa realizada com pacientes homens, ele calcula que a duração média do coito em sua clientela burguesa é de três minutos[7].

E pouco importa que essa rapidez possa significar "ejaculação precoce", porque os médicos se preocupam tão pouco com um eventual prazer feminino que ele nem é considerado na concepção. Alguns médicos, porém, tentam conscientizar os maridos da importância de satisfazer sexualmente a esposa sem incomodá-la. Por exemplo, o doutor Dartigues, numa suma intitulada *De l'Amour expérimental, ou Des Causes de l'adultère chez la femme au XIXᵉ siècle* [Do amor experimental, ou Das causas do adultério da mulher no século XIX] (1887), considera que maridos pouco hábeis ou muito libidinosos correm o mesmo risco de ver suas esposas cometerem adultério. Portanto, não se trata de uma defesa da emancipação sexual das mulheres, mas, ao contrário, de considerações que visam preservar a ordem social e a moral adequada.

ADULTÉRIO, OU O REVERSO DO CASAMENTO

O adultério, indicador alarmante das insatisfações sentimentais e sexuais no casamento, é o foco de numerosos discursos a partir do Segundo Império. Nosso interesse não é frívolo, pois o tema é importante. Entre 1816, ano em que o divórcio instaurado pelos revolucionários é suprimido pelos ultracatólicos que retornam ao poder, e 1884, quando os republicanos restabelecem o divórcio com a Lei Naquet, apenas a separação de bens e de corpos pode distanciar os cônjuges incompatíveis; portanto, a infidelidade de ambos os lados é comum.

A condenação moral visa fundamentalmente à mulher, eterna culpada, que põe em risco o cerne de seu patrimônio social, isto é, sua reputação. Ela também tem muito mais a perder juridicamente que o homem, em caso de flagrante delito, porque o marido adúltero fica sujeito a uma

---

7 Auguste Forel, *La Question sexuelle*, Paris: G. Steinhel, 1906.

simples multa, enquanto a mulher pode receber penas de três meses a dois anos de reclusão, de acordo com o Código Penal.

Acontece uma desventura notória com Victor Hugo, que, como se sabe, teve uma vida amorosa extremamente longa e intensa. Em 5 de julho de 1845, ele é pego em flagrante delito num hotel de Paris com Léonie Biard, escritora e esposa do pintor Auguste Biard. Ciumento e bem informado, Auguste enviara ao local um policial encarregado de fazer a constatação do adultério. Para evitar o escândalo, Victor Hugo se vale da inviolabilidade de sua condição de "par da França", mas sua parceira, que não dispõe de nenhum tipo de proteção, acaba presa. A imprensa pinta e borda com o episódio, que não tem consequências judiciais para Victor Hugo, ao contrário do que ocorre com a pobre Léonie Biard. Conduzida, num primeiro momento, à prisão feminina de Saint-Lazare, depois passa meses internada num convento, até seu marido aceitar que seja liberada. Mais tarde o tribunal profere a separação do casal, mas em prejuízo de Léonie Biard, que perde a guarda dos filhos.

O adultério, em geral discreto na prática social, aparece por toda parte na literatura, desde *Antony*, de Dumas, pai (1831), até os romances *fin de siècle* de Paul Bourget, passando por *Madame Bovary*, de Flaubert[8] (1857), *Thérèse Raquin*, de Émile Zola[9] (1867), e *Bel-ami*, de Guy de Maupassant[10] (1885). O adultério também faz prosperar o teatro de *vaudeville*, do qual é a principal força propulsora.

---

8 Ed. bras.: Gustave Flaubert, *Madame Bovary*, Porto Alegre: L&PM, 2015. [N.T.]
9 Ed. bras.: Émile Zola, *Thérèse Raquin*, São Paulo: Estação Liberdade, 2001. [N.T.]
10 Ed. bras.: Guy de Maupassant, *Bel-ami*, São Paulo: Estação Liberdade, 2011. [N.T.]

3
PROSTITUIÇÕES: SEXUALIDADES PERIFÉRICAS

SURGIMENTO DO REGULAMENTARISMO

A literatura do século XIX também explorou as múltiplas faces do universo da prostituição, como mostram Mireille Dottin-Orsini e Daniel Grojnowski na antologia *Un Joli monde: Romans de la prostitution* [Uma beleza de gente: romances de prostituição] (2008). Guy de Maupassant privilegia o prostíbulo e suas pensionistas em *A pensão Tellier*[1] e *Bola de Sebo*[2], e Émile Zola apresenta *Naná* como o arquétipo da cortesã no centro da vida imperial. Antes dele, outros escritores criaram figuras venais fortes: Alexandre Dumas, filho, e sua Marguerite Gautier de *A dama das camélias*[3], Victor Hugo e a Fantine de *Os miseráveis*[4], Joris-Karl Huysmans e a Marta do romance homônimo, e Edmond de Goncourt e sua *A decaída Elisa*[5].

---

[1] Ed. port.: Guy de Maupassant, "A pensão Tellier", em *Contos escolhidos*, Lisboa: Dom Quixote, 2011. [N.T.]
[2] Ed. bras.: *Idem, Bola de Sebo*, Porto Alegre: Artes e Ofícios, 2011. [N.T.]
[3] Ed. bras.: Alexandre Dumas, *A dama das camélias*, São Paulo: Nova Alexandria, 2008. [N.T.]
[4] Ed. bras.: Victor Hugo, *Os miseráveis*, São Paulo: Cosac Naify, 2007. [N.T.]
[5] Ed. bras.: Edmond de Goncourt, *A decaída Elisa*, Rio de Janeiro: Mundo Latino, 1953. [N.T.]

Na pintura, a prostituição é abordada sem nenhum impedimento, como comprovou a exposição realizada em 2015 no Musée d'Orsay, "Splendeurs et misères. Images de la prostitution, 1850-1910" [Esplendores e misérias. Imagens da prostituição, 1850-1910]. A exposição mostrou como a prostituição magnetizava a clientela masculina, atraía a atenção dos observadores sociais e assombrava o imaginário social. Entre os quadros apresentados, destacamos, por exemplo, *Olímpia*, de Édouard Manet, e os interiores de bordéis de Henri de Toulouse-Lautrec. A leitora ou o leitor se remeterá proveitosamente tanto ao catálogo da exposição quanto à sua continuação na obra multidisciplinar *Prostitutions, des répresentations aveuglantes* [Prostituições, representações fulgurantes] (2015).

No século XIX, atribuía-se à prostituição uma missão social de regulação. Ela era vista como um "mal necessário", segundo a expressão utilizada desde Santo Agostinho, do ponto de vista das exigências sexuais supostamente consubstanciais com a virilidade. Esses preconceitos, aos quais se acrescentava uma boa dose de pragmatismo, impeliram as autoridades a regulamentar a prostituição, a fim de combater melhor as doenças venéreas e ao mesmo tempo resguardar o conforto das famílias. O regulamentarismo, ao invés de proibir ou tentar erradicar a sexualidade venal, entra em acordo com ela, enquadrando-a.

Sob o Consulado (1799-1804) instaura-se progressivamente uma administração original da prostituição feminina, delineada durante o período revolucionário. As moças e mulheres "de vida fácil" passam à tutela da polícia de costumes e, a partir de 1802, são obrigadas a se submeter a visitas médicas, até que em 1804 se reconhece a existência das casas de tolerância. A atividade venal como tal deixa de ser um delito; contudo, pelo Código Penal de 1810 pode ser enquadrada como "atentado público ao pudor", e o proxenetismo é passível de punição se exercido sobre menores de 21 anos.

O propósito do regulamentarismo era primeiro identificar e fichar as mulheres públicas e, em seguida, confiná-las em locais específicos sob a supervisão de médicos e policiais: presume-se que casas de tolerância podem melhorar a eficiência do sistema. A dona do bordel registra as mulheres que pedem para trabalhar na casa e lhes dá um número. As que preferem trabalhar na rua recebem um cartão que detalha suas obrigações, incluindo as sanitárias. Essas são as "sujeitas" que trabalham "com cartão". As mulheres que exercem a atividade à margem de qualquer controle médico e policial são chamadas de "insujeitas" ou "clandestinas".

Publicado em 1836, *De la Prostitution dans la ville de Paris* [Da prostituição na cidade de Paris], verdadeira pesquisa sociológica sobre as prostitutas, influencia mentes e obras, e impõe seu autor, o médico Alexandre Parent-Duchâtelet, como representante icônico do regulamentarismo —também implantado nas colônias, em bairros reservados.

Sobre esse ponto, remeto o leitor ao livro *Amour interdit, marginalité, prostitution, colonialisme: Maghreb 1830-1962* [Amor proibido, marginalidade, prostituição, colonialismo: Magreb, 1830-1962] (2012), da historiadora Christelle Taraud, e à reedição de *Femmes d'Afrique du Nord: Cartes postales 1885-1930* [Mulheres da África do Norte: cartões-postais, 1885-1930] (2010). As raízes do imaginário erótico colonial, alimentado sobretudo por representações estereotipadas do corpo feminino oriental, estão em parte fincadas na escola orientalista do início do século XIX, que se inspira nas *Mil e uma noites* e propõe uma iniciação ao Oriente através das mulheres. Por exemplo, Eugène Delacroix, com a célebre pintura *Mulheres de Argel*, apresentada em duas versões (1834 e 1849), marca esse imaginário com a cena das três mulheres reclusas num harém. Posteriormente, o desenvolvimento da fotografia na Belle Époque e, sobretudo, do cartão-postal, conjugado à expansão colonial francesa, resulta na massificação dos corpos erotizados das mulheres do Magreb, sistematicamente identificadas como potenciais prostitutas. Assim, nesse imaginário erótico, surgem as figuras construídas da mourisca, amplamente desnuda, e da ouled naïl em seu traje de dança tradicional: ambas correspondem às fantasias do Ocidente em torno do domínio masculino sobre os corpos e os territórios.

O regulamentarismo funciona plenamente tanto no Magreb colonizado como na metrópole. Paradoxalmente, no momento em que é ameaçado na França continental pelo aumento da prostituição clandestina (que passa a ser de sete a oito vezes maior que a prostituição legal) e pelo fechamento de prostíbulos, o *french system* é exportado para a Inglaterra vitoriana. As feministas, incentivadas em especial pela inglesa Josephine Butler e pela francesa Maria Deraismes, mobilizam-se, e os movimentos de protesto ganham força nos anos 1870. O modelo francês acaba sendo alvo de críticas convergentes tanto dos que desejam seu fim, em nome da dignidade das mulheres, dos valores familiares e da religião, como dos que defendem o direito comum e as liberdades individuais.

PLURALIDADE DA SOCIEDADE DAS PROSTITUTAS

Nos grandes conglomerados urbanos, a sociedade das prostitutas se distingue, conforme o grau de riqueza e o modo de vida, em três grupos – *lower*, *middle* e *upper classes* –, que podem ser considerados desiguais e porosos.

Na base, a massa indigente de anônimas que se prostituem nas piores condições, mulheres reclusas em puteiros, lupanares e outras espeluncas, passando de cliente em cliente até a exaustão. Em Paris, são mais bem tratadas as que trabalham nos prostíbulos para clientes abastados do triângulo entre o Palais Royal, a Ópera e a praça Saint-Georges. Fora dali, as clandestinas e as que trabalham "com cartão" batem calçada. Essa prostituição de rua é território dos cafetões (*marlous*), que poupam suas "protegidas" de encrencas com a polícia de costumes e vivem do que elas ganham com os programas. Essa prostituição popular é engrossada por aquelas que recorrem de forma pontual ou complementar à ajuda financeira que ela oferece. É importante assinalar que as mulheres que executam pequenos serviços urbanos recebem em média a metade do que ganham os homens.

A partir da Exposição Universal de 1867, as mulheres que começam a substituir os homens no serviço dos cafés e restaurantes se misturam a uma nova figura de venalidade popular, bem estabelecida nos anos 1870 e 1880. As *verseuses*, apelidadas dessa forma porque vertiam [*versaient*] a bebida nos copos, induzem os clientes a consumir mais, sentam-se com eles e também os acompanham a um hotel de zona, se eles quiserem.

O topo da pirâmide da prostituição é terreno das clandestinas. O registro da chefatura de polícia de Paris, arquivo extraordinário publicado em 2006 com o título *Le Livre des courtisanes* [O livro das cortesãs], apresenta 415 mulheres fichadas nos anos 1860 e 1870 e 560 clientes. Elas formam uma *middle class* que inclui um bom número de figurantes e atrizes de segundo plano, cujos rendimentos modestos as levam a recorrer a um homem que as sustente ou a uma renda complementar, sobretudo porque têm de pagar do próprio bolso os figurinos que usam em cena (extremamente caros).

Os guias de Paris para uso de estrangeiros e interioranos sempre indicam locais de prazer destinados aos homens: restaurantes, cafés, cabarés, teatros, bailes, passeios no bosque de Boulogne, corridas no hipódromo de Longchamp etc. De todos esses lugares, o Folies Bergère, célebre pelo *laisser-aller*, pelo deixar-se levar licencioso de parte do público, é o palco preferido do comércio das mocinhas de costumes fáceis, para o pesar da polícia municipal.

Mas são as grandes cortesãs da *upper class* que enlouquecem a clientela das altas esferas da política, das finanças, da indústria, do Exército e da vida cultural, à qual se juntam os grandes nomes das aristocracias cosmopolitas e das famílias reinantes, em primeiríssimo lugar o imperador Napoleão III.

Símbolos externos de riqueza e virilidade, essas conquistas obtidas a duras penas são ostensivamente exibidas pelos homens. Celebridades da prostituição, elas possuem um capital erótico e social habilmente negociado. Não raro conseguem 10 mil francos por mês ou mais de seu protetor, sem contar os extras, numa época em que uma operária ganha, com muito sacrifício, de quarenta a sessenta francos mensais. Das cortesãs de alto gabarito às que se vendem para sobreviver, a maioria das prostitutas clandestinas cruza com agenciadoras que as apresentam aos clientes. Nessa rede de prostituição, e diferentemente da prostituição de rua, o proxenetismo é acima de tudo um negócio feminino. Com frequência ex-prostitutas, as cafetinas se distinguem das donas de prostíbulo, de perfil mais respeitável.

Em contrapartida, elas compartilham com as donas de bordel um modelo econômico similar e exploram sem nenhum escrúpulo as mulheres que pedem seu auxílio, em troca da metade de seus ganhos, em média. Atentas às preferências dos clientes, não hesitam em aliciar meninas muito jovens e levá-las em domicílio ou a encontros em suas casas de *rendez-vous*. Porque, mais que a juventude, o que desperta o desejo masculino, e às vezes se vende muito caro, é a virgindade, ou ao menos o que as cafetinas apresentam como tal. Um cônsul do Peru – é verdade que dono de uma fortuna estimada em 35 milhões de francos – chega a desembolsar 30 mil francos por uma pretensa donzela, sem contar a gratificação dada às duas proxenetas. *Le Livre des courtisanes* revela o papel dessas singulares empreendedoras na intermediação da prostituição clandestina e na expansão das casas de *rendez-vous* a partir do Segundo Império.

Esses estabelecimentos conquistam rapidamente a preferência da clientela, em detrimento das tradicionais casas de tolerância, por sua discrição e pela personalização do atendimento. São frequentados por senhores das classes médias e altas, para desagrado da polícia, que assim tem menos liberdade para vigiá-los. Entre 1900 e 1910, por influência do chefe de polícia Lépine, a regulamentação avança, confirmando o declínio das casas de tolerância e tirando o *rendez-vous* da clandestinidade.

PROSTITUIÇÃO E HOMOSSEXUALIDADE

Apenas a prostituição entendida como um conjunto de serviços sexuais pagos que uma mulher presta a um homem é regulada pela administração pública. A heterossexualidade é, portanto, tão associada ao efêmero casal prostituta-cliente como ao casal conjugal perene. A homossexualidade é socialmente reprovada tanto na prática sexual venal como na "desinteressada". Todavia, em ambos os casos encontra maior tolerância quando ocorre entre mulheres que entre homens. As práticas lésbicas venais são, na realidade, um dos lugares-comuns das fantasias masculinas e dos discursos sobre as prostitutas. Preocupado, Alexandre Parent-Duchâtelet, promotor do regulamentarismo, recenseia, segundo ele, um quarto de "tríbades" entre as prostitutas parisienses sob a Monarquia de Julho, e na Belle Époque o escritor Léo Taxil se assusta com os "progressos espantosos" – a expressão é dele – do safismo, que teria conquistado a metade das mulheres nos bordéis.

Mas, tanto no caso da mulher como no do homem, o serviço pode ser prestado por parceiro ou parceira de seu próprio sexo, sem que se presumam suas preferências sexuais a partir disso. Em *Le Livre des courtisanes*, uma clandestina interrogada pela polícia de costumes declara: "Peguei uma doença de uma mulher que meu amante me arranjou, [esclarecendo que] as mulheres fazem aquilo melhor que os homens, prefiro elas".

Esses arranjos não são raros nas elites. Por exemplo, o prefeito do departamento do Eure, Janvier de La Motte, organiza encontros numa mansão parisiense entre senhoras da sociedade de Évreux – que ele tinha o cuidado de mascarar – com "uma moça que tinha a missão de iniciá-las em certos mistérios do amor que elas provavelmente não conheciam", relata um policial.

Enfim, algumas prostitutas atendem a uma demanda específica de mulheres da alta sociedade que, para a ocasião, adotam um comportamento semelhante ao dos clientes homens, se nos restringirmos às duas anedotas do memorialista Horace de Viel-Castel. A primeira é sobre a irmã de um diretor de teatro que, mal recebeu o dinheiro de uma herança, "correu à casa da [atriz] Cico, jogou-se em seus braços e espalhou sobre a cama as dez notas de mil francos etc. etc. etc.". A segunda desmascara a marquesa de Beaumont, que, segundo Viel-Castel, foi pega numa casa de mulheres fáceis praticando a *fricarelle* [saboeira], gíria que designa tanto a prostituta como a lésbica. E Viel-Castel sublinha que "esse pecadilho não lhe causa nenhum dano, a alta-roda a recebe".

Da mesma forma que a prostituição, a homossexualidade não constitui um delito nos termos dos códigos napoleônicos. Sendo assim, os agentes de polícia somente intervêm quando ela excede o espaço privado e contamina o espaço urbano. Por exemplo, em 1878 um caso escandaloso de venalidade homossexual sacode Bordeaux. Homens se encontram na praça dos Quinconces para se entregar a "atos obscenos, contra a natureza, ou toques impudicos em local público", segundo os termos do julgamento do tribunal da polícia correcional que delibera sobre 24 dos detidos. Desses, 17 são menores de idade e têm de 13 a 20 anos; 7 são adultos e têm de 24 a 51 anos. Os clientes encontram-se entre estes últimos, dos quais três são casados e pais de família, o que levanta a questão tanto da bissexualidade como da homossexualidade desses homens.

Não nos surpreende, portanto, que a edição de 12 de dezembro de 1878 do diário parisiense *Le Temps* repercuta a "comoção" que toma a região girondina e a explique pelo número de pessoas direta ou indiretamente envolvidas no caso; por exemplo, um farmacêutico de Marmande vê – imaginamos que para seu desespero – a correspondência amorosa que ele mantinha com um dos jovens acusados ser exposta publicamente durante a audiência. Mais que a venalidade dessas práticas, o que atrai a reprovação popular é a homossexualidade masculina. Segundo um jornal local, a multidão aglomerada em volta do tribunal teria gritado: "essa gente repugnante".

Se a vigilância sobre as sexualidades clandestinas consideradas desviantes já é efetiva desde meados do século XIX, ela endurece nos anos 1860 e 1870, isto é, no fim do Segundo Império e na primeira década da Terceira República, como indica uma série de registros fascinantes dos arquivos da chefatura de polícia de Paris. Há dois sobre as prostitutas clandestinas (um deles é *Le Livre des courtisanes*) e três sobre os "pederastas", termo consagrado pela polícia. Esses três registros foram estudados em especial por Michael Sibalis, Laure Murat, Régis Revenin e William Peniston, e um foi publicado por Jean-Claude Feray em 2012 com o título *Le Registre infamant* [O registro infamatório]. Um último registro, para o qual Sylvie Aubenas chama a atenção, é dedicado aos fomentadores da indústria pornográfica sob o Segundo Império.

FOTOGRAFIA PORNOGRÁFICA: NOVO SUPORTE, NOVO MERCADO

Esse registro mostra, para além da etimologia (pois "pornografia" significa "escrito sobre a prostituta"), a materialidade das interconexões entre a prostituição e a pornografia fotográfica. *La Grande encyclopédie* [A grande enciclopédia] difunde e perpetua o amálgama, anotando em 1900: "A pornografia torna público, à maneira de uma mulher pública que expõe e oferece sua intimidade a todos, o que deve ser essencialmente privado". Esse registro contém várias centenas de interpelações por fabricação, divulgação ou venda de imagens de livros ou outros objetos considerados licenciosos ou obscenos, e envolve os principais protagonistas de uma economia do sexo subterrânea e delituosa.

Economia por ser realmente um comércio lucrativo, que adquire proporções exponenciais com o rápido crescimento da fotografia. E delituosa porque esse tipo de comércio pode ser enquadrado na lei de 1819 que pune os atentados aos bons costumes. A expressão "bons costumes" tem, na época, conotações tão subjetivas e diacrônicas quanto os termos "licencioso" ou "obsceno", e indica as regras e o grau de tolerância do poder político, do poder policial, do poder judiciário e da opinião pública.

O objeto desse comércio clandestino são os preservativos, condenados por estar associados à devassidão, os dildos de borracha ou, nos termos da época, os "consolos", as bonecas obscenas, os cachimbos esculpidos, por exemplo, na forma de torso ou coxa de mulheres nuas, as estatuetas, os medalhões, as caixinhas de rapé com pinturas obscenas em fundo falso e os livros, sobretudo os de estampas e gravuras.

Mas isso representa quase nada em comparação com a fotografia, que em pouco tempo se torna o principal suporte incriminado. O mercado da fotografia pornográfica destina-se, obviamente, a compradores homens relativamente abastados, embora os preços caiam rapidamente: a dúzia de fotos colorizadas vendida a cinco francos em 1858 passa a custar dois francos em 1864. O registro contém algumas dezenas dessas fotos. Ao contrário das fotos femininas, as fotos masculinas que aparecem no registro não mostram homens nus, mas como atores de "polca".

As polcas são cenas explícitas de sexo, não simuladas, com uma ou duas parceiras. Mas nenhuma das 24 polcas do registro apresenta uma mulher divertindo-se com dois parceiros homens e, enquanto dez delas mostram sessões sáficas, nenhuma sugere práticas pederásticas. O motivo é que a homossexualidade masculina choca muito mais os amantes das fotografias pornográficas que o lesbianismo, e isso nos leva à questão das sexualidades irregulares e dos crimes sexuais.

4
AFIRMAÇÃO DA HOMOSSEXUALIDADE

HOMOSSEXUALIDADE MASCULINA: ENTRE DESCRIMINALIZAÇÃO E ESTIGMATIZAÇÃO

A história da homossexualidade exige distinção entre as práticas – que são universais – e a identidade homossexual – que se insere em determinado contexto geográfico e temporal[1].

Reconhece-se que a palavra "homossexual" apareceu na Europa entre 1868 e 1869, na pena do escritor e jornalista húngaro Károly Mária Kertbeny, primeiro em sua correspondência privada e depois num memorial endereçado ao ministro da Justiça da Prússia. Esse memorial, enviado anonimamente, exige a abolição das leis penais sobre "os atos contra a natureza".

Mais tarde, o termo "homossexualidade" é difundido pelos médicos, que, ao empregá-lo, pretendem afirmar uma visão objetiva e científica de uma sexualidade que foge às normas. Do fim do século XIX até a Segunda Guerra Mundial, o emprego da palavra é pouco frequente e compete com "invertido" e "uranista" (esse último vocábulo foi criado

---

[1] Para uma visão geral, pode-se consultar proveitosamente a coletânea de artigos organizada por Robert Aldrich, *Une Histoire de l'homosexualité*, Paris: Seuil, 2006.

pelo jurista alemão Karl Ulrichs em referência a Afrodite Urânia, isto é, a Afrodite celeste de *O banquete*, de Platão), sem esquecer, entre muitos outros, os termos mais antigos "sodomita" e "pederasta".

Durante muito tempo, a homossexualidade foi considerada um crime moral, passível de pena. A partir do século XIII, vale recordar, era comum que os "sodomitas" fossem submetidos à autoridade da Inquisição, que tinha o direito de torturar e executar, e nos séculos XIV e XV grandes cidades europeias fizeram uma verdadeira caça às bruxas contra os homossexuais, condenando-os à morte. Esse rigor implacável ressurge em fases na época moderna. São punidos de morte aqueles que, por suas práticas sexuais, ousam escarnecer dos mandamentos de Deus, desafiar a natureza e minar a ordem social.

Na França, é aparentemente a partir de 1750 que os sodomitas deixam de ser condenados à fogueira, e o Código Penal adotado pela Revolução Francesa em 1791, pela primeira vez, exclui o crime de sodomia da lista de crimes puníveis. Esse mesmo Código Penal contribui para a descriminalização da homossexualidade em boa parte da Europa, ainda mais que o Código Napoleônico de 1810 mantém essa inovação.

Com a extensão do modelo francês, em paralelo à invasão militar, quase todos os Estados católicos e, entre os Estados protestantes, os Países Baixos revogam suas leis contra a sodomia a partir do fim do século XVIII e ao longo do século XIX. Na França, a legislação é bastante permissiva, diferentemente de vários Estados europeus, como a Alemanha e a Inglaterra.

Na Alemanha, a partir de 1872, o Parágrafo 175 do Código Penal condena os "atos sexuais contra a natureza" cometidos por pessoas do sexo masculino a uma pena que pode chegar a seis meses de prisão, acrescida ou não de perda dos direitos civis. Diante disso, em 1897 o sexólogo alemão Magnus Hirschfeld inicia uma campanha a favor da anulação desse parágrafo. Sua petição consegue milhares de assinaturas, entre elas as de Liev Tolstói, Albert Einstein e Émile Zola, e é entregue ao Reischstag em 1898, sem obter resultado.

Na Inglaterra, uma lei de 1861 prevê prisão perpétua para os sodomitas convictos, até que em 1885 se vota uma emenda do parlamentar Henry Labouchère – que, apesar do nome, era britânico. Essa emenda reduz a pena a dois anos de prisão com trabalhos forçados em caso de "ato ultrajante aos costumes" entre dois homens. É a pena a que o escritor Oscar Wilde é condenado em 1895, depois de um processo cheio de reviravoltas e com uma repercussão internacional considerável. Esse processo consagra a vitória do partido puritano e fixa a imagem do homossexual corruptor de menores, fonte de perigo e depravação.

RUMO À MEDICALIZAÇÃO DA "INVERSÃO"

Diferentemente do que vigora para os homens, as relações homossexuais femininas não constituem delito na Europa (salvo na Áustria), apesar de muito frequentemente o travestimento de mulheres ser punido por lei. É o que se vê na França em especial, onde o decreto de 16 de brumário do ano 9 (7 de novembro de 1800) ameaça de prisão qualquer mulher que se travista de homem sem autorização prévia – o decreto não se estende aos homens. As lésbicas, assim como os homossexuais homens, também podem ser processadas por ultraje aos costumes. Esse estatuto particular revela uma maior tolerância em relação ao safismo, mas também o desprezo pela sexualidade feminina em sua totalidade.

Há, no último quarto do século XIX, uma proliferação de ensaios médicos sobre a "inversão", como se dizia na época, que reforçam a identificação da homossexualidade a uma perversão moderna. Os estudos sobre a homossexualidade desenvolvem-se num contexto das pesquisas sobre a histeria, as neuroses e as psicoses. Em *A vontade de saber*, Michel Foucault data de 1870 a invenção da figura do homossexual moderno pela psiquiatria. Ele escreveu num trecho hoje célebre:

> *Não podemos esquecer que a categoria psicológica, psiquiátrica e médica da homossexualidade constituiu-se no dia em que foi caracterizada [...] menos por um tipo de relação sexual que por certa qualidade da sensibilidade sexual, certa maneira de interverter em si mesmo o masculino e o feminino. A homossexualidade apareceu como uma das figuras da sexualidade quando se transformou de prática sodomita em uma espécie de androginia interior, um hermafroditismo da alma. O sodomita era um relapso, o homossexual é uma espécie.*

Desde então, essas palavras de Foucault foram nuançadas e completadas por numerosos trabalhos históricos, entre os quais os de Marie-Jo Bonnet (cuja tese sobre a homossexualidade feminina foi publicada em 1981 e reeditada em 1995 sob o novo título *Les Relations amoureuses entre les femmes (XVIe-XXe siècle)* [As relações amorosas entre mulheres (séculos XVI-XX)]), Florence Tamagne, *Histoire de l'homosexualité en Europe: Berlin, Londres, Paris, 1919-1939* [História da homossexualidade na Europa: Berlim, Londres, Paris, 1919-1939] (2001), e Laure Murat, *La Loi du genre: Une histoire culturelle du troisième sexe* [A lei do gênero: uma história cultural do terceiro sexo] (2006). Laure Murat traz à luz, nesse sentido, algumas continuidades tanto nos discursos médicos como nos discursos policiais e literários a partir da primeira metade do século XIX, especialmente com a personagem da "tia", que permeia todos os "registros de afrescalhados" da chefatura de polícia de Paris e se encontra também na obra de Balzac, por exemplo, na personagem do condenado Vautrin.

Progressivamente, a homossexualidade e outras "perversões" sexuais, ou tidas como tais, tornam-se uma marca de degeneração, com frequência associada pelos médicos à hereditariedade. Essas teorias médicas, tiradas sobretudo da medicina alemã, são difundidas pela imprensa ou pela literatura de divulgação, mas alguns tratados científicos introduzem na opinião pública um bom número de clichês que embaralham as divisas, quando não invertem os gêneros – entre os quais, o homossexual efeminado e, simetricamente, a lésbica masculinizada.

Precursor da sexologia, o médico Johann Ludwig Casper fala de um vício de nascença que, segundo seu *Practisches Handbuch der gerichtlichen Medicin* [Tratado prático de medicina legal], publicado na França em 1862, constitui "um hermafroditismo moral" na maioria dos que o praticam. Por sua vez, o jurista Karl Heinrich Ulrichs define "a homossexualidade como um terceiro sexo" em *Forschungen über das Räthsel der mannmännlichen Liebe* [Pesquisa sobre o enigma do amor entre os homens] (1864-1865) e fala de "uma alma de mulher num corpo de homem", expressão que se tornou célebre. Ulrichs influenciou em especial Magnus Hirschfeld, hoje reconhecido como uma das principais figuras da sexologia alemã e, além disso, o fundador do primeiro movimento homossexual militante, no fim dos anos 1890. Em *Die Homosexualität des Mannes und des Weibes* [A homossexualidade no homem e na mulher] (1914), Hirschfeld rompe com o binarismo dos sexos ao sugerir a existência de intermediários sexuais, diferenciados de acordo com os graus de hermafroditismo, e estabelece uma relação com a homossexualidade congênita, considerada não uma "anomalia", mas uma "variedade sexual", segundo suas palavras.

Essas teorias alimentaram largamente, e ainda hoje alimentam, a confusão obstinada entre homossexualidade e hermafroditismo no imaginário social, o que é um equívoco, pois a primeira diz respeito à sexualidade, e a segunda, à identidade de sexo.

Entre os livros que abriram caminho para a sexologia está *Psychopathia sexualis*[2], escrito pelo psiquiatra austro-húngaro Richard von Krafft-Ebing a partir da observação de casos fornecidos pela polícia. Esse livro teve uma primeira edição bastante curta em 1886, mas se enriqueceu seguidamente com novos estudos de caso e impôs-se como obra de referência, elencando as mais diversas patologias sexuais. A homossexualidade aparece, entre outros, ao lado do fetichismo, do sadismo e do masoquismo – para cuja popularização, aliás, ele contribui, a partir da obra erótica do romancista alemão Leopold von Sacher-Ma-

---

2 Ed. bras.: Richard von Krafft-Ebing, *Psychopathia sexualis*, São Paulo: Martins Fontes, 2001. [N.T.]

soch e especialmente de sua *A Vênus das peles*³, lançada em 1870. Muito embora incluísse essas sexualidades no campo das perversões patológicas e as considerasse sintomas funcionais de degeneração, Krafft-Ebing também as via como "modos de amar", e isso foi uma grande novidade.

Richard von Krafft-Ebing foi contestado por um colega inglês, Havelock Ellis, que reconhecia os talentos clínicos de Krafft-Ebing, mas era bem mais reticente em relação a suas qualidades de psicólogo. Em 1897, Ellis dedicou à inversão sexual o primeiro volume da série *Studies in the Psychology of Sex* [Estudos de psicologia do sexo], que contribuiu de forma destacada para a produção da sexologia nascente e inscreveu a homossexualidade na biologia, considerando-a antes de tudo um dado natural e congênito. Dessa forma, ele se distinguiu tanto da ideia de degeneração desenvolvida por Krafft-Ebing, entre outros, quanto da ideia de sexo intermediário apresentada por Carpenter. E, por não ver a "inversão sexual" como doença, não quis curá-la nem puni-la — vale lembrar que Oscar Wilde fora condenado por isso dois anos antes.

Ellis também foi quem mais deu atenção à homossexualidade feminina em sua época. É verdade que ele talvez tenha sido ajudado pelo exemplo de sua esposa, Edith Ellis, escritora feminista que se declarava lésbica. Paradoxalmente, enquanto desconstruía o estereótipo da efeminação do homossexual masculino, Havelock Ellis deu consistência àquele que representa a lésbica como um indivíduo masculinizado. Traduzido em 1909 para o francês pelo etnólogo Arnold van Gennep, seu livro *Inversão sexual*⁴ teve repercussão imediata. O conjunto da série *Studies in the Psychology of Sex* contribuiu para impor seu autor como uma das grandes figuras da história da sexologia europeia, ao lado de Magnus Hirschfeld.

Com a obra fundamental intitulada *Três ensaios sobre a teoria da sexualidade*⁵, publicada em 1905, e *Leonardo da Vinci*⁶, de 1911, Sigmund Freud reformulou as representações médicas da homossexualidade. Em especial, o psicanalista vienense substituiu as explicações biológicas pelas hipóteses da "sedução na infância" e da "angústia da castração", e estabeleceu de saída a bissexualidade original do ser humano. Mas a definição freudiana da homossexualidade como "um bloqueio no estágio infantil" ou "uma interrupção do desenvolvimento sexual" dificilmente pode ser considerada positiva e mantém o homossexual homem ou mulher numa posição de inferioridade, principalmente porque Freud classifica a inversão sexual entre as aberrações sexuais, como o sadomasoquismo, o fetichismo e o voyeurismo.

---

3   Ed. bras.: Leopold von Sacher-Masoch, *A Vênus das peles*, São Paulo: Hedra, 2008. [N.T.]
4   Ed. port.: Havelock Ellis, *Inversão sexual*, Lisboa: Index E-books, 2013. [N.T.]
5   Ed. bras.: Sigmund Freud, *Três ensaios sobre a teoria da sexualidade*, São Paulo: Companhia das Letras, 2019. [N.T.]
6   Ed. bras.: *Idem*, *Leonardo da Vinci*, Rio de Janeiro: Imago, 1997. [N.T.]

FIGURAS E SOCIABILIDADE HOMOSSEXUAIS NA VIRADA DO SÉCULO

Todas essas teorias médicas trazem em embrião a maior parte das abundantes representações literárias e artísticas que revelam a fascinação por uma sexualidade que provoca ao mesmo tempo medos e fantasias. Há, por exemplo, o homossexual subversivo, uma ameaça para a sociedade, um traidor em potencial. Há também o homossexual virtuoso, que deseja se mostrar inofensivo para a sociedade e justifica suas inclinações pelo caráter inato e irreversível delas. Por fim, há o homossexual aristocrata, seguro de sua superioridade moral e estética, que mantém sua singularidade com orgulho e recolhimento, à imagem do conde de Montesquiou, que inspira a Marcel Proust a personagem do barão de Charlus de *Em busca do tempo perdido*[7]. Recordemos que essa obra começa a ser publicada em 1906, mas apenas o quarto volume (*Sodoma e Gomorra*[8]), publicado em 1921-2, transmite mais fielmente o pensamento médico sobre a homossexualidade.

Não podemos deixar de citar ainda a inglesa Marguerite Radclyffe-Hall, que era apaixonada pelos textos de Havelock Ellis e retomou em *O poço da solidão*[9] (1928) a teoria da invertida congênita (no feminino dessa vez), fadada ao desprezo e à solidão – ela define a si mesma como uma invertida. Aliás, o romance inclui uma nota do sexólogo.

Radclyffe-Hall é uma das raras escritoras a apresentar figuras lésbicas em seus livros. Embora elas apareçam com frequência na literatura, é sempre sob a pluma masculina: em 1870 o romancista Adolphe Belot usa a ligação de duas mulheres casadas e velhas amigas de convento como motivo central de *Mademoiselle Giraud, ma femme* [Senhorita Giraud, minha mulher]. O desfecho do romance é edificante: uma das heroínas morre de safismo, como se isso fosse uma doença grave, e a outra é assassinada pelo marido enganado. O livro causa um escândalo, a ponto de o jornal *Le Figaro* suspender sua publicação em folhetim. Um escândalo que resulta em sucesso invejável do romance, com mais de 30 mil exemplares vendidos no primeiro ano e mais de trinta edições em quinze anos.

No entanto, a difusão do conhecimento médico não tem como consequência uma maior tolerância, porque ele apenas transforma o criminoso em doente: os médicos deslocam a condenação social, mas não a eliminam. Num século profundamente higienista, a ideia mesma de doença contribui para que o homossexual seja assemelhado a uma praga social, porque podia contaminar o saudável corpo da nação; e, de

---

7 Ed. bras.: Marcel Proust, *Em busca do tempo perdido*, 7 v., São Paulo: Globo, 2006-2011. [N.T.]
8 Ed. bras.: *Idem, Sodoma e Gomorra*, São Paulo: Globo, 2008. [N.T.]
9 Ed. bras.: Marguerite Radclyffe-Hall, *O poço da solidão*, São Paulo: Abril, 1974. [N.T.]

fato, na literatura a noção de contágio se torna um lugar-comum contra as perversões sexuais. A homofobia ainda é muito forte no século XIX, especialmente nos meios populares, sobre os quais temos pouquíssimos arquivos, afora os fornecidos pela medicina e pela justiça.

O que sabemos acerca das práticas homossexuais e bissexuais desse período provém essencialmente da aristocracia e da alta burguesia – cuja posição social permite afastar em parte o peso da reprovação pública –, por meio de correspondências, diários, memórias, mas também da literatura, da pintura e, mais tarde, da fotografia. Os meios artísticos, intelectuais e aristocráticos são os que se mostram mais abertos na virada do século, e alguns salões são frequentados, senão mantidos, por personalidades conhecidas pela homossexualidade.

Um salão particularmente representativo desse momento cultural é o da princesa de Polignac. Essa norte-americana de nascimento, batizada Winnaretta Singer, era herdeira de Isaac Merrit Singer, inventor das máquinas de costura Singer, que lhe deixou uma fortuna considerável. A família mudou-se para a França, e Winnaretta casou-se aos 22 anos com o príncipe Louis de Scey-Montbéliard, seguindo a mais pura tradição das alianças matrimoniais entre a alta burguesia e a aristocracia. Foi um casamento infeliz. Como quase todas as moças da elite, Winnaretta descobriu com terror, na noite de núpcias, as realidades da sexualidade conjugal e corajosamente se desembaraçou delas.

O Vaticano anulou a união não consumada, e a jovem aceitou um casamento arranjado em 1893 com o príncipe Edmond de Polignac, que também era homossexual. Ficou entendido que cada uma viveria livremente seus amores com parceiros do mesmo sexo, mas as convenções sociais seriam preservadas.

Assim, a princesa de Polignac teve relações amorosas com a compositora e sufragista inglesa Ethel Mary Smyth, com a pintora Romaine Brooks, com a escritora e baronesa Olga de Meyer e com a escritora Violet Trefusis. Esta última teve como amantes, além da princesa de Polignac, a baronesa de Meyer e a escritora Vita Sackville-West, e a ligação com esta última, iniciada antes da Primeira Guerra Mundial, foi parcialmente transposta por Virginia Woolf em *Orlando*, publicado em 1928. O salão Polignac também recebia, entre os numerosíssimos artistas que o frequentavam, dois grandes dândis e estetas homossexuais: Marcel Proust e o conde Robert de Montesquiou.

Por último, é impossível não citar o salão da norte-americana Natalie Clifford Barney, local de passagem obrigatório de uma das comunidades lésbicas mais famosas de Paris, da Belle Époque até os Loucos Anos Vinte. Ali se reuniam representantes lésbicas ou bissexuais da *high society*, como a duquesa de Clermont-Tonnerre; do mundo das artes e das letras, como Romaine Brooks e a poeta Renée Vivien; mas também ícones da *upper class* venal, como a cortesã Liane de Pougy. Bissexual, esta última contou seus amores com Natalie Clifford Barney em *Idylle saphique* [Idílio sáfico]: esse romance autobiográfico foi alvo de uma enxurrada de críticas, o que lhe rendeu um enorme sucesso desde o lançamento nas livrarias, em 1901. Nele, a autora conta, em particular, como a jovem norte-americana a conquistou travestindo-se de pajem. Para Natalie Barney, no entanto, o uso do travestimento era um simples recurso de sedução, pois ela rechaçava a masculinização das mulheres e a interpretava como uma submissão à dominação viril.

5
VIOLÊNCIAS E CRIMES SEXUAIS: ENTRE NEGAÇÃO E CONDENAÇÃO

A NOÇÃO DE "ATENTADO AOS COSTUMES"

Na virada do século XIX para o XX, Freud e vários outros sexólogos contribuíram para dar um novo registro epistemológico à sexualidade, tirando-a do dogmatismo binário do bem e do mal veiculado pela moral e pela religião, mas também tentando livrá-la da classificação normal/anormal regida pelo direito e pela lei. Desse ponto de vista, as queixas apresentadas aos tribunais, da mesma forma que os crimes e delitos punidos pela lei, dão uma boa ideia da evolução temporal das sensibilidades.

Essa história das sensibilidades segue na esteira do que o sociólogo alemão Norbert Elias propôs em *O processo civilizador*[1] em 1939 (traduzido para o francês apenas em... 1973). Elias mostra a civilização ocidental como o resultado de um lento processo de domesticação dos impulsos e analisa como as normas da agressividade variam com o tempo, como se refinam, domadas "por inumeráveis regras e interdições que se transformaram em autolimitações"[2]. Passamos de uma tole-

---

1 Ed. bras.: Norbert Elias, *O processo civilizador*, 2 v., Rio de Janeiro: Zahar, 1993-1994. [N.T.]
2 *Ibidem*, v. 1, p. 183. [N.T.]

rância relativa com a violência, e em especial com a violência sexual, a uma tolerância muito reduzida.

Com o direito moderno, no início do século XIX, instaurou-se uma graduação dos valores que classificava os fatos e qualificava atos considerados menos graves que o estupro – por exemplo, o atentado ao pudor. Os códigos imperiais mudaram o Código de 1791, hierarquizando os crimes com expressões que perduraram e definindo crimes e delitos sexuais que não existiam até então, mas passaram a implicar atos ainda pouco assinalados ou ignorados.

Assim, o Código Penal de 1810 reuniu o conjunto dos atos de ofensa e violência sexuais num capítulo único, intitulado "Atentados aos costumes", que podem ser considerados uma versão um pouco mais moderna dos antigos crimes de luxúria, pois aqui o termo "costumes" designa explicitamente a sexualidade. Atentar aos costumes, portanto, era causar um prejuízo social por meio de uma imoralidade sexual: ameaçar a segurança moral das pessoas, provocar um dano por meio de um ataque físico. Compreendia o ultraje, o atentado ao pudor, o estupro, mas também o adultério, a incitação à depravação e a bigamia.

NECROFILIA E INCESTO: IMPUNIDADE EM DISCUSSÃO

Em contrapartida, não se encontram entre esses atentados a prostituição, pelas razões expostas anteriormente, o incesto e a necrofilia. E, no entanto, falava-se muito desta última no século XIX, o que é algo novo. De fato, entre 1848 e 1849, vários cadáveres de mulheres foram descobertos exumados, profanados e estripados nos cemitérios parisienses. Preso no local dos crimes, o cemitério de Montparnasse, o sargento Bertrand foi levado à corte marcial com base no Artigo 360 do Código Penal, que tratava da violação de sepulturas. Bertrand foi condenado à pena máxima prevista para esse delito, ou seja, um ano de prisão, o que já naquela época parecia muito pouco.

Durante o processo, os juízes, os médicos e, pouco depois, toda a sociedade descobriram, horrorizados, uma prática sexual até então nunca nomeada, e que em 1849 foi batizada como "necrofilia" (o termo "necrófilo" apareceu somente em 1852). Essa prática suscitou uma curiosidade geral – que oscilava entre repugnância e fascínio – e foi alimentada por outros casos semelhantes ao longo do século XIX, sem que os legisladores se resolvessem a modificar a lei: de um lado, para poupar as sensibilidades de algo que repugna ou apavora e, de outro, por medo de incitar a imitação de um crime tão odioso.

Foi esse comportamento sexual desviante, que transgredia tanto as normas sexuais como as relações de respeito aos mortos, que recebeu pela primeira vez na história das teorias médicas o nome "perversão", atribuído pelo médico alienista Claude-François Michéa num artigo que marcou época na história da sexualidade e se intitulava "Des Déviations maladives de l'appétit vénérien" [Sobre os desvios doentios do apetite venéreo], publicado na revista *L'Union Médicale* [A Liga Médica] em 17 de julho de 1849. Isso posto, não podemos reduzir o estudo da necrofilia ao de uma simples perversão, pois seria fazer pouco do imaginário coletivo da sexualidade e da morte, como mostra claramente a tese de Amandine Malivin, *Voluptés macabres: La nécrophilie en France au XIXᵉ siècle* [Volúpias macabras: a necrofilia na França no século XIX], defendida em 2012.

Um crime sexual muito mais frequente que a necrofilia não era condenado no século XIX: o incesto. O Código Penal de 1791 descriminalizou a sexualidade incestuosa entre adultos consencientes, e o de 1810 não incluiu o incesto como crime sexual passível de condenação. No entanto, o Código Civil de 1804, que regulamentava severamente o casamento entre parentes, proibiu o incesto, o que não invalida a teoria de Claude Lévi-Strauss de que a proibição do incesto é o fundamento de toda sociedade.

Essa descriminalização do incesto estava inserida num contexto cultural que o enxergava como uma relação consentida. Alguns escritores exploraram esse tema no século XVIII, como o abade Prévost, Louis-Sébastien Mercier e Bernardin de Saint-Pierre, que em 1787 publicou *Paulo e Virgínia*[3], uma história de amor casto entre irmãos de sexos opostos, um caso invulgar, sem dúvida, mas no qual existe um desejo incestuoso. O romance teve sucesso considerável ao longo de suas inúmeras edições, inclusive no século XIX.

Na virada do século XVIII para o XIX, autores de relevo como Schiller, Goethe ou Byron também abordaram a questão do incesto. Insere-se nessa tradição literária um dos livros mais importantes do século XIX romântico, *René*[4], de Chateaubriand. Romance de caráter autobiográfico, *René* conta a paixão amorosa de Amélie por seu irmão René. Em 1805, apareceu uma segunda edição do livro com numerosas mudanças, principalmente nas relações de Amélie e René, que foram normalizadas. Não obstante, *René* causou escândalo e foi lido em segredo por uma geração que se identificava plenamente com o herói. Charles Nodier, um dos principais teóricos do romantismo, saudou a obra de Chateaubriand, declarando que os verdadeiros poetas do amor deram uma nuance fraterna a esse sentimento, e que o sopro transgressivo de *René* pode ser encontrado nas estreitas relações adélficas de Stendhal, Balzac, Guérin ou Flaubert com suas irmãs.

Nas primeiras décadas do século XIX, contudo, o incesto passou a ser considerado não somente uma ofensa à decência, mas também uma ameaça social e médica, em razão dos riscos ligados à consanguinidade. A imprensa

---

3 Ed. bras.: Bernardin de Saint-Pierre, *Paulo e Virgínia*, São Paulo: Cone, 1986. [N.T.]
4 Ed. bras.: François-René de Chateaubriand, *René*, em *Atala*, [s.l.]: (zero papel), 2012. [N.T.]

só se interessou realmente pelo assunto nos anos 1870, dando espaço a processos que lançavam uma luz brutal sobre a face obscura da família.

A tese de Fabienne Giuliani, publicada em 2014 com o título *Les Liaisons dangereuses: Histoire de l'inceste au XIXᵉ siècle* [Ligações perigosas: história do incesto no século XIX], fornece elementos preciosos sobre as agressões e os estupros cometidos na intimidade da família. Segundo as fontes utilizadas, boa parte delas judiciais, 94% das vítimas de incesto eram meninas e 92% dos agressores eram homens, o que demonstra o caráter de gênero desse crime sexual. Na maioria dos casos, são pais que abusam de suas filhas, mas não estão totalmente fora dos processos penais mães que confessaram atos libidinosos contra seus filhos.

MAIOR REPRESSÃO AO ESTUPRO

O Código Penal de 1810 não faz alusão nem à necrofilia nem ao incesto, em compensação distingue duas noções novas: o ultraje e o atentado. O ultraje pode ser definido como uma ofensa ao pudor público, o que é uma acepção muito subjetiva. A edição de 18 de junho de 1858 do jornal *Le Droit* dá um exemplo na pessoa do senhor Quinion, que, já passado dos cinquenta anos de idade, fez uma aprendiz de lavadeira de 13 anos subir num fiacre com ele. O cocheiro, dando-se conta de que as cortinas haviam sido baixadas, parou perto de um policial e fez sinal para ele abri-las. Bruscamente interrompida, a cena não deixava margem a dúvidas sobre as intenções do senhor Quinion: ele foi preso e condenado a seis meses de prisão, além de uma multa por ultraje público ao pudor. Nesse caso, as cortinas baixadas não foram consideradas garantia suficiente contra uma exibição deplorável. O fato de a parceira sexual de Quinion ter apenas 13 anos não suscitou nenhum tipo de observação durante o processo.

Ao contrário do ultraje, o atentado visava diretamente ao corpo de uma pessoa, especialmente no caso do estupro, consumado ou não, coletivo ou não. O estupro era um crime sexual bastante comum, sobretudo contra mulheres das camadas populares. Se considerarmos apenas os adultos, as mulheres eram as vítimas, e os homens, os perpetradores de um crime que era definido como "a penetração do sexo feminino pelo membro viril" e levava em consideração somente as violências físicas cometidas contra a mulher.

Eram raras, no entanto, as mulheres que ousavam prestar queixa contra os agressores: além do terrível sentimento de vergonha, elas ainda tinham de enfrentar os interrogatórios nem sempre compreensivos dos policiais e dos magistrados, os eventuais exames ginecológicos inquisitoriais dos especialistas, os debates públicos dos júris populares, para um resultado muito aleatório, que não devolvia a honra perdida nem a elas nem à família.

Ora, nunca é demais reforçar a importância da virtude para as mulheres, em qualquer circunstância que fosse. Em 1804, o médico Capuron não titubeou em declarar a propósito do estupro: "A mulher deve preferir a morte ao ultraje". Havia sempre a suspeita de que as vítimas não fossem realmente vítimas, de que estivessem mentindo ou, ao menos, exagerando. Por exemplo, em 1794, o médico-legista Mahon afirmou "que na prática é impossível que um homem sozinho obrigue a uma relação sexual uma mulher que realmente se recuse", testemunho que posteriormente levou os juízes a indeferir um bom número de queixas. Em 1823, Orfila, outro médico-legista, afirmou: "Vimos moças muito perversas ou muito mal aconselhadas acusar o amante de as ter violentado porque foram abandonadas após o coito". E, em 1857, Ambroise Tardieu, em seu célebre *Étude médico-légale sur les attentats aux moeurs* [Estudo médico-legal sobre os atentados aos costumes], afirmava ainda "que nada é mais corriqueiro que as queixas de atentado ao pudor unicamente motivadas pelos cálculos interesseiros e pelas especulações condenáveis".

O historiador Georges Vigarello mostra em sua *Histoire du viol* [História do estupro] (1998) que a sensibilidade em relação a esse crime progrediu muito lentamente. Mas na segunda metade do século XIX, após um caso bastante interessante, surgiu a noção de violência moral. Um operário introduziu-se na cama de uma jovem casada e fez-se passar pelo marido ausente – era noite. A moça aceitou de boa-fé a relação sexual que pensou ser conjugal, até o momento em que se deu conta do equívoco. Ela então se debateu e gritou até acordar o pai, que estava num quarto ao lado. Num primeiro julgamento, a corte negou o crime de estupro, porque não houve violência física. Mas em 1857 a Corte de Cassação emitiu um texto importante em que estipulava que o crime de estupro "consiste no fato de abusar de uma pessoa contra sua vontade, seja o não consentimento resultado de uma violência física ou moral exercida contra ela, seja o abuso resultado de qualquer outro meio de coação ou surpresa para atingir, contra a vontade da vítima, o fim a que se proponha o autor da ação". Esse texto é decisivo, pois pela primeira vez os atos de estupro cometidos contra uma mulher adulta foram considerados para além da violência física.

A crescente atenção dada ao crime de estupro aconteceu num contexto de mudança de sensibilidades que restringiu o espaço das violências toleráveis. O que é verdadeiro para as mulheres adultas é verdadeiro também para as crianças, ainda mais apagadas que elas da sociedade, como explica a historiadora Anne-Claude Ambroise-Rendu em *Histoire de la pédophilie (XIXe-XXe siècle)* [História da pedofilia (séculos XIX e XX)] (2014). Levando em conta a especificidade do estupro em crianças geralmente submetidas ao poder dos adultos, a lei de 1832 criou o atentado ao pudor sem violência, surpresa ou coerção contra os menores de 11 anos, idade que foi elevada para 13 anos em 1863.

A segunda metade do século XIX, portanto, definiu os contornos da figura da criança vulnerável, apoiando-se especificamente em avaliações médicas que apontavam a fragilidade da criança com base em estatísticas preocupantes – que, mesmo não sendo confiáveis, davam uma ordem de grandeza. Ainda em *Étude médico-légale sur les attentats aux moeurs*, Tardieu apresentou números: entre 1858 e 1869, em toda a França, 9.125 homens teriam sido acusados de estupro de crianças, entre os quais numerosos casos eram de incesto de pai contra filha, irmão contra irmã. Em *Traité de médecine légale et de jurisprudence médicale* [Tratado de medicina legal e jurisprudência médica], de 1874, o também médico-legista Legrand du Saulle observou que a criança é particularmente suscetível à violência sexual em seus dez primeiros anos de vida. Em 1886, o doutor Bernard dedicou um livro aos atentados ao pudor cometidos contra meninas, no qual esmiuçou as estatísticas penais: 36.160 casos de abuso sexual de crianças de menos de 15 anos foram registrados no território francês de 1827 a 1870, o que seguramente estava muito abaixo dos números reais.

Mas devemos ressaltar que, embora boa parte das obras assinadas por médicos se interessasse pelos maus-tratos praticados contra crianças, essas obras não se restringiam ao abuso sexual, e a imagem da brutalidade física ainda predominava sobre a da brutalidade sexual no fim do século XIX. Enfim, destacamos nos *Archives d'Anthropologie Criminelle* [Arquivos de Antropologia Criminal] de 1895 um artigo assinado pelo doutor P.-A. Lop que é talvez o primeiro artigo sobre os atentados ao pudor cometidos por mulheres contra meninos.

CRIME CONJUGAL

Necrofilia, incesto, estupro: a criminalidade sexual faz parte de um contexto cheio de violências com as quais mulheres e crianças eram cotidianamente confrontadas. Sob a Terceira República, num contexto de chegada maciça das mulheres ao salariado na indústria e no setor terciário, cresce o número de processos opondo homens empregadores e mulheres empregadas por abuso de poder com o propósito de obter favores sexuais. Assim, em 1881, o célebre autor de *Sem família*[5], Hector Malot, publica *Séduction* [Sedução], romance em que a heroína sofre chantagens sexuais cada vez que pede emprego.

Como vimos no caso do incesto, a família possui uma face obscura, e o casal, no mais entranhado de sua intimidade, tem parte nisso. Os pedidos de separação de corpos e, a partir de 1884, de divórcio revelam as

---

5 Ed. bras.: Hector Malot, *Sem família*, Rio de Janeiro: Edições de Ouro, 1970. [N.T.]

frustrações e os sofrimentos sexuais dos cônjuges. Sob esse aspecto, as mulheres tinham de negociar com a lei para obter o fim da união conjugal, porque a Lei Naquet, que autorizou o divórcio, impunha como motivos para isso "os excessos, os maus-tratos e as injúrias graves", e o termo "excessos", a saber, significava "atos de violência que ultrapassem qualquer medida e possam pôr a vida do cônjuge em perigo", o que reduzia muito o seu campo de ação. O termo "maus-tratos" significava "atos de crueldade, brutalidade e maldade que não trazem risco à vida do cônjuge, mas tornam insuportável a vida em comum".

A mulher que não podia provar o adultério do marido podia recorrer à noção de injúria grave para tentar recuperar sua liberdade. A lei somente permitia que a esposa processasse o esposo por traição se este mantivesse "a concubina na residência em comum", segundo o Artigo 230 do Código Civil, e essa configuração era pouco frequente. De sua parte, o marido podia pedir o divórcio por adultério sem fator agravante. Uma "injúria grave" também podia designar o não cumprimento do dever conjugal, acusação passível de ser apresentada tanto pelo marido como pela mulher. Em 1879, uma esposa obteve a separação de corpos quando a Corte de Apelação de Paris, constatando a virgindade da requerente, deu por estabelecido que, após seis meses de vida em comum, o marido não tivera relações sexuais com ela "por desatenção, em consequência do abuso alcoólico e dos prazeres solitários". Em geral, as mulheres que acusavam o marido de lhes ter transmitido uma doença venérea também obtinham ganho de causa, se conseguissem provar que o marido sabia da doença.

No entanto, o crime conjugal condenado mais unanimemente e julgado mais severamente em favor da mulher é o da coerção praticada pelo marido para obter "carícias vexatórias ou mesmo atos contra a natureza". O tribunal visava à sodomia, pois sabia que os maridos com frequência a praticavam com as prostitutas e tendiam a querer levar a prática para as relações conjugais.

***

No século XIX, a sexualidade teve de enfrentar questões médicas, sanitárias, religiosas, sociais, políticas e também culturais. Era motivo de confronto entre, de um lado, autoridades preocupadas em preservar os "bons costumes" – termo subjetivo e maleável – e, de outro, celebridades e desconhecidos, pensadores e artistas que provocavam e transgrediam esses bons costumes.

O "Inferno" da Biblioteca Nacional, batizado dessa forma sob a Monarquia de Julho (1830-1848), serviu de túmulo para livros censurados por imoralidade porque apresentavam heresias sexuais – às vezes muito comportadas, a léguas de distância da pornografia ou mesmo do erotismo. Encontrava-se no "Inferno", por exemplo, *Appel d'une femme au peuple sur l'affranchissement de la femme* [Apelo de uma mulher ao povo pela libertação da mulher], que a saint-simoniana Claire Démar publicou em 1833, antes de se suicidar com seu companheiro. O texto defendia os excessos da carne às mulheres e, circunstância agravante, comparava o casamento à prostituição legal. Isso foi o suficiente para que fosse considerado imoral e incluído no índex da Biblioteca Nacional.

Em 1857, os tribunais ouviram sucessivamente Flaubert e Baudelaire justificando-se um sobre a moralidade de *Madame Bovary* e o outro sobre a de *As flores do mal*[6], para citar apenas dois grandes processos literários. Houve outros.

Nas artes plásticas, o quadro *Almoço na relva*, de Manet, foi relegado ao Salão dos Recusados em 1863, enquanto *Olímpia*, do mesmo autor, enfim aceito no Salão Oficial de 1865, provocou um dos escândalos mais estrondosos da história da arte no século XIX. E poderíamos citar ainda muitos outros exemplos.

A defesa do que podemos denominar "a sexualidade oficial" intensificou-se durante a Terceira República, à medida que a opinião pública se mostrava cada vez mais reativa a comportamentos que considerava excessivos. Em 1880, Zola publicou *Naná*[7], romance que atacava a depravação sexual das elites, num momento em que se aumentava o efetivo da polícia de costumes a fim de perseguir a prostituição clandestina e as práticas sexuais consideradas desviantes, e as primeiras ligas preocupadas com a preservação da moral pública invadiam o espaço sociopolítico.

Assim transcorreu o século XIX, atormentando e atormentado em matéria de sexualidade, recuperando os dogmas católicos que consagravam a heterossexualidade conjugal reprodutiva, servindo de laboratório médico às normas e às perversões, regulando a ordem sexual pela exemplaridade ou pela condenação, pela censura ou pela lei, incubando sexualidades insatisfeitas ou contrariadas, violentas ou criminosas, produzindo prolixamente referências contraditórias que se interpenetraram à saturação.

---

6 Ed. bras.: Charles Baudelaire, *As flores do mal*, Rio de Janeiro: Nova Fronteira, 2012. [N.T.]
7 Ed. bras.: Émile Zola, *Naná*, Rio de Janeiro: Civilização Brasileira, 2013. [N.T.]

5

SÉCULO XX E INÍCIO DO XXI

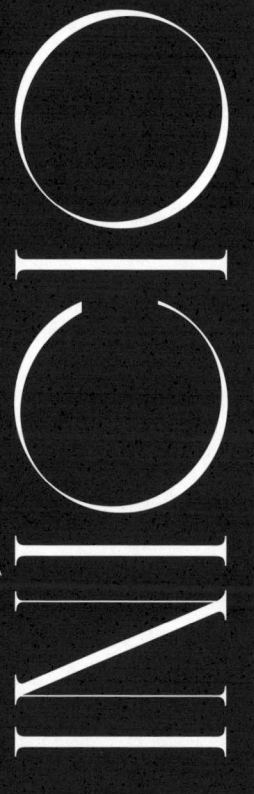

CHRISTINE BARD

1
A REVOLUÇÃO SEXUAL COMO PRISMA

No século XX surgiram novas formas de nomear, pensar, viver e representar tudo que diz respeito ao sexo. Essas transformações foram tantas, tão rápidas e tão extraordinárias que é tentador qualificá-las de revolucionárias, ainda mais porque trouxeram mudanças profundas nos âmbitos da vida cotidiana, política, cultural, econômica... Além disso, parte das agentes e dos agentes dessas transformações engajou-se para que acontecesse uma "revolução sexual". É esse momento de politização da questão sexual, a partir dos anos 1960 e 1970, que vamos analisar, tentando compreender suas origens, suas diferentes facetas e seus desenvolvimentos ulteriores, pois, se houve revolução, ela segue inacabada e não parou no limiar dos anos 1980. Nosso escopo se limitará à França, mas enfatizamos a anterioridade e a influência dos Estados Unidos.

A palavra "revolução" tem três acepções: ela cria uma imagem para denotar mudanças rápidas e profundas; em sentido mais estrito e mais ideológico, designa um envolvimento militante, por meio da reflexão e da ação; por último, dá nome ao momento político dos "anos 1968". Em maio daquele ano, uma pichação ficou famosa: "Goze sem entraves!". Vamos analisar quais são esses entraves e que gozos tão desejáveis formulados no imperativo são esses.

A HERANÇA DA REVOLUÇÃO SEXUAL DOS ANOS 1880-1930

Se "revolução sexual" se tornou um sintagma-chave e quase mitológico, foi certamente — em parte — porque apareceu no título modelar da obra de Wilhelm Reich. Em 1968, *A revolução sexual*[1] foi lançado em francês. Nesse livro publicado originalmente em alemão em 1936, com o título *Die Sexualität im Kulturkampf* [A sexualidade na luta cultural], e em inglês em 1945, Reich analisa a ligação entre a repressão sexual e a autoridade (seja a estrutura familiar, seja a política) e esboça um ideal de liberação humana por meio da livre expressão da libido e da energia do orgasmo.

Encontramos a expressão em 1973, numa coletânea da militante bolchevique Alexandra Kollontai intitulada *Marxismo e revolução sexual*[2]. Embora o título seja posterior aos textos (escritos nos anos 1920), ele põe em evidência uma sensibilidade que se diferencia da de outros textos marxistas e se aproxima à da feminista e socialista francesa Madeleine Pelletier, redescoberta em 1978 na reedição de seus manifestos *Le Droit à l'avortement* [O direito ao aborto] e *L'Émancipation sexuelle de la femme* [A emancipação sexual da mulher] (1911).

Enfim, o relançamento em 2009 da obra de E. Armand (pseudônimo de Ernest-Lucien Juin) mostrou que o sintagma "revolução sexual" já era usado em 1934. Em *La Révolution sexuelle et la camaraderie amoureuse* [A revolução sexual e a camaradagem amorosa], o anarquista individualista Armand prega uma liberdade sexual total, suprime o "exclusivismo monogâmico" e toma o partido de todos os anticonformistas do sexo. Seu ensaio teoriza o "sexualismo revolucionário", que implode as estruturas sociais — família, casamento, prostituição — e propõe uma moral baseada no direito de todas e todos à plena realização sexual.

Essas referências mostram claramente que a revolução sexual dos "anos 1968" finca suas raízes políticas e intelectuais na efervescência do início do século, palco de uma primeira "revolução sexual" na qual já apareciam a crise da família, a crítica ao casamento, as mulheres independentes e solteiras por opção, a articulação entre luta de classes e sexualidade. Esses primeiros debates correspondem a transformações socioculturais que a historiadora Anne-Marie Sohn retratou em *Du Premier Baiser à l'alcôve: La sexualité des Français au quotidien (1850-1950)* [Do primeiro beijo à alcova: a sexualidade dos franceses no cotidiano (1850-1950)]. Com base nos relatos encontrados nos arquivos judiciais, ela mostra que houve mudanças decisivas muito antes de 1968: valorização da sedução, ascensão do casamento por amor, diminuição dos tabus

---

1 Ed. bras.: Wilhelm Reich, *A revolução sexual*, 8. ed., Rio de Janeiro: Guanabara, 1988. [N.T.]

2 Ed. bras.: Alexandra Kollontai, *Marxismo e revolução sexual*, São Paulo: Global, 1982. [N.T.]

gestuais, tolerância com relações pré-nupciais e adúlteras... Na Rússia comunista dos anos 1920, Alexandra Kollontai esperava que o casamento civil, o divórcio consensual, a união livre e o aborto criariam uma nova relação com a sexualidade. Fazer amor seria "tão simples e tão natural como beber um copo de água", pensava.

Essa revolução é controvertida, mesmo na família comunista. O que é importante destacar é a existência desse debate e sua dimensão política. Durante cinquenta anos, de 1880 a cerca de 1930, diversos movimentos de militância planejaram reformas sexuais audaciosas. A emancipação das mulheres era um dos principais objetivos, mas não se chegou a um discurso único, muito pelo contrário. As feministas se perguntavam se não seriam os homens os maiores beneficiários da liberdade sexual. Não seria preferível assegurar antes a igualdade política e econômica, para que, então, as mulheres pudessem se tornar verdadeiros sujeitos sexuais? Garantir o acesso à educação? Abolir a prostituição? A liberdade sexual tropeçava principalmente no risco de gravidez não desejada. O movimento neomalthusiano a favor do direito à contracepção era o mensageiro explícito de um ideal de revolução sexual de inspiração anarquista.

A criminalização da homossexualidade deu origem a outro movimento de emancipação sexual – pouco desenvolvido na França porque o Código Penal francês não previa disposições repressivas, ao contrário do que ocorria na Alemanha e na Inglaterra. Em Berlim, Magnus Hirschfeld, médico, homossexual e defensor das minorias sexuais, acreditava que a "natureza" íntima das pessoas resiste a todas as tentativas de conversão, o que para ele legitimava a aceitação social da "inversão".

Na mesma época, a psicanálise propunha-se, por meio da fala, do tratamento, da transferência e da interpretação dos conteúdos produzidos pelo inconsciente, ajudar as pessoas que apresentavam sofrimento psicológico. Freud ressaltou a importância da sexualidade nas psicopatologias. Seus *Três ensaios sobre a teoria da sexualidade* foram publicados em 1905, e, em pouco tempo, o freudismo suscitou a esperança de uma vida sexual mais harmoniosa. Mas também foi violentamente acusado de ser uma pseudociência judaica decadente por grupos que iam além da extrema direita antissemita e dos defensores da moral cristã.

Emancipação individual e emancipação coletiva, freudismo e marxismo foram os pilares dessa revolução sexual que precedeu a dos "anos 1968". Uma revolução menos comentada, menos visível, talvez por ter sido bruscamente interrompida a partir de 1933 pela peste nazista na Europa, enquanto na União Soviética o stalinismo destruiu os progressos revolucionários do período leninista. Nos anos 1930 e 1940, mulheres e homens que militavam a favor dessa revolução sexual foram perseguidos, deportados, assassinados, presos, internados, exilados. Mais uma página da história mundial foi virada, mas eles não acabaram completamente esquecidos.

REFLEXÕES SOBRE A REVOLUÇÃO SEXUAL NOS "ANOS 1968"

A difusão pode parecer fraca num primeiro momento. Após os "anos negros", a ordem moral dos anos 1950 mostrou seu peso. A emancipação sexual tomou uma forma moderada, reformista, o que preparou a explosão que sucederia nos anos 1968. Enquanto a repressão das minorias sexuais e de gênero persistia nos Estados Unidos e nos regimes comunistas, a Guerra Fria e as lutas de descolonização deixavam pouco espaço na França para a reflexão sobre o sexo e sua politização. Nesse ínterim, surgiam vozes isoladas, sem afinação, sem unidade, numa esquerda que demonstrava na época um grande conservadorismo em relação aos costumes. Essas vozes foram duplamente anticonformistas: elas falavam de emancipação sexual e, ao fazê-lo, tornavam-se dissidentes políticas.

1968 não é, portanto, "o ano zero" da revolução sexual. Como vimos, textos inspiradores foram republicados e apropriados pelas novas gerações: a utopia de Charles Fourier só pôde ter uma recepção plena 130 anos após a morte de seu autor, quando seu *O novo mundo amoroso*[3] foi publicado pela primeira vez em 1967. A revista de esquerda radical anti-imperialista *Partisans*, fundada por François Maspero, serviu de tribuna para a causa da revolução sexual com um número especial sobre sexualidade e repressão em 1966. As teorias de Wilhelm Reich sobre a energia libidinal se difundiram. A vida e a morte de Reich, psiquiatra e psicanalista de tendências paranoicas, para alguns, ou esquizofrênicas, para outros, apresentavam todos os elementos para transformá-lo em herói e mártir: judeu austríaco, teórico da "função do orgasmo" em 1927, militante comunista sob a República de Weimar entre 1930 e 1933, fundador de um centro de reflexão sobre a emancipação sexual das classes populares conhecido como Sexpol, estudioso das motivações psicológicas do nazismo, Reich foi excluído tanto da Associação Psicanalítica Internacional como do Partido Comunista Alemão. Exilou-se nos Estados Unidos, onde ampliou seus experimentos científicos sobre o orgônio, uma forma de energia que acreditava ter descoberto. Em 1957, em pleno macartismo, morreu de enfarto numa penitenciária na Pensilvânia, onde cumpria dois anos de prisão por ofensa à Corte, cujo direito de julgar a pertinência de suas descobertas científicas ele não reconhecia. Reich esperava poder curar as disfunções sexuais e o câncer com acumuladores de orgônio.

A conferência que o militante e intelectual trotskista Boris Fraenkel fez sobre Wilhelm Reich na Universidade de Nanterre antecedeu brevemente a fundação do Movimento de 22 de Março. Em *Um ensaio sobre a*

---

3 Ed. port.: Charles Fourier, *O novo mundo amoroso*, Lisboa: Estúdio Cor, 1972. [N.T.]

revolução sexual[4], publicado em 1969, Daniel Guérin, militante da liberação sexual, trotskista nos anos 1930 e, mais tarde, marxista libertário, fez uma homenagem a Reich, "o herdeiro mais direto do primeiro Freud, do Freud *revolucionário*", mas reprovou nele certo moralismo "comezinho" e "sentimentaloide". Surgia assim uma orientação que combinava a emancipação do indivíduo cujos bloqueios sexuais foram superados graças à psicanálise e a emancipação coletiva prometida pelo marxismo. Trotskistas dissidentes, como Jean-Marie Brohm, jovem sociólogo e futuro fundador da revista *Quel corps?*, faziam parte do núcleo duro dos militantes que acreditavam que o "recalque sexual" era uma ferramenta decisiva para a manutenção da ordem social. O "freudomarxismo" afirmou-se como a corrente intelectual mais capaz de teorizar a revolução sexual. Ele também influenciou a corrente maoista espontaneísta, que se manifestava no jornal *Tout!*, lançado em 1970 pelo movimento Vive la Révolution, no qual militavam Guy Hocquenghem – que nos anos 1970 se tornou a principal figura da luta dos homossexuais – e futuras militantes do Mouvement de Libération des Femmes (MLF), como Nadja Ringart e Françoise Picq.

A crítica à psicanálise obcecada por Édipo – "papai e mamãe" – foi violenta. Ela "participa da repressão burguesa", segundo o filósofo Gilles Deleuze e o psicanalista Félix Guattari, que juntos escreveram um dos marcos dos anos pós-1968: *O anti-Édipo*[5] (1972). Essa obra erudita, singular, efervescente, repensa o desejo de maneira revolucionária. O desejo não é mais produto da ausência e da interdição. Ao contrário, ele gera necessidade. Ele não tem objeto, é produzido por um inconsciente maquínico desejante, está em toda parte, é imanente. O familialismo é uma das formas de canalizá-lo e reprimi-lo.

A inspiração marxista aparece, sugerindo que se levem em consideração as condições concretas da vida sexual do conjunto da população. Por essa óptica, é indispensável que ocorram mudanças socioeconômicas para que haja satisfação sexual, vista como solução para numerosos problemas individuais e coletivos. O objetivo é emancipador: libertar o sujeito das neuroses e ansiedades relacionadas à sexualidade e libertar o povo da opressão. Não há "revolução sexual" sem mudança radical das estruturas sociais.

Herbert Marcuse inspirou a nova esquerda radical: ex-espartaquista, aluno de Heidegger, membro eminente da Escola de Frankfurt, fugiu do nazismo e exilou-se nos Estados Unidos. Publicou *Eros e civi-*

---

4 Ed. bras.: Daniel Guérin, *Um ensaio sobre a revolução sexual*, São Paulo: Brasiliense, 1980. [N.T.]

5 Ed. bras.: Gilles Deleuze e Félix Guattari, *O anti-Édipo*, 2. ed., São Paulo: Ed. 34, 2014. [N.T.]

lização[6] em 1955 (traduzido para o francês em 1963) e *O homem unidimensional*[7] em 1964 (traduzido para o francês em 1968). A reflexão sobre a alienação e o que poderia ser uma existência humana autêntica guiou Marcuse e o levou a interrogar os grandes conceitos filosóficos para extrair seu potencial revolucionário. Essa pesquisa teórica sobre a liberação — a "promessa" de liberdade — o conduziu a uma releitura de Freud no contexto macartista dos anos 1950. Ele aponta a desumanização produzida pelo capitalismo dito "avançado", já no estágio da sociedade de consumo. Liberar a força do eros — a pulsão de vida — implica um distanciamento crítico em relação à comercialização do sexo. O indivíduo preso na ilusão de sua liberdade não é autônomo, e essa ilusão contribui para manter sua dominação. A sexualidade dominante (conjugal, orientada para a reprodução) participa do controle social global. A livre realização dos impulsos eróticos só é concebível no horizonte — incerto — de um mundo desembaraçado das relações de dominação.

As feministas, por sua vez, identificaram uma relação de dominação central, e muito antiga, que provavelmente serviu de modelo para as demais relações de dominação: a dos homens sobre as mulheres. Simone de Beauvoir propôs em 1949, com *O segundo sexo*[8], uma emancipação pensada conforme os moldes do existencialismo: um sujeito que, tendo consciência das determinações sociais, afirma sua liberdade. O que está em jogo é libertar-se do determinismo biológico, do pensamento naturalista. A célebre frase "ninguém nasce mulher, torna-se mulher" teve o efeito de uma bomba.

O feminismo dos anos 1968 era em parte um feminismo universalista, preocupado com a construção do que ainda se chamava de a diferença dos sexos, no singular, como também se falava no singular de homem e de mulher. A palavra "gênero" ainda não era empregada. O termo apareceu em 1968, nos Estados Unidos, no título de dois livros do professor, psiquiatra e psicanalista Robert Stoller: *Sex and Gender: On the Development of Masculinity and Femininity*[9] [Sexo e gênero: sobre o desenvolvimento da masculinidade e da feminilidade] e *Sex and Gender: The Transsexual Experiment*[10] [Sexo e gênero: a experiência transexual]. Em 1978, este último foi traduzido em francês com o título *Recherches sur l'identité sexuelle à partir du transsexualisme* [Investigações sobre a identidade sexual a partir do transexualismo].

---

6 Ed. bras.: Herbert Marcuse, *Eros e civilização*, 8. ed., Rio de Janeiro: LTC, 1999. [N.T.]
7 Ed. bras.: *Idem, O homem unidimensional*, São Paulo: Edipro, 2015. [N.T.]
8 Ed. bras.: Simone de Beauvoir, *O segundo sexo*, 2 v., Rio de Janeiro: Nova Fronteira, 2019. [N.T.]
9 Ed. bras.: Robert Stoller, *Masculinidade e feminilidade: apresentações do gênero*, Porto Alegre: Artes Médicas, 1993. [N.T.]
10 Ed. bras.: *Idem, A experiência transexual*, Rio de Janeiro: Imago, 1982. [N.T.]

"*Gender*" adquiriu uma conotação feminista em 1972 com o livro *Sex, Gender and Society* [Sexo, gênero e sociedade], da socióloga britânica Ann Oakley. Ela considera que nem o desejo sexual, nem o comportamento sexual, nem a identidade de gênero dependem da anatomia, dos cromossomos ou dos hormônios. Afirma que o sexo – as diferenças biológicas entre machos e fêmeas – deve ser dissociado do gênero – ou seja, da arbitrariedade dos papéis sociais.

Simone de Beauvoir propôs a rejeição dos papéis prescritos para os dois sexos. Três de seus capítulos em *O segundo sexo* ("A mãe", "A iniciação sexual" e "A lésbica"), bem como sua defesa do direito ao aborto, a põem na vanguarda da revolução dos anos 1968. As mulheres, diz ela, são objetos a serviço da sexualidade masculina e têm uma enorme dificuldade para se tornar sujeitos sexuais. Consciente dos mecanismos da alienação, ela mostrou na prática que uma vida amorosa livre é possível, como sabemos por suas memórias e sua imagem pública.

Para ela, como para a maioria das feministas francesas dos anos 1968, o marxismo é uma ferramenta fundamental, apesar das limitações que ela mesma sublinha. É impossível pensar a revolução sexual sem a referência à superexploração das mulheres no trabalho doméstico e remunerado, ao uso de sua força produtiva e reprodutiva, à sua alienação como consumidoras... Para as feministas materialistas, a noção de classe ajuda a pensar as relações entre homens e mulheres. Isso conduz a uma clara desconfiança quanto aos aliados masculinos. Consequentemente, são possíveis apenas duas visões antagonistas da "revolução sexual", como expressão dos interesses de "classe".

No conjunto heterogêneo do feminismo dos anos 1968, houve também um feminismo diferencialista que buscava o feminino impedido, perdido, asfixiado, o qual devia ser libertado. Essa aspiração, que transcende as orientações sexuais homo ou hétero, conduziu à escuta e à valorização da experiência do corpo, do gozo, um tema importante na "escrita feminina". Luce Irigaray é a principal teórica dessa sensibilidade marcada em geral pela psicanálise e não redutível à corrente psicanálise e política, de Antoinette Fouque. O vazio, o ventre, o sangue menstrual, os lábios que se tocam e até mesmo o hímen são ressignificados e contrapostos ao simbolismo fálico hegemônico. "Existem dois sexos", e a sexualidade feminina é "outra".

Como se vê, os protagonistas da "revolução sexual" dos anos 1968 não formavam um conjunto homogêneo. Isso não deve ser motivo para surpresa. Como mostrou o historiador Thomas Bouchet, o desejo de revolucionar a sexualidade dividia os socialistas (em sentido amplo) havia muito tempo. A abertura ao hedonismo não foi incorporada ao radicalismo político. Foram as idiossincrasias que fabricaram um Charles Fourier aqui, uma Simone de Beauvoir ali ou um Daniel Guérin acolá.

REVOLUÇÃO NA PESQUISA?

A revolução sexual, no sentido amplo de transformação rápida das ideias e das práticas, foi uma revolução nos conhecimentos que deparou com obstáculos. "Não é fácil analisar a sexualidade como uma atividade social", advertem Michel Bozon e Henri Leridon, mesmo no âmbito de uma pesquisa conduzida pelo Instituto Nacional de Estudos Demográficos e realizada em 1992 a pedido da Agência Nacional de Pesquisas sobre a Aids[11]. A história contemporânea das sexualidades tem a particularidade de que sua bibliografia também é fonte. As ciências humanas fazem sua contribuição às transformações: elas têm um impacto cada vez maior nos modos de pensar a sexualidade. Se às vezes a natureza é um argumento estratégico contra a tradição, a revolução sexual é sobretudo uma revolução antinaturalista, que possibilita uma história, uma sociologia e uma psicologia da sexualidade. A sociologia da sexualidade do fim do século XX e início do XXI considera que a sexualidade é uma construção social. Ela chega a um veredito no debate entre o biológico e o social, como explica Michel Bozon em *Sociologia da sexualidade*:

> *A sociedade é a principal instância de produção da sexualidade humana, que não existe no estado de natureza. Diferentemente das espécies animais, os seres humanos não sabem mais se comportar sexualmente por instinto. Eles precisam aprender como, quando e com quem agir sexualmente, e não podem agir sem dar sentido a seus atos. Sendo uma construção cultural, a sexualidade humana implica necessariamente a coordenação de uma atividade mental, uma interação social e uma atividade corporal, e todas as três têm de ser aprendidas.*[12]

Hoje são abundantes os estudos sobre essa construção que é a sexualidade. Na disciplina da história, o primeiro florescimento aconteceu justamente nos anos 1968; na França, no campo da história contemporânea, ele é marcado por um historiador anárquico e de estilo direto: Roger-Henri Guerrand, cuja obra teve continuidade com Francis Ronsin. Desde os anos 1990, a pesquisa, agora mais intensa, se combina com a atualidade das políticas sexuais. Desenvolveu-se em todas as disciplinas das ciências humanas e sociais, dado que a disciplina histórica não detém

---

11 Michel Bozon e Henri Leridon, "Les Constructions sociales de la sexualité", *Population*, Paris: 1993, ano 48, v. 5, p. 1.173.
12 Michel Bozon, *Sociologie de la sexualité*, Paris: Armand Colin, 2002 [ed. bras.: *Sociologia da sexualidade*, Rio de Janeiro: FGV, 2004 – N.T.].

o monopólio da história do século XX. Michel Foucault ofereceu novas perspectivas entre a filosofia e a história: o primeiro volume de *História da sexualidade* saiu em 1976, o segundo e o terceiro em 1984 (*O uso dos prazeres* e *O cuidado de si*[13]), e em 2018, postumamente, *As confissões da carne*. Essa obra monumental, interrompida em 1984 pela morte do autor, tornou o assunto mais complexo e o afastou da doxa liberacionista focada em estudar a repressão da sexualidade nas sociedades burguesas capitalistas. O livro torna central a produção dos discursos que vão "inventar" a sexualidade.

Os estudos interdisciplinares sobre o gênero mudaram a maneira de abordar a sexualidade, como mostra a filósofa Elsa Dorlin em sua síntese *Sexe, genre et sexualité* [Sexo, gênero e sexualidade] (2008). A partir dos *women's studies* nos anos 1970, os *gender studies* se diversificaram – essencialmente nas universidades norte-americanas – e originaram os *gay and lesbian studies*, os *queer studies*, os *LGBT studies*, os *porn studies*... Os Estados Unidos se impuseram na cena mundial dos estudos sobre as sexualidades com uma produção intensa sobre o caráter performativo do gênero, a desconstrução do gênero, as normas de funcionamento do gênero – em particular as sexuais. A referência à filósofa Judith Butler, que publicou *Problemas de gênero*[14] em 1990, tornou-se incontornável.

Essa efervescência contrasta com a situação da pesquisa na França, onde a universidade, de modo geral, há muito tempo resiste a esse tipo de estudo, principalmente quando diz respeito a minorias sexuais e de gênero. O perfil frequentemente militante das pesquisadoras e pesquisadores do assunto incomoda, e a aproximação entre o mundo acadêmico e a sociedade civil não foi encorajada. Mesmo assim, à sua maneira, a França criou uma história, uma sociologia das sexualidades. A história das mulheres, na esteira de Michelle Perrot, foi um caminho importante de estudos, especialmente nos anos 1970. Monografias interessantes foram produzidas sobre o orgasmo, a masturbação, o estupro e a contracepção, mas em geral sem um referencial teórico consistente. As minorias foram, contudo, deixadas de lado: a história das sexualidades começou pela homossexualidade nos Estados Unidos e pela heterossexualidade na França, resume Éric Fassin. A partir dos anos 1990, o pensamento crítico *queer* sobre as sexualidades e as identidades de gênero difundiu-se lenta e perifericamente; o mundo acadêmico, renitente aos estudos sobre o gênero e as sexualidades, foi contestado por seu conservadorismo político e cultural.

---

13 Michel Foucault, *História da sexualidade 3: O cuidado de si*, Rio de Janeiro/São Paulo: Paz e Terra, 2014. [N.T.]

14 Ed. bras.: Judith Butler, *Problemas de gênero*, 17. ed., Rio de Janeiro: Civilização Brasileira, 2019. [N.T.]

Ele era, em uma palavra, *straight*[15]. No entanto, a publicação do *Dictionnaire des cultures gays et lesbiennes* [Dicionário das culturas *gays* e lésbicas] (organizado por Didier Eribon) e do *Dictionnaire de l'homophobie* [Dicionário da homofobia] (organizado por Louis-Georges Tin) em 2003 mostrou que era possível estabelecer um estado do conhecimento.

Aparentemente, portanto, a produção francesa caracterizou-se por uma institucionalização mais branda, por certa indiferença à teorização e pela desconfiança em relação à dimensão política da pesquisa. Contudo, segundo a historiadora Anne-Claire Rebreyend, a quem nos juntamos em lamentar o caráter lacunar da historiografia francesa, a aventura parece mais tentadora para a geração mais nova, que está mergulhada na tórrida atualidade das questões sexuais. Prova disso é a criação da revista *on-line Sexe, Genre et Société* [Sexo, Gênero e Sociedade] em 2009, assim como os vários números temáticos da revista *Clio: Femmes, Genre, Histoire* [Clio: Mulheres, Gênero, História].

UMA REVOLUÇÃO COGNITIVA

Abundam fontes de toda natureza para tratarmos de nosso assunto. E isso, por si só, já é notável. O desejo de saber e a produção de conhecimentos sobre a sexualidade têm relação com a politização da sexualidade. Durante muito tempo as fontes foram normativas, prescritivas. A segunda metade do século XX, que se afastou da norma religiosa, foi marcada pelo domínio da medicina, da psicologia e do direito. A normalidade e o desvio fizeram correr muita tinta. Diante desses textos invasivos e repetitivos, parece mais prudente avaliar as diferenças entre norma e prática, buscando fontes mais raras. A historiadora Martine Sevegrand, por exemplo, recuperou as cartas enviadas ao abade Viollet, presidente da Association du Mariage Chrétien [Associação do Casamento Cristão], no período entre as duas guerras mundiais. Católicos felizes ou, às vezes, infelizes com sua vida sexual queriam saber se estavam se comportando de acordo com a doutrina da Igreja.

> Senhor abade, seria muito amável de sua parte se pudesse me enviar informações das quais necessito. Gostaria de saber se, no momento de realizar o ato conjugal, o marido pode fazer sua mulher sentir o prazer supremo por meios manuais ou outros, em vez do meio comum e natural. Ou se a mulher deve proporcioná-lo por si própria, antes, durante ou após o ato conjugal.

---

15 A palavra inglesa *straight* tem aqui um duplo sentido, pois pode significar tanto "heterossexual" como "quadrado; preso ao convencional". [N.E.]

Essas poucas palavras atestam concomitantemente uma preocupação tradicional com o respeito às normas morais e um comportamento bastante moderno — nesse caso, da parte de uma mulher — de busca por informações precisas sobre uma preocupação que mais tarde se tornará importante: o gozo feminino. A historiadora Anne-Claire Rebreyend, em sua tese *Les Intimités amoureuses: France 1920-1975* [As intimidades amorosas: França 1920-1975], observa, com base em diários íntimos, a necessidade de escrever, analisar e às vezes seguir as normas.

O poder religioso, grande gerador de fontes sobre a sexualidade, não deu a última palavra no século XX, mas competiu com os discursos aconfessionais, às vezes violentamente antirreligiosos. A secularização da sociedade é mais que um pano de fundo: é uma das condições de possibilidade da revolução sexual e de sua dimensão discursiva.

Entre o fim do século XIX e o início do XX, a sexualidade tornou-se o objeto de uma ciência, com especialistas que, na maioria das vezes, eram médicos. A historiadora Sylvie Chaperon reconstituiu os inícios da sexologia, na época da "primeira revolução sexual". Nas últimas décadas do século XX houve uma explosão de revistas, escolas, cursos universitários, livros de divulgação, consultas em clínicas e consultórios... Terapeutas especializaram-se na "saúde sexual" e atenderam a uma demanda crescente, que eles ajudaram a alimentar com a criação de novas normas, por sua vez difundidas maciçamente pela mídia.

As pesquisas quantitativas mudaram completamente o modo de observação, e o efeito não foi desprezível. O que seria da revolução sexual sem o Relatório Kinsey? Zoólogo que migrou para o estudo da sexualidade humana, Alfred Kinsey apresentou, no contexto de enorme severidade moral dos Estados Unidos nos anos 1940, a prova da diversidade das práticas ocultas dos homens. Ele concentrou seus estudos nos atos sexuais e na satisfação que eles propiciam, quer pela masturbação, quer pelo coito. A primeira pesquisa sobre a sexualidade dos franceses foi realizada mais de vinte anos depois, em 1968, sob a coordenação do doutor Pierre Simon. Ao contrário das pesquisas sobre consumo ou qualidade de vida, as pesquisas sobre sexualidade são bastante raras e espaçadas. Sua realização depende de uma forte demanda ou de uma justificação, geralmente epidemiológica, ou seja, da relação entre doença e sexualidade.

Na virada dos anos 1980 para os 1990, a aids (síndrome da imunodeficiência adquirida) mudou inteiramente os comportamentos sexuais, e a prevenção dos riscos de contágio impôs-se como um objetivo importante. A epidemia levou à intensificação da busca de informações quantitativas e qualitativas sobre a sexualidade. Em 1992, uma pesquisa com uma amostra de 20 mil pessoas intitulada "Analyse des comportements sexuels en France (ACSF)" [Análise dos comportamentos sexuais na França] obteve resultados confiáveis sobre 90% da população, segundo a sociodemógrafa Nathalie Bajos. Permaneceram na penumbra as pessoas em situação de precariedade, os usuários de drogas pesadas e as prostitutas. Começou-se a falar de "saúde sexual", o que significa algo mais que a ausência de doença, pois, para a Organização Mundial da Saúde (1946), a saúde é "um estado de completo bem-estar físico, mental e social". O espectro de preocupações, que inicialmente abrangia apenas as doenças sexualmente transmissíveis, ampliou-se. As pesquisas se tornaram pontos de apoio para as reivindicações.

Resta citar uma última fonte: o discurso "ordinário", "profano" sobre as sexualidades. A revolução sexual sustentou-se no depoimento. "De onde você está falando?" era a pergunta que as pessoas se atiravam na cara nos anos 1970, nas reuniões tumultuadas e enfumaçadas em que reconstruíam o mundo. "O privado é político" diziam as feministas após Maio de 1968. Quem tinha a palavra sobre a contracepção, o aborto, a sexualidade juvenil, as relações homossexuais, a pornografia, a prostituição? O "eu" da experiência vivida e o "nós" dos coletivos unidos nas lutas de liberação, com suas rodas de conversa, afirmaram-se contra os especialistas. A liberação da palavra foi uma das bases da revolução sexual. As mídias alternativas e *mainstream* se encarregaram de difundi-la.

A revolução sexual desenvolveu-se em várias direções, mas deixou pontos cegos e cantos obscuros. Empenhou-se em denunciar a miséria sexual, a repressão. Vislumbrou novas possibilidades de vida sexual. Mas como concebeu a igualdade dos sexos e das sexualidades?

2
O CONTROLE DA FECUNDIDADE

DO NEOMALTHUSIANISMO AO PLANEJAMENTO FAMILIAR

Controlar a fecundidade é requisito à revolução sexual. No entanto, esse controle não foi feito em nome dos direitos das mulheres nem do direito à plena realização sexual, mas da saúde pública, como mostrou Bibia Pavard em sua tese *Si je veux, quand je veux: Contraception et avortement dans la société française (1956-1979)* [Se eu quiser, quando eu quiser: contracepção e aborto na sociedade francesa (1956-1979)]. Seja como for, o direito de dispor do próprio corpo se originou dessas lutas.

A militância em favor da contracepção começou no fim do século XIX como um movimento neomalthusiano organizado por anarquistas (Paul Robin, Eugène e Jeanne Humbert...) e feministas radicais (Madeleine Pelletier, Nelly Roussel e, posteriormente, Berty Albrecht...). Era um movimento malthusiano porque partilhava com Thomas Malthus a convicção de que era necessário reduzir e controlar o número de nascimentos na população mundial, mas neomalthusiano porque não partilhava nem das ideias nem das recomendações desse economista, que era também pastor anglicano. O movimento não pregava nem a abstinência nem o aumento da idade no momento do casamento; era a favor dos métodos contraceptivos (e empenhava-se em difundi-los), da educação sexual e da liberdade de dispor de si, uma opinião particularmente audaciosa, na medida em que também dizia respeito às mulheres, vistas pela sociedade como destinadas apenas aos papéis de esposa e mãe. A plena realização sexual é legitimada, desculpabilizada e politizada em seu discurso.

O anticapitalismo, o anticlericalismo e o antimilitarismo alimentaram os argumentos a favor da "greve do ventre" pouco antes de 1914. A Ligue pour la Régénération Humaine [Liga para a Regeneração Humana], criada em 1896 por Paul Robin, também tinha pretensões eugênicas: queria limitar a quantidade de indivíduos para promover a qualidade da população. Esse movimento – que floresceu na Europa a partir da Inglaterra e dos Países Baixos – foi liderado na França por Paul Robin e, mais tarde, por Eugène e Jeanne Humbert.

A França teve também a particularidade de ser o primeiro país europeu a fazer uma transição demográfica, já no fim do século XVIII. As causas e as consequências da diminuição da taxa de natalidade alimentaram uma viva controvérsia política e, com as perdas humanas ligadas às guerras, a França se tornou um país particularmente preocupado com a demografia. As ligas em defesa da família e da natalidade prosperaram. Uma política baseada em incentivo e repressão visando ao aumento da natalidade no país foi implantada após a Primeira Guerra Mundial, o que freou o movimento neomalthusiano. A lei de 1920 proibiu não só a contracepção, mas também os discursos contra a natalidade: Jeanne e Eugène Humbert foram condenados a dois e cinco anos de regime fechado.

Na mesma época, nos Estados Unidos, Margaret Sanger fundava a Liga Americana de Controle de Natalidade. Nascida numa família operária, de origem irlandesa e muito numerosa (onze filhos, mas no total sua mãe engravidou dezoito vezes), Sanger foi enfermeira e parteira. A clínica de planejamento familiar aberta por ela em Nova York serviu de inspiração para a futura presidente do movimento francês pelo planejamento familiar, a ginecologista Marie-Andrée Lagroua Weill-Hallé, que a visitou em 1947. A Inglaterra também autorizou nessa época o controle de nascimentos, como constatou durante a Segunda Guerra Mundial Lucien Neuwirth, pai da legalização da contracepção na França.

Na França natalista aconteceu o contrário. Um artigo da lei de 1920 coibia o aborto; em 1923, uma nova lei o transformou em crime para obter penas de prisão mais duras. A França desenvolveu uma política familiar forte, com incentivos financeiros e simbólicos para impulsionar a natalidade.

Mas os franceses continuaram malthusianos entre as duas guerras. Nessa época, o controle da fecundidade dependia da aptidão masculina. O preservativo era o único método contraceptivo legal, porque garantia a proteção contra doenças venéreas, mas ainda era pouco utilizado. O coito interrompido, também conhecido como método da retirada, era largamente praticado; a eficácia dependia da destreza masculina e gerava frustração. O método Ogino-Knaus, batizado com o nome dos dois médicos – um japonês e um austríaco – que o conceberam, não é um método contraceptivo propriamente dito, porque seu objetivo é estimar o período de ovulação da mulher a partir de uma curva de temperaturas para evitar relações sexuais nesse período. Popularizado nos anos 1930, e aceito pela Igreja católica, ele era pouco confiável: os "bebês Ogino" são incontáveis.

A ocupação alemã endureceu a posição francesa sobre a natalidade. O Regime de Vichy intensificou a repressão ao aborto, que passou a ser considerado crime contra o Estado. Marie-Louise Giraud, fazedora de anjos, foi guilhotinada em 1943. Esse caso inspirou o filme *Um assunto de mulheres* (1988), de Claude Chabrol.

O *baby boom* começou nos "anos negros". Esses nascimentos em grande número raramente eram desejados, e é pouco provável que as motivações dos pais fossem patrióticas. A impressão é de que mais de duas décadas de pressão a favor da natalidade deram frutos num contexto que estigmatizava o "egoísmo" dos solteiros e valorizava o tripé "família, pátria, trabalho". A ordem moral tão cara à "Revolução Nacional" sobreviveu até muito depois da Liberação. Em *Les Lois de l'amour* [As leis do amor], a cientista política Janine Mossuz-Lavau a chama de "ordem sexual pós-vichista"; a grandeza do país continuava a depender de sua vitalidade demográfica.

O reconhecimento na França, em 1956, do método de parturição conhecido como parto sem dor, ou método Lamaze, pode ser considerado a primeira etapa de um processo que permitiu às mulheres dispor mais livremente de seu corpo. A técnica surgiu na União Soviética, inspirada nos trabalhos de Pávlov sobre condicionamento. A mulher era informada sobre o desenrolar do parto, o que tinha o mérito adicional de fazê-la conhecer melhor seu corpo, e aprendia a relaxar com a respiração. O método, difundido na França pelo médico comunista Fernand Lamaze, foi reconhecido pelo Parlamento, que votou a favor do reembolso, via previdência social, dos custos com a preparação da mulher, e pelo papa Pio XII, que o considerou aceitável para as católicas.

O alcance da inovação foi considerável: a fatalidade anunciada na Bíblia ("Na dor darás à luz") foi derrubada; o caminho estava aberto para outras formas de analgesia: a anestesia peridural foi criada em 1972 e começou a ser reembolsada pelo governo francês em 1994. Para as historiadoras Jocelyne George e Marianne Caron-Leulliez, trata-se de uma "revolução esquecida". Na década de 1970, houve também uma reflexão sobre o "nascimento sem violência" para o bebê. Ela mostrou o impacto das condições do parto sobre o futuro somático e psicológico das crianças. O ginecologista e obstetra Frédérick Leboyer se destacou nessa luta.

Como todas as revoluções que serão tratadas aqui, o parto sem sofrimento é um dos desafios das lutas feministas contra a violência obstétrica, apoiadas pelo Collège National des Sages-femmes [Colégio Nacional de Parteiras] e pelo Institut de Recherche et d'Actions pour la Santé des Femmes [Instituto de Pesquisa e Ações pela Saúde das Mulheres]. Em 2003 foi criado o Collectif Interassociatif autour de la Naissance [Coletivo Interassociativo sobre o Nascimento], que reúne dezenas de associações. Ele denuncia inúmeros maus-tratos cometidos nas maternidades: desde observações inconvenientes e brutalidade até falta de informação e de consentimento, indiferença à dor, realização injustificada de episiotomias e cesarianas e, às vezes, uso da manobra de Kristeller, que consiste em pressionar o útero violentamente com o braço, lançando todo o peso do corpo para acelerar o parto.

1956 foi também o ano de nascimento da associação Mouvement Français pour le Planning Familial [Movimento Francês pelo Planejamento Familiar], que até 1960 se chamava Maternité Heureuse [Maternidade Feliz]. Um nome precavido, que levava em consideração os limites fixados pela lei de 1920 e o clima político e confessional pouco amigável. Ao contrário do neomalthusianismo, a nova associação ostentava um progressismo reformista sustentado pela *expertise*, pois era dirigida por um colegiado de médicos. O doutor Pierre Simon teve um grande papel na associação. A experiência concreta acumulada nos centros de planejamento familiar abertos em quase toda a França, depois de Grenoble e Paris em 1961, também foi destacada.

Havia muitos franco-maçons nessa primeira geração do planejamento familiar. Para Pierre Simon, da Grande Loja da França, o princípio da liberdade de concepção estava integrado na visão maçônica da liberdade do indivíduo. O encadeamento das lutas lhe parecia lógico: parto sem dor, contracepção, sexologia, aborto, reprodução assistida, direito de morrer com dignidade. As militantes do planejamento familiar, que vinham em grande parte do movimento protestante Jeunes Femmes [Jovens Mulheres], decerto encontraram nele as respostas para suas preocupações mais especificamente feministas. Três prêmios Nobel de Medicina apoiavam o movimento: André Lwoff, Jacques Monod e François Jacob. Mas havia um contraste muito evidente entre os homens, na posição de especialistas médicos, e as mulheres, em geral cumprindo a função de recepcionistas, acolhendo o público. Modestas, elas tinham a impressão de que havia muito a aprender. As mulheres, dizia Simone Iff, recepcionista que se tornou presidente do Planning Familial entre 1973 e 1981, eram educadas com a ideia de que "não existia nada entre o intestino e o fêmur".

O sucesso do movimento mostrou a dimensão da demanda social. Os centros de planejamento familiar prescreviam às mulheres atendidas o uso de diafragma, de gel espermicida e o recém-criado dispositivo intrauterino (DIU).

A LIBERAÇÃO DA CONTRACEPÇÃO

O dispositivo intrauterino, que foi batizado de *stérilet* por Pierre Simon, chegou ao mercado nos anos 1960. E foi também em 1960 que começou a ser comercializada nos Estados Unidos, após ser testada em porto-riquenhas, a pílula contraceptiva desenvolvida pelo endocrinologista norte-americano Gregory Pincus. A pílula resultou tanto das pesquisas médicas com hormônios sexuais – após a descoberta, em 1937, da capacidade da progesterona de impedir a ovulação – como das pesquisas sobre a fabricação de hormônios sintéticos. A conjunção das novas aspirações sociais e políticas com as novas técnicas preparou o terreno para uma verdadeira revolução contraceptiva. A partir de então, a sexualidade e a reprodução foram dissociadas de maneira muito eficaz. A "contracepção moderna", como se dizia na época, deu em princípio uma grande liberdade às mulheres.

Na França, essa revolução só pôde ser concebível num contexto demográfico seguro. Após décadas de temor de despovoamento, angústia com a diminuição da natalidade e obsessão pela fraqueza moral da nação, o *baby boom* parecia ter chegado para ficar (começou em 1942 e terminou em 1973). De 600 mil nascimentos anuais nos anos 1930, a França passou para 850 mil no início dos anos 1950, o maior aumento da Europa. As políticas familiares explicam em parte esse aumento, mas não ocorreram em todo o território. Nas antigas colônias que haviam sido transformadas em departamentos em 1946 (Martinica, Guadalupe, Guiana e Reunião), reinava um clima de incentivo à diminuição da "superpopulação". Esse é um exemplo muito claro do funcionamento geral da política demográfica na época: aumento da natalidade no Norte industrializado e diminuição no Sul "em desenvolvimento". O medo de que essas áreas se povoassem e se emancipassem politicamente alimentou políticas racistas e discriminatórias. Nos anos 1960 e 1970, o Estado "transferiu" centenas de crianças reunionesas para famílias e orfanatos no Maciço Central, a 9 mil quilômetros de distância da ilha. Os auxílios implantados pelo Estado-providência eram sistematicamente menores nos territórios ultramarinos e não atendiam aos filhos ilegítimos, embora eles fossem muitos nessas regiões. As mulheres negras eram consideradas incapazes de controlar a contracepção, por isso recebiam doses injetáveis de Depo-Provera, um anticoncepcional de longa duração com efeitos secundários frequentemente nocivos. Na ilha de Reunião, foram impingidos milhares de abortos e esterilizações. Em 1970, trinta reunionesas entraram na justiça. O reembolso desses procedimentos pela previdência social permitiu que médicos brancos da ilha enriquecessem sem nenhuma culpa. O governo francês, alimentando o racismo estrutural, tolerava e até encorajava, nos departamentos ultramarinos, medidas de limitação da população que não eram bem-vindas para a população metropolitana.

Os adversários da contracepção atacaram violentamente a pílula, que, por sua vez, causava preocupação. Dizia-se que ela alterava a natureza da mulher e previa-se que a natureza se vingaria. "Se não tem ciclo, não tem mulher, não tem libido, acabaram-se as fantasias, acabaram-se as denguices que dão charme à mulher!", exclamou um deputado de direita em 1967. A ordem dos médicos, que fora criada sob o Regime de Vichy e continuava nas mãos de católicos ilustres, julgava que a contracepção não era papel dos médicos, porque "burla a natureza" e não tem nada a ver com o tratamento de doenças. Em 1960, o papa João XXIII declarou que os métodos anticoncepcionais são "indignos do homem", decepcionando um grande número de católicos favoráveis a uma atitude mais aberta. A encíclica *Humanae vitae* (1968) condenou mais uma vez qualquer ação que, seja no preâmbulo do ato conjugal, seja em seu desenrolar, seja no desdobramento de suas consequências naturais, se propusesse impedir a procriação, tanto como objetivo quanto como meio.

Talvez o mais surpreendente, porém, tenha sido a oposição inicial do Partido Comunista, que fora um adversário contundente da lei de 1920. O partido alinhou-se às posições stalinistas, que, em meados dos anos 1930, levaram ao retrocesso as medidas liberais dos primeiros anos do regime soviético. Em 1956, Jeannette Vermeersch, vice-presidente da Union des Femmes Françaises [União das Mulheres Francesas] e esposa do secretário-geral do partido, Maurice Thorez, declarou que as trabalhadoras não reivindicavam "o direito de acesso aos vícios da burguesia". O futuro da classe operária estava sendo decidido em outras batalhas, e sua vitalidade demográfica seria sua força. Entretanto, o Partido Comunista evoluiu, e em 1965 uniu-se às posições liberais dos socialistas e do Planning Familial.

Em 1956, o trabalho parlamentar começou com um texto defendido pelos partidários de Pierre Mendès; em 1958, avançou-se uma proposta socialista; em 1961, foi apresentado outro texto socialista, mas a guerra na Argélia atrasou o processo. O debate foi retomado durante a campanha presidencial de 1965, quando François Mitterrand se declarou favorável ao controle da natalidade. As pesquisas indicavam que a maioria dos franceses (57%) era a favor da liberação da venda de produtos contraceptivos, mas o governo ainda se mostrava muito reticente.

Foi Lucien Neuwirth, um deputado de direita, gaullista, que em 1967 conseguiu formar uma maioria com a esquerda e parte da direita pela aprovação da proposta de liberação da contracepção. Não foi um voto feminista: apenas uma minoria comemorou o acesso a um método de contracepção que libertaria as mulheres e criaria condições para uma sexualidade mais satisfatória. O que venceu, na verdade, foi a vontade de diminuir o número de abortos. A lei autorizava a fabricação e a importação de contraceptivos e a venda em farmácia, com prescrição médica, da pílula e do DIU. As menores de idade tinham de apresentar autorização dos pais. A publicidade e a propaganda a favor do controle de natalidade continuaram proibidas, e os decretos de aplicação da lei de 1967 foram promulgados apenas em 1972.

O DIREITO AO ABORTO

Após a contracepção, o grande debate foi sobre o aborto. O número de abortos por ano na França era elevado, de 1 milhão a 2,15 milhões, o que revela a determinação e a disposição das mulheres a correr todos os riscos. As privilegiadas iam para o estrangeiro, sobretudo para a Inglaterra, onde a interrupção de gravidez tornara-se legal em 1967, mas a maioria tentava abortar sozinha ou com ajuda. E o risco era grande: dezenas de milhares morriam, muitas se feriam e se tornavam estéreis, os traumas psicológicos eram comuns. Havia também o risco judicial, com penas de prisão de até dois anos para a mulher que abortasse e de até dez anos para a pessoa que conduzisse o aborto, além de multas pesadas. Contudo, o número de condenações era cada vez menor. O assunto permanecia tabu nos anos 1960, e o aborto clandestino era praticado numa solidão que só aumentava o desespero. Isso continuou por muito tempo.

Se as propostas da esquerda parlamentar em 1956 e 1967 tentaram inutilmente que o direito ao aborto fosse reconhecido em certos casos – estupro e depressão profunda, entre outros –, com a aprovação da Lei Neuwirth instaurou-se um clima mais favorável à mudança jurídica: primeiro porque ela reconhecia o direito das mulheres de escolher ou não a maternidade; segundo porque sua aplicação insatisfatória não fez o número de abortos diminuir. A batalha começou com um manifesto publicado na revista *Le Nouvel Observateur* [O Novo Observador] em 5 de abril de 1971:

> *Um milhão de mulheres abortam todos os anos na França. Elas abortam em condições perigosas por culpa da clandestinidade a que estão condenadas, embora a operação seja muito simples, se praticada com controle médico. Ninguém fala desses milhões de mulheres. Eu declaro que sou uma delas, eu declaro que abortei. Da mesma forma que exigimos o livre acesso aos meios anticoncepcionais, exigimos o aborto livre.*

Entre as 343 mulheres que assinaram o texto e se expuseram ao risco de um processo judicial, algumas são desconhecidas, outras, famosas: Simone de Beauvoir, Catherine Deneuve, Marguerite Duras, Gisèle Halimi, Jeanne Moreau, Christiane Rochefort, Françoise Sagan, Delphine Seyrig, Agnès Varda, entre muitas outras. A revista satírica *Charlie Hebdo* reagiu com um título histórico: "Quem engravidou as 343 vagabundas?".

A opinião pública foi favorável à campanha militante que rapidamente se seguiu. O processo de Bobigny, em 1972, foi o primeiro momento importante dessa mobilização em favor da liberação do aborto. Marie-Claire, uma menor de 17 anos, denunciada pelo rapaz que a engravidou após violentá-la, foi a julgamento por ter abortado. Ela foi absolvida, mas o caso continuou com o processo contra sua mãe, duas colegas de trabalho desta última, que forneceram o nome de uma cureteira, e a própria cureteira. A advogada Gisèle Halimi, que pouco antes tinha criado a associação feminista Choisir [Escolher], defendeu a mãe de Marie-Claire e chamou várias personalidades como testemunhas: feministas (entre as quais Simone de Beauvoir), dois prêmios Nobel de Medicina, políticos (como Michel Rocard) e muitas outras. O veredito foi clemente: multa com *sursis* para a mãe de Marie-Claire, um ano de prisão com *sursis* para a cureteira.

Em 1973 foi criado o Mouvement de Libération de l'Avortement et de la Contraception [Movimento de Liberação do Aborto e da Contracepção] (MLAC), uma união de associações que reunia o Planning Familial, o MLF, o Groupe Information Santé, representantes dos sindicatos, do Partido Socialista, do Partido Socialista Unificado (PSU), dos partidos de extrema esquerda e das associações mutualistas. O MLAC defendia os médicos que realizavam abortos e acolhia as mulheres que desejavam abortar; reivindicava uma educação sexual diferente, menos centrada na procriação, defendia a contracepção sem limite de idade e exigia a anulação da lei de 1920.

Em pouco tempo, comitês foram criados e alguns deles faziam abortos clandestinos em mulheres com até oito semanas de gestação usando o método Karman, um procedimento novo por aspiração, simples de realizar. As mulheres com mais tempo de gestação eram orientadas a abortar nos Países Baixos ou na Grã-Bretanha. A ação da militância envolveu também um esforço para reduzir a comoção em torno do aborto. Em 1973, um filme mostrou pela primeira vez um aborto: *Histoires d'A.* [Histórias de A.], de Charles Belmont e Marielle Issartel, foi visto por meio milhão de pessoas, apesar de ter sido proibido pela censura.

A militância a favor da liberação do aborto não era unanimidade no Planning Familial. Médicos reformistas, cautelosos em relação ao aborto e favoráveis ao desenvolvimento de uma *expertise* científica sobre a sexualidade, abandonaram a associação, como Suzanne Képès, uma de suas fundadoras. Ela relembra esse fato em suas memórias:

> *No aborto, o corpo da mulher sofre uma invasão violenta, sem que ela faça ideia disso. Ela provavelmente sentirá emoções que vão atordoá-la, talvez sem consequências naquele momento, mas ela as sentirá mais tarde. Sei disso porque vivi essa experiência e*

> *me dizia: "É uma injustiça contra as mulheres não as prevenir, mas como as prevenir?". No exato momento que alguém abria a boca para fazer essa advertência no Planning Familial, era tachado de reacionário.*

O Planning Familial, dirigido nessa época pela feminista Simone Iff, eliminou o colegiado de médicos, enquanto uma nova geração de clínicos, militante de extrema esquerda, entrava na luta pelo aborto livre.

O contexto levou à polarização. O aborto, mais que a contracepção, suscitava embates passionais. Para aqueles e aquelas que se pautavam na moral cristã, a aspiração de um feto de algumas semanas era infanticídio. A oposição mais virulenta vinha da direita, corroborada pela ordem dos médicos. Jean Foyer, ministro da Saúde em 1971, via o aborto legal como a primeira peça de uma engrenagem fatal que levaria à eugenia, à eutanásia e "aos extremismos mais odiosos do regime hitlerista". A associação Laissez-les Vivre [Deixe-os Viver] foi criada em novembro de 1970 (publicação no *Journal Officiel* em 21 de janeiro de 1971) em torno do magistrado Jean-Baptiste Grenouilleau e do médico Paul Chauchard, ensaísta e professor do Instituto Católico de Paris. Era uma reação à criação do MLF, mas também à proposta de lei do doutor Peyret (junho de 1970) que autorizava a interrupção de gravidez em casos específicos (estupro, anomalias graves do feto, risco à vida da mãe). O conselheiro científico da associação era um geneticista de renome e especialista em trissomia, Jérôme Lejeune. Essa corrente de pensamento católica defendia a ideia de que o ser principia no exato momento da fecundação, o que tornava o aborto um crime. Seus objetivos também eram natalistas: o envelhecimento da população ameaçava a nação, ela cairia diante das potências estrangeiras etc. A extrema direita participou do movimento desde o início, e o serviço de ordem era feito pelo movimento Ordre Nouveau [Nova Ordem]. Surgiram outras associações de "respeito à vida", como o SOS Futures Mères [SOS Futuras Mães]. Elas incentivavam as associações familiares cristãs e a ordem dos médicos a fazer oposição a qualquer revisão da lei de 1920, mas o *lobby* fracassou.

Eleito em 1974, Valéry Giscard d'Estaing acreditava que era preciso respeitar a consciência de cada um e a liberdade dos médicos, mas ao mesmo tempo socorrer as mulheres que arriscavam a vida em abortos clandestinos. Ele entregou a questão nas mãos de Simone Veil, ministra da Saúde, que imediatamente anunciou a suspensão dos processos iniciados com base na lei de 1920, conseguiu que o governo adotasse o projeto de lei e o defendeu diante dos parlamentares no fim de 1974. Esse projeto estipulava que a mulher grávida em situação crítica em razão de seu estado podia pedir ao médico que realizasse o aborto antes do fim da décima semana de gravidez. O médico, no entanto, podia se recusar a realizá-lo.

O projeto foi aprovado por 277 votos contra 192, o que significa que, sem a esquerda, ele teria fracassado. Graças às divisões internas da direita, a lei passou e foi promulgada em 17 de janeiro de 1975. Mas foram feitas emendas ao projeto inicial para tentar impedir que houvesse uma "banalização" do que passou a ser chamado IVG (interrupção voluntária de gravidez). Entre os compromissos, a solicitante deveria obrigatoriamente ser informada dos direitos e auxílios prestados às mães e a seus filhos, assim como dos procedimentos de entrega deles para adoção. Os hospitais particulares podiam se recusar a realizar a IVG. Esse tipo de intervenção não podia exceder 25% dos procedimentos cirúrgicos e obstétricos realizados nesses estabelecimentos. E, sobretudo, a lei tinha validade de cinco anos.

Cinco anos depois, a tensão no Parlamento ainda era grande. As feministas mostraram sua determinação nas ruas em 6 de outubro de 1979, quando mobilizaram 50 mil pessoas. Em 29 de novembro de 1979, por 271 votos contra 201, o projeto de lei de Monique Pelletier, que perenizava o direito à IVG, foi aprovado. Apenas 70 deputados da direita, que era majoritária e contava com 290 deputados, votaram a favor da proposta.

O direito foi adquirido, mas a aplicação ainda gerou muito debate. As feministas continuaram mobilizadas para obter o reembolso da IVG pela previdência social, e a alternância política em 1981 facilitou a aprovação dessa demanda, embora ainda houvesse forte oposição da direita e ressalvas da parte de alguns socialistas. Por iniciativa da nova ministra dos Direitos da Mulher, Yvette Roudy, em 1982 foi aprovada a lei que garantia o reembolso da IVG, estabelecendo assim a igualdade de acesso entre todas as mulheres.

IVG: UMA "CONQUISTA" DO FEMINISMO AINDA SOB AMEAÇA

As mudanças legislativas dos anos 1960 e 1970 transformaram completamente as práticas. A contracepção oral difundiu-se rapidamente; o aborto estabilizou-se em torno de 210 mil intervenções por ano, o que indicava certo número de problemas, que iam da ignorância ao fracasso da contracepção, passando pela indecisão quanto ao desejo de ser mãe. A informação a que as jovens tinham acesso era insuficiente. Mais tarde, com a aids nos anos 1980, o preservativo impôs-se como método de prevenção e contracepção. As técnicas de interrupção de gravidez evoluíram com a IVG medicamentosa, também conhecida como RU-486, permitida até a sétima semana sem menstruação. O RU-486 foi sintetizado em 1980, e os consultórios médicos se tornaram responsáveis por sua administração. Desde então, contracepção e aborto são considerados os pilares da liberdade das mulheres de dispor do próprio corpo.

A partir dos anos 1980, porém, a revolução contraceptiva e abortiva teve de enfrentar críticas dentro de sua própria família política; a expressão "a pílula liberta a mulher" foi contestada. Entre as críticas, a obrigação de tomar a pílula diariamente, o medo dos efeitos colaterais no organismo, a responsabilidade unilateral pela contracepção, a maior disponibilidade à demanda sexual masculina, o enriquecimento da indústria farmacêutica. O desejo de respeitar a natureza, presente na corrente ecofeminista (a marca dessa corrente ao mesmo tempo ecologista e feminista foi definida em 1974 pela feminista Françoise d'Eaubonne), também levou a desconfianças em relação à contracepção "moderna". O fato de que o encargo da contracepção recaía inteiramente sobre as mulheres – controle que num primeiro momento foi saudado como emancipador – às vezes era percebido como um problema. Por que as pesquisas sobre a contracepção masculina tinham sido abandonadas? Por que não se encorajava mais a realização da vasectomia?

Em 1972, o direito de dispor do próprio corpo ainda encontrava adversários decididos, conhecidos como "pró-vida". Esse movimento era herdeiro das ligas de defesa da família e da natalidade, que tiveram um crescimento espetacular na França entre 1896 (data da fundação da Alliance Nationale pour l'Accroissement de la Population Française [Aliança Nacional pelo Crescimento da População Francesa]) e a Segunda Guerra Mundial. Vimos como se opuseram ao processo de legalização do aborto. Contra a parede, os militantes tiveram de repensar seu modo de agir. O doutor Xavier Dor, com o movimento SOS Tout-Petits [SOS Pequeninos], lançou as primeiras ações de choque em 1986. Em 1988, os grupos Opération Sauvetage [Operação Resgate] e Trêve de Dieu [Trégua de Deus] fizeram o mesmo, na esteira dos protestantes fundamentalistas da organização Operation Rescue nos Estados Unidos. Eles perturbavam o funcionamento das clínicas que realizavam IVGs, por meio de assédio, depredação de material e tentativas de convencer as mulheres a desistir de seu intento.

Em 1993, a Lei Neiertz estabeleceu o delito de obstrução à IVG para coibir os ataques de militantes que se diziam "pró-vida" e se opunham aos "pró-escolha", transpondo os termos utilizados nos Estados Unidos, onde a batalha havia feito várias vítimas do lado dos *pro-choice*. Extremistas religiosos – fundamentalistas cristãos – formavam essa corrente. Nos Estados Unidos, a violência antiaborto conduziu a uma forma de terrorismo em 1977 (atentados contra clínicas) e, a partir de 1995, a uma série de assassinatos de médicos e funcionários dos centros especializados. Em 2009, o doutor George Tiller foi morto em pleno culto na igreja luterana onde era auxiliar do pastor.

Na França, a mobilização antiescolha é católica. Jérôme Lejeune, referência do movimento, foi nomeado em 1974 para a Pontifícia Academia das Ciências e tornou-se o primeiro presidente da Pontifícia Academia para a Vida, criada em 1994 por João Paulo II. Seu processo de beatificação está em andamento, e a Fundação Jérôme Lejeune prossegue o combate. Desde 2005, por exemplo, ela organiza passeatas contra a IVG, as Life Parades. Sem justificar essa violência, a posição inalterada do Vaticano sobre o aborto pode ser interpretada como um incentivo à desobediência da lei civil em nome da lei religiosa.

O movimento pró-vida era formado por uma nebulosa de associações orientadas para o acolhimento de mulheres grávidas (SOS Futures Mères), a propaganda e a oração (*rosaires pour le respect de la vie* [rosários pelo respeito à vida]). Criada em 1986, a Union des Nations de l'Europe Chrétienne [União das Nações da Europa Cristã] (Unec) organiza peregrinações a Auschwitz com o intuito de equiparar o direito ao aborto ao genocídio dos judeus. A extrema direita católica tradicionalista está no centro do combate, representada pela Frente Nacional de Jean-Marie Le Pen. A deputada católica Christine Boutin criou em 1988 um grupo parlamentar pelo respeito à vida. Uma nova geração assumiu o movimento nos anos 2010, estimulada pela dimensão da oposição à chamada Lei do Casamento para Todos, votada em 2013, durante a presidência do socialista François Hollande. Em 2016, Émile Duport lançou Les Survivants [Os Sobreviventes], um grupo cujo lema é "1 em 5": para cada aborto feito, há quatro nascidos que sofrem da síndrome do sobrevivente, um novo conceito para designar uma dor existencial. Desde 1975, 18.311.778 sobreviventes estão em luto pelos 4.897.289 irmãos e irmãs que não tiveram, segundo o *site* do grupo, que conta com o apoio dos jovens da Action Française. O repertório de ações, o estilo, a linguagem, os argumentos se adaptam ao que estiver em voga. "A ecologia humana", por exemplo, desenvolveu-se nos meios militantes católicos: eles modernizaram seu discurso tradicional com o respeito pela natureza, expressão da vontade divina. Jérôme Lejeune já falava da pílula como o "primeiro pesticida anti-humano".

A oposição filosófica sobre o que é "a vida" é irredutível. O movimento antiaborto defende uma visão religiosa da vida – Deus e somente Deus criou a vida e tem o poder de tomá-la – e da sexualidade, que teria como única finalidade a reprodução. A secularização foi um preâmbulo às políticas que vieram com a revolução sexual. Foi a aliança entre livres-pensadores e progressistas protestantes, judeus e católicos que levou ao sucesso da revolução contraceptiva. A esquerda mobilizou-se nas ruas e no Parlamento, com o apoio decisivo da fração liberal da direita. E o feminismo soube mobilizar as forças em torno da liberdade das mulheres de dispor do próprio corpo, mote central do MLF. Ele é a força política mais engajada na França e nas organizações supranacionais em favor do que hoje chamamos de direitos reprodutivos.

Que memória ficou dessa luta? Dessa liberdade? A popularidade de Simone Veil, personalidade favorita dos franceses enquanto viveu, e o translado de seus restos mortais para o Panthéon em 2018 revelam muito amplamente o sentimento de gratidão e o reconhecimento por sua coragem política. O fato de o feminismo dos anos 1970 ser frequentemente resumido a essa luta é uma mostra clara de sua importância. Os aniversários da lei de 1975 e da fundação do Planning Familial em 1956 foram uma ocasião de comemoração. Mesmo assim, Annie Ernaux teve a impressão de falar de uma "memória morta" quando publicou em 2000 o romance *L'Événement* [O acontecimento], sobre o aborto que fez em 1964. Pouco tempo depois, em 2004, a feminista Xavière Gauthier reuniu em *Parole d'avortées* [Palavra de mulheres que abortaram] relatos perturbadores sobre as condições do aborto antes da Lei Veil e as curetagens feitas sem anestesia no hospital para, segundo os médicos, punir e dissuadir de novas tentativas. Em 2003 saiu nos cinemas o filme *História de um segredo*. A diretora, Mariana Otero, pesquisou sua própria família. Sua mãe, a pintora Clotilde Vautier, morreu em 1968, aos 30 anos, deixando um marido inconsolável e duas filhas pequenas, perdidas e sem explicações sobre o desaparecimento da mãe. O filme mostra como pouco a pouco o véu se levantou, libertando a palavra sobre o aborto clandestino que matou sua mãe.

Por ora, continua no papel a proposta da romancista Nancy Huston de erguer um monumento à desconhecida morta ao abortar.

3
MUDANÇAS NA HETEROSSEXUALIDADE

A contracepção e o aborto são condições necessárias à liberação sexual, num contexto que tem se tornado menos normativo e mais flexível. Até os anos 1960, o casamento era o único espaço legítimo das relações heterossexuais. Essa instituição, que o Código Civil pretendeu que fosse desigualitária, evoluiu a partir de 1965. Pensadas pelo jurista Jean Carbonnier, que redigiu os anteprojetos, várias leis aprovadas ao longo de uma década modernizaram o direito da família. Essas leis foram vistas como necessárias, porque estavam em sintonia com a evolução sociológica. Em 1965, o regime legal do casamento foi revisado. A autorização marital para a esposa exercer uma profissão foi extinta. A lei de 1970 pôs fim ao poder paterno do chefe de família; em 1972, outra lei suprimiu o tratamento desigual entre filhos legítimos e filhos naturais, especialmente em relação à herança. O adultério deixou de ser um delito penal em 1975. O divórcio por mútuo consentimento foi instituído no mesmo ano. Em 1960, um em cada dez casamentos acabava em divórcio; em 1985, era um em cada três e, na região parisiense, um em cada dois. O número de casamentos caiu, e a idade no momento das núpcias se elevou; houve uma explosão no número de nascimentos fora do casamento, e o concubinato tornou-se um estilo de vida comum; as mulheres passaram a ser menos pressionadas a se casar. Elas conquistaram autonomia profissional e desenvolveram modos de vida alternativos: a reciprocidade de sentimentos e a igualdade na relação tornaram-se expectativas fortes, que correspondiam mais à união livre que ao casamento. Nesse quadro em movimento, as práticas sexuais também evoluíram.

DIMINUIÇÃO DOS TABUS E NOVAS NORMAS

Houve uma diminuição dos tabus sexuais, favorecida pela medicalização da sociedade, um fenômeno já antigo, visto que a sexologia pode ser datada de meados do século XIX. No início do século XX, neomalthusianos e médicos progressistas difundiram mensagens desculpabilizantes e criticaram a Igreja por sua visão obscurantista sobre os prazeres da carne. Em 1928 foi fundada a Liga Mundial para a Reforma Sexual, que teve pouca emulação na França. Após a Segunda Guerra Mundial, os grandes progressos vieram dos Estados Unidos. Alfred Kinsey, professor de zoologia na Universidade de Indiana e especialista em vespas, publicou os dois primeiros grandes estudos sobre a sexualidade humana: em 1948 sobre os homens e em 1953 sobre as mulheres. Em 1947, fundou o Institute for Sex Research [Instituto de Pesquisa do Sexo]. Suas obras eram sucessos mundiais de venda e despertavam opiniões acaloradas. Ele mostrou que as relações pré-conjugais, o adultério, a masturbação, a homossexualidade e a bissexualidade eram muito mais comuns do que se imaginava. Dados estatísticos e o cruzamento de diferentes variáveis demonstraram cientificamente a diferença entre norma e realidade. As biografias sexuais de 12.214 norte-americanos serviram de fonte de informação.

Esse trabalho foi aperfeiçoado por dois outros especialistas: o ginecologista William Masters e a psicóloga Virginia Johnson estudaram em laboratório centenas de casais e indivíduos masturbando-se ou fazendo sexo. Eles descreveram a resposta sexual humana: excitação, platô, orgasmo e resolução. Em 1966 publicaram suas observações sobre o prazer feminino (realizadas com mais de mil pessoas durante onze anos), abordando questões como a ejaculação feminina ou a importância da masturbação. Também observaram as zonas mais propícias ao orgasmo e reabilitaram o clitóris. Masters e Johnson, mestres da sexologia moderna, eram acima de tudo especialistas em orgasmo: ele é observável, mensurável, completo, incompleto, mais intenso, menos intenso...

Enfim, em 1976, o Relatório Hite, produzido por uma psicossexóloga norte-americana, compilou depoimentos de mais de 3 mil mulheres e tornou-se uma obra de referência, com mais de 35 milhões de exemplares impressos. Feminista, Shere Hite deu ênfase ao clitóris como fonte do prazer e relativizou a importância da penetração vaginal. Das respostas obtidas a partir de seu questionário, concluiu que as mulheres sentiam mais prazer sozinhas que com seu parceiro. Essa constatação da insatisfação heterossexual feminina, exposta publicamente, lhe rendeu numerosos ataques.

Na França, o primeiro relatório acadêmico sobre o comportamento sexual dos franceses foi coordenado pelo doutor Pierre Simon. A ideia surgiu em 1968 e o livro foi publicado em 1972. A sexologia estava em pleno florescimento nos anos 1970: revistas e publicações proliferavam, e a mídia se interessava muito pelo assunto; os especialistas desse novo campo eram, na maioria, homens. O que observaram? Os tabus sexuais estavam diminuindo; tornaram-se mais frequentes o sexo oral, a sodomia e as posições alternativas à do missionário – eram muitas, descobertas nas páginas do *Kama sutra*. Dos Estados Unidos veio a moda dos *sex toys*, retomando a tradição dos brinquedos sexuais; as bonecas infláveis, que também vinham dos Estados Unidos, tinham um aspecto novo, com uma representação dos órgãos genitais que causou sensação. Os filmes eróticos e pornográficos eram cada vez mais aceitos e, nos anos 1980, o Minitel Rose, anterior à Internet, facilitava os encontros sexuais. O sadomasoquismo saiu da clandestinidade, assim como o *swing*; foram abertos lugares de encontros especializados.

Devemos situar nesse contexto dois outros elementos importantes da liberação sexual: a masturbação, que se banalizou como momento normal da sexualidade dos adolescentes e prática recreativa ao longo da vida; e o clitóris, que recebeu melhor atenção. De certa forma, ambas as questões estavam correlacionadas, porque o prazer clitoridiano era, especialmente para Freud, um sinal de imaturidade psíquica da mulher adulta que não sentia prazer vaginal. E, nas relações heterossexuais, as carícias clitoridianas eram consideradas masturbação. Essa visão da sexualidade feminina foi vivamente contestada pelas feministas. Em 1970, a revista *Partisans* publicou um artigo sobre o "mito" do orgasmo vaginal. A sexologia admitiu que a estimulação do clitóris antes e durante a relação heterossexual é um elemento importante, ou mesmo decisivo, para o prazer. A masturbação, menos reprimida moralmente, permitiu às mulheres que descobrissem por si mesmas os caminhos do gozo. Surgiram novas aspirações, como o desejo de reciprocidade na intimidade sexual. A frigidez foi repensada sob um ângulo político. Para a escritora feminista Christiane Rochefort, "não existem mulheres frígidas, existem apenas homens que não sabem fazer direito".

Mas essas mudanças, que foram vividas como emancipadoras, também tiveram um lado opressor, que a historiadora Anne-Claire Rebreyend denominou "a obsessão da normalidade sexual". A partir de diários de mulheres e homens comuns, foi possível avaliar, entre 1965 e 1975, as preocupações criadas pelo novo discurso médico-midiático. Se não tiver orgasmo, uma mulher é "mulher de verdade"? O que é orgasmo? É legítimo fingir prazer em nome do amor? A sexologia divulgou *"scripts* sexuais". Para Gérard Zwang e Antoine Romieu (*Précis de thérapeutique sexologique* [Compêndio de terapêutica sexológica], 1974), havia três fases sucessivas: o prelúdio, com carícias, beijos e estimulações fisiológicas; o coito, suficientemente longo para satisfazer os dois parceiros; e o poslúdio, com carinhos, beijos e expressão de satisfação. O Relatório Simon deu uma ideia da duração média do coito (doze minutos) e da frequência média das relações sexuais, de acordo com o sexo e a idade (dez por mês para os homens abaixo de 50 anos e menos de seis para os acima de 50 anos; um pouco mais de onze para as mulheres abaixo de 30 anos, oito para as entre 30 e 49 anos e seis para as acima de 50 anos). Tornou-se possível comparar-se com essa média, vista como uma norma.

As práticas bucogenitais defendidas pelos sexólogos eram às vezes repelidas – com nojo pelas mulheres mais maduras e com culpa pelas mais jovens. A sodomia representou menos problemas de adequação à norma da sexualidade "liberada", pois os especialistas ainda a consideravam suspeita no contexto heterossexual: era vista, no homem, como sinal de homossexualidade ou bissexualidade reprimida e, na mulher, de masoquismo ou fixação infantil no estágio anal (Relatório Simon). Enquanto a sexualidade plena era maciçamente apresentada pela mídia e pelos especialistas como uma condição de felicidade individual e equilíbrio conjugal, a "disfunção" sexual pairava como uma ameaça preocupante, e tão presente que os sociólogos da sexualidade – como Michel Bozon – nuançaram a liberação sexual, dando muito mais relevo à interiorização das novas normas.

OS DIREITOS SEXUAIS DOS JOVENS

O desejo de "gozar sem entraves" colidiu com diversos obstáculos jurídicos, em particular no caso dos jovens, que também reivindicavam o direito à sexualidade. Esse desejo se manifestou logo nas primícias de Maio de 1968. A contestação começou em Nanterre, em 21 de março de 1967, quando estudantes invadiram o prédio da cidade universitária reservado às moças, cujo acesso era proibido aos rapazes. Eles foram expulsos pela polícia. Em 8 de janeiro de 1968, quando François Missoffe, ministro da Juventude e dos Esportes, foi ao *campus* de Nanterre para inaugurar a piscina, Daniel Cohn-Bendit o questionou sobre o *Livro branco da juventude*, que o ministério acabara de publicar, e o condenou publicamente por não falar dos problemas sexuais dos jovens. Missoffe o aconselhou a dar um mergulho na piscina para resolver seus problemas sexuais. Esse acontecimento foi um dos pontos de partida da revolta estudantil. Outro dos estopins foi o panfleto situacionista de 1966, "Da miséria no meio estudantil, considerada em seus aspectos econômico, político, psicológico, sexual e especialmente intelectual, e alguns meios de resolvê-la".

Para avaliar a mudança de tom após Maio de 1968, podemos partir do jornal de extrema esquerda *Tout!*, vendido nos portões das escolas de ensino médio. Em 1971, o jornal publicou um artigo intitulado "Livre disposição do nosso corpo":

> *Desde a nossa infância fazem a gente ter vergonha do nosso corpo, proíbem a gente de bater uma com desculpas médicas sem pé nem cabeça, de apoiar os cotovelos na mesa, de andar pelado. Se fazem a gente ter vergonha do nosso corpo, é porque ele traduz os nossos desejos, mesmo quando a gente não tem coragem de colocá-los para fora. Dizem: "Submeta-se na carne, use gravata, cueca, sutiã, faça a saudação militar, não deite na grama, não se sente na mesa do seu chefe sem ser convidado, fique sentado na sala de aula". A arregimentação do corpo é a condição para a submissão da mente. Sim, nosso corpo nos pertence.*

Os jovens que tomam a palavra adotam o princípio da livre disposição de seu corpo, a exemplo das mulheres. Eles inserem a liberação sexual num contexto mais amplo: educação, relação com o corpo, autoridade, poder, tabus como a nudez. Afirmam-se também como uma geração com seus próprios símbolos de liberação sexual, como a minissaia e a calça *jeans* colada. Reivindicam o direito de não se integrar à sociedade burguesa e criam uma contracultura que valoriza a vida comunitária, o amor livre e a multiplicação de experiências sexuais e afetivas.

E, de fato, os anos 1960 e 1970 foram marcados pela contracultura "sexo, drogas e *rock'n'roll*". O consumo (ilícito) de psicotrópicos alucinógenos aumentou, tanto de produtos sintéticos (como o LSD e as anfetaminas) quanto de produtos naturais (como certos cogumelos e a mescalina). O uso da maconha se espalhou entre os jovens ocidentais. Os estados de consciência alterados permitiam superar os limites do corpo e as inibições sexuais, viver momentos de êxtase e de transe nos ambientes eufóricos dos grandes concertos. A trilha sonora daqueles anos não dava sossego ao corpo. O *rock'n'roll*, que conquistou os jovens brancos em 1954 com Elvis Presley, é sensual quase que por definição, como o próprio nome sugere. A partir daí, foi num crescendo, rumo a uma representação cada vez mais explícita nas letras, no palco... *Sex symbols*, e às vezes *sex addicts*, como Jim Morrison, Janis Joplin, Jimi Hendrix e Mick Jagger — e citamos apenas alguns exemplos de uma longa lista — se comunicavam com o público em uma espécie de celebração da sexualidade e das "boas vibrações" que ela gerava. Os *hippies*, que ganharam visibilidade após o *Summer of Love* [Verão do Amor] de 1967, valorizavam o gozo com o lema "*Make love, not war*" [Faça amor, não faça guerra]. Uma geração inteira transgrediu alegremente as interdições que estruturaram sua educação e o estilo de vida de seus pais, afastando-se de seus meios de origem para tentar viver sua utopia.

A mudança mais espetacular ocorreu com a virgindade. Ela estava em plena dessacralização. O Relatório Simon indicou que 55% das mulheres e 75% dos homens casados que estavam na faixa dos 20 aos 29 anos (e tinham entre 10 e 19 anos em 1960) tiveram relações pré-conjugais. Em 1972, a revista *L'Express* fez uma pesquisa com jovens de 15 a 20 anos: apenas 46% consideravam que a mulher devia conservar a virgindade até encontrar um homem que a amasse de verdade, e 23% quando se tratava do homem. Apenas 21% achavam que a mulher devia se casar virgem, porcentagem que caía para 10% no caso do homem. Nota-se que o gênero ainda era uma variável importante.

A educação sexual dos jovens entrou na pauta política em 1971, por ocasião do escândalo Carpentier, sobrenome do médico que escreveu com um Comitê de Ação Secundarista pela Liberdade da Sexualidade um longo folheto educativo intitulado "Apprenons à faire l'amour" [Vamos aprender a fazer amor]. Carpentier foi condenado a um ano de interdição do exercício da medicina. Contudo, o poder político sentiu a força da reivindicação. Em 1972 foi criado o Conselho Superior de Educação Sexual, Controle de Natalidade e Informação Familiar. No ano seguinte, um decreto anunciou a implantação da educação sexual nas escolas, ainda que como matéria facultativa. Colóquios e revistas começaram a tratar da sexualidade dos jovens, reconhecida como fator de realização pessoal, mas com reservas. Em 1973, para *L'École des Parents*, revista de referência sobre paternidade e educação publicada pelo movimento de reflexão de mesmo nome, a sexualidade "sem limites" podia ser alienante e os excessos conduziriam à "fadiga" da excitação erótica.

As tensões em torno do desejo de autonomia sexual dos jovens persistiram após Maio de 1968, como demonstrou o caso Russier. Em 1969, Gabrielle Russier, professora de língua francesa de 32 anos, foi condenada a doze meses de prisão com *sursis* pelo desvio do menor Christian, seu aluno, de 16 anos. Três meses depois, desesperada com a violenta campanha contra ela, Russier se suicidou. O caso começou com uma denúncia dos pais de Christian, professores universitários e simpatizantes comunistas que não conseguiram convencer o filho a terminar a relação. Christian fugiu da pressão dos pais saindo de casa. Gabrielle Russier passou oito semanas em prisão preventiva e, após sua condenação, a Procuradoria de Marselha apelou para obter uma pena mais dura, aliando-se à opinião da imprensa de direita, que via o caso como um símbolo do laxismo moral pós-1968. O Ministério da Educação Nacional quis dar o exemplo punindo a professora adepta da pedagogia moderna, e não perdeu a chance de caricaturar as vogas pedagógicas introduzidas após Maio de 1968.

Para os defensores de Gabrielle Russier, ao contrário, o destino trágico da professora mostrou o poder repressivo das grandes instituições: escola, justiça e família. Os jovens, que tinham de esperar até os 21 anos para obter a maioridade, eram suas maiores vítimas. E, enfim, Gabrielle Russier invertera o esquema tradicional do homem adulto que inicia a mocinha, e sua liberdade amorosa foi contestada sobretudo porque ela era divorciada, tinha boas relações com o ex-marido e criava dois filhos pequenos. Ela se tornou postumamente um ícone da revolução dos costumes.

Em 1974, a maioridade política foi reduzida para 18 anos. Os jovens conquistaram maior liberdade na vida amorosa e estavam na vanguarda de um novo estilo de vida: a união livre. A iniciação sexual e o início da vida conjugal se dissociaram. As primeiras relações sexuais aconteciam mais cedo. Segundo os dados do Institut National d'Études Démographiques [Instituto Nacional de Estudos Demográficos] (Ined), nos anos 1940 a idade média na primeira relação sexual era 22 anos para as mulheres e 18 anos para os homens, ou seja, uma diferença de quatro anos. A legalização do aborto nos anos 1970 e o surgimento da aids a partir dos anos 1980 não influenciaram esse dado: ele permaneceu estável até os anos 2000, quando se observou uma ligeira diminuição. Nos anos 2010, essa diferença era de apenas três ou quatro meses, com idade média de 17 anos. O preservativo, que antes de 1985 era utilizado em apenas 15% das primeiras relações sexuais, dez anos depois era utilizado em mais de 80% dos casos.

O comportamento sexual das meninas tendeu a alinhar-se ao dos meninos, mas ainda há diferenças. Elas se envolvem afetivamente na "primeira vez", enquanto eles se declaram apaixonados pela primeira parceira com menos frequência. Para os meninos, a perda da virgindade é acima de tudo uma questão de aprendizado, e ocorre em geral com uma mulher mais velha.

HOMENS "NA SOMBRA" DAS MULHERES

Muitas mulheres, como constatamos anteriormente, lutaram pela liberação sexual na posição de jornalistas, escritoras, políticas, militantes, médicas... O movimento feminista era um lugar importante de crítica às transformações em curso e, ao mesmo tempo, um lugar de experimentação, invenção ou simplesmente de manifestação sob a forma cada vez mais disseminada do testemunho pessoal e da troca de experiências. O controle da fecundidade trouxe a reboque um maior controle do próprio corpo, o que as feministas encorajavam. Os progressos da medicina ajudaram as mulheres a estabelecer uma relação mais satisfatória, e de menos sofrimento, com o próprio corpo. Contudo, o poder dos médicos gerava desconfiança, especialmente entre as feministas. A obra do Coletivo de Boston *Notre corps, nous mêmes* [Nosso corpo, nós mesmas]

(1977) convidava as mulheres a conhecer melhor seu corpo. A autogestão, tão na moda nos anos 1970, também se aplicava à intimidade: auto-observação ginecológica, autoexame das mamas e um conjunto de conhecimentos batizados de "*self-help*" [autoajuda].

"Ficar mocinha", "estar indisposta" e outras expressões pudicas tornaram-se cada vez mais raras nas últimas décadas do século XX. Annie Leclerc, em *Palavra de mulher*[1] (1974), transmutou o fluxo periódico de sangue em uma experiência sublime. Os procedimentos de higiene íntima também mudaram: depois dos absorventes descartáveis, que dispensaram a indiscreta e cansativa lavagem das "toalhinhas", vieram os absorventes internos no fim dos anos 1970.

O pudor ancestral, que começara a diminuir na década de 1920, sofreu ataques vigorosos: da audaciosa invenção do biquíni após a Segunda Guerra, chegou-se ao monoquíni em 1964, primeiro em Saint-Tropez. A praia funcionou como um verdadeiro "laboratório da modernidade". O *topless* tornou-se uma imagem-chave da revolução sexual. O Club Méditerranée criou um novo tipo de lazer para facilitar os encontros. A comédia de Patrice Leconte *Os bronzeados*, com atores do grupo do Splendid, lucrou com a ideia em 1978. Nesse mesmo ano, Serge Gainsbourg se consagrou com o *hit* "Sea, Sex and Sun" [Mar, sexo e sol]. A maneira de se vestir se tornou mais descontraída. O uso do sutiã não era mais sistemático. A calça dava uma sensação de proteção, de segurança no processo de liberação do corpo. A nudez tornou-se mais frequente e mais aceita. As mulheres logicamente estavam na vanguarda dessas mudanças, porque sofriam mais pressão que os homens no que dizia respeito ao corpo, e a emancipação física das mulheres se aliava a uma luta pela emancipação em todos os sentidos.

Se no campo feminino os ventos da liberação sexual sopraram especialmente nos discursos militantes, no campo masculino a ambição parece mais modesta, resumindo-se basicamente à livre acumulação de parceiras, sinal tradicional de virilidade. Nadine Lefaucheur e Georges Falconnet abordam essa questão em *A fabricação dos machos*[2] (1975) e lembram que a virilidade está ligada à potência sexual. A possibilidade de falhar gera ansiedade. Depois da pílula anticoncepcional, que – dizem – liberou as mulheres, foi a vez do Viagra. Ele chegou ao mercado europeu em 1999 e liberou os homens do medo ancestral da impotência, rebatizada de "disfunção erétil".

Diante da liberação das mulheres, certas produções culturais expressaram um mal-estar indiscutível, quando não uma hostilidade declarada. O novo medo masculino era de ser reduzido a homem-objeto

---

1 Ed. bras.: Annie Leclerc, *Palavra de mulher*, São Paulo: Brasiliense, 1982. [N.T.]
2 Ed. bras.: Nadine Lefaucheur e Georges Falconnet, *A fabricação dos machos*, Rio de Janeiro: Zahar, 1977. [N.T.]

nas mãos de mulheres que haviam se tornado especialistas nas artes do sexo. Em 1974, o filme *Corações loucos*, de Bertrand Blier, mostra uma dupla de marginais em fuga, interpretados por Patrick Dewaere e Gérard Depardieu, e seus encontros sexuais com mulheres, consencientes ou não. A jovem que se junta a eles, interpretada pela atriz Miou-Miou, personifica a mulher liberada, ingênua, sorridente, dócil e sem pudores que tenta obstinadamente chegar ao orgasmo. O enorme sucesso de público rapidamente transformou o filme num clássico. O suspense está na dificuldade dos homens de dar prazer a suas parceiras. O novo imperativo viril era: saber proporcionar o orgasmo vaginal e, se possível, chegar ao orgasmo simultâneo.

O que impressiona na recepção ao filme é o grau em que sua misoginia foi subestimada; por isso, é interessante comparar *Corações loucos* com um filme quase da mesma época, lançado em 1977: *Pourquoi pas!* [Por que não?], de Coline Serreau, que teve bem menos público. Filme feminista, feito por uma mulher, *Pourquois pas!* é o oposto de *Corações loucos*. Também conta a história de um trio: são dois homens e uma mulher que se amam, se desejam e vivenciam a utopia do poliamor em todas as suas possibilidades. Sua vida compartilhada é mostrada com empatia, como uma utopia concreta, acessível. As representações da sexualidade "liberada", portanto, não formam um todo homogêneo, mesmo que tenham em comum o fato de mostrar relações não conjugais, parcerias múltiplas, quantidade e variedade de experiências.

"Na sombra das mulheres", para usarmos a expressão do historiador André Rauch, os homens se interrogam sobre a relação entre virilidade e sexualidade, sobre a sexualidade como conquista, guerra e apropriação. Masculinidades alternativas são inventadas, e os roteiros sexuais são revisados para dar mais tempo e espaço às carícias e ao conjunto de práticas que o esquema que põe a penetração como objetivo da interação rotula de "preliminares". Essa rejeição da virilidade por alguns homens, e da feminilidade por algumas mulheres, reverbera as lutas homossexuais.

4
HOMOSSEXUAIS, LÉSBICAS E TRANS* EM REVOLUÇÃO

1971: FRENTE HOMOSSEXUAL DE AÇÃO REVOLUCIONÁRIA

Com as mulheres e os jovens, os homossexuais foram uma das forças motrizes da revolução sexual. E, para marcar o território, nada como tomar as ruas de Paris. No feriado de 1º de maio de 1971, o tradicional desfile dos sindicatos foi invadido por cartazes com palavras de ordem inesperadas: "Abaixo a ditadura dos normais!", "Proletários de todos os países, acariciai-vos!", "Abaixo os falocratas!". De forma bem-humorada, um estigma foi invertido: o "Nós somos um flagelo social" aludia à lei de 1960 que incluíra a homossexualidade entre os flagelos sociais a serem combatidos, como o alcoolismo, a tuberculose e a prostituição.

Algumas semanas antes, em 10 de março de 1971, o programa de rádio *Allo Ménie* [Alô, Ménie], da RTL, teve de ser interrompido. Naquele dia, Ménie Grégoire, jornalista de formação cristã, hoje considerada a primeira "psicóloga" do rádio na França, ia falar de homossexualidade e havia convidado especialistas para discorrer sobre esse "problema doloroso". Os manifestantes não lhes deram tempo para isso. Entre os convidados, André Baudry, presidente desde 1954 da associação homofílica Arcadie, foi confrontado pela escritora Françoise d'Eaubonne: "Você diz que a sociedade tem de integrar os homossexuais, pois eu digo que os homossexuais têm de desintegrar a sociedade!'". A lógica militante de integração representada por ele estava sendo desqualificada por um movimento novo, Front Homosexuel d'Action Révolutionnaire [Frente Homossexual de Ação Revolucionária] (FHAR).

A novidade, como indica o nome, era a pretensão revolucionária, que implicava uma ruptura com o que vinha antes. Como eram as reuniões da FHAR? Graças à cineasta militante Carole Roussopoulos, que filmou os encontros com uma câmera portátil, o clima, os gestos, os risos, as explosões de raiva e os discursos dos protagonistas foram conservados (*Le FHAR*, 1971, 26 minutos). O cenário não é mais o da Escola de Belas-Artes, local habitual das assembleias gerais, mas o da Universidade Experimental de Vincennes.

A palavra circulava livremente entre as mulheres e os homens presentes, em geral jovens. A maioria havia participado das manifestações de Maio de 1968 e integrado as organizações que empurraram a contestação para a esquerda e a extrema esquerda. Mesmo no centro dessa revolução, eles e elas se sentiam silenciados e invisibilizados.

Na FHAR, o que importava era "partir do que a gente é", não "falar dos outros", mas de si mesmo, reivindicar na primeira pessoa do singular, mas também na do plural. Depoimentos pessoais, pedaços de autobiografias sexuais eram enunciados diante do grupo, que funcionava como um grupo de consciência: as pessoas falavam de si mesmas, observavam, escutavam e conversavam sobre assuntos que estavam deixando de ser tabus. O grande tema era a existência homossexual. Declarar-se "homossexual", sair do "armário", deixando de lado toda vergonha ou medo. O *coming-out* – que consiste em tornar pública sua própria homossexualidade, falando dela aos mais próximos ou nos diferentes lugares frequentados – era apresentado como uma ação libertadora no nível pessoal e necessária no nível coletivo.

A FHAR acreditava que ter uma sexualidade minoritária e assumi-la era uma transgressão que colocava os homossexuais de ambos os sexos em uma posição revolucionária. O movimento se opunha radicalmente à "norma" heterosexual; aliás, um dos primeiros jornais homossexuais franceses se chamava *L'Antinorm* [O Antinorma]. Futuro jornalista e escritor, Guy Hocquenghem aparece no documentário como a encarnação daquele momento revolucionário, com a graça de sua beleza romântica. Anne-Marie Grélois expõe seu ponto de vista de lésbica com muita eloquência: na FHAR, ninguém quer "imitar o casal hétero e sua moral. Nós não nos reproduzimos". Segundo ela, numa sociedade estruturada pelo familialismo, essa posição transformava os homossexuais em agitadores. O inimigo ainda não era a homofobia, mas a sociedade burguesa, considerada intrinsecamente repressiva, protegida por "heteroguardiães" e apoiada por "homoguardiães".

As "loucas", os *gays* e as travestis, subverteram a norma viril ao adotar uma atitude ultrafeminina e exuberante. Desde o início, as transexuais

(Marie France, Maud Molyneux, Hélène Hazera) estiveram no centro da FHAR, destoando dos outros com seu senso de espetáculo, *glamour* e humor *camp*. A *follie*, movimento informal inspirado na figura histórica da louca, teve grandes momentos nessa época, antes de ser marginalizada, como Jean-Yves Le Talec conta em *Folles de France* [Loucas da França].

As lésbicas, por sua vez, rejeitavam as expectativas da feminilidade e criaram dentro do MLF um pensamento e um estilo de vida voltados à autonomia, à sororidade e à negação dos clichês dominantes, fossem quais fossem, inclusive os da subcultura lésbica que se desenvolvera em locais de encontro como cabarés e boates (por exemplo o Katmandou, local chique e moderno aberto em 1969 por Elula Perrin). Embora fossem maioria no início da FHAR, as lésbicas acabaram engolidas pela chegada maciça dos homens e pela transformação das reuniões em espaço de paquera, em vez de discussão. Elas logo abandonaram o movimento, e muitas delas se uniram para fundar em 1971 o Gouines Rouges [Sapatões Vermelhas], primeiro grupo lésbico da França, reivindicando uma dupla ascendência: as lutas feministas e as homossexuais. As trans*, por sua vez, criaram em 1972 o Gazolines.

Em 1974, os Groupes de Libération Homosexuels [Grupos de Liberação Homossexuais] (GLH) assumiram a vez, espalhando-se pelas grandes cidades da França num novo contexto, pois o sopro revolucionário estava se esgotando e visões mais pragmáticas da transformação dos costumes se afirmaram. Seria o fim da "revolução dos homossexuais", como disse *Le Nouvel Observateur* em 10 de janeiro de 1972? Talvez, se concordarmos com Guy Hocquenghem, que atacou violentamente o aliciamento do movimento e a normalização da homossexualidade, que ele qualificou de "psicopolicial". Na realidade, a revolução estava apenas começando. Ela se prolongou, mas não se concretizou necessariamente nas formas imaginadas em 1971. A militância homossexual que se organizou nessa época iniciou o "momento político da homossexualidade", como diz o título da tese que Massimo Prearo dedicou ao tema. Ela se constituiu primeiro para lutar contra a repressão: as acusações de atentado ao pudor (desde o Regime de Vichy, a maioridade sexual estabelecida para os homossexuais era de 21 anos) e a prática policial de fichar e vigiar os locais de paquera. Essa dimensão é muito explícita na criação da Gay Liberation Front [Frente de Liberação *Gay*] dois anos antes nos Estados Unidos, após a rebelião de Stonewall, bar LGBT do Greenwich Village situado na Christopher Street (Nova York). O dia 28 de junho de 1969 tornou-se a data "oficial" de nascimento dos movimentos que depois se declararam sucessivamente homossexuais, *gays* e lésbicos, LGBT e LGBTQI+, ainda que na França, com a Arcadie (1954), e nos Estados Unidos (Califórnia), com The Mattachine Society (1950) e The Daughters of Bilitis (1955), as associações homofílicas tenham começado as lutas homossexuais por uma perspectiva de integração.

HERANÇA REPRESSIVA E EXPLICITAÇÃO DA HOMOFOBIA

A "luta contra a homofobia" é um dos desdobramentos da década de 1970. No início, essa palavra importada do outro lado do Atlântico designava o temor dos heterossexuais em relação à homossexualidade, depois tomou o sentido mais geral de rejeição da homossexualidade. A causa compreendia várias lutas: luta pela memória, luta contra a repressão e a patologização da homossexualidade, luta pela igualdade de direitos.

Os movimentos militantes queriam virar a página de uma longa história de estigmatização da homossexualidade. Na França, a homossexualidade não era mais delito desde a revolução de 1789. Há muito tempo Paris se tornara uma capital "homossexual", um refúgio, mesmo que até a década de 1980 certas práticas policiais e a censura de publicações cerceassem essa liberdade. O estudo comparativo realizado pela historiadora Florence Tamagne mostrou que os códigos penais da Alemanha e da Inglaterra proibiam relações sexuais entre homens, por isso não houve na França movimentos militantes semelhantes aos que se formaram nesses dois países. Em contrapartida, a condenação religiosa persistia. A psiquiatria, de sua parte, elaborou uma teoria da "inversão", fosse ela inata ou adquirida, que contribuiu para a formação de uma nova subjetividade nas classes altas. No célebre romance lésbico *O poço da solidão* (1928), de Marguerite Radclyffe-Hall, a heroína, Stephen, lê as obras de psicopatologia sexual da biblioteca de seu pai e define-se como "uma alma viril, prisioneira num corpo de mulher". Ela sofre e se sente condenada à infelicidade.

Na Alemanha do Terceiro Reich, a repressão tomou a forma paroxística de violência para criar um clima de terror e deportar os homossexuais para os campos de concentração. A homossexualidade era percebida como um sinal de degeneração da "raça", uma "doença contagiosa" que punha em risco a natalidade e, consequentemente, o poderio do Reich. Os homens homossexuais detidos eram identificados com um triângulo rosa e sofriam um tipo específico de crueldade, acentuado pela aversão que suscitavam. As mulheres homossexuais eram rotuladas de "associais" e identificadas com um triângulo preto. A deportação de homossexuais atingiu os departamentos da Alsácia-Mosela, que eram considerados germânicos e foram reincorporados à Alemanha.

A relação com esse passado repressivo era importante para os militantes, mas talvez não para o conjunto dos homossexuais. Esse interesse se manifestou publicamente em 1975, no Memorial aos Mártires da Deportação, em Paris. Em 1981, Guy Hocquenghem escreveu: "Ser homossexual, ainda hoje, talvez seja isso, saber que estamos ligados a um genocídio para o qual não se previu nenhum tipo de reparação". A memória enterrada da deportação dos triângulos rosa ressurgiu no início dos anos 1980, com o depoimento do alsaciano Pierre Seel. Desde então, a deportação tornou-se uma questão de memória, luta que foi encampada, entre outros, por Jean Le Bitoux, fundador da revista *Gai Pied* [Pé *Gay*] (1979), e deve ser situada no contexto trazido à tona pelo historiador Henry Rousso: o do "retorno do recalcado" de Vichy, do "despertar" da memória judaica e do início de uma rivalidade entre memórias que não excluiu certa relativização do genocídio dos judeus na Europa. Mas em 2005, ao fim de uma luta obstinada, os homossexuais foram integrados oficialmente às vítimas das perseguições da Segunda Guerra Mundial. Filmes, livros, depoimentos, manifestações marcaram essa luta, e hoje os fatos estão bem estabelecidos por historiadores (como Régis Schlagdenhauffen): eles calculam que 50 mil homens foram condenados pela justiça penal nazista e de 5 mil a 10 mil, enviados para os campos. Em 1987, o prefeito de Amsterdã inaugurou um "homomonumento" em pleno centro da cidade, em contraste com o déficit de celebração desse passado na França.

Em 1942, o Regime de Vichy estabeleceu uma legislação discriminatória própria, instituindo uma diferenciação para a maioridade sexual: 21 anos para as relações homossexuais e 15 anos para as heterossexuais. O Código Penal manteve esse dispositivo repressivo após a Liberação, prevendo penas de seis meses a três anos. Em 1981, a alternância política derrubou a interdição de relações homossexuais entre adultos e menores acima de 15 anos de idade (lei de 4 de agosto de 1982). Em 1985, uma lei estabeleceu penas para discriminação por sexo, origem e costumes, especialmente em casos de não contratação ou negação de serviços. A despatologização da homossexualidade foi outro campo de batalha: em junho de 1981, a França decidiu não levar mais em conta o entendimento da Organização Mundial da Saúde (OMS), que considerava a homossexualidade uma doença mental. Em 1990, a OMS retirou a homossexualidade de sua lista de transtornos psíquicos.

Essas mudanças foram devidas em grande parte à mobilização da militância nacional e internacional. Também foram fruto da evolução da opinião pública. Em 1980, dos entrevistados por uma pesquisa da Sofres [sigla em francês de Sociedade Francesa de Pesquisa por Sondagem] para *Le Nouvel Observateur*, 34% declararam que a homossexualidade é "uma doença que precisa ser tratada"; 26%, "uma perversão sexual que precisa ser combatida"; e 27%, "uma forma como outra qualquer de viver sua sexualidade" (15% não responderam). "Anormal", ela era, quando muito, "tolerada" e tinha de ser discreta. Entretanto, uma pesquisa do Ifop [Instituto Francês de Opinião Pública] atestou a rápida evolução da opinião pública: em 1986, as respostas positivas à pergunta da homossexualidade como "uma forma como outra qualquer de viver sua sexualidade" ultrapassaram a casa dos 50%.

A homofobia ganhou uma feição nova com a aids: vista primeiro como um "câncer *gay*", a aids reacendeu o medo e a rejeição. Em 1987, o presidente da Frente Nacional, Jean-Marie Le Pen, comparou os "aidéticos" aos "leprosos" e defendeu sua internação em "sidatórios"[1]. Para a extrema direita católica tradicionalista, parecia a punição divina dos pecadores. O temor do "proselitismo homossexual" dificultou uma prevenção mais eficaz, com cartazes informativos em espaços públicos ou medidas de conscientização nas escolas – e isso continua até hoje. A "sorofobia" ainda é uma realidade.

Em 2003, foi criado o dia internacional de luta contra a homofobia. Ele nos lembra de que a homossexualidade é em muitos países – especialmente na África, onde é com frequência apresentada como uma perversão tipicamente ocidental – punida com morte. Essa não é uma luta fácil. Em 2017, não houve unanimidade em torno da resolução da ONU que condenava a pena de morte em caso de apostasia, blasfêmia, adultério e relações entre pessoas do mesmo sexo: os Estados Unidos votaram contra, junto com Irã, Iraque, Síria, Arábia Saudita, Iêmen, Sudão, Nigéria, Somália, Afeganistão, Paquistão, Qatar, Emirados Árabes Unidos e Mauritânia.

Mas, seja na África do Sul, seja na França, a igualdade de direitos, e em especial o acesso ao casamento, impacta a opinião pública e faz a homofobia declarada diminuir, mas pode reforçar a violência real, traduzida em agressões e assassinatos LGBTfóbicos.

O movimento homossexual evoluiu para a defesa da igualdade de direitos entre homossexuais e heterossexuais. Entram nessa lógica as campanhas pelo Pacto Civil de Solidariedade (Pacs), ou contrato de união civil, instituído em 1999, pelo casamento entre pessoas do mesmo sexo, adotado em 2013, e pelo direito das lésbicas à reprodução assistida. É uma forma de revolução que implica o direito – nacional, europeu, internacional – numa dinâmica de igualdade e não discriminação. O jurista Daniel Borrillo e a advogada Caroline Mécary foram os pioneiros desse avanço na França. Ele lançou com o filósofo Didier Eribon, em 2004, o "Manifesto pela igualdade dos direitos"; ela defende os direitos dos homossexuais desde 1997, obtendo jurisprudências fundamentais sobre o direito da família e a discriminação, e ao mesmo tempo populariza questões de direito – por exemplo, com o livro *L'Amour et la loi. Homos, hétéros: mêmes droits, mêmes devoirs* [O amor e a lei. Homos e héteros: mesmos direitos, mesmos deveres] (2012). Cabe assinalar que a igualdade jurídica não era um ponto de consenso para a geração da FHAR e do MLF. Marie-Jo Bonnet, feminista e historiadora do lesbianismo, criticou veementemente o casamento homossexual, o acesso dos casais lésbicos à reprodução assistida e, mais ainda, a barriga de aluguel, porque via nisso uma traição aos ideais dos anos 1968. Mas podemos observar, na trilha do sociólogo David

---

[1] Em francês, usa-se a sigla "sida" em vez de "aids".

Paternotte, que foi um aspecto importante da revolução sexual – a dissociação de parentalidade e conjugalidade, reprodução e casamento, com a recentralização deste último na relação entre os cônjuges – que deu força ao argumento a favor do casamento homossexual.

MOVIMENTOS E CULTURAS LGBT

Os Estados Unidos foram o epicentro do movimento mundial de liberação homossexual, simbolizado pela bandeira do arco-íris. Eles deram o tom, os textos fundamentais, o vocabulário, as referências estéticas... A rebelião de Stonewall, em Nova York, contra uma batida policial num bar frequentado por transexuais, travestis e homossexuais originou a Gay Liberation Front. Naquela época, era proibido servir bebidas alcoólicas a homossexuais, era proibido homens dançarem com homens, e era proibido travestir-se.

Na Califórnia, a cidade de São Francisco foi, desde os anos 1930, o berço de uma cultura homossexual que se politizou nos anos 1970 com os novos movimentos de liberação estudados por Elizabeth A. Armstrong. O filme *Milk: a voz da igualdade* (2008) mostra a militância e a sociabilidade que se desenvolveram na cidade, ao contar a história do primeiro *gay* declarado a se eleger a um cargo público, Harvey Milk, até seu assassinato, em 1978, por um homofóbico. Sabendo da possibilidade desse fim trágico, ele gravou uma mensagem em que dizia: "Se uma bala tiver de atravessar minha cabeça, deixem que ela atravesse também todas as portas dos armários", encorajando o *coming-out*. Literatura, teorias políticas, músicas, filmes, quadrinhos, poesia, toda uma cultura floresceu e foi exportada para muitos outros países, com um vocabulário que foi adotado sem traduções. Foi assim que surgiram em 1979 as Irmãs da Perpétua Indulgência: militantes que se vestiam de freira, usavam maquiagens pesadas e nomes improváveis, e iam ao encontro dos homossexuais, ofereciam um ombro "caridoso" e davam conselhos de prevenção a doenças sexualmente transmissíveis. Em Paris como em São Francisco, o movimento homossexual se construiu em torno de três dimensões: a afirmação de identidade, a reivindicação de direitos e a transformação de uma subcultura sexual em comércio, uma contracultura comunitária.

A visibilidade seguia como um dos objetivos da militância, e ocupar o espaço público era um grande desafio para os movimentos homossexuais. As paradas anuais do orgulho cumpriram essa função. A primeira foi realizada em 28 de junho de 1970 em Nova York, São Francisco e Los Angeles – para celebrar a revolta de Stonewall. Na França, a primeira manifestação autônoma contra a homofobia ocorreu em 25 de junho de 1977, e a primeira parada, organizada por iniciativa do Comité Urgence Anti-répression Homosexuelle [Comitê de Urgência Antirrepressão

Homossexual], em 4 de abril de 1981. De início batizada Gay Pride, depois Marcha do Lesbian & Gay Pride, tornou-se em 2002 Marcha dos Orgulhos Lésbicos, *Gays*, Bi e Trans*. Atraiu 5 mil pessoas em 1993 e mais de 700 mil dez anos depois. Ao som do tecno, ela transmite uma imagem festiva da homossexualidade. Ao lado de *go-go dancers* de corpo sarado, *bears* de camisa xadrez e motociclistas BDSM, as *drag queens* e as Irmãs da Perpétua Indulgência praticam a arte do travestimento com muito humor. É um desafio para as mulheres: pelo código de gênero, elas têm menos escolhas para masculinizar a aparência.

O que a aids fez com o movimento homossexual, sua cultura, seus artistas, seu futuro, e com a sexualidade em geral, é uma questão vastíssima. A epidemia mortal encerrou a fase despreocupada dos primeiros anos da liberação homossexual. Em 1981, onze casos da nova doença foram registrados na França. A conscientização foi lenta, ao passo que a tragédia foi brutal. Várias figuras importantes morreram, intelectuais que pensaram a sexualidade e sua história: Michel Foucault, Guy Hocquenghem, Jean-Paul Aron, Michael Pollak... A luta contra o HIV se organizou. Daniel Defert fundou em 1984-1985 a associação Aides [Auxílios]. A doença trouxe à tona uma série de problemas sociais, alguns dos quais revelaram as discriminações que os homossexuais sofriam: o não reconhecimento da condição de parceiro, por exemplo, tinha um impacto negativo sobre o direito de visita, nos hospitais, ou de residência, com expulsões imediatas após o falecimento do companheiro... A primeira campanha de prevenção na França foi em 1987 ("A aids não passará por mim"). Reagir com o máximo de energia diante da emergência, cercar os poderes públicos, as empresas farmacêuticas e os pesquisadores eram os objetivos do Act Up, uma associação que agia do ponto de vista homossexual, movida pela raiva e com um repertório de ações semelhante em estilo ao dos primórdios, nos anos 1970. Um grupo formou-se em Paris em 1989, dois anos depois dos Estados Unidos. A aids tinha de ser homossexualizada? Era o que diferenciava a Aides, de enfoque generalista, e a Act Up, comunitária. A criação do centro *gay* e lésbico em Paris, em 1990, também seguiu essa lógica. A tragédia causou perplexidade, e às vezes reações de fuga como maneira de se proteger. Foi preciso tempo para organizar as memórias e homenagear os que se foram: o livro de Élisabeth Lebovici, *Ce que le sida m'a fait: Art et activisme à la fin du XXe siècle* [O que a aids fez comigo: arte e ativismo no fim do século XX] (2017); o filme de Robin Campillo, *120 batimentos por minuto* (2017); e o de Christophe Honoré, *Conquistar, amar e viver intensamente* (2018).

Em 1996, as triterapias trouxeram a esperança de se poder viver com o HIV, mas a pandemia ainda causava milhões de mortes no mundo. A aids tornou-se uma doença crônica nos países ocidentais, e uma minoria de homossexuais ainda se expõe ao risco: o *barebacking* (relação sexual sem preservativo) foi criticado com ações de prevenção que ainda hoje mobilizam a militância *gay* nos locais de encontro da comunidade. Mas, no geral, os comportamentos sexuais se adaptaram às novas condições, e isso restringiu a propagação da doença.

Com o Act Up, e depois dele, a militância radical recuperou o fôlego. Por exemplo, o Zoo, que se organizou em torno de Marie-Hélène Bourcier[2], defendia uma linha "antiassimilacionista", em oposição às reivindicações da Lesbian & Gay Pride, que, segundo ela, queria "heterossexualizar as bichas e as sapatas" (1998). A década de 1990 foi a década da introdução do conceito de gênero e das teorias *queer* na França, em especial com a difusão do livro de Judith Butler *Problemas de gênero*, publicado em 1989. Butler, professora universitária norte-americana, questiona nessa obra os binarismos mulher/homem, homo/hétero, o essencialismo e às vezes o naturalismo que essas categorias revelam; ela interroga o sujeito político da luta no centro da revolução sexual e sugere a superação dessas categorias e a assunção da fluidez contemporânea das identidades de sexo, sexualidade e gênero.

A REVOLUÇÃO LÉSBICA

Lésbicas e até heterossexuais participaram dos movimentos homossexuais dos anos 1970: Françoise d'Eaubonne, por exemplo, marcou presença na FHAR, como dissemos. Mas, na opinião das lésbicas, esses movimentos, apesar de criticar o falocentrismo, eram ainda muito marcados pela dominação masculina. As mulheres que queriam transformar o lesbianismo em questão política se identificavam sobretudo com o caráter não misto do MLF. Evidentemente, elas dividiam o espaço com mulheres heterossexuais e, nesse "movimento de mulheres", sentiam que estavam reparando o sofrimento de se sentirem excluídas da categoria de "mulher", visto que as lésbicas não eram consideradas "mulheres de verdade". O lesbianismo como identidade política construiu-se nesse período, a partir da matriz feminista. Mas às vezes essa identidade se insurgia contra tal matriz, contra o heterocentrismo, que era contestado com veemência no movimento pelo fato de as lésbicas serem numerosas e ativas dentro dele. Na Jornada de Denúncia dos Crimes contra as Mulheres, realizada na Maison de la Mutualité em 1972, as Gouines Rouges declararam: "Quando se trata das lésbicas, sempre dizem 'elas'. Nós, lésbicas, dizemos 'nós' para as mulheres que abortaram, para as trabalhadoras, para as mães de família etc. Nós não somos os outros".

O radicalismo do MLF encorajava a homossexualidade como "escolha", favorecia o tornar-se lésbica. "O feminismo é a teoria, o les-

---

2 Atualmente ele adota o nome Sam Bourcier. [N.E.]

bianismo é a prática", dizia Ti-Grace Atkinson, uma das teóricas do feminismo radical nos Estados Unidos. Nos anos 1970, a descoberta da liberdade sexual foi vivida com euforia. "Nós fazemos amor e guerrilha; o amor entre nós é amor com alegria"[3], cantavam as militantes do MLF. O ideal de sororidade foi celebrado. Surgiram jornais, locais de debates e encontros muito diferentes dos espaços *gays*, que eram mais numerosos e mais comerciais. Por outro lado, além das clivagens internas no feminismo, surgiram diferenças profundas na maneira de se identificar, de se engajar e de viver.

Monique Wittig foi a voz poética e teórica mais forte do radicalismo feminista dos anos 1970. Militante de primeira hora, ganhou o prêmio Médicis de 1964 por *L'Opoponax* [O opopônax]. Em 1969 publicou *As guerrilheiras*[4], cuja personagem principal é um "elas" que atua pela transformação do mundo. Em 1973 lançou *O corpo lésbico*[5] e, em 1976, com Sande Zeig, *Brouillon pour un dictionnaire des amantes* [Rascunho para um dicionário das amantes]. No mesmo ano mudou-se para os Estados Unidos. De inspiração materialista, sua análise a levou a afirmar que "é inadequado dizer que as lésbicas vivem, se associam e fazem amor com mulheres, porque 'a mulher' só tem sentido nos sistemas de pensamento e nos sistemas econômicos heterossexuais. As lésbicas não são mulheres", no sentido que não são apropriadas pelos homens. Por essa lógica, mulheres e homens são duas classes antagônicas, o que faz do amor heterossexual uma colaboração entre classes – esse, em todo caso, era o ponto de vista das lésbicas radicais a partir dos anos 1980 –, assim como a aliança com os *gays*. A heterossexualidade é analisada como um regime político, mas não existe "outro lugar", mesmo que as lésbicas consigam escapar dela. Quando essa análise[6] foi publicada em *Questions Féministes*, em 1980, provocou um debate violento e dividiu o comitê de redação da revista. Nos anos seguintes, esse texto fundador de Wittig tornou-se referência para o lesbianismo radical.

Nos anos 1980, o movimento lésbico desenvolveu-se na França e em muitos outros países, sem centralização. Associações, espaços de vida comunitária, grupos de caminhadas, centros de arquivos, grupos de reflexão sobre saúde e sexualidade e festivais de cinema não mistos (Cinéffable, 1989): as formas eram múltiplas. Em 1997, a Coordination Nationale Lesbienne [Coordenação Nacional Lésbica] agrupou a maioria das associações militantes. A revista mensal *Lesbia Magazine*, criada em 1982, foi além desse círculo. O movimento lésbico manifestava uma

---

3 *Nous on fait l'amour et puis la guerilla; l'amour entre nous c'est l'amour avec joie.*
4 Ed. bras.: Monique Wittig, *As guerrilheiras*, São Paulo: Ubu, 2019. [N.T.]
5 Ed. bras.: *Idem*, *O corpo lésbico*, Rio de Janeiro: A Bolha, 2019. [N.T.]
6 Ed. bras.: *Idem*, "A mente hétero", disponível em: <www.academia.edu/7842820/Monique_Wittig_A_Mente_Hetero>. Acesso em: 14 jun. 2020. [N.E.]

necessidade de convivência e (relativa) autonomização em relação ao movimento feminista, e defendia o desenvolvimento de uma cultura lésbica. Como no caso dos *gays*, essas referências culturais ultrapassaram fronteiras. Podemos citar como exemplo as obras de duas poetas e teóricas norte-americanas: Adrienne Rich e seu conceito de *"continuum* lésbico", que valoriza todas as formas de laço afetivo, intelectual e político entre mulheres na resistência contra o regime heterossexual; e Audre Lorde, uma pioneira do *black feminism*. O objetivo era dar existência política e poética às lésbicas. O cinema acompanhou esse movimento criativo com filmes românticos, como *Corações desertos* (1985), de Donna Deitch, ou *underground*, como *Virgin Machine* (1988), de Monika Treut, relato de iniciação de uma alemã que descobre o universo lésbico de São Francisco.

O lesbianismo difratou-se em vários tipos de identidade. A transgressão mais patente das normas de gênero é a da *butch*, de aparência andrógina. Nos anos 1980, quando proliferavam nos anúncios classificados coisas como "bofinho, caminhão: nem tente", o uso do termo *butch* entre as francesas marca o início da mudança. A palavra surgiu nos bares frequentados pelas lésbicas das classes populares nos anos 1940, nos Estados Unidos. A *butch* desejava, acima de tudo, satisfazer sexualmente a parceira, desfrutando de seu próprio prazer na presença dela. Em geral, ela dominava o roteiro sexual e tomava a iniciativa. A não reciprocidade era possível; aliás, ela era um pressuposto para a *stone butch*, que proporcionava prazer à parceira, mas não permitia acesso a seu próprio corpo. As *fems* eram lésbicas femininas que se sentiam atraídas (em geral) pelas *butchs*. Essa diferença entre *butch* e *fem* era frequentemente acusada pelas feministas de reproduzir o velho esquema heterossexual. Depois de desqualificada, voltou na década de 1990 como uma das modalidades do desejo lésbico[7].

Os anos 1990 puseram em primeiro plano a luta contra a lesbofobia – o neologismo data dessa época – e a conquista do contrato de união civil. A nova geração trouxe mudanças culturais importantes: casal, casamento, maternidade e aparência feminina denotam uma espécie de integração que rompe com o ideal revolucionário das gerações mais velhas. Contudo, novos radicalismos surgiram com a chegada da corrente *queer* e sua pretensão a ressexualizar as minorias sexuais. Em vez de identidade lésbica, outros termos eram preferíveis na França: *gouine* ou *butch*. Em parte da cena *queer*, as lésbicas – intelectuais, fotógrafas, artistas, ativistas – têm uma trajetória transgênero (*FtM: female to male* [do feminino ao masculino]); encontram legitimidade as identidades *butch* e *fem*, o BDSM, o uso de dildos (antes chamados "conso-

---

[7] Ver os depoimentos reunidos em Christine Lemoine e Ingrid Renard (org.), *Attirances: Lesbiennes fems, lesbiennes butchs*, Paris: Gaies et Lesbiennes, 2001.

los") e de objetos sexuais, a sodomia, o *fist-fucking* (penetração com o punho), o sexo coletivo e o pornô (*post-porn*, alternativo). O movimento lésbico feminista viu-se acusado de ter empobrecido a dimensão sexual e imposto normas "politicamente" corretas[8]. A crítica feminista às normas da revolução sexual, na versão patriarcal, estimulava as mulheres a ouvir e conhecer melhor seu corpo, o que podia levar à desgenitalização das relações sexuais ou, em todo caso, à ausência de penetração vaginal. Parece que séculos separam as "sapatões" dos anos 1970 da geração "hiper pós-moderna" de Wendy Delorme[9] e do feminismo das "mutantes" "pós-*punks*" de Virginie Despentes, em *Teoria King Kong*[10] (2006).

Esses discursos feministas, lésbicos e *queer* tiveram influência sobre as práticas? Houve uma revolução nos comportamentos cotidianos? Poucas pesquisas respondem a essas perguntas. Mas a tese da socióloga Natacha Chetcuti sobre a vida conjugal, a sexualidade e a representação de si das lésbicas nos anos 2000 revela uma diferença entre as lésbicas e as heterossexuais, ainda que elas compartilhem um traço adquirido em sua socialização como mulheres: o cuidado com o outro. Para as lésbicas que responderam à pesquisa, o que importa é a reciprocidade do desejo e do prazer. Distantes da norma heterossexual, elas são as protagonistas de sua sexualidade e se desvencilham dos papéis de gênero. As identificações do tipo *butch* e *fem* parecem minoritárias. As práticas BDSM e os *backrooms* para mulheres são desejos raros, dos quais as pesquisadas fazem apenas vagas representações. Pesquisas estatísticas amplas sobre a sexualidade, por sua vez, sempre evidenciam uma subdeclaração das práticas sexuais entre mulheres.

O número de mulheres que se declaram bissexuais é maior que o de homens. A letra "B" da sigla LGBT é a mais discreta. Catherine Deschamps explica em *Le Miroir bisexuel* [O espelho bissexual] (2002) por que a revolução sexual dos anos 1970 não foi uma era dourada para os bi, politicamente invisíveis e mal compreendidos. A primeira associação bi francesa foi criada somente em 1997. Mesmo que a bissexualidade como prática seja frequente, a bissexualidade como identidade é rara e enfrenta uma bifobia específica, inclusive dentro do movimento LGBT.

A REVOLUÇÃO TRANS*

Quanto ao "T" da sigla LGBT, ele não remete a uma orientação ou prática sexual – as pessoas trans* são héteros, bis, *gays*, lésbicas, assexuais… –, e sim a uma identidade. Daí o neologismo "transidentidade", criado

---

8 Ver a descrição bem-humorada da escritora norte-americana Dorothy Allison, *Peau*, Paris: Balland, 1999.
9 Ver seu romance *Quatrième génération*, Paris: Grasset, 2007.
10 Ed. bras.: Virginie Despentes, *Teoria King Kong*, São Paulo: n-1, 2016. [N.T.]

em alemão por Heike Boedeker em 1994 e introduzido na França em 2002, assim como o uso do termo "transgênero". É importante ressaltar a invenção de palavras para "se nomear": ela faz parte de uma construção identitária e marca a rejeição das concepções estritamente médicas e jurídicas pelo movimento trans*. A expressão LGBTQI+ reúne as minorias sexuais *e* as minorias de gênero.

A revolução trans* – da qual Maxime Foerster[11] forneceu em 2012 uma primeira história, para o caso específico da França – desenrolou-se em várias etapas. A primeira mergulha suas raízes nas mesmas fontes do movimento homossexual alemão, no fim do século XIX. Karl Heinrich Ulrichs, jurista e homossexual, conceitua a existência de um "terceiro sexo": definindo como "uranianos" ou "uranistas" os homens que se sentem mulheres e são sexualmente atraídos por homens, ele cria uma única categoria que abrangia trans* e homossexuais. Ulrichs é considerado hoje o pioneiro do movimento LGBT. Já o doutor Magnus Hirschfeld, engajado na luta contra a política sexual repressiva do Código Penal alemão (Parágrafo 175), incluiu as pessoas trans* na categoria do travestismo num artigo de 1910. Ele as distinguia dos hermafroditas e dos homossexuais, apontando que existe no caso delas uma contradição entre o sexo de nascimento e o sexo psicológico. Realizou as primeiras cirurgias de redesignação sexual, numa clínica de sua propriedade em Berlim: castrações e mastectomias, na época extremamente arriscadas e, às vezes, fatais.

A segunda etapa autonomizou a questão transexual em torno da questão da hormonoterapia e da cirurgia de mudança de sexo. Harry Benjamin, endocrinologista nascido em Berlim (onde teve contato com Magnus Hirschfeld), imigrou para os Estados Unidos e nos anos 1950 tornou-se a figura de referência do transexualismo. Acompanhou em particular Christine Jorgensen, que fez a transição em 1952, na Dinamarca, onde as cirurgias de mudança de sexo não eram proibidas por lei. Durante muito tempo, a elegante Jorgensen, ex-soldado, atraiu a curiosidade da mídia. Harry Benjamin preconizava a despsiquiatrização, e explicou os tratamentos em *The Transsexual Phenomenon* [O fenômeno transexual] (1966).

Na França, a primeira transexual conhecida foi a pintora Michel-Marie Poulain. Ela teve publicada uma biografia em 1954, "*J'ai choisi mon sexe": confidences du peintre Michel-Marie Poulain* ["Escolhi meu sexo": confidências da pintora Michel-Marie Poulain], de Claude Marais. Segundo Michel-Marie, quando ficou presa no campo de Struthof como combatente (do sexo masculino) da Resistência francesa, foi cobaia das experiências hormonais lá realizadas. Ela criou uma

---

11 Maxime Foerster, *Elle ou lui? Une histoire des transsexuels en France*, Paris: Musardine, 2012. [N.T.]

sociabilidade transexual em torno de si e de sua companheira, que fazia depilações definitivas, e tentou ajudar as pessoas transexuais com seus documentos de identidade, pois ainda era impossível mudar o registro civil. Não havia restrição para a venda de hormônios, e não se fazia acompanhamento psiquiátrico.

Nas décadas de 1950 e 1960, os cabarés eram um palco glamouroso para as transexuais; a prostituição era o outro lado da questão, na percepção dos poderes públicos e da mídia. Comentava-se pouco o caso dos homens transexuais, exceto quando atletas mudavam de sexo. A imagem pública do transexualismo era a das *vamps*: a cantora e dançarina Coccinelle, de beleza comparável à de Brigitte Bardot, estava em cartaz no Carrousel nessa época. Paris era a capital mundial do cabaré transgênero. Depois de realizar a cirurgia em Casablanca e, nas palavras dela, já "retificada", Coccinelle desafiou a ordem pública a ponto de se casar de branco na igreja em 1962. À sua maneira militante, pela sociabilidade que criou, ela assumiu com muito orgulho sua identidade. Cantou no palco do Olympia: "Procure a mulher, procure a mulher/ Veja, não escondo nada, procure bem/ Em mim, tudo proclama/ O feminino realmente me convém"[12]. Bambi foi sua sucessora: operada em 1961, ela fez uma longa carreira de vedete no cabaré Madame Arthur e no Carrousel de Paris[13], antes de se tornar professora de francês e escrever sobre sua vida.

O contexto dos anos 1968 favoreceu a militância mais radical. Na noite de 28 de junho de 1969, em Nova York, foram duas mulheres trans*, Marsha P. Johnson e Sylvia Rivera, que reagiram à invasão da polícia e à agressão contra a *butch* Stormé DeLarverie, deflagrando a rebelião de Stonewall. Elas criaram mais tarde a organização ativista Street Transvestite Action Revolutionaries (Star) [Travestis de Rua Revolucionárias de Ação]. Em São Francisco, no mesmo ano, o grupo de teatro The Cockettes inventou um novo tipo de espetáculo transgênero, psicodélico, de uma liberdade mirabolante para o público – e que inspirou David Bowie, Elton John, *Pink Flamingos* (1972), *The Rocky Horror Show* (1973)... Na França, as já citadas Gazolines da FHAR, incontroláveis, desafiaram a circunspeção de seus colegas de esquerda. E levaram a avacalhação ao extremo: o *look* das Gazolines era "guinholesco", recorda Jenny Bel'Air, e o grito em coro também ("Piiiiiiiica"). Jenny Bel'Air, que foi recepcionista da casa noturna Palace, definiu-se da seguinte maneira para a revista *on-line Yagg* (2015): "Sou uma esculhambação, sou a transa de um pai presidiário com uma mãe guianesa. Dá para ver no que deu [risos]. Um senhor e também uma senhora, muito respeitáveis. A vida é uma comédia". Várias Gazolines eram transexuais.

---

12 "*Cherchez la femme, cherchez la femme/ Voyez je ne cache rien, cherchez bien/ En moi, tout le proclame/ Que le mot féminin vraiment me convient.*" [N.T.]

13 Ver o filme que Sébastien Lifshitz fez sobre ela: *Bambi*, 2013, 58 minutos.

A partir de 1971, já era possível fazer a cirurgia de redesignação de sexo na França, mas a mudança no registro civil era impossível. A causa transexual tinha pouco apoio. A exceção era o pastor batista Joseph Doucé, que acolhia todas as minorias sexuais no Centro Cristo Libertador, fundado por ele em 1976. A transexualidade era uma questão marginal nos movimentos homossexuais, mesmo na FHAR. Também era malvista nos movimentos feministas: Janice Raymond (*The Transsexual Empire* [O império transexual], 1979) nos Estados Unidos e Patricia Mercader (*L'Illusion transsexuelle* [A ilusão transexual], 1994) na França consideravam a transexualidade um "erro" – "é impossível mudar de sexo" –, um "delírio" e, por várias razões, um perigo para a liberação das mulheres: as mulheres trans* nunca serão mulheres "de verdade", segundo elas; tendo sido socializadas como meninos, e tendo vivido como homens, estariam condenadas a permanecer em seu grupo de nascimento e perpetuar os comportamentos dominantes dos homens, inclusive nos grupos feministas não mistos; suas representações sobre a diferença dos sexos reforçariam os estereótipos de gênero; com o apoio de um poder médico masculino, que oferece a possibilidade de uma mudança de sexo, elas construiriam um corpo de mulher moldado pelo desejo masculino. As trans* seriam, portanto, vítimas de uma "ilusão", e a única solução racional é orientá-las para a psicoterapia. Essa teoria da ilusão tinha o apoio da psicanálise: Colette Chiland acreditava que a mudança de sexo era um sintoma da rejeição da "finitude ontológica, sexuada e temporal"[14].

O transexualismo é uma questão médica em constante evolução. O primeiro protocolo foi definido em 1979. A cirurgia de redesignação (reembolsada) somente podia ser permitida depois de uma avaliação psiquiátrica que constatasse o sofrimento psíquico e a persistência da demanda. Para obter a mudança de sexo no registro civil era necessário realizar uma esterilização, uma histerectomia ou uma vaginoplastia. Esse protocolo era aplicado de maneira restritiva, de modo que a tutela psiquiátrica foi cada vez mais burlada. Por pressão europeia, a França foi obrigada a evoluir. Em 1992, a Corte de Cassação reconheceu que o princípio da indisponibilidade do estado das pessoas não pode ser obstáculo à mudança do registro civil, após tratamento médico-cirúrgico.

Entre 1994 e 1997 surgiram várias associações voltadas para a saúde, o trabalho e o apoio psicológico; em 1997 aconteceu a primeira parada, a ExisTrans, organizada por Tom Reucher. Na segunda metade dos anos 1990, a questão transexual ultrapassou o campo conceitual e militante. O termo *transgenre* (tradução de *transgender* [transgênero]) começou a ser utilizado na França. Formou-se um movimento associativo para endossar teoricamente a corrente *queer* (Karine Espineira, Maud Yeuse Thomas).

---

14 Colette Chiland, *Changer de sexe: Illusion et réalité*, Paris: Odile Jacob, 1997, p. 275.

Em 2009, a ministra da Saúde, Roselyne Bachelot, anunciou a exclusão do transexualismo da lista de distúrbios psiquiátricos, mas outras lutas começaram. As cirurgias genitais não eram mais consideradas um passo obrigatório por certo número de associações e pessoas envolvidas.

As identidades de gênero se multiplicaram, e novas possibilidades de autodefinição emergiram das redes sociais: não binárias, *genderfluid, gender questioning, bigender, trigender, agender* (sem gênero ou gênero neutro), *gender variant, genderqueer, pangender*... As pessoas sem gênero possuem um símbolo, as não binárias uma bandeira; o alvo de suas reivindicações é sobretudo o binarismo do gênero linguístico.

A exemplo dos movimentos homossexuais dos anos 1970, que "revelaram" a norma heterossexual, os movimentos trans* revelaram um mundo "cis". As pessoas cisgênero possuem uma identidade de gênero: seu gênero corresponde à designação sexual que receberam ao nascer. O prefixo latino "cis" significa "do mesmo lado". O termo apareceu na década de 1990 (foi usado pelo sexólogo alemão Volkmar Sigusch), mas se difundiu apenas no início do século XXI. Tomar consciência de que o mundo é centrado no cisgênero é um dos objetivos do movimento trans*. Julia Serano, que contribuiu para a difusão do termo, explica em *Whipping Girl* ["A garota a fustigar", em tradução livre], publicado em 2007 nos Estados Unidos:

> *As cissexuais querem acreditar que o gênero delas é mais autêntico que o meu. Nas interações sociais, a única diferença entre meu gênero transexual e o gênero cissexual delas é que minha feminilidade é frequentemente caracterizada como secundária, ilegítima, ou como uma imitação da feminilidade delas. E a maior diferença entre minha história como "mulher" e a delas é que eu tive de lutar pelo direito de ser reconhecida como "mulher", enquanto elas tinham o privilégio de simplesmente poder considerá-lo como dado.*

A mobilização trans* também denunciou a transfobia. De fato, os assassinatos de caráter transfóbico são numerosos. Desde 1998 nos Estados Unidos (e desde 2004 na França), o Dia da Memória Trans*, celebrado em 20 de novembro, lembra essa violência nomeando as vítimas desses crimes. São em geral mulheres trans* vulnerabilizadas pela pobreza, pela prostituição e pela discriminação sofrida pelas não brancas. O assassinato de Brandon Teena, em 1993, inspirou o filme *Meninos não choram*, lançado em 1999: o estupro e o assassinato de um rapaz trans* por homens conhecidos dele. Em 2009, o Comitê Idaho, que coordena o Dia Mundial de Luta contra a Homofobia, acrescentou um T à sua sigla para denunciar a transfobia.

Nos anos 2010, quando a "questão trans*" se impôs na reflexão contemporânea sobre o sexo e o gênero, ela se tornou o alfa e o ômega da luta conservadora contra a "teoria do *gender*": "Você quer que seu filho vire uma filha?", diziam os panfletos distribuídos entre 2012 e 2014, na época da mobilização chamada Manif pour tous [Manifestação para todos]. À rejeição do casamento entre pessoas do mesmo sexo, da reprodução assistida para as lésbicas e da gestação por terceiros somou-se a rejeição da transidentidade e da abordagem construtivista do sexo, do gênero e das sexualidades. No caso dos opositores mais radicais, podemos falar de interseccionalidade dos ódios: o *"gender"* como invenção de "lésbicas feministas judias norte-americanas", segundo Claude Timmerman, conferencista do Centre d'Études et de Prospective pour la Science [Centro de Estudos e Prospectiva para a Ciência] que em 2012 tentou demonstrar o caráter nocivo do "antropocentrismo". Além de Judith Butler, uma das figuras mais visadas por esses ataques anticonstrutivistas inspirados na extrema direita cristã e antissemita, costuma-se citar muito o psicólogo e sexólogo neozelandês John Money.

A história é a seguinte. Em 1952, John Money defendeu nos Estados Unidos sua tese sobre o hermafroditismo. Na contramão da doxa biologizante e naturalista de seu tempo, ele estava convencido de que a identidade sexual não tem fundamento inato. Por isso, sugeriu uma cirurgia de redesignação de gênero aos pais de Bruce Reimer, um bebê de nove meses que, numa circuncisão mal feita, havia sofrido uma ablação do pênis. Seguindo o conselho do psicólogo, Bruce virou Brenda, passou por uma cirurgia para a retirada dos testículos e por tratamentos hormonais. Mas, na adolescência, Brenda se sentia homem. Quando soube da verdade, adotou o nome David, tomou hormônios e casou-se. Entretanto, não conseguindo superar seu mal-estar existencial, suicidou-se em 2004, após a morte de seu irmão gêmeo. "Está aí o resultado de não aceitar a ordem natural das coisas", concluiu o *site* de extrema direita católica Réinformation.tv, em 2013. O "caso David Reimer" seria a demonstração do "fracasso da teoria do gênero".

Símbolo da vanidade da "teoria do gênero" para seus detratores, essa história é ilustrativa de uma das etapas de reflexão dos especialistas sobre a sexualidade, o sexo e o gênero. Money distinguia o sexo biológico da identidade sexual e tentou torná-los coincidentes por meios cirúrgicos. Contemporâneo de Money, o psicanalista Robert Stoller estudou outros casos clínicos e reformulou a questão em 1968 com as noções de sexo e gênero e a "disforia de gênero", que designa a dissociação de ambos e o consequente sofrimento psíquico. Como vimos, a partir dos anos 2000, essas noções foram reinterpretadas e outras soluções, além das redesignações sistemáticas de sexo, foram exploradas.

Nessas revisões, uma das últimas questões a surgir no debate público foi a da intersexualidade. Os intersexos, que se juntaram à sigla

LGBTQI (à qual se acrescentou um prudente +), misturaram-se ao longo da história aos homossexuais e transgêneros com a denominação de hermafroditas, morfologicamente machos e fêmeas, por variações cromossômicas, anatômicas, gonadais e hormonais. Em 2011, o primeiro fórum intersexo da Associação Internacional Lésbica, *Gay*, Bi, Trans* e Intersexo (Ilga) formulou a questão da seguinte maneira:

> *Em todo o mundo, pessoas intersexos são submetidas a cirurgias e tratamentos hormonais desumanos e degradantes, sem seu consentimento, a critério dos médicos e extralegalmente. Isso é feito para "normalizar" o corpo e os órgãos genitais, a fim de ajustar as pessoas intersexos ao quadro sexual binário homem/mulher. A patologização das pessoas intersexos traz como consequência graves violações dos direitos humanos, da integridade física e da dignidade das pessoas.*

As cirurgias de designação, em geral realizadas logo após o nascimento, são percebidas hoje como um ato de mutilação. Na França, o relatório do Senado sobre os intersexos feito em 2017 apontou que todos os anos, em 800 mil nascimentos, 200 bebês são intersexo. A bióloga Anne Fausto-Sterling indica uma prevalência de 1,7% de intersexos no conjunto da população, levando em consideração a heterogeneidade das ambiguidades possíveis. O pensamento feminista construcionista também se interessou por essa questão, que se mostra central para a contestação do dimorfismo sexual binário e para o avanço da aceitação da diversidade humana. Sob essa perspectiva, Anne Fausto-Sterling, rastreando os mitos presentes nos discursos científicos, explica que, dada a dificuldade para atribuir a diferença dos sexos a um único fator (anatômico, genético, hormonal ou gonadal), poderíamos muito bem distinguir cinco sexos: os homens, as mulheres, os hermafroditas autênticos, os pseudo-hermafroditas femininos e os pseudo-hermafroditas masculinos. O cinema se interessou pelo tema, por exemplo, com *XXY*, de Lucía Puenzo (2007). As associações militantes são recentes, datam dos anos 2010. O sexo indeterminado já é reconhecido no registro civil de alguns países (Austrália e Alemanha), mas, na França, a Corte de Cassação considerou em 2017 que um cidadão francês não poderia ser de sexo "neutro".

5

LIBERAÇÃO SEXUAL?

A revolução sexual implicou novas representações e teorizações do sexo. A despeito de sua extrema heterogeneidade, é possível apontar uma fase de liberação que deu visibilidade à sexualidade em todos os âmbitos culturais e também no debate público. O contexto repressivo que imperava até aquele momento afrouxou, mas a noção de obscenidade e censura não desapareceu. A economia não ficou indiferente: "bunda vende". A "sexualização da sociedade" inspirou múltiplas reações de cartunistas e quadrinistas, de Georges Wolinski a Claire Bretécher, que descreveram a mudança de mentalidade de forma bem-humorada. Mas a liberação é também social e política. Pornografia, prostituição, violências sexuais e pedofilia são temas em torno dos quais se desenvolveram lutas e controvérsias a partir dos anos 1970: frentes pioneiras de liberação sexual ou obstáculos a ser derrubados para alcançá-la?

ORIGENS CULTURAIS DA REVOLUÇÃO SEXUAL DOS ANOS 1970

Percebida como uma "invasão" repentina entre 1969 e 1970, se acreditarmos na imprensa e na televisão da época, a sexualidade "liberada" de fato preparou seu caminho nos anos anteriores. Nos anos 1950, editores desafiaram a censura: Jean-Jacques Pauvert, editor de *História de O*[1] (1954), Régine Deforges e Éric Losfeld souberam impor o gênero erótico. Em 1969, a Biblioteca Nacional extinguiu o "Inferno", o que facilitou o acesso aos clássicos da literatura erótica, como Sade, Bataille, Verlaine, Apollinaire... Mas a censura permaneceu. Por exemplo, a divulgação, a publicidade e a venda para menores do livro *Eden, Eden, Eden*, de Pierre Guyotat, publicado pela editora Gallimard, ficaram proibidas de 1970 a 1981. Os quadrinhos eróticos floresceram a partir dos anos 1960 com edições *underground* nos Estados Unidos. Em 1962, *Barbarella*, de Jean-Claude Forest, abriu caminho para autores como Georges Pichard e Guido Crepax na década de 1970.

A exibição do corpo feminino como objeto não foi inventada em 1968. A *pin-up* atravessou o século XX. Sua feminilidade foi moldada pelo desejo dos homens heterossexuais: *lingeries* provocantes, com a infalível cinta-liga preta, formas voluptuosas como as de Marilyn Monroe. Seu corpo de mulher branca é extremamente normalizado. Como o de suas sucessoras, as *playmates* da *Playboy*, revista criada por Hugh Hefner nos Estados Unidos em 1953. As modelos eram um "conceito" para a *Playboy*, correspondiam a um perfil específico, e suas características físicas eram informadas pela revista: 22 anos, 52 kg, 89-58-89 (busto, cintura, quadril), de tipo europeu, loura, olhos azuis, sutiã GG. Em 1965, as cirurgias estéticas e os implantes de mama entraram em cena para permitir que se alcançasse o ideal desejado. A revista se dirigia aos homens atraídos por um estilo de vida libertino, festeiro e sensual. Seu fundador construiu um verdadeiro império, inventou a primeira indústria do lazer sexual: uma "*pornotopia*" para o homem moderno com o intuito de emancipá-lo, segundo o filósofo *queer* Paul B. Preciado. A *Playboy* canalizou o tédio dos homens casados dos bairros suburbanos, oferecendo-lhes a fantasia da liberdade urbana plena. Hefner inventou, por exemplo, as mansões da *Playboy*, templos de prazer onde o homem solteiro vivia com trinta mulheres fantasiadas de "coelhinhas" e continuamente filmadas num parque temático do sexo. Essa espécie de Disneylândia para adultos lembra certos programas de televisão e as redes sociais dos tempos atuais: Hefner foi um precursor. Na França, a revista *Lui* [Ele], lançada em 1963, era uma imitação que também tinha como público-alvo os executivos das cidades. Após 1968, a sexualidade tornou-se mais explícita na revista: as páginas centrais mostravam modelos de pernas abertas. A partir de 1973, a versão francesa da *Playboy* fez concorrência à *Lui* por um breve período de prosperidade, que decaiu nos anos 1980.

Contudo, mais que no papel brilhante das revistas masculinas, foi na tela grande do cinema, potencializada pelo *star system*, que a revolução

---

[1] Ed. bras.: Pauline Réage, *A história de O*, São Paulo: Brasiliense, 1985. [N.T.]

sexual floresceu. "Freud e Hollywood", digamos, para resumir a história. Os longos beijos, o fogo aceso na lareira e as cortinas esvoaçando ao vento – metáforas do coito nos anos 1940 e 1950 – foram substituídos por um erotismo mais explícito.

A ruptura aconteceu com Brigitte Bardot, em ...*E Deus criou a mulher* (Roger Vadim, 1956), que impôs uma figura não demonizada da mulher como sujeito de seu próprio desejo, ao mesmo tempo "caçador e presa", para usar a célebre fórmula de Simone de Beauvoir. O cinema da Nouvelle Vague, em contrapartida, privilegiou uma visão romântica do amor – com exceção de Louis Malle, o primeiro a apresentar o orgasmo feminino, na interpretação de Jeanne Moreau em *Os amantes* (1960). Mas foi só na década de 1970 – com *La Fiancée du pirate* [A noiva do pirata], de Nelly Kaplan, filme proibido para menores de 16 anos lançado secretamente em 1969 – que a sexualidade se tornou um tema de importância no cinema: *O sopro no coração* (1971), de Louis Malle, apresenta com bons olhos um incesto entre mãe e filho. Em 1972, *Último tango em Paris*, de Bernardo Bertolucci, fez sucesso com o escândalo causado por uma cena de sodomia. Enfim, 1973 marca o auge da abordagem do tema com a apresentação em Cannes de *A mãe e a puta* (Jean Eustache), em que o realismo sexual está mais na linguagem que no visual, e de *A comilança* (Marco Ferreri), que associa o erotismo a uma gastronomia assassina. No ano seguinte, *Corações loucos* (Bertrand Blier) confirmou a associação da representação crua (e muitas vezes violenta) da sexualidade com o masculinismo e a misoginia no cinema autoral. Seus desdobramentos podem ser encontrados nos anos 2000, por exemplo, nos filmes de Jean-Claude Brisseau.

As cineastas francesas, que começaram a ganhar visibilidade nos anos 1980, só se apropriaram do tema na década de 2000. Catherine Breillat, com *Uma adolescente de verdade* (1975), foi a única a tentar representar sem romantismos o despertar sexual de uma adolescente, mas seu filme ficou censurado durante 25 anos. Em *Romance X* (1999), ela retomou o tema da sexualidade frustrada de uma jovem em comparação com a dos homens, apresentada como biologicamente incompatível, enquanto Pascale Ferran, em *Lady Chatterley* (2006), abordou o desejo e o prazer através do olhar feminino sobre o corpo masculino, ao revés das representações dominantes.

A representação da sexualidade nas telas ainda é uma questão importante no cinema autoral francês, como mostram os debates em torno das cenas de sexo entre mulheres em *Azul é a cor mais quente* (Abdellatif Kechiche, 2013), premiado com a Palma de Ouro do Festival de Cannes, incensado pela crítica cinéfila (majoritariamente masculina), mas atacado pela crítica lésbica por seu voyeurismo chique. Nesse caso, a questão do olhar masculino sobre o corpo feminino estetizado soma-se à questão do olhar heterossexual sobre uma sexualidade homossexual.

A "EXPLOSÃO" PORNOGRÁFICA

A pornografia é uma das formas de exposição mais ostensivas do sexo "liberado", no contexto da sociedade de consumo, e leva à revolução cultural mais comercial. 1969 foi o ano da virada: nele aconteceu a primeira edição da Feira Internacional de Pornografia, em Copenhague. No mesmo ano, o cantor Serge Gainsbourg celebrou o prazer sexual com "69 année érotique" [69, ano erótico] e a sugestiva respiração de Jane Birkin na interpretação de "Je t'aime... moi non plus" ["Eu te amo... eu tampouco"].

O repentino florescimento das *sex shops* causou surpresa. Depois de conquistar a Alemanha, elas se estabeleceram em 1966 em Paris e, doze anos depois, havia cerca de cem delas na capital. Nesse período, ocorreu uma violenta controvérsia sobre a necessidade ou não de proibi-las. Finalmente, em 1973, apenas se exigiu que as vitrines fossem opacas e se reafirmou a interdição de venda a menores, com base na lei de 1949 sobre as publicações destinadas aos jovens. Para o jornal maoísta *Tout!*, em edição de maio de 1971, não era uma causa justa para os defensores da liberação sexual:

> *Não nos interessa a mínima que as lojas de sacanagem sejam fechadas. Essa é só mais uma contradição interna do capitalismo. O escândalo está no fato aberrante de que o sexo tenha de se refugiar em circuitos comerciais. A revolução sexual, evidentemente, não pode depender em hipótese nenhuma do lucro capitalista.*

Em pouco tempo, esse tipo de comércio foi associado a uma "miséria sexual". Tornou-se alvo de ações feministas, principalmente depois da invenção dos espetáculos ao vivo, ou *peep shows*, nos anos 1980.

As revistas especializadas também tiraram partido do visual, com fotografias e pôsteres – aliás, esse é o sentido de *pin-up*: "para pendurar". A censura diminuiu em 1973: surgiram as revistas *Éros*, *Couple 2000* [Casal 2000] e *Union*; mais tarde, os jornais com "sexo" no título, como *Hypersexe* e *Supersexe*. No fim dos anos 1970, os limites recuaram ainda mais: *Hypersexe* [Hipersexo] mudou de nome para *Anale* [Anal] e, em seguida, para *Salope* [Vagabunda].

A abertura de salas de cinema especializadas foi outra marca dos anos 1970. Até então, os filmes pornográficos tinham uma difusão restrita. Tão antigos quanto o próprio cinema, inventado em 1895, mostravam *closes* do sexo feminino e do masculino, coitos variados e penetrações reais, mas eram exibidos apenas em prostíbulos. Nos Estados Unidos, que viveram o puritanismo do Código Hays (1930), a primeira exibição pública de um filme pornográfico foi em 1971, em

São Francisco. O primeiro grande sucesso de público foi lançado no ano seguinte, e era norte-americano: *Garganta profunda*, de Gerard Damiano, um filme modesto, de 24 mil dólares, que rendeu 12 milhões. Em 1974, o número de filmes eróticos e pornográficos explodiu, mas a distinção entre os dois gêneros era ainda muito tênue. *Emmanuelle*, sucesso fenomenal de 1974 protagonizado por Sylvia Kristel, com um público de 1,35 milhões de pessoas, foi qualificado de "pornô *soft*". O ano "*hard*" foi 1975. *Exhibition* [Exibição], de Jean-François Davy, foi apresentado no Festival de Cannes e teve um público recorde de 575 mil pessoas. *La Grande Partouze* [A grande bacanal], por sua vez, teve um público de 247 mil pessoas, e no mesmo ano foi realizado o primeiro festival de filmes pornográficos da França.

A invasão desses filmes preocupava o meio cinematográfico, pois prejudicava a difusão dos filmes autorais. A lei de 1975, em resposta a essa preocupação, criou uma nova categoria de filmes: o filme X, que mostrava órgãos genitais masculinos e femininos e atos sexuais não simulados. Esses filmes eram exibidos em salas especializadas, proibidos para menores e sujeitos a impostos elevados. As salas especializadas se disseminaram e, em certo período, um em cada dois filmes franceses era classificado como X. A produção se diversificou com subgêneros (*gay*, BDSM) e especialidades (incluindo zoofilia e escatologia), mas também se marginalizou e se desvalorizou, entrando numa lógica comercial que a distanciou das ambições subversivas da pornografia dos séculos XIX e XX, valorizadas pelos militantes da revolução sexual dos anos 1968.

Nos anos 1980, o pornô entrou nas casas francesas através do videocassete e, mais tarde, do canal pago Canal+. Por fim, a internet facilitou o acesso a ele. Nos anos 2000, na faixa de 25 a 49 anos de idade, um em cada dois homens e uma em cada cinco mulheres assistiam regularmente a filmes pornográficos. É possível falar de banalização, o que explica que, em julho de 2016, um jornal do renome do *Le Monde* tenha entrevistado a estrela dos filmes pornôs Rocco Siffredi, com uma foto atestando o tamanho lendário de seu pênis. Houve a partir dos anos 2000 certa contaminação entre o pornô e o filme autoral em vários filmes sem simulação, e a censura continuava atuante, como quando classificou como filme X *Baise-moi* [Transa comigo] (2000), de Virginie Despentes e Coralie Trinh Thi, que conta num estilo "*trash*" semelhante ao dos filmes pornôs a história de duas moças que, após terem sido violentadas, decidem se vingar. Entretanto, uma campanha levou à modificação da lei e à criação de uma nova categoria de proibição aos menores de 18 anos, distinta do X.

Enfim, a difusão do pornô também pode ser medida por sua influência: ela é visível nas maneiras de se vestir, nos padrões estéticos (depilação completa, por exemplo) e na publicidade "pornô *chic*" à francesa. A pornografia tornou-se questão de discussões filosóficas – e mais recentemente sociológicas – sobre a desrealização da sexualidade apresentada nos filmes, a falta de identificação dos espectadores e das espectadoras com os atores e as atrizes pornôs e a distinção que se deve fazer – ou não – entre pornografia e erotismo, este considerado "pornografia para ricos". O filósofo Ruwen Ogien, em *Penser la pornographie* [Pensar a pornografia] (2003), defende uma atitude liberal, fundada numa "ética mínima" formulada da seguinte maneira: "cada um é livre para fazer o que quiser com sua sexualidade (inclusive não fazer nada), desde que não cause dano a ninguém (ou a ninguém além de si mesmo), sendo o consentimento o critério mais pertinente para o que é permitido ou proibido na relação sexual". Ele continua a reflexão em *La Panique morale* [O pânico moral] (2004), identificando à direita e à esquerda do espectro político os medos que nos levam a enxergar na pornografia uma desumanização da sexualidade e um perigo para a juventude. O sociólogo Mathieu Trachman observa a pornografia (heterossexual) com as ferramentas da sociologia do trabalho e do gênero, abordando-a como um setor econômico que produz "suportes masturbatórios eficientes" e fabrica fantasias através da exploração do corpo e da capacidade sexual das atrizes e dos atores. Na França, desde os anos 2000, na esteira dos *porn studies* desenvolvidos nos Estados Unidos, a pornografia se tornou, mais que um objeto de estudo, um campo específico do saber universitário.

AS PROSTITUTAS TOMAM A PALAVRA

No universo da prostituição, a revolução sexual começou em junho de 1975 com um acontecimento inusitado: cerca de cem prostitutas ocuparam a igreja Saint-Nizier, em Lyon. Foi uma "mobilização improvável", explica a socióloga Lilian Mathieu, dada a condição delas ou, mais precisamente, a vergonha social associada à atividade que exercem. Esse estigma foi analisado pela professora e pesquisadora da área de psicologia social e feminista Gail Pheterson no livro *The Prostitution Prism* [O prisma da prostituição], publicado em 2001. Nele, ela defende a ideia de que, enquanto "puta" for um estigma, a liberação das mulheres fracassará.

Foram lançados depoimentos em primeira pessoa: Germaine Aziz, que se tornou jornalista do *Libération*, publicou em 1980 *Les Chambres closes: Histoire d'une prostituée juive d'Algérie* [Quartos fechados: história de uma prostituta judia da Argélia], e Grisélidis Réal publicou em 1974 *Le Noir est une couleur* [O preto é uma cor]. Escritora e prostituta de rua, como informava em seus documentos de identidade, Réal acreditava – sem negar os aspectos sórdidos – que a prostituição é ao mesmo tempo uma arte, um humanismo e uma ciência, e que optar por ela é um ato revolucionário.

As prostitutas ganharam uma caneta e uma porta-voz com Ulla, a heroína midiática do movimento de 1975. Dando ênfase à liberação da palavra, que era central nos anos 1968, Carole Roussopoulos filmou o movimento de Saint-Nizier e intitulou o documentário *Les Prostituées de Lyon parlent* [As prostitutas de Lyon falam]. O que acendeu o estopim foi a repressão da atividade com multas cada vez mais frequentes. Mas o problema não era apenas econômico: dignidade, acesso à saúde, necessidade de reconhecimento, desejo de sair da rua, as aspirações eram múltiplas. Feministas do MLF apoiaram o movimento, mas a prostituição não era para a segunda onda feminista uma questão importante como fora para a primeira. A cultura feminista da primeira onda estava imbuída do discurso abolicionista e dos argumentos da cruzada internacional contra a prostituição regulamentada, iniciada pela ardorosíssima Josephine Butler. Naquela época, as feministas reivindicavam uma moral única para ambos os sexos e acreditavam que o comportamento masculino tinha de se alinhar ao comportamento feminino. Esperavam que os direitos civis que elas exigiam para as mulheres conduziriam ao fim da polícia de costumes. Foram atendidas após a Segunda Guerra Mundial: os prostíbulos regulamentados foram fechados na França. Contudo, a chamada Lei Marthe Richard, de 1946, tinha uma dimensão conjuntural, uma função punitiva no contexto das purgas legais[2]. Em 1950, a ONU adotou a Convenção para a Repressão do Tráfico de Pessoas e do Lenocínio, assinada tardiamente pela França em 1960.

A revolta de 1975 foi o ponto de partida de um movimento oposto. Neorregulamentarista, recusava os argumentos clássicos de controle e ordem pública e reivindicava uma melhor organização, representação e proteção das pessoas que exerciam a prostituição. Em 2009 foi criado o coletivo Strass (Sindicato do Trabalho Sexual), surgiu o termo "trabalhadoras e trabalhadores do sexo", e a palavra "puta", num movimento de reversão do estigma, ganhou um tom militante[3].

Esse impulso neorregulamentarista foi incentivado pelos países onde os prostíbulos eram legais e sofreu influência dos Estados Unidos. Mas, do outro lado do Atlântico, as feministas na realidade se dividiam sobre a questão. Feministas pró-sexo queriam eximi-lo do estigma. Apontavam os engodos e as decepções do sexo gratuito e comparavam o casamento à prostituição, em benefício da prostituição, que consideravam muito mais capaz de levar à plena realização sexual e muito menos

---

2 Após a Liberação da França, milhares de mulheres acusadas de colaborar com os nazistas foram expostas e humilhadas publicamente. Marthe Richard, ex-prostituta e ex-combatente da Resistência, responsabilizou a sociedade pela "depravação organizada e patenteada", e lembrou que muitos prostíbulos regulamentados haviam se envolvido com o invasor durante a guerra. De 1944 a 1949, mais de 300 mil pessoas foram investigadas por colaboracionismo, das quais 127 mil foram julgadas e 97 mil sentenciadas a penas que iam de cinco anos de perda de direitos civis até a condenação à morte. [N.T.]
3 Thierry Schaffauser, *Les Luttes des putes*, Paris: La Fabrique, 2014.

repressora que o casamento, porque não envolvia compromisso afetivo. A antropóloga Gayle Rubin teve um papel importante na elaboração de uma nova teoria do sexo, inspirada no feminismo e nas lutas LGBT (das quais era parte interessada: a tese de Rubin, defendida em 1994, tratava das comunidades *leather* e sadomasoquistas *gays* de São Francisco). Em especial, essa nova teoria acusava o feminismo de alimentar os pânicos sexuais que beneficiavam as políticas dos ultraconservadores. Neorregulamentaristas acreditam que é necessário conceder direitos sociais às prostitutas e responsabilizar-se pelas questões de saúde envolvidas na atividade. Diante da epidemia de aids, esse último argumento teve um grande peso. As associações distribuem preservativos em ações noturnas: Ônibus das Mulheres, em Paris; Grisélidis, em Toulouse; e Cabiria, em Lyon.

Por sua vez, o neoabolicionismo reuniu a seu redor vertentes religiosas e feministas, em particular no Mouvement du Nid [Movimento do Ninho], que surgiu dentro do catolicismo social e defende o fim da prostituição. Considera as prostitutas vítimas que não tiveram escolha. Para os neoabolicionistas, não existe prostituição forçada, porque toda prostituição é forçada, seja pelo desemprego, seja pela miséria. Eles denunciam o papel das máfias nas redes de prostituição e os métodos bárbaros utilizados para submeter as mulheres, destruídas pela droga e pela violência.

Seguindo o exemplo sueco, o neoabolicionismo evoluiu mais recentemente para o proibicionismo, punindo o cliente. Apesar das críticas a esse sistema, que tem como consequência a clandestinidade e vulnerabilização das prostitutas, a França estipulou, pela lei de 13 de abril de 2016, que é proibido comprar atos sexuais; a infração custa 1.500 euros; também prevê cursos de conscientização contra a compra de atos sexuais. O impacto sobre as 30 mil a 40 mil pessoas que se prostituem na França é discutido. Quanto ao cliente, ele se revelou um militante tardio com o lema "Não mexa com a minha puta", título de uma petição, em 2013, da revista mensal *Causeur* [Polemista], que queria recolher assinaturas de 343 "vagabundos" (em referência às 343 "vagabundas" de 1971). As motivações dos (poucos) signatários eram diversas: da rejeição do "puritanismo" ao direito à "saúde sexual" dos homens condenados à "miséria sexual" e injustamente estigmatizados. As prostitutas militantes garantem que os clientes são pessoas comuns, decentes, salvo uma minoria de desequilibrados violentos e pervertidos. O discurso fatalista a propósito da prostituição aponta que a existência da sexualidade venal reduz o número de crimes sexuais. Esse discurso dá uma imagem da sexualidade masculina muito diferente da sexualidade feminina: o homem teria naturalmente uma libido irrefreável, um instinto animal, como diz um masculinista no documentário *La Domination masculine* [A dominação masculina] (2009), de Patric Jean.

Durante séculos, a prostituição pôde ser definida como uma transação pela qual um homem comprava uma relação sexual com uma mulher. Mas existe também uma prostituição masculina e transgênero, uma minoria importante, voltada a uma clientela masculina. E a prostituição para mulheres, apesar de pouco visível e ocorrendo frequentemente no estrangeiro, é uma realidade que embaralha as interpretações da prostituição.

QUANDO O ESTUPRO COMEÇA A SER OUVIDO

A revolução sexual também teve impacto sobre a questão do estupro, pondo fim a séculos de silêncio, vergonha para as vítimas e impunidade para os culpados. A historiografia, muito recente, é marcada pelo trabalho pioneiro de Georges Vigarello. O estupro foi, durante séculos, um crime banalizado, apresentado como um fenômeno quase natural, inevitável, ligado à natureza agressiva da sexualidade masculina. É muito presente no imaginário erótico, como comprovam a trivialidade da fantasia do estupro e a representação frequente da violência sexual nas obras de arte. O estupro se assenta numa situação de desigualdade radical em benefício do agressor, que tem a certeza da impunidade, sobretudo no contexto conjugal. No século XIX, foi previsto como crime: a lei de 1832 estipulava uma pena de reclusão de dez a vinte anos para "quem quer que cometa o crime de estupro". Na prática, porém, o estupro foi pouco reprimido até a década de 1970. As queixas prestadas por mulheres de mais de 15 anos eram raras, e muito frequentemente não se dava crédito às vítimas. Elas eram levadas a sério somente sob certas condições, como defloração no momento do estupro, lesões corporais, agressões repetidas, múltiplos agressores, circunstâncias públicas da agressão. O estupro era considerado sobretudo uma ofensa à honra da família da vítima. Anne-Marie Sohn, que estudou os casos de estupro de mulheres adolescentes entre as duas guerras, sublinha a complacência da justiça com os rapazes que haviam atacado moças em situação de vulnerabilidade, e não raro o estuprador era conhecido da vítima.

Quais foram as grandes mudanças trazidas pela revolução sexual? Pela primeira vez, existia uma militância denunciando as violências praticadas contra as mulheres. Em 1972, o MLF organizou em Paris movimentos de denúncia de crimes cometidos contra as mulheres. Dois anos depois, houve a primeira "Marcha Noturna". *Slogans* feministas diziam: "Meu corpo me pertence" e "Quando uma mulher diz não, é não". Foi um momento de politização de um "novo intolerável", segundo a expressão da socióloga Elisa Herman. As violências conjugais e o estupro originaram uma militância específica, que unia feminismo e serviço social.

Também neste caso, o que mudou o jogo foi um processo. Em 1978, a advogada Gisèle Halimi voltou aos holofotes, defendendo em Aix-en-

-Provence as belgas Anne Tonglet, 24 anos, e Araceli Castellano, 19 anos, que foram violentadas por três homens ao fazer *camping* selvagem. De novo, a advogada atacou a lei. O estupro não devia ser julgado por um tribunal correcional, mas por um júri, como os outros crimes, e punido com penas mais duras, de dez a vinte anos de prisão. No fim do processo, que ficou conhecido como Processo de Aix-en-Provence, os estupradores foram condenados a seis e quatro anos de prisão. No contexto da época, em que a esquerda radical criticava o funcionamento da justiça e das prisões, a demanda de repressão colocava as feministas numa situação difícil.

A lei de 23 de dezembro de 1980 foi uma resposta parcial às reivindicações feministas. Ela redefiniu o estupro como todo ato de penetração sexual, seja qual for sua natureza, cometido contra uma pessoa mediante violência, coação ou surpresa. O crime de estupro passou a ser julgado em tribunais do júri e punido com penas de cinco a dez anos de reclusão, que podiam aumentar para dez a vinte anos em certos casos, como abuso de vulnerável ou, a partir de 1992, estupro cometido por cônjuge. As queixas aumentaram; o relato das vítimas passou a ser levado mais a sério; o acolhimento nas delegacias melhorou. Em 1999 a ONU instituiu o 25 de novembro como Dia Internacional pela Eliminação da Violência contra as Mulheres e incentivou programas de conscientização da opinião pública. Por outro lado, os conflitos que aconteceram na virada do século – Bósnia, Ruanda, Congo – lançaram luz sobre o uso extensivo do estupro como arma de guerra.

Na França, a primeira pesquisa nacional sobre a violência contra as mulheres (Enveff, na sigla em francês) indicou em 2003 que 11% das francesas haviam sofrido ao menos uma agressão sexual na vida. No momento em que a filósofa feminista Élisabeth Badinter criticava as feministas por vitimizar as mulheres (*Rumo equivocado*[4], 2003), cada vez mais vítimas de estupros se manifestavam. O fato de se declarar publicamente vítima de estupro era uma maneira de dizer que "a vergonha tem de mudar de lado". Feminista e de esquerda, Clémentine Autain tornou-se uma figura importante nesse combate, que se fortaleceu com a multiplicação de depoimentos de vítimas e ganhou uma dimensão inesperada em 2017. Nos Estados Unidos, o caso Weinstein (em outubro de 2017, atrizes acusaram de assédio e agressões sexuais o produtor hollywoodiano Harvey Weinstein) iniciou um movimento mundial de denúncia de violências sexuais, viralizado pelas redes sociais (#MeToo e #BalanceTonPorc).

---

4 Ed. bras.: Élisabeth Badinter, *Rumo equivocado: o feminismo e alguns destinos*, Rio de Janeiro: Civilização Brasileira, 2005. [N.T.]

PEDOFILIA E PEDOCRIMINALIDADE

A mudança de mentalidade em relação ao estupro foi ainda mais impressionante nos casos de abuso e estupro de menor. Durante muito tempo, as relações impostas por adultos a menores de ambos os sexos foram vistas com indiferença ou até mesmo com certa complacência. A lacuna historiográfica é reveladora: apenas em 2014 se publicou a primeira história da pedofilia (*Histoire de la pédophilie*, Anne-Claude Ambroise-Rendu). Hoje a pedofilia é designada pelo novo termo "pedocriminalidade" e encarna o mal absoluto. No entanto, durante alguns anos, houve defensores do "direito à pedofilia" entre os simpatizantes da revolução sexual.

O referencial jurídico delimitou o debate: o que define o consentimento é a maioridade sexual. No artigo que tipifica o atentado ao pudor, o Código Penal estabelece a maioridade sexual aos 15 anos. No caso de atos homossexuais, como vimos, a maioridade sexual era atingida aos 21 anos, entre 1942 e 1974, e aos 18, entre 1974 e 1982. Seguindo a óptica libertária dos anos 1970, alguns defendiam a supressão total da barreira de idade, qualquer que fosse a natureza das relações sexuais. Escritores e ensaístas levantaram a bandeira com o apoio de intelectuais e da mídia. Os escritores Tony Duvert, em *O sexo bem-comportado*[5] (1974) e *L'Enfant au masculin* [Criança no masculino] (1980), e Gabriel Matzneff, notadamente em *Les Moins de seize ans* [Os menores de 16 anos] (1974), e o filósofo René Schérer, em *Émile perverti, ou Des Rapports entre l'éducation et la sexualité* [Emílio pervertido, ou Sobre as relações entre educação e sexualidade] (1974) e *Une Érotique puérile* [Um erotismo pueril] (1978), lideravam a luta, com o apoio do jornal *Libération*, que publicava anúncios de pedófilos assumidos. Em junho de 1981, Benoît, professor infantil, relatou sua preferência por crianças: "Eu estava fazendo cunilíngua numa namorada e a filha dela, de 8 anos, parecia estar dormindo em sua caminha, ao lado. Quando terminei, a menina virou de costas, abriu as pernas e disse muito séria: 'Agora eu'. Ela era adorável, mantivemos relações durante três anos". Benoît acreditava "ser melhor em fazer as crianças desabrochar que os agentes do sistema".

Para os defensores da pedofilia, o argumento central é o reconhecimento do desejo das crianças, cuja sexualidade precisaria ser liberada. A prostituição de menores na África e na Ásia até os anos 1990 e 2000 não era entendida como um problema. Os defensores da pedofilia se viam como vítimas do puritanismo, uma postura que seduziu parte da esquerda libertária.

Entretanto, a pedofilia nunca se tornou um movimento autônomo, por ser desprovida de identidade comum. Os militantes se misturaram,

---

5 Ed. port.: Tony Duvert, *O sexo bem-comportado*, Porto: Afrontamento, 1974. [N.T.]

então, ao movimento *gay*, que no início dos anos 1970 era receptivo a esse tipo de discurso, e só mais tarde foram afastados dele. A identificação antiga entre homossexualidade e pedofilia estava enraizada na homofobia que os movimentos homossexuais pretendiam combater. Os movimentos lésbicos feministas, por outro lado, denunciaram energicamente os abusos sexuais cometidos contra menores de ambos os sexos.

No início dos anos 1980, o clamor cresceu, impulsionado pela já citada mobilização contra o estupro. Feministas se revoltaram, e sua influência foi decisiva para trazer à luz os danos à integridade da vítima e os prejuízos psicológicos. Podemos citar a reação de várias escritoras feministas: Nancy Huston condenou a liberdade de expressão do desejo que transforma meninas em mulheres-objeto em *Jouer au papa et à l'amant: De l'amour des petites filles* [Brincar de papai e amante: sobre o amor por meninas] (1979); Christiane Rochefort em *A porta do fundo*[6], prêmio Médicis de 1988; e Annie Leclerc com o livro póstumo *Paedophilia* (2010), estas duas últimas obras baseadas em experiências íntimas.

A força e a quantidade dos testemunhos das vítimas tiveram um papel importante na mudança de mentalidade. Grandes instituições se tornaram rés: a família, a escola e o clero. O número de condenações, que já era baixo e diminuiu ainda mais nos anos 1970, explodiu a partir de meados dos anos 1980, chegando a mais de 4 mil por ano na França no fim do século XX. Houve uma reviravolta nos discursos e na prática judicial. A figura do pedófilo foi construída com o apoio da mídia, em paralelo com a defesa dos direitos da criança no direito internacional. Grandes processos em 2004 e 2005 (o caso Dutroux, na Bélgica, e o de Outreau, na França) chamaram a atenção para o fiasco das investigações e dos processos judiciais. A vigilância vem aumentando nos últimos quarenta anos. O prazo de dez anos após a maioridade para prestar queixa parece muito curto para as associações de vítimas: considerando que a memória pode apagar a lembrança dos fatos antes de fazê-los ressurgir, elas exigiram a imprescritibilidade do crime em 2017.

Enfim, as fortalezas mais sólidas racharam: diante da extensão das queixas, o Ministério da Educação e a Igreja católica tiveram de enfrentar a realidade. O filme *Spotlight* (2015) mostrou a quantidade e a impunidade dos padres pedófilos em Boston, nos Estados Unidos, que durante muito tempo foram simplesmente transferidos de uma paróquia para outra. E a exploração sexual de crianças tornou-se crime. Em 2016, um francês acusado no estrangeiro foi condenado na França a dezesseis anos de prisão. Hoje o turismo sexual é visto de outra maneira: na verdade, seria mais exato falar de prostituição turística. A militância internacional das associações permitiu que houvesse tanto um progresso jurídico como uma mudança radical das mentalidades.

---

6 Ed. port.: Christiane Rochefort, *A porta do fundo*, Lisboa: Cotovia, 1989. [N.T.]

CRÍTICAS FEMINISTAS

A crítica mais vigorosa às representações dominantes da sexualidade dita "liberada" foi feita pelas feministas. Para a socióloga e teórica do feminismo materialista Christine Delphy, a revolução sexual foi um estratagema da dominação masculina. É o que ela dá a entender ao falar de suas recordações de 1968 ao jornal *Libération*, trinta anos depois:

> *Um homem, um dos futuros líderes de Maio de 1968, me chamou um dia: "Você é a favor da liberação sexual? É? Bom, então vamos dormir juntos". Os homens usam essa liberação para pressionar as mulheres, para nos culpar. Caímos numa cilada retórica, sempre em prejuízo nosso; a revolução sexual não passa de uma concepção higienista, masculina da sexualidade. O esperma vem, o orgasmo é obrigatório; as mulheres são apenas um receptáculo.*

Na esteira de Christine Delphy, a antropóloga Paola Tabet acredita que a sexualidade das mulheres é expropriada por meio de pressões materiais e psicológicas, cada vez mais fortes num contexto de globalização que leva ao aumento das desigualdades.

A abertura do mercado sexual remete cada homem e cada mulher a seu capital próprio, a uma lógica de competição, ao temor do fracasso, à falta de autoestima, a um sentimento de insegurança, a um sofrimento específico que a socióloga Eva Illouz estudou em *Pourquoi l'amour fait mal* [Por que o amor dói?] (2012). Herdeira da revolução dos anos 1968, a economia sexual contemporânea é marcada pela desregulamentação: a sexualidade não é mais reservada ao casamento e à reprodução; a moral sexual tradicional foi substituída pela ética mínima do consentimento; e isso causou muita desilusão, em particular nas mulheres, que são mais suscetíveis ao mito do amor romântico que os homens. "Em posição de vulnerabilidade", porque o poder político, social e econômico dos homens foi mantido, as mulheres são as "grandes perdedoras da revolução sexual", segundo Eva Illouz[7]. O sofrimento amoroso e sexual é vivido individualmente e encontra uma oferta abundante de terapias, mas, para a socióloga, a origem do mal é certamente social.

Para muitas feministas, a prostituição para uma clientela exclusivamente masculina e a pornografia feita por homens e para homens

---

[7] Eva Illouz, "Les Femmes ont été les grandes perdantes de la révolution sexuelle", *Philosophie Magazine*, 10 jan. 2018. [Disponível em: <www.philomag.com/les-idees/eva-illouz-les-femmes-ont-ete-les-grandes-perdantes-de-la-revolution-sexuelle-25609>. Acesso em: 28 set. 2020 – N.E.]

são manifestações gritantes da opressão sexual das mulheres, transformadas em objeto. Mas como explicar, então, a irrupção das mulheres na produção erótica para todos os gostos, em todos os estilos, desde Anaïs Nin e seus diários até a misteriosa Pauline Réage (pseudônimo da romancista Dominique Aury), que escreveu *História de O* em 1954, e a crítica de arte Catherine Millet, autora da autobiografia *A vida sexual de Catherine M.*[8], publicada em 2001? Algumas feministas veem o masoquismo feminino e a sexualidade compulsiva com desconhecidos como formas de ódio a si mesma. Mas o que pensar quando essas mulheres se consideram feministas?

Partiram dos Estados Unidos os debates mais articulados e mais intensos sobre essa questão. A controvérsia, que nos anos 1980 foi chamada de *sex wars*, dividiu as feministas quanto à relação entre exposição visual e realidade, consumo de material pornográfico e criminalidade sexual.

De um lado, as concepções favoráveis à regulação e às interdições, defendidas por Catharine MacKinnon, Andrea Dworkin ou Robin Morgan. Para Morgan, "a pornografia é a teoria, o estupro é a prática". Para Andrea Dworkin, "toda relação sexual que implique penetração vaginal por um homem é por essência um estupro". As mulheres são fisicamente colonizadas, ocupadas a partir de dentro. A jurista Catharine MacKinnon defende a proibição da pornografia e a punição do cliente.

De outro lado, as concepções favoráveis à liberdade. O "feminismo pró-sexo" conta com intelectuais como a filósofa Judith Butler e a antropóloga Gayle Rubin. Elas defendem a ideia de que é possível fazer uma pornografia diferente, de que as prostitutas não são meras vítimas, de que o BDSM (*bondage*-disciplina-sadomasoquismo) é uma sexualidade como qualquer outra e envolve mais respeito ao desejo do parceiro ou da parceira que muitas outras. No esquema geral das representações da sexualidade liberada, as fantasias quase sempre se alicerçam nas relações desiguais de sexo, classe e raça. Portanto, é possível falar de erotização da dominação, e talvez isso explique a posição central do sadomasoquismo na controvérsia. O BDSM, que para umas é o exemplo típico da alienação, é para outras, ao contrário, um palco comunitário particularmente igualitário que possibilita o *"gender fucking"*.

As *performances* concretizaram essa aspiração a mudar as representações do sexo. Uma das pioneiras foi Annie Sprinkle, que no início dos anos 1990 convidou o público a se aproximar de seu sexo aberto por um espéculo e olhar dentro dele.

O *post-porn queer* vem dessa matriz. Produção ao mesmo tempo política e estética, ele subverte todas as referências de gênero e cate-

---

8 Ed. bras.: Catherine Millet, *A vida sexual de Catherine M.*, Rio de Janeiro: Ediouro, 2001. [N.T.]

gorização da sexualidade por sua abertura a todos os tipos de corpos: trans*, intersexos, andróginos. O *post-porn queer* intervém nas práticas, especialmente com as oficinas de *drag king* e de "ejaculação feminina".

A controvérsia estava nas palavras, mas também na arte. Nas obras dos anos 1960 e 1970, o sexo é onipresente, é parte integrante de uma perspectiva subversiva que questiona as normas, as interdições e as transgressões. Sob a forma de *performances*, inaugura um modo de expressão que envolve o corpo da artista, a *body art*: Yoko Ono com *Cut Piece* [Peça cortada], Valie Export com *Genital Panic* [Pânico genital], Carolee Schneemann com *Interior Scroll* [Escrito interior], ou então Orlan com *Le Baiser de l'artiste* [O beijo da artista] e Niki de Saint-Phalle com toda a sua obra. O feminismo cultural revolucionou a arte contemporânea.

6 UMA REVOLUÇÃO CONTROVERTIDA

A diversidade das mídias, o florescimento das ciências humanas e sociais, a vitalidade das formas de pensamento crítico atentas à denúncia das relações de dominação, a postura do poder político, a mobilização religiosa em questões de moral sexual: múltiplos fatores contribuem para uma controvérsia rica, multiforme e duradoura sobre a revolução sexual. A sexualidade não escapa às relações de poder. É moldada não só pelo gênero, mas também por outras relações de dominação. Mais forte a partir dos anos 1960, a crítica política da dominação mudou o jogo? Como ela vê seu alcance mundial? Como considera as forças estruturais que instituem e perpetuam as desigualdades e as hierarquias?

UMA REVOLUÇÃO UNIVERSAL?

A revolução sexual "original" encerrava uma dimensão utópica: a superação de todas as determinações sociais na união sexual, mais ou menos como na comédia *Romuald & Juliette*, de Coline Serreau (1989), uma linda história de amor entre uma empregada doméstica antilhana e um executivo branco. A miscigenação é importante nessa perspectiva, e é útil lembrar que ela transgride interdições fortes, ainda muito presentes na mentalidade dos anos 1960 e 1970, tanto em casamentos ou uniões sexuais inter-raciais como inter-religiosos. O afrouxamento dos laços comunitários, as migrações, a mobilidade internacional e a globalização contribuíram para transformar essa utopia em realidade para parte da população mundial.

Algumas críticas não contestam a revolução sexual em si, mas se apresentam como um prolongamento dela, sob uma perspectiva inclusiva: por exemplo, os debates recentes sobre o acesso à sexualidade de pessoas com deficiência, ou a crítica às normas "etaristas" da sexualidade, os direitos sexuais de idosos que residem em casas de repouso. Seguindo a lógica da "democratização sexual", ressalta-se que, da mesma forma que as relações sociais de sexo, as relações de dominação de classe se perpetuam, e as condições materiais de acesso ou não acesso aos novos direitos devem ser levadas em consideração. A pauperização crescente na França desde o fim do século XX afeta a vida sexual dos excluídos socialmente. E há também as pessoas privadas de liberdade (inclusive sexual) nas penitenciárias e nos hospitais psiquiátricos.

Outras críticas contestam a revolução sexual e a consideram uma artimanha do capitalismo. Desde o início, vozes isoladas, que reivindicavam o marxismo, declararam sua aversão a mudanças culturais que se resumiriam a importações norte-americanas. Esse antiamericanismo (de princípio) estava ligado à crítica do lado sedutor do Plano Marshall e da sociedade de consumo por ele trazida. A "ideologia do desejo" está no cerne da modernidade do capitalismo e do liberalismo político, afirma o filósofo Michel Clouscard em *Néo-fascisme et idéologie du désir: Les "tartuffes de la Révolution"* [Neofascismo e ideologia do desejo: os "tartufos da revolução"] (1973) e *Le Capitalisme de la séduction* [O capitalismo da sedução] (1981). A revolução sexual é um regime de costumes que, sob essa perspectiva, corresponde a uma "social-democracia libertária" perfeitamente adequada ao neoliberalismo que oprime a classe operária e alicia a classe média com promessas de gozo e hedonismo. Hoje, as obras de Michel Clouscard inspiram os ataques de Alain Soral ao feminismo, que ele acusa de ter jogado as mulheres na sociedade de consumo.

É evidente que a revolução sexual se produziu no mundo capitalista, a Oeste. Foi uma invenção ocidental. Sua sincronia quase perfeita com a descolonização dos anos 1960 e 1970 é um fato importante, que deve ser destacado. Anti-imperialismo, pacifismo, luta de classes e revolução sexual se entendem bem. O desejo de ultrapassar as fronteiras nacionais e raciais estava associado a uma xenofilia de caráter político. "Somos mais de 343 vagabundas. Fomos enrabados pelos árabes. Temos orgulho disso e repetiremos", diz o manifesto da FHAR, publicado no número 12 do jornal *Tout!*. Para os revolucionários sexuais, o sexo cria relações políticas baseadas na solidariedade e na fraternidade. O contexto político e social pós-colonial levou, no exemplo citado, a uma arabofilia de duas faces: como resposta às representações racistas que apresentavam os árabes como predadores sexuais e como produto de uma exotização-fetichização do corpo árabe masculino cobiçado pelo desejo ocidental, como mostrou o historiador Todd Shepard.

A antropologia também contribuiu para essa fantasia sexual xenófila. A Oceania povoou a imaginação dos ocidentais que leram as descrições da etnóloga Margaret Mead sobre a sexualidade livre dos jovens das ilhas Samoa. O livro, que foi publicado em 1928, foi traduzido para o francês em 1963. Hoje, graças a Serge Tcherkézoff, sabemos que parte dessa descrição da sexualidade polinésia é mito, mas ainda assim Margaret Mead fez um sucesso extraordinário com sua tese. À sua maneira, ela encarnou a liberação dos costumes ao defender a ideia de uma não universalidade das práticas sexuais — o estatuto da virgindade, por exemplo — e, ao comprovar a determinação cultural dos comportamentos humanos, abriu caminho para a possibilidade de transformações nas sociedades ocidentais.

Assim, foi possível mostrar que havia ainda um imaginário exotizante, indissociável das relações de dominação colonial e pós-colonial, às vezes reforçadas pela idade da parceira ou do parceiro — meninas ou meninos ou mulheres jovens ainda mais submissos, passivos, muito próximos da natureza e animalizados. Nas sociedades pós-coloniais, essa fantasia sobreviveu. Os exemplos são múltiplos. Na França, a figura da "*beurette*"[1] faz-se onipresente nos *sites* pornográficos desde o início do século XXI. Designada por um termo herdado dos anos Mitterrand, ela sedimenta vários estratos históricos do imaginário sexual: a princesa das mil e uma noites; a oriental que posa para os cartões-postais dos anos 1880-1930; a imigrante, prisioneira de um meio machista, que busca se libertar; e finalmente a muçulmana proibida, coberta por um véu. Os sociólogos Éric Fassin e Mathieu Trachman veem a "*beurette*" como a realização da fantasia da mulher "meio puta" ("conosco") e "meio submissa" ("com eles"). A Ásia, muito distante de um Ocidente de miséria sexual e autocontrole, parece prometer gozos mais ou menos refinados. O filme *Emmanuelle* encena essa fantasia situando a ação em Bangkok (a Tailândia teve uma presença maciça de soldados japoneses, durante a Segunda Guerra Mundial, e norte-americanos, durante a Guerra do Vietnã). Em 2001, Michel Houellebecq descreveu cruamente em *Plataforma*[2] uma Bangkok tomada pela mercantilização e pela globalização da sexualidade.

A racialização do desejo, herdeira de representações antigas, está presente em inúmeros suportes comerciais, artísticos etc. Sua interpretação pode se revelar complexa, quando é possível ir além da constatação da apropriação e da coisificação dos corpos racializados e

---

[1] *Beur* (feminino: *beurette*) é uma gíria para designar jovens nascidos na França de pais magrebinos, em especial marroquinos, argelinos e tunisianos. [N.T.]
[2] Ed. bras.: Michel Houellebecq, *Plataforma*, Rio de Janeiro: Record, 2002. [N.T.]

hipersexualizados. É o que mostra Kobena Mercer, historiador da arte especializado nos *black cultural studies*, numa reflexão sutil sobre o ponto de vista com que se vê a obra e o contexto que o condiciona. Mercer compara dois artigos que ele próprio escreveu sobre a série *Black Males* [Homens negros] (1983), do fotógrafo norte-americano, branco e *gay* Robert Mapplethorpe. No primeiro artigo, de 1986, ele dá ênfase à violência do "fetichismo racial"; no segundo, de 1989, mais sensível e pessoal, explora sua própria excitação homoerótica e não fica alheio à morte do fotógrafo por aids, como foi o caso também de muitos dos afro-americanos fotografados nessa série. Mercer conclui com uma crítica à "retórica essencialista da política identitária categorial", que, segundo ele, dificulta a "convergência das lutas"[3].

UMA REVOLUÇÃO GLOBAL?

O que efetivamente está em jogo nas avaliações sobre a revolução sexual é a articulação das diferentes lutas. Sob essa perspectiva, os *subaltern studies* levam em conta vozes e fatos ocultos. A professora universitária e feminista "decolonial" Françoise Vergès defende esse ponto de vista em *Le Ventre des femmes: Capitalisme, racialisation, feminisme* [O ventre das mulheres: capitalismo, racialização, feminismo] (2017), no qual se pergunta por que o MLF não reagiu aos abortos e às esterilizações forçados que aconteciam na ilha de Reunião. Na França, essa crítica "interseccional", que põe em evidência as diferentes relações de dominação imbricadas umas nas outras, demorou a ser ouvida, pois o afrofeminismo só ganhou impulso nos anos 2010.

No esquema de pensamento do "choque de civilizações", desenvolvido na década de 1990 pelo professor norte-americano Samuel Huntington e que deu suporte à "guerra contra o terrorismo", a liberdade sexual é apresentada como uma das maiores riquezas do Ocidente ameaçado por bárbaros de costumes arcaicos. Essa tese, mesmo criticada nos meios científicos como uma visão simplista e fantasmática das "civilizações", produziu efeitos de todos os lados. Essa visão, que opõe um "lado do Bem" a um "lado do Mal", traz em si uma dimensão normativa que diz respeito à sexualidade e tende a demonizar sexualmente o Outro. Muito além da extrema direita europeia, essa representação sexualmente bipolar do mundo contemporâneo inspira discursos feminacionalistas e homonacionalistas – termos extraídos respectivamente das obras de Sara Farris, socióloga da Universidade de Londres, e Jasbir Puar, professora na Universidade Rutgers, ambas da corrente de pen-

---

3 Esse texto está em Florian Vörös (org.), *Cultures pornographiques: Anthologie des porn studies*, Paris: Amsterdam, 2015.

samento *queer of color*. Feminacionalistas e homonacionalistas instrumentalizam a questão dos direitos das mulheres e das minorias sexuais com propósitos racistas e xenofóbicos, lançando mão da ameaça de "islamização da Europa". Associa-se a esse tipo de pensamento a tática do *pinkwashing*: apresentar grupos sociais, forças políticas ou mesmo empresas como progressistas porque, ao menos aparentemente, são LGBT-*friendly*. O *feminism washing* faz o mesmo.

A crítica a essa dupla instrumentalização insere-se em geral na denúncia das políticas imperialistas das potências ocidentais. Portanto, não se volta apenas, como no exemplo francês, a uma extrema direita que procura passar uma imagem mais tolerante em relação à sexualidade para realçar os contrastes com o inimigo externo e interno. Volta-se, mais globalmente, à representação ocidental do mundo que opõe um "nós" sexualmente liberado a um "eles-elas" sexualmente oprimido. Como podemos perceber, os esquemas de interpretação da revolução sexual são intimamente dependentes das leituras geopolíticas que fazemos do mundo contemporâneo.

E não é fácil mensurar sua complexidade. O etnocentrismo é um obstáculo importante. Por exemplo, o léxico da sexualidade ocidental – com termos como *gênero* e *homossexualidade* – não é universal. Apesar disso, é possível mapear a liberdade sexual no mundo. Em 2013, a partir de indicadores muito variados sobre o Estado de direito e as práticas sexuais, Nadine Cattan e Stéphane Leroy desenharam um Norte tolerante e um Sul repressivo no *Atlas mondial des sexualités* [Atlas mundial das sexualidades]. Eles ressaltaram o fato de que as mulheres são as principais vítimas de uma dominação patriarcal mundial, ainda viva e fortalecida pela miséria e pela guerra: sujeitadas a prostituição, estupros coletivos, abortos seletivos de fetos do sexo feminino, casamentos forçados, privação de educação, mutilação genital... Também mostraram variações no nível "micro" que não podem ser negligenciadas.

A geógrafa Marianne Blidon sugere considerarmos a existência de uma "ordem sexual do mundo" (título do número da revista *L'Espace Politique* que ela coordenou com Sébastien Roux em 2011). Essa expressão tem sido muito usada politicamente por uma parte da extrema direita, que denuncia a "nova ordem sexual mundial" *pro-choice* e pró-pedofilia com uma retórica antiglobalista e conspiratória (Alain Escada, presidente da Civitas, em 2014). Contudo, a cisão entre "eles" e "nós" não resiste a uma análise atenta dos geógrafos sobre as situações locais e a heterogeneidade das populações. Basta pensar, por exemplo, nos contrastes produzidos pelo modo de viver urbano *versus* rural, que podem ser constatados tanto no Norte como no Sul.

A politização da sexualidade também é um problema nas relações internacionais e nas organizações internacionais. As tensões políticas são visíveis no diálogo entre os Estados, nas grandes conferências sobre população, mulheres, contracepção, prevenção da aids, tráfico de pessoas... Em 1974, na Conferência Mundial de População, as Nações Unidas reconheceram o direito ao "planejamento familiar" para que as pessoas decidam quantos filhos terão e de quanto em quanto tempo os terão. Vinte anos depois, na Conferência do Cairo, o Vaticano e a República Islâmica do Irã defenderam posições hostis ao planejamento familiar e à educação sexual. Trata-se, ainda assim, de espaços onde governos e organizações não governamentais debatem princípios herdados da revolução sexual: acesso a uma vida sexual segura e satisfatória, condições de escolha livres e esclarecidas em relação à vida sexual e afetiva, liberdade de escolha reprodutiva. Enquanto os conservadorismos políticos se fortalecem no mundo, milhões de mulheres continuam privadas do direito à contracepção e ao aborto, e morrem por causa disso. A homossexualidade ainda é punida com a morte em vários países. As organizações internacionais de defesa dos direitos humanos incorporaram cada vez melhor a luta contra as discriminações, as violências, as perseguições motivadas pela sexualidade, e o direito internacional ligado aos direitos humanos se apropriou dela: o direito será a continuação da revolução por outros meios? Não é algo que se possa negligenciar, mas também podemos pensar, como a jurista Bérangère Taxil, que primeiro é preciso agir em favor do desenvolvimento econômico, do acesso à água, à saúde e à educação para que se espere remediar as "violências da pobreza" que são as violências sexuais e rituais.

REVOLUÇÃO POLÍTICA OU REVOLUÇÃO ANTROPOLÓGICA?

A "revolução sexual" foi e continua sendo uma qualificação controversa, talvez em virtude das confusões causadas por seu duplo sentido: o primeiro, ideológico, refere-se à cultura contestadora dos anos 1968; o segundo, mais amplo e mais antropológico, designa as transformações rápidas e profundas das sexualidades no último meio século.

Se ficarmos com a primeira acepção do termo, podemos enfatizar que os ideais revolucionários, tais como formulados na época, não se concretizaram. Como disse a historiadora Ludivine Bantigny em 2013, foi uma "evolução", uma sacudida nas normas, mas não uma "revolução", porque as estruturas sociais, cujo caráter opressivo foi propalado em 1968, não mudaram.

Essa relativização do alcance da revolução sexual é encontrada em vários historiadores e sociólogos das sexualidades. Em 2006, em *Une Histoire de l'homosexualité* [Uma história da homossexualidade], o neerlandês Gert Hekma ressaltou as continuidades que reduziram o alcance da revolução sexual. Para ele, houve sem dúvida "grandes mudanças" na vida de *gays* e lésbicas, mas "a liberdade que eles conquistaram não abalou os fundamentos da ideologia sexual ocidental [...]. Essa ideologia insiste no aspecto biológico da sexualidade e hoje se interessa pela questão das pulsões, dos genes e dos hormônios; ela supõe que a sexualidade acontece naturalmente e não depende da cultura".

Segundo Maryse Jaspard, a revolução sexual existe somente como um "mito do século XX", uma representação deformadora do real. Para Michel Bozon, a expressão, que é de "uso corriqueiro", remete a uma concepção "antiquada" e "essencialista" da sexualidade, porque "os comportamentos sexuais não são mais representados à maneira de Reich ou Marcuse, impedidos por constrangimentos sociais que bastaria eliminar para possibilitar a livre expressão das pulsões sexuais". A sexualidade continua sendo construída por controles, que antes eram externos aos indivíduos e hoje são internos, com um aumento das "exigências sociais". Por outro lado, Michel Bozon avalia que "são as mudanças do não sexual que constroem e explicam as mudanças na esfera sexual". Ora, pondera o sociólogo, não houve nenhuma mudança radical nas "relações de gênero", e a prova, segundo ele, é "a enorme estabilidade da divisão sexual do trabalho na esfera doméstica". Formulada em 2002 na revista *Mouvements*, essa análise continua atual em 2018, quando se comemoram os cinquenta anos de Maio de 1968 (Michel Bozon, entrevistado pelo jornal *Le Monde* em 18 de março de 2018, pergunta no título: "Maio de 68 marcou o ano I da Revolução Sexual?").

O extravasamento dos impulsos, tão temido pelos adversários da revolução sexual, não aconteceu. As pesquisas sociodemográficas mostraram certa continuidade nos comportamentos sexuais. Apenas o pânico moral – real ou fingido – explicaria a impressão de novidades preocupantes. Não, a educação sexual dos jovens não é feita através da pornografia ou, em todo caso, não mais do que antes da internet, explica Michel Bozon. Se esse grande desregramento não se concretizou, então devemos levar em conta o autocontrole. Esse conceito de Norbert Elias, cuja tese se apoia na "civilização dos costumes" no Ocidente, também tem validade em períodos de liberação sexual, por mais contraintuitiva que a ideia pareça. Se os veranistas continuam a se comportar decentemente nas praias diante de mulheres de seios nus, essa não é a maior prova do sucesso desse processo de controle do impulso sexual? Os costumes foram formalizados, os indivíduos, disciplinados, e suas emoções perigosas ou violentas, reprimidas e sublimadas. Para entender melhor o momento de liberação dos anos 1920 ou dos anos 1960, podemos esclarecer, como fez Cas Wouters, que foi um "descontrole controlado dos autocontroles": as interdições foram interiorizadas de maneira mais flexível. Os modos de ser em sociedade se tornaram mais informais; as emoções foram aceitas, as pessoas se tornaram mais conscientes delas, e o ideal é vivê-las sem se constranger nem perder o controle. Foi nesse regime emocional específico que se produziu a revolução sexual.

Mas se dermos um sentido antropológico à palavra *revolução*, como fazem Françoise Héritier e Michelle Perrot, podemos considerar que são revolucionários o controle da fecundidade, a contestação da dominação masculina, a despatologização da homossexualidade... A socióloga do corpo e da biopolítica Dominique Memmi ressalta a ruptura que a "desfatalização do mundo" representou. Evidentemente, a temporalidade dessa ruptura é discutível. Houve uma aceleração no último terço do século XX, mas podemos defender a ideia de uma revolução sexual mais longa, do século XIX à década de 1970, como faz a historiadora britânica Hera Cook para evidenciar o papel primordial da contracepção, ou lembrar, como a historiadora Sylvie Chaperon, que a revolução sexual dos anos 1960 e 1970 foi precedida de outros momentos de politização marcados por um desejo de modernização e reforma moral. É claro que a dominação masculina e a ideologia sexual que a sustenta há séculos não foram varridas nesse curto espaço de tempo, mas existem sinais indiscutíveis de que estamos vivendo um período de transição para uma nova relação de forças que nos estimula a nos "reinventar", segundo o termo do psicanalista Serge Hefez, que em 2012 comemorou o desmoronamento do "patriarcado e todos os seus avatares fálicos" e concluiu: "não há motivo para medo".

O desejo de uma "democracia sexual" que garanta a igualdade sucedeu à politização da sexualidade em termos "revolucionários". Da mesma forma que a democracia política, a democracia sexual não é apenas uma questão de direitos, mas de condições de exercício desses direitos. Considerar que o gênero é uma relação de dominação significa reivindicar a igualdade de direitos, como mostrou, em 2017, a onda de liberação da palavra sobre a violência sexual. Reconhecer a economia do sexual, como mercado fundamentalmente desigual, depende também de uma crítica política da economia globalizada. Mas sem deixar de lado a luta contra o poder dos esquemas mentais mais arcaicos. "Puta", "veado", "bicha" ainda são os insultos mais usados, desde a infância. A revolução sexual, em sua ambição de desestigmatização, claramente não está terminada! A ideia de que teve início uma revolução embalada por valores de igualdade dos sexos, autonomia individual, aceitação da pluralidade das sexualidades e das identidades de gênero, consentimento e legitimidade do prazer "em si", e que essa revolução não terminou, anima a maioria das militantes e dos militantes a quem esse relato atribuiu os papéis principais.

Mas será que no fundo já não começou uma nova revolução sexual? Para o filósofo *queer* transgênero Paul B. Preciado, mudanças muito mais profundas que as utopias dos anos 1970 vêm se anunciando. Em

2000, ele defendeu em seu *Manifesto contrassexual*[4] a desnaturalização total das identidades sexuadas a partir de um elogio do dildo para todas e todos, sem nenhuma distinção. A perspectiva *queer* de superação tanto do binarismo do gênero como do binarismo das identidades hétero e homo fixas continua avançando, por exemplo, através da reivindicação da pansexualidade. Em *Testo junkie*[5], escrito enquanto tomava hormônios e antes de sua transição de gênero, Preciado prognosticou o advento de uma era farmacopornográfica: pílulas contraceptivas, Viagra, antidepressivos, tratamentos hormonais de substituição, testosterona... As alterações do corpo e dos estados de consciência dos seres humanos com que trabalham os trans-humanistas serão necessariamente acompanhadas de mutações daquilo que talvez não será mais chamado de "sexualidade".

Christine Bard agradece a Ludivine Bantigny, Sylvie Chaperon, Frédérique El Amrani, Karine Espineira, Samantha Saïdi, Geneviève Sellier e Sylvie Steinberg pelas releituras e sugestões.

---

4 Ed. bras.: Paul B. Preciado, *Manifesto contrassexual*, São Paulo: n-1, 2015. [N.T.]
5 Ed. bras.: *Idem, Testo junkie*, São Paulo: n-1, 2018. [N.T.]

ÍNDICE ONOMÁSTICO

Abelardo, Pedro 97
Abraão 68
Adão 72, 120, 189
Adriano 134
Afonso X 96
Afrodite 32, 34, 37, 46, 206
Agatão 47-48
Agostinho (santo) 72, 189-190, 198
Agostinho de Cantuária 73
Agriano 92
Agripina 157
Albis de Belbèze, Denis 147-148
Albis de Belbèze, Thérèse 147-148
Albrecht, Berty 237
Alcibíades 40
Álcman 26, 33, 36
Aldobrandino de Siena 74
Aldrich, Robert 205
Alembert, Jean le Rond d' 144
Alexandre, o Grande 25, 36, 131
Alighieri, Dante 94
Allison, Dorothy 270
Amarílis 132
Ambroise-Rendu, Anne-Claude 217, 287
Amélie (*René*) 215
Anacreonte 32, 36
André Capelão 89
Andrenas, Côme 125
Angelo d'Assisi 86
Anquises 32
Antínoo 134
Antonino (arcebispo) 81, 91
Apollinaire, Guillaume 278
Apolo 46, 133
Apolônia 43
Aquiles 131, 133

Arasse, Daniel 130
Argens, Jean-Baptiste de Boyer (marquês de) 155
Argenson, Marc-René-Marie de Voyer (marquês de) 167
Ariès, Philippe 16
Aristófanes 38, 45, 47-49
Aristóteles 37-38, 82, 117, 120
Armand, E. (Ernest-Lucien Juin) 226
Armstrong, Elizabeth A. 265
Aron, Jean-Paul 266
Aspásia 47
Astimelusa 33
Atalanta 36
Atedius Melior 61
Atkinson, Ti-Grace 268
Aubenas, Sylvie 203
Augier, Marie 48
Augusto 51-52, 54, 56
Aulo Gélio 63
Aurora 46
Aury, Dominique 290
Autain, Clémentine 286
Aziz, Germaine 282

Bachelot, Roselyne 273
Badère, Clémence 179
Badinter, Élisabeth 286
Bajos, Nathalie 235
Balzac, Honoré de 176, 179, 208, 215
Bambi (Marie-Pierre Pruvot) 272
Bantigny, Ludivine 297, 300
Barnano, Anthoyno 109
Bardet, Jean-Pierre 145
Bardot, Brigitte 272, 279
Bashkirtseff, Marie 180
Bassa 62

Bataille, Georges 278
Baudelaire, Charles 220
Baudouin, Marcel 184
Baudry, André 259
Bauhin, Gaspard 120
Beatriz de Romans 97
Beaumarchais, Pierre-Augustin Caron de 154, 156, 162
Beaumont (marquesa de) 202
Beauvalet-Boutouyrie, Scarlett 145
Beauvoir, Simone de 27, 230-231, 243-244, 279
Beda 82
Belmont, Charles 244
Belot, Adolphe 210
Benabou, Érica-Marie 163
Benjamin, Harry 271
Béraud (doutor) 193
Bergeret, Louis François Étienne 193-194
Bernard de Gordon 74
Bernard, Paul 218
Bernardin de Saint-Pierre, Henri 215
Bernardino de Siena 78, 81
Bertolucci, Bernardo 279
Bertrand, François (sargento) 174, 214
Biard, Auguste 196
Biard, Léonie 196
Billon, François de 126
Birkin, Jane 280
Blidon, Marianne 296
Blier, Bertrand 258, 279
Blum, Léon 181
Boccaccio, Giovanni 93
Boedeker, Heike 271
Boiardo, Matteo Maria 131
Bonnet, Marie-Jo 207, 264
Borrillo, Daniel 264
Bouchet, Thomas 231
Bougainville, Louis-Antoine de 154
Bourget, Paul 196
Boutin, Christine 248
Bowie, David 272

Bozon, Michel 232, 253, 298
Bradamante 131
Brantôme, Pierre de 126
Breillat, Catherine 279
Brentane, Marco 86
Brès, Madeleine 172
Bretécher, Claire 277
Brisseau, Jean-Claude 279
Brisson, Luc 48
Brohm, Jean-Marie 229
Brongniard, Alexandre-Théodore 164
Brooks, Romaine 211
Brooten, Bernadette 44
Burcardo de Worms 78, 81, 90, 98
Burdach, Karl Friedrich 190
Burguière, André 142
Busaffi, Marguerita 101
Butler, Josephine 199, 283
Butler, Judith 233, 267, 275, 290
Byron, George Gordon (lorde) 215

Cabrilhana, Raymonde 79
Cabris, Sybille de 79
Cadière, Catherine 155
Calame, Claude 26, 33-34
Calígula 58
Calpúrnia 54
Calvino, João 136
Campillo, Robin 266
Candy, Pierre-Philippe 151-152, 162
Capuron, Joseph 217
Carbonnier, Jean 250
Carcassonne (burguês) 177-178
Carlos VI 84, 106
Carlos X (conde de Artois) 157
Carpenter, Edward 209
Carpentier, Jean 255
Carpi, Berengario da 119
Casanova, Giacomo 175
Casper, Johann Ludwig 208
Castellano, Araceli 286
Catão 54, 59
Catilina 57

Cattan, Nadine 296
Catulo 52
Cerfvol, De 158
Cervantes, Miguel de 131, 141
Cesário de Arles 80
Chabrol, Claude 239
Chapeau, Nannon 161
Chaperon, Sylvie 191, 235, 299-300
Charageat, Martine 84
Charlus (barão de) 210
Chateaubriand, François-René de 215
Chauchard, Paul 245
Chetcuti, Natacha 270
Chiland, Colette 273
Choderlos de Laclos, Pierre-Ambroise-François 161, 166, 175
Choiseul-Meuse, Félicité de 161
Cícero 57, 61
Cico, Marie 202
Cíntia 52
Clairon, Claire Hippolyte 165
Cláudio 60
Cleópatra 54
Clermont-Tonnerre, Élisabeth de 211
Clifford Barney, Natalie 211-212
Clouscard, Michel 293
Coccinelle (Jacqueline Charlotte Dufresnoy) 272
Cohn-Bendit, Daniel 253
Colombo, Cristóvão 131
Colombo, Matteo Realdo 120
Constâncio 55
Constâncio II 55
Constant, Benjamin 176
Constantino, o Africano 73-74
Contarini 77
Conti, Louis-François-Joseph de Bourbon (príncipe de) 164
Cook, Hera 299
Corbin, Alain 16, 190-193
Corina 52
Crébillon, Claude-Prosper Jolyot de 161

Crepax, Guido 278
Cristina de Pisano 109
Cristo, Jesus 94, 102, 106, 273
Cryle, Peter 194

Damiano, Gerard 281
Dartigues, Jean-Pierre 195
Davidson, Arnold 22
Davidson, Denise 152
Davy, Jean-François 281
Defert, Daniel 266
Deforges, Régine 278
Deitch, Donna 269
Delacroix, Eugène 199
DeLarverie, Stormé 272
Deleuze, Gilles 229
Delon, Michel 166
Delorme, Wendy 270
Delphy, Christine 289
Démar, Claire 220
Démars 168
Demétria 37
Demóstenes 47
Deneuve, Catherine 243
Depardieu, Gérard 258
Depauw, Jacques 159
Deraismes, Maria 199
Dervieux, Anne-Victoire 164
Deschamps, Catherine 270
Despentes, Virginie 270, 281
Desrameaux 164
Dewaere, Patrick 258
Diderot, Angélique 178
Diderot, Denis 144, 154-155, 178
Dido 51
Dioneio 93
Dionísio, o Cartuxo 74
Diotima 49
Domiciano 61
Dor, Xavier 247
Dorlin, Elsa 233
Dottin-Orsini, Mireille 197
Doucé, Joseph 273
Dover, Kenneth 44

Du Barry, Jeanne Bécu (condessa) 157
Dubuisson (Françoise Ballot) 164
Dumas, Alexandre (filho) 197
Dumas, Alexandre (pai) 196
Dupont, Florence 26, 54, 62
Duport, Émile 248
Duras, Marguerite 243
Duvert, Tony 287
Dworkin, Andrea 290

Eaubonne, Françoise d' 247, 259, 267
Edviges de Merânia (santa Edviges da Silésia) 79
Éforo 45
Einstein, Albert 206
Elias, Norbert 213, 298
Ellis, Edith 209
Ellis, Havelock 209-210
Éloi, Thierry 54, 62
Eneias 51
Eribon, Didier 234, 264
Ernaux, Annie 249
Escada, Alain 296
Espineira, Karine 273, 300
Ésquines 47
Estácio 61
Estêvão de Fougères 98
Estrabão 45
Étampes, d' (Anne de Pisseleu, duquesa) 131
Eufileto 39
Euríalo 63
Eustache, Jean 279
Eva 72, 120, 189
Export, Valie 291

Falconnet, Georges 257
Falloppio, Gabriele 120
Farcy, Jean-Claude 181
Farge, Arlette 168
Farinacci, Prospero 133
Farris, Sara 295
Fassin, Éric 28, 233, 294

Fausto-Sterling, Anne 276
Favier, René 151
Feray, Jean-Claude 203
Ferguson, Gary 134
Fernando II de Aragão 96
Fernando III de Habsburgo 107
Ferran, Pascale 279
Ferrand, Jacques 122
Ferreri, Marco 279
Fersen, Hans Axel von (conde) 157
Fiaux, Louis 194
Filênis 62
Filipe, o Belo 94
Filiscos 43
Fillon, Anne 161
Filótis 37
Flandrin, Jean-Louis 16, 78, 142, 181
Flaubert, Gustave 176-177, 196, 215, 220
Foerster, Maxime 271
Forel, Auguste 195
Forest, Jean-Claude 278
Fortier-Beaulieu, Paul 182-183
Foucault, Michel 13, 16-17, 22-24, 28-29, 54-55, 64-65, 142-143, 172, 190-191, 207, 233, 266
Fouque, Antoinette 231
Fourier, Charles 179, 228, 231
Foyer, Jean 245
Fraenkel, Boris 228
Francisco I (rei) 131
Francisco de Sales 137
Freud, Sigmund 173, 209, 213, 227, 229-230, 252, 279

Gainsbourg, Serge 257, 280
Galeno 74, 117-121
Ganimedes 46, 133
Garnier, Pierre 192-193
Gauthier, Xavière 249
Gauvard, Claude 84, 104-105
Gennep, Arnold van 209
Germano/Maria Germano (vulgo Maria Barbuda) 119-120

Gerson, Jean 91
Giacomello di Bolonha 95
Giorgione 130
Girard, Grégoire (padre) 155
Giraud, Marie-Louise 239
Giscard d'Estaing, Valéry 245
Giuliani, Fabienne 216
Glaucias 61
Goethe, Johann Wolfgang von 215
Goncourt, Edmond de 197-198
Gouges, Olympe de 169
Gourdan, Marguerite 146, 156, 164, 168
Graaf, Reinier de 121, 160
Graciano 73, 75, 83
Grandville, Jean-Jacques 177
Gratiosa 77
Grégoire, Ménie 259
Gregório VII 75
Gregório IX 82
Gregório Magno 73
Grélois, Anne-Marie 260
Grenouilleau, Jean-Baptiste 245
Grianor 93
Grignan, Françoise-Marguerite de Sévigné (condessa de) 147
Grojnowski, Daniel 197
Guarini, Giovanni Battista 132
Guattari, Félix 229
Guérin, Daniel 229, 231
Guérin, Maurice de 215
Guerrand, Roger-Henri 232
Guilherme de Auvergne 76
Guilherme de Conches 73-74, 108
Guilherme de Nogaret 94
Guilherme de Plaisians 94
Guybert, Philbert 124
Guyotat, Pierre 278

Halimi, Gisèle 243-244, 285
Halperin, David 29, 44-45, 91-92
Hanafi, Nahema 147
Harroir (senhorita) 164
Hazera, Hélène 261

Hébert, Jacques-René 157
Hefez, Serge 299
Hefner, Hugh 278
Heidegger, Martin 229
Hekma, Gert 297
Helena 46
Heloísa (abadessa) 97
Hendrix, Jimi 254
Henrique I, o Barbudo 79
Henrique II 123, 127, 159
Heráclides 37
Héritier, Françoise 299
Herman, Elisa 285
Heródoto 131
Hesíodo 38
Hetzeldorfer, Katherina 99
Hipócrates 74, 118
Hirschfeld, Magnus 206, 208-209, 227, 271
Hispula 54
Hitchcock, Tim 160-161
Hite, Shere 251
Hocquenghem, Guy 229, 260-262, 266
Hollande, François 248
Homero 33
Honoré, Christophe 266
Horácio 59
Houellebecq, Michel 294
Hubbard, Thomas 44
Hugo, Victor 196, 197
Humbert, Eugène 237-238
Humbert, Jeanne 237-238
Huntington, Samuel 295
Huston, Nancy 249, 288
Huysmans, Joris-Karl 197

Iff, Simone 240, 245
Illouz, Eva 289
Irigaray, Luce 231
Isabel I de Castela 96
Iscômaco 37
Ismenodora 54
Issartel, Marielle 244

Jacinto 133
Jacob, François 240
Jagger, Mick 254
Jalade-Lafond, Guillaume 192
Janvier de La Motte, Eugène 202
Jaspard, Maryse 298
Jean, Patric 284
Jerônimo (santo) 73, 90
João XXIII (papa) 242
João Paulo II (papa) 247
John, Elton 272
Johnson, Marsha P. 272
Johnson, Virginia 251
Joplin, Janis 254
Jordan, Mark 90
José II 157
Juan de Abastas 96
Júlia (esposa de Pompeu) 54
Julia (*lex*) 56
Juvenal 60
Juvêncio 52

Kaplan, Nelly 279
Karman, Harvey 244
Kechiche, Abdellatif 279
Keller, Rose 156
Képès, Suzanne 244
Kertbeny, Károly Mária 205
Kinsey, Alfred 235, 251
Knaus, Hermann 239
Kobelt, Georg Ludwig 193
Kollontai, Alexandra 226-227
Krafft-Ebing, Richard von 208-209
Kristel, Sylvia 336

Labé, Louise 35
Labouchère, Henry 206
Lagroua Weill-Hallé, Marie-Andrée 238
Lamaze, Fernand 239
Lamballe, Maria Teresa Luísa de Savoia-Carignano (princesa de) 157
Lansing, Carol 87

Lapaire, Hugues 183
Laqueur, Thomas 119, 150-151
Laurens, André du 121
Le Bitoux, Jean 263
Le Borgne d'Arras (família) 79
Le Pen, Jean-Marie 248, 263
Le Talec, Jean-Yves 261
Leão IX 90
Lear, Andrew 44
Lebovici, Élisabeth 266
Leboyer, Frédérick 239
Leclerc, Annie 257, 288
Leeuwenhoek, Anton van 121, 160
Lefaucheur, Nadine 257
Lefebvre, Denis 124
Legrand du Saulle, Henri 218
Lejeune, Jérôme 245, 247-248
Lemoine, Christine 269
Lenoir, Jean-Charles-Pierre 164
Lenoncourt, Robert de (cardeal) 119
Leptines 37
Leridon, Henri 232
Leroy, Stéphane 296
Lésbia 52
Lescaut, Manon 164
Lévi-Strauss, Claude 215
Lídia 62
Lísias 39, 41
Lissarrague, François 44
Lop, P.-A. 218
Lopez, Antonio 133
Lorde, Audre 269
Losfeld, Éric 278
Lucrécia 58, 128
Luís XIV 156
Luís XV 156-157
Luís XVI 157
Lutero, Martinho 136
Lwoff, André 240

MacKinnon, Catharine 290
Mahon, Paul Augustin Olivier 217
Maignelay, Claude Marguerite de Gondi (marquesa de) 141

Malivin, Amandine 215
Malle, Louis 279
Malot, Hector 218
Malthus, Thomas 237
Manet, Édouard 198, 220
Manílio 54
Mapplethorpe, Robert 295
Marais, Louis 163
Márato 52
Marcial 27, 62
Marco Antônio 54
Marcuse, Herbert 229-230, 298
Marfisa 131
Margueritte, Victor 181
Maria Antonieta 157
Maria Madalena (santa) 102
Marie-Claire (processo de Bobigny) 244
Marie France 261
Marquesa de Merteuil 161, 167
Marquette, Jacques 135
Marte 130
Martin Le Maistre 74
Maspero, François 228
Masters, William 251
Mathieu, Lilian 282
Matthews-Grieco, Sara 130
Matzneff, Gabriel 287
Maupassant, Guy de 196-197
Mayneaud (filho) 164
Mazo Karras, Ruth 71, 92
McLaren, Angus 160
Mead, Margaret 27, 294
Mécary, Caroline 264
Memmi, Dominique 299
Ménétra, Jacques-Louis 162
Mercader, Patricia 273
Mercer, Kobena 295
Mercier, Louis-Sébastien 155, 164, 215
Mérimée, Prosper 179
Messalina 60, 194
Meusnier, Jean-Baptiste 163
Meyer, Olga de 211

Michéa, Claude-François 174, 215
Milk, Harvey 265
Millet, Catherine 290
Miou-Miou 258
Mirabeau, Honoré-Gabriel Riqueti (conde de) 145, 149
Miramion, Marie de 141
Mirtilo 132
Missoffe, François 253
Mitterrand, François 242, 294
Moheau, Jean-Baptiste 149
Molyneux, Maud 261
Money, John 275
Monod, Jacques 240
Monroe, Marylin 278
Montaigne, Michel de 119-120, 133-134
Montalban, Charles 192-193
Montesquiou, Robert de 210-211
Moore, Alison 194
Morand de Jouffrey, Antoine 152
Moreau, Jeanne 243, 279
Moreau, Philippe 56
Morgan, Robin 290
Morrison, Jim 254
Mossuz-Lavau, Janine 239
Moustiers, Annibal de 79
Murat, Laure 203, 207
Musset, Alfred de 176

Nagy, Peter 161
Napoleão III 200
Naquet, Alfred 195, 219
Nerva 54
Neuwirth, Lucien 238, 242-243
Nicolau de Gorra 80
Nin, Anaïs 290
Niso 63
Nodier, Charles 215
Núñez de Balboa, Vasco 135

Oakley, Ann 231
Ogien, Ruwen 282

Ogino, Kyusaku 239
Oliveti, Giovannetta 86
Onã 73, 90-91, 190
Ono, Yoko 291
Orellana, Francisco de 131-132
Orestes 133
Orfila, Mathieu 217
Orou 154
Otávio 54
Otero, Mariana 249
Ovídio 27, 52

Paes, Katherine 88
Palacios, Miguel de 123
Palas 130
Pápilo 62
Paré, Ambroise 118-121
Parent-Duchâtelet, Alexandre 198, 201
Pâris (Justine Bienfait) 164
Parker, Holt 44
Pátroclo 133
Paulo (são) 75, 106, 124
Pausânias 47
Pauvert, Jean-Jacques 278
Pavard, Bibia 237
Pávlov, Ivan 239
Pedro Cantor 72
Pedro Comestor 91
Pedro Damião 90
Peixotto de Beaulieu, Charles-Joseph Paul 164
Pelletier, Madeleine 181, 226, 237
Pelletier, Monique 246
Penélope 36
Peniston, William 203
Pentesileia 131
Péricles 47
Perrin, Elula 261
Perrot, Michelle 193, 233, 299
Petrônio 57
Petrus de Palude 77, 81
Peyret, Claude 245
Pheterson, Gail 282

Pichard, Georges 278
Picq, Françoise 229
Pidansat de Mairobert, Mathieu-François 146
Pietro di Ferrara 95
Pílades 133
Pincus, Gregory 241
Pio V 140
Pio XII 239
Platão 27, 40, 46, 48-49, 121, 206
Plauto 60
Plínio, o Jovem 54-55, 61
Plutarco 53-54
Polignac, Edmond de 211
Polignac, Gabrielle de (duquesa) 157
Polignac, Winnaretta de 211
Pollak, Michael 266
Pompadour, Jeanne-Antoinette Poisson (marquesa de) 157
Pompeu 54
Ponchartrain, Jérôme de 168
Porta, Emanuele Nicola De 86
Portalis, Jean-Étienne-Marie 173
Pougy, Liane de 211
Prearo, Massimo 261
Preciado, Paul B. 278, 299-300
Poulain, Michel-Marie 271
Presley, Elvis 254
Prévost, Antoine François (abade) 215
Prévost, Marcel 180
Príapo 62
Propércio 52
Proust, Marcel 210-211
Puar, Jasbir 295
Puenzo, Lucía 276

Querubim 162
Quinion 216

Racine, Jean 35
Radclyffe-Hall, Marguerite 210, 262
Rauch, André 258
Raymond, Janice 273
Réage, Pauline 278, 290

ver Dominque Aury
Réal, Grisélidis 282
Rebreyend, Anne-Claire 234-235, 252
Reich, Wilhelm 226, 228-229, 262, 298
Reimer, David (Bruce) 275
Rémusat, Claire Élisabeth Jeanne Gravier de Vergennes (condessa de) 179
Renard, Ingrid 269
René (*René*) 215
Restif de la Bretonne, Nicolas-Edme 159, 163-165
Reucher, Tom 273
Réveillé-Parise, Joseph-Henri 194
Revenin, Régis 203
Rich, Adrienne 269
Richard, Marthe 283
Ringart, Nadja 229
Ripa, Cesare 130
Rivera, Sylvia 272
Robert de Courson 72
Robin, Paul 237-238
Rocard, Michel 244
Roche, Daniel 162
Rochefort, Christiane 243, 252, 288
Rocke, Michael 95
Romieu, Antoine 252
Ronchaia, Rolandino/a 92
Ronsin, Francis 232
Rops, Félicien 177
Rosemonde (madame de) 166
Rossiaud, Jacques 102
Roubaud, Félix 193
Roudy, Yvette 246
Rousseau, Jean-Jacques 146, 150, 154, 158-159, 161, 176
Roussel, Nelly 181, 237
Roussel, Pierre 172
Rousso, Henry 263
Roussopoulos, Carole 260, 283
Roux, Sébastien 296
Rubin, Gayle 284, 290

Ruggiero, Guido 96
Russier, Gabrielle 255-256
Rykener, John (Eleanor) 92

Sabelo 62
Sacher-Masoch, Leopold von 208-209
Sackville-West, Vita 211
Sade, Donatien Alphonse François de (marquês) 155-156, 278
Safo 32-36, 46
Sagan, Françoise 243
Saint-Phalle, Niki de 291
Sainte-Beuve, Charles-Augustin 176
Sand, George 179
Sanger, Margaret 238
Saule, Kevin 124
Savonarola, Girolamo 95, 130
Scey-Montbéliard, Louis de 211
Schaffauser, Thierry 283
Schérer, René 287
Schiller, Friedrich von 215
Schlagdenhauffen, Régis 263
Schneemann, Carolee 291
Sébillot, Paul 184
Seel, Pierre 262
Segalen, Martine 181
Sêneca 56
Seraine, Louis 194
Serano, Julia 274
Serreau, Coline 258, 292
Sevegrand, Martine 190, 234
Sévigné, Marie de Rabutin-Chantal (marquesa de) 147
Sexto Tarquínio 58, 128
Seyrig, Delphine 243
Shepard, Todd 294
Sibalis, Michael 203
Siffredi, Rocco 281
Sigusch, Volkmar 274
Simon, Louis 161
Simon, Pierre 235, 240-241, 252-253, 255
Singer, Isaac Merrit 211
Singer, Winnaretta 211

311

ver Polignac, Winnaretta de
Smyth, Ethel Mary 211
Sócrates 40, 48
Sófocles 38
Sohn, Anne-Marie 16, 177, 182, 226, 285
Soral, Alain 293
Sprinkle, Annie 290
Stendhal 176, 179, 215
Stoller, Robert 230, 275
Suetônio 54, 58, 61

Tabet, Paola 289
Taís 60
Taléstris 131
Tamagne, Florence 207, 262
Taraud, Christelle 199
Tardieu, Ambroise 217-218
Tarquínio, o Soberbo 58
Taxil, Bérangère 297
Taxil, Léo 201
Tcherkézoff, Serge 294
Teena, Brandon 274
Teodósio I 55
Teógnis 36
Terêncio 60
Thevet, André 132
Thomas de Chobham 72, 76
Thomas, Chantal 157
Thorez, Maurice 242
Tibério 54
Tibulo 52
Ticiano 130
Tiller, George 247
Timarco 47
Timmerman, Claude 275
Tin, Louis-Georges 64, 234
Tirão 61
Tissot, Samuel-Auguste 150-152, 191
Tito Lívio 58
Tocqueville, Alexis de 180
Tolstói, Liev 206
Tomás de Aquino (santo) 75-77, 82, 102, 189
Tonglet, Anne 286
Toulouse-Lautrec, Henri de 198
Tourvel (madame de) 167
Trachman, Mathieu 282, 294
Trajano 54
Trefusis, Violet 211
Treut, Monika 269
Trimalquião 57
Trinh Thi, Coralie 281
Trumbach, Randolph 165-166

Ulisses 36
Ulrichs, Karl Heinrich 206, 208, 271

Vadim, Roger 279
Valmont (visconde de) 175
Van Dyck, Antoon 132
Van Loo, Jacob 132
Vanni di Pietro 86
Varda, Agnès 243
Vautier, Clotilde 249
Vautrin 208
Vectius 62
Veil, Simone 245, 248-249
Venette, Nicolas 122, 125, 192
Vênus 130, 154
Vergès, Françoise 295
Verjus, Anne 152
Verlaine, Paul 278
Vermeersch, Jeannette 242
Verres 57
Vesalius, Andreas 120
Veyne, Paul 17, 29, 31, 52, 54, 59
Viel-Castel, Horace de 202
Vigarello, Georges 217, 285
Vinciolo, Pedro de 93
Viollet, Jean 234
Virey, Julien-Joseph 172
Virgem Maria 76, 179
Virgílio 51, 63
Vivien, Renée 211
Volland, Sophie 178
Voltaire 156

Vörös, Florian 295
Vulcano 130

Warens, Françoise-Louise-Éléonore
    de 176
Weinstein, Harvey 286
Wilde, Oscar 206, 209
Winkler, John 29, 33, 44, 47
Wittig, Monique 268
Wolinski, Georges 277
Woolf, Virginia 211
Wouters, Cas 298

Xenofonte 37

Zeig, Sande 268
Zerbis, Gabriel de 119
Zeus 46, 133
Zink, Burkard 91
Zola, Émile 188, 196-197, 206, 220
Zwang, Gérard 252

REFERÊNCIAS BIBLIOGRÁFICAS

"SOCIEDADES ANTIGAS: GRÉCIA E ROMA", DE SANDRA BOEHRINGER

BLONDELL, Ruby; ORMAND, Kirk (org.). *Ancient Sex: New Essays.* Columbus: Ohio State University Press, 2015.

BOEHRINGER, Sandra. *L'Homosexualité féminine dans l'Antiquité grecque et romaine.* Paris: Les Belles Lettres, 2007.

_____; SEBILLOTTE-CUCHET, Violaine (org.). *Hommes et femmes dans l'Antiquité: Le genre: méthode et documents.* Paris: Armand Colin, 2011.

_____; TIN, Louis-Georges. *Homosexualité: Aimer en Grèce et à Rome.* Paris: Les Belles Lettres, 2010.

BOSWELL, John. *Les Unions du même sexe dans l'Europe antique et médiévale* [1994]. Trad. Odile Demange. Paris: Fayard, 1996.

BRISSON, Luc. *Le Sexe incertain: Androgynie et hermaphrodisme dans l'Antiquité gréco-romaine.* Paris: Les Belles Lettres, 1997.

_____; RENAUT, Olivier. *Érotique et politique chez Platon: Erôs, genre et sexualité dans la cité platonicienne.* Sankt Augustin: Academia, 2017.

BUFFIÈRE, Félix. *Éros adolescent: La pédérastie dans la Grèce antique* [1980]. Paris: Les Belles Lettres, 2009.

CALAME, Claude. *L'Éros dans la Grèce antique.* Paris: Belin, 1996.

_____. *Les Choeurs de jeunes filles en Grèce ancienne: Morphologie, fonction religieuse et sociale (Les parthénées d'Alcman)* [1977]. Paris: Les Belles Lettres, 2019.

CANTARELLA, Eva. *Selon la Nature, l'usage et la loi: La bisexualité dans le monde antique* [1988]. Trad. M.-D. Porcheron. Paris: La Découverte, 1991.

DOVER, Kenneth J. *Homosexualité grecque* [1978]. Trad. S. Saïd. Grenoble: La Pensée Sauvage, 1982.

DUPONT, Florence; ÉLOI, Thierry. *L'Érotisme masculin dans la Rome antique.* Paris: Belin, 2001.

FOUCAULT, Michel. *Histoire de la sexualité I: La volonté de savoir.* Paris: Gallimard, 1976.

_____. *Histoire de la sexualité II: L'usage des plaisirs.* Paris: Gallimard, 1984.

_____. *Histoire de la sexualité III: Le souci de soi.* Paris: Gallimard, 1984.

HALPERIN, David M. *Cent ans d'homosexualité, et autres essais sur l'amour grec* [1990]. Trad. I. Châtelet. Paris: Epel, 2000.

_____; WINKLER, John J.; ZEITLIN, Froma I. (org.). *Before Sexuality: The Construction of Erotic Experience in the Ancient Greek World.* Princeton: Princeton University Press, 1990.

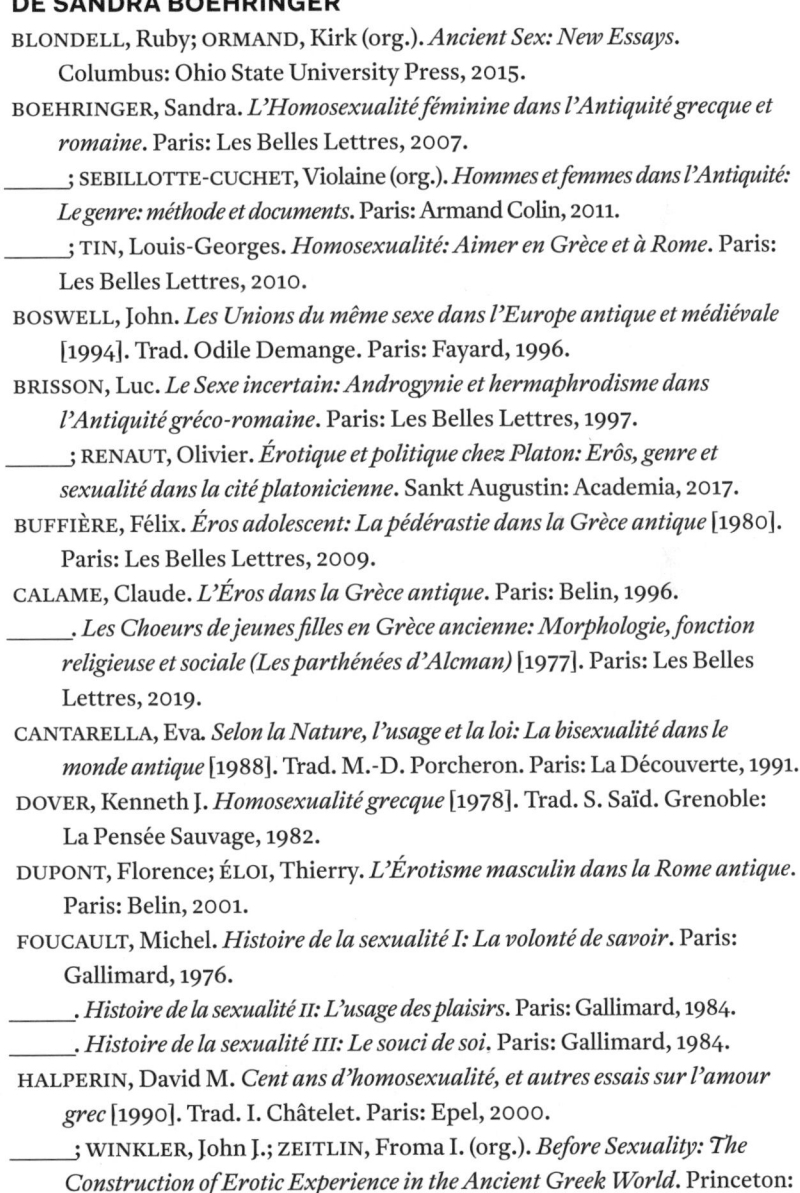

HUBBARD, Thomas K. (org.). *Homosexuality in Greece and Rome: A Sourcebook of Basic Documents*. Berkeley/Los Angeles: University of California Press, 2003.

_____. *A Companion to Greek and Roman Sexualities*. Malden (Massachusetts): Wiley-Blackwell, 2014.

LEAR, Andrew; CANTARELLA, Eva. *Images of Ancient Greek Pederasty: Boys Were Their Gods*. London/New York: Routledge, 2008.

LEDUC, Claudine. "Comment la donner en mariage? La mariée en pays grec". Em: DUBY, Georges; PERROT, Michelle; PANTEL; Pauline Schmitt (org.). *Histoire des femmes en Occident I: L'Antiquité*. Paris: Plon, 1991.

MASTERSON, Mark; RABINOWITZ, Nancy; ROBSON, James (org.). *Sex in Antiquity: Exploring Gender and Sexuality in the Ancient World*. New York: Routledge, 2015.

ORMAND, Kirk. *Controlling Desires: Sexuality in Ancient Greece and Rome*. Westport (Connecticut): Praeger, 2009.

PUCCINI-DELBEY, Géraldine. *La Vie sexuelle à Rome*. Paris: Tallandier, 2007.

ROBERT, Jean-Noël. *Éros romain: Sexe et morale dans l'ancienne Rome*. Paris: Les Belles Lettres, 1997.

SERGENT, Bernard. *Homosexualité et initiation chez les peuples indo-européens*. Paris: Payot, 1996.

THOMAS, Yan. "À Rome, pères citoyens et cité des pères". Em: BURGUIÈRE, André *et al.* (org.). *Histoire de la famille: Mondes lointains, mondes anciens*. Paris: Armand Colin, 1986.

_____. "La Division des sexes en droit romain". Em: DUBY, Georges; PERROT, Michelle; PANTEL, Pauline Schmitt. *Histoire des femmes en Occident I: L'Antiquité*. Paris: Plon, 1991.

VEYNE, Paul. "La Famille et l'amour sous le Haut Empire romain". *Annales ESC*. Paris: 1978, ano 33, n. 1, pp. 35-63.

_____. "L'Homosexualité à Rome" [1981]. Em: ARIÈS, Philippe; DUBY, Georges (org.). *Amour et sexualité en Occident*. Paris: Seuil, 1991.

WILLIAMS, Craig A. *Roman Homosexuality: Ideologies of Masculinity in Classical Antiquity*. New York: Oxford University Press, 1999.

WINKLER, John J. *Désir et contraintes en Grèce ancienne* [1990]. Trad. Sandra Boehringer e Nadine Picard. Paris: Epel, 2005.

"O OCIDENTE MEDIEVAL", DE DIDIER LETT

BALDWIN, John. W. *Les Langages de l'amour dans la France de Philippe Auguste: La sexualité dans la France du Nord au tournant du XIIe siècle* [1994]. Paris: Fayard, 1997.

CHARAGEAT, Martine. *La Délinquance matrimoniale: Couples en conflit et justice en Aragon (XVe-XVIe siècle)*. Paris: Publications de la Sorbonne, 2011.

FLANDRIN, Jean-Louis. *Un Temps pour embrasser: aux origines de la morale sexuelle occidentale (VIe-XIe siècle)*. Paris: Seuil, 1983.

FOUCAULT, Michel. *Histoire de la sexualité IV: Les aveux de la chair*. Paris: Gallimard, 2018.

GAUVARD, Claude. *"De grace especial": Crime, État et société en France à la fin du Moyen Âge*. Paris: Publications de la Sorbonne, 1991.

HALPERIN, David M. *Cent ans d'homosexualité, et autres essais sur l'amour grec* [1990]. Trad. I. Châtelet. Paris: Epel, 2000.

JACQUART, Danielle; THOMASSET, Claude. *Sexualité et savoir médical au Moyen Âge*. Paris: PUF, 1985.

JORDAN, Mark. *L'Invention de la sodomie dans la théologie médiévale* [1997]. Trad. Guy Le Gaufey. Paris: Epel, 2007.

KARRAS, Ruth Mazo. *Sexuality in Medieval Europe: Doing unto Others*. New York/London: Routledge, 2005.

LANSING, Carol. *Passion and Order: Restraint of Grief in the Medieval Italian Communes*. Ithaca/London: Cornell University Press, 2008.

LAQUEUR, Thomas. *La Fabrique du sexe: Essai sur le corps et le genre en Occident* [1990]. Trad. Michel Gautier. Paris: Gallimard, 1992.

LETT, Didier. *Hommes et femmes au Moyen Âge: Histoire du genre (XIIe-XVe siècle)*. Paris: Armand Colin, 2013.

PUFF, Helmut. *Sodomy in Reformation Germany and Switzerland (1400-1600)*. Chicago/London: University of Chicago Press, 2003.

QUESTES. *Revue Pluridisciplinaire d'Études Médiévales: Interdit et sexualité*. Paris: 2018, n. 37.

ROCKE, Michael. *Forbidden Friendships: Homosexuality and Male Culture in Renaissance Florence*. New York/Oxford: Oxford University Press, 1996.

ROSSIAUD, Jacques. *Amours vénales: la prostitution en Occident, XIIe-XVIe siècle*. Paris: Aubier, 2010.

RUGGIERO, Guido. *The Boundaries of Eros: Sex, Crime and Sexuality in Renaissance Venice*. New York/Oxford: Oxford University Press, 1985.

STEINBERG, Leo. *La Sexualité du Christ dans l'art de la Renaissance et son refoulement moderne* [1983]. Trad. Jean-Louis Houdebine. Paris: Gallimard, 1987.

"DO RENASCIMENTO AO ILUMINISMO", DE SYLVIE STEINBERG

ARNAUD, Sabine. *L'Invention de l'hystérie au temps des Lumières (1670-1820)*. Paris: Éditions de l'EHESS, 2014.

BEAUVALET-BOUTOUYRIE, Scarlett. *La Population française à l'époque moderne (XVIe-XVIIIe siècle): Démographie et comportements*. Paris: Belin, 2008.

BENABOU, Érica-Marie. *La Prostitution et la police des moeurs au XVIIIe siècle*. Paris: Perrin, 1987.

BERNOS, Marcel. "La Sexualité et les confesseurs à l'époque moderne". *Revue de l'Histoire des Religions*. Paris: 1992, v. 209, n. 4, pp. 413-26.

BERRIOT-SALVADORE, Évelyne. *Un Corps, un destin: La femme dans la médecine de la Renaissance*. Paris: Champion, 1993.

BLANC, Olivier. *Les Libertines: Plaisir et liberté au temps des Lumières*. Paris: Perrin, 1997.

BONNET, Marie-Jo. *Un Choix sans équivoque: Recherches historiques sur les relations amoureuses entre les femmes (XVIe-XXe siècle)*. Paris: Denoël, 1981.

BRAY, Alan. *Homosexuality in Renaissance England*. New York: Columbia University Press, 1982.

BURGUIÈRE, André. "Histoire et démographie. Dialogue avec Jean-Louis Flandrin". Em: REDON, Odile; SALLMANN, Line; STEINBERG, Sylvie (org.). *Le Désir et le goût: Une autre histoire (XIIIe-XVIIIe siècle)*. Vincennes: Presses Universitaires de Vincennes, 2005.

CHAYTON, Miranda. "Husband(ry): Narratives of Rape in the XVIIth Century". *Gender & History*. Nanaimo: 1995, v. 7, n. 3, pp. 378-407.

COHEN, Elizabeth S. "No Longer Virgins: Self-Presentation by Young Women in Late Renaissance Rome". Em: MIGIEL, Marilyn; SCHIESARI, Juliana (org.). *Refiguring Woman: Perpectives on Gender and the Italian Renaissance*. Ithaca/London: Cornell University Press, 1991, pp. 169-91.

CRAWFORD, Katherine. *The Sexual Culture of the French Renaissance*. Cambridge: Cambridge University Press, 2010.

DARMON, Pierre. *Le Tribunal de l'impuissance: virilité et défaillances conjugales dans l'ancienne France*. Paris: Seuil, 1979.

_____. *Le Mythe de la procréation à l'âge baroque* [1977]. Paris: Points Seuil, 1981.

DE BAECQUE, Antoine. *Le Corps de l'histoire: Métaphores et politique (1770-1800)*. Paris: Calmann-Lévy, 1993.

DE POL, Lotte van. *The Burgher and the Whore: Prostitution in Early Modern Amsterdam*. Oxford: Oxford University Press, 2011.

DELON, Michel. *Le Savoir-vivre libertin*. Paris: Hachette, 2000.

DENIEL-TERNANT, Myriam. *Ecclésiastiques en débauche (1700-1790)*. Ceyzérieu: Champ Vallon, 2017.

DEPAUW, Jacques. "Amours illégitimes et société à Nantes au XVIIIe siècle". *Annales ESC*. Paris: 1972, ano 27, n. 4-5, pp. 1.155-82.

FARGE, Arlette. *La Vie fragile: Violence, pouvoirs et solidarités à Paris au XVIIIe siècle* [1986]. Paris: Points-Histoire, 1992.

_____; FOUCAULT, Michel (org.). *Le Désordre des familles: Lettres de cachet des Archives de la Bastille*. Paris: Gallimard/Julliard, 1982.

FAVIER, René. "Sexualité et histoire de soi. Le journal de Pierre Philippe Candy, notaire dauphinois à la fin du XVIIIe siècle". Em: BARDET, Jean-Pierre; RUGGIU, François-Joseph (org.). *Au plus près des coeurs? Nouvelles lectures historiques des écrits du for privé*. Paris: Pups, 2005.

FERGUSON, Gary. *Same-Sex Marriage in Renaissance Rome: Sexuality, Identity, and Community in Early Modern Europe*. Ithaca/London: Cornell University Press, 2016.

FILLON, Anne. *Les Trois bagues aux doigts: Amours villageoises au XVIIIe siècle*. Paris: Robert Laffont, 1989.

FLANDRIN, Jean-Louis. *Les Amours paysannes (XVIe-XIXe siècle)*. Paris: Gallimard/Julliard, 1975.

_____. *Le Sexe et l'Occident: Évolution des attitudes et des comportements*. Paris: Points Seuil, 1981.

FLETCHER, Anthony John. *Gender, Sex and Subordination in England (1500-1800)*. New Haven: Yale University Press, 1995.

GAUDILLAT-CAUTELA, Stéphanie. "Questions de mot. Le viol au XVIe siècle, un crime contre les femmes?". *Clio HFS*. Saint-Denis La Plaine: 2006, n. 24, pp. 59-74.

_____. "Viols et guerres au XVIe siècle, un état des lieux". Em: TRÉVISI, Marion; NIVET, Philippe (org.). *Les Femmes et la guerre, de l'Antiquité à 1918*. Paris: Économica, 2010.

GOULEMOT, Jean-Marie. *Ces Livres qu'on ne lit que d'une main: Lecture et lecteurs de livres pornographiques au XVIIIe siècle*. Aix-en-Provence: Alinéa, 1991.

HANAFI, Nahema. *Le Frisson et le baume: Expériences féminines du corps au siècle des Lumières*. Rennes: Presses Universitaires de Rennes, 2017.

HARVEY, Karen. "The Century of Sex? Gender, Bodies, and Sexuality in the Long Eighteenth-Century". *The Historical Journal*. Cambridge: 2002, v. 45, pp. 899-917.

HEIJDEN, Manon van der. "Women as Victims of Sexual and Domestic Violence in Seventeenth-Century Holland: Criminal Cases of Rape, Incest and Maltreatment in Rotterdam and Delft". *Journal of Social History*. Oxford: 2000, v. 33, n. 3, pp. 624-44.

HITCHCOCK, Tim. "Redefining Sex in Eighteenth-century England". *History Workshop Journal*. Oxford: 1996, v. 41, n. 1, pp. 72-90.

_____. *English Sexualities (1700-1800)*. London: Palgrave Macmillan, 1997.

HUNT, Lynn (org.). *The Invention of Pornography: Obscenity and the Origins of Modernity, 1500-1800*. New York: Zone, 1993.

KUSHNER, Nina. *Erotic Exchanges: The World of Elite Prostitution in Eighteenth-Century Paris*. Ithaca: Cornell University Press, 2013.

LAQUEUR, Thomas. *La Fabrique du sexe: Essai sur le corps et le genre en Occident*. Trad. Michel Gautier. Paris: Gallimard, 1992.

_____. "Sex and Desire in the Industrial Revolution". Em: O'BRIEN, Patrick; QUINAULT, Roland (org.). *The Industrial Revolution and British Society*. Cambridge: Cambridge University Press, 1993.

_____. *Le Sexe en solitaire: Contribution à l'histoire culturelle de la sexualité*. Trad. Pierre-Emmanuel Dauzat. Paris: Gallimard, 2005.

MATTHEWS-GRIECO, Sara F. *Ange ou diablesse? La représentation de la femme au XVIe siècle*. Paris: Flammarion, 1991.

MCCLIVE, Cathy. *Menstruation and Procreation in Early Modern France*. Farnham: Ashgate, 2015.

_____; PELLEGRIN, Nicole (org.). *Femmes en fleurs, femmes en corps. Sang, santé, sexualités du Moyen Âge aux Lumières*. Saint-Étienne: PSE, 2010.

MCLAREN, Angus. "The Pleasures of Procreation: Traditional and Biomedical Theories of Conception". Em: BYNUM, William F.; PORTER, Roy. *William Hunter and the Eighteenth-Century Medical World*. Cambridge: Cambridge University Press, 1985.

_____. *Histoire de la contraception de l'Antiquité à nos jours*. Trad. Isabella Morel e Jean Rosenthal. Paris: Noêsis, 1996.

MERRICK, Jeffrey; SIBALIS, Michael (org.). *Homosexuality in French History and Culture*. Binghamton/New York: Harrington Park Press, 2001.

MONTER, E. William. "La Sodomie à l'époque moderne en Suisse romande". *Annales ESC*. Paris: 1974, ano 29, n. 4, pp. 1.023-33.

MUCHEMBLED, Robert. *L'Orgasme et l'Occident: Une histoire du plaisir, du XVIe siècle à nos jours*. Paris: Seuil, 2005.

PERRY, Mary Elizabeth. "Deviant Insiders: Legalized Prostitutes and Consciousness of Women in Early Modern Seville". *Comparative Studies in Society and History*. Cambridge: 1985, v. 27, n. 1, pp. 138-58.

PLUMAUZILLE, Clyde. *Prostitution et Révolution: Les femmes publiques dans la cité républicaine* (1789-1804). Ceyzérieu: Champ Vallon, 2016.

POIRIER, Guy. *L'Homosexualité dans l'imaginaire de la Renaissance*. Paris: Honoré Champion, 1996.

REY, Michel. *Les Sodomites parisiens au XVIIIe siècle*. Dissertação (mestrado) em História. Université Paris VIII, Paris: 1980.

ROCHE, Daniel (org.). *Journal de ma vie: Jacques-Louis Ménétra, compagnon vitrier au XVIIIe siècle*. Paris: Montalba, 1982.

ROPER, Lyndal. "Discipline and Respectability: Prostitution and the Reformation in Augsburg". *History Workshop. A Journal of Socialist and Feminist Historians*. Oxford: 1985, v. 19, n. 1, pp. 3-28.

ROUSSEAU, George S.; PORTER, Roy (org.). *Sexual Underworlds of the Enlightenment*. Manchester: Manchester University Press, 1987.

SAULE, Kevin. *Le Curé au prétoire: La délinquance ecclésiastique face à l'officialité au XVIIe siècle*. Bayonne: Institut Universitaire Varenne, 2014.

STEINBERG, Sylvie. *La Confusion des sexes: Le travestissement, de la Renaissance à la Révolution*. Paris: Fayard, 2001.

_____. "Sexe et genre au XVIIIe siècle: Quelques remarques sur l'hypothèse d'une fabrique du sexe". Em: BONNEMÈRE, Pascale; THÉRY, Irène (org.). *Ce que le genre fait aux personnes*. Paris: Éditions de l'EHESS, 2008.

_____. "Quand le Silence se fait: Bribes de paroles de femmes sur la sexualité au XVIIe siècle". *Clio HFS*. Saint-Denis La Plaine: 2010, v. 31, pp. 79-110.

STELLA, Alessandro. *Le Prêtre et le sexe: Les révélations des procès de l'Inquisition*. Paris: France Loisirs, 2009.

STENGERS, Jean; VAN NECK, Anne. *Histoire d'une grande peur: La masturbation* [1984]. Le Plessis-Robinson: Institut Synthélabo pour le Progrès de la Connaissance, 1998.

STOREY, Tessa. *Carnal Commerce in Counter-Reformation Rome*. Cambridge: Cambridge University Press, 2008.

TARCZYLO, Théodore. *Sexe et liberté au siècle des Lumières*. Paris: Presses de la Renaissance, 1983.

TEYSSEIRE, Daniel. *Obèse et impuissant: Le dossier médical d'Élie de Beaumont, 1765-1776*. Grenoble: Jérôme Millon, 1995.

THOMAS, Chantal. *La Reine scélérate: Marie-Antoinette dans les pamphlets*. Paris: Seuil, 1989.

TRAUB, Valerie. *The Renaissance of Lesbianism in Early Modern England*. Cambridge: Cambridge University Press, 2002.

TRUMBACH, Randolph. *Sex and the Gender Revolution*, v. 1: *Heterosexuality and the Third Gender in Enlightenment London*. Chicago/London: The University of Chicago Press, 1998.

VAN DER MEER, Theo. "Sodomy and the Pursuit of a Third Sex in the Early Modern Period". Em: HERDT, Gilbert (org.). *Third Sex, Third Gender: Beyond Sexual Dimorphism in Culture and History*. New York: Zone, 1996.

VERJUS, Anne; DAVIDSON, Denise. *Le Roman conjugal: Chroniques de la vie familiale à l'époque de la Révolution et de l'Empire*. Seyssel: Champ Vallon, 2011.

VIGARELLO, Georges. *Histoire du viol: XVIe-XXe siècle*. Paris: Seuil, 1998.

WALKER, Garthine. "Rereading Rape and Sexual Violence in Early Modern England". *Gender & History*. Nanaimo: 1998, v. 10, n. 1, pp. 1-25.

"O SÉCULO XIX", DE GABRIELLE HOUBRE

AMBROISE-RENDU, Anne-Claude. *Histoire de la pédophilie (XIXe-XXIe siècle)*. Paris: Fayard, 2014.

AUTHIER, Catherine. *Femmes d'exception, femmes d'influence: Une histoire des courtisanes au XIXe siècle*. Paris: Armand Colin, 2015.

BAKKER, Nienke *et al.* (org.). *Splendeurs et misères: Images de la prostitution en France, 1850-1910*. Paris: Musée d'Orsay/Flammarion, 2015.

BARD, Christine. *Les Garçonnes: Modes et fantasmes des années folles*. Paris: Flammarion, 1998.

CASTA-ROSAZ, Fabienne. *Histoire du flirt: Les jeux de l'innocence et de la perversité, 1870-1968*. Paris: Grasset, 2000.

CHAPERON, Sylvie. *Les Origines de la sexologie (1850-1900)*. Paris: Audibert, 2007.

CORBIN, Alain. *Les Filles de noce: Misère sexuelle et prostitution*. Paris: Aubier Montaigne, 1978.

_____. *L'Harmonie des plaisirs: Les manières de jouir, du siècle des Lumières à l'avènement de la sexologie*. Paris: Perrin, 2008.

COUNTER, Andrew J. *The Amorous Restoration: Love, Sex, and Politics in Early Nineteenth-Century France*. Oxford: Oxford University Press, 2016.

CRYLE, Peter. *The Telling of the Act: Sexuality as Narrative in Eighteenth- and Nineteenth-Century France*. Newark: University of Delaware, 2001.

_____; MOORE, Alison. *Frigidity: An Intellectual History*. London: Palgrave Macmillan, 2011.

FARCY, Jean-Claude. *La Jeunesse rurale dans la France du XIXᵉ siècle*. Paris: Christian, 2004.

FERAY, Jean-Claude (org.). *Le Premier Registre infamant de la Préfecture de police de Paris au XIXᵉ siècle: "pédés"*. Paris: Quintesfeuilles, 2012.

FOUCAULT, Michel. *Histoire de la sexualité I: La volonté de savoir*. Paris: Gallimard, 1976.

GIULIANI, Fabienne. *Les Liaisons interdites: Histoire de l'inceste au XIXᵉ siècle*. Paris: Publications de la Sorbonne, 2014.

GONCOURT, Edmond de. *La fille Élisa*. Paris: Flammarion, 2015.

GONZALEZ-QUIJANO, Lola. *Capitale de l'amour: Filles et lieux de plaisir à Paris au XIXᵉ siècle*. Paris: Vendémiaire, 2015.

GROJNOWSKI, Daniel (org.). *Eugénie Guillou, religieuse et putain*. Paris: Pauvert, 2013.

HOUBRE, Gabrielle. *La Discipline de l'amour: L'éducation sentimentale des filles et des garçons à l'âge du romantisme*. Paris: Plon, 1997.

_____. *Histoire des mères et filles*. Paris: La Martinière, 2006.

_____ (org.). *Le Livre des courtisanes: Archives secrètes de la police des moeurs, 1861-1876*. Paris: Tallandier, 2006.

_____; PLUDERMACHER, Isolde; ROBERT, Marie (org.). *Prostitutions: Des représentations aveuglantes*. Paris: Musée d'Orsay/Flammarion, 2015.

KATSAROS, Laure. *Un Nouveau Monde amoureux: Célibataires et prostituées au XIXᵉ siècle*. Paris: Galaade, 2010.

LE MAGASIN DU XIXᵉ SIÈCLE: *Sexorama*. Org. José-Luis Diaz. Champvallon: 2014, n. 4.

MALIVIN, Amandine. *Voluptés macabres: la nécrophilie en France au xixᵉ siècle*. Tese (Doutorado em História e Civilizações). Université Paris Diderot, Paris: 2012.

MONTALBAN, Charles. *La Petite bible des jeunes époux* [1885]. Éd. Alain Corbin. Grenoble: Million, 2008.

MORTAS, Pauline. *Une Rose épineuse: La défloration au XIXᵉ siècle en France*. Rennes: Presses Universitaires de Rennes, 2017.

MURAT, Laure. *La Loi du genre: Une histoire culturelle du "troisième sexe"*. Paris: Fayard, 2006.

PARENT-DUCHÂTELET, Alexandre. *La Prostitution à Paris au XIXᵉ siècle*. Paris: Points Seuil, 2008.

PENISTON, William A. *Pederasts and Others: Urban Culture and Sexual Identity in Nineteenth-Century Paris*. New York/London/Oxford: The Haworth Press/Harrington Park Press, 2004.

PERROT, Michelle (org.). *Histoire de la vie privée*, v. 4: *De la Révolution à la Grande Guerre*. Paris: Seuil, 1987.

_____. *Histoire de chambres*. Paris: Seuil, 2009.

REVENIN, Régis. *Homosexualité et prostitution masculines à Paris, 1870-1918*. Paris: L'Harmattan, 2005.

____ (org.). *Hommes et masculinités de 1789 à nos jours: Contributions à l'histoire du genre et de la sexualité en France*. Paris: Autrement, 2007.

SEGALEN, Martine. *Mari et femme dans la société paysanne*. Paris: Flammarion, 1980.

SEVEGRAND, Martine. *La Sexualité, une affaire d'Église? De la contraception à l'homosexualité*. Paris: Karthala, 2013.

SOHN, Anne-Marie. *Du premier baiser à l'alcôve: La sexualité des Français au quotidien (1850-1950)*. Paris: Aubier, 1996.

____. *"Sois un homme!" La construction de la masculinité au XIXe siècle*. Paris: Seuil, 2009.

STORA-LAMARRE, Annie. *L'Enfer de la IIIe République: Censeurs et pornographes (1881-1914)*. Paris: Imago, 1990.

TARAUD, Christelle. *Amour interdit: Marginalité, prostitution, colonialisme – Maghreb, 1830-1962*. Paris: Payot, 2012.

VIGARELLO, Georges. *Histoire du viol (XVIe-XXe siècle)*. Paris: Seuil, 1998.

WALCH, Agnès. *Histoire de l'adultère (XVIe-XIXe siècle)*. Paris: Perrin, 2009.

"SÉCULO XX E INÍCIO DO XXI", CHRISTINE BARD

ALDRICH, Robert (org.). *Une Histoire de l'homosexualité*. Paris: Seuil, 2006.

AMBROISE-RENDU, Anne-Claude. *Histoire de la pédophilie (XIXe-XXIe siècle)*. Paris: Fayard, 2014.

ARMAN, Émile. *La Révolution sexuelle et la camaraderie amoureuse* [1929]. Paris: Zones, 2009.

ARMSTRONG, Elizabeth A. *Forging Gay Identities: Organizing Sexuality in San Francisco (1950-1994)*. Chicago: University of Chicago Press, 2002.

BANTIGNY, Ludivine. "Quelle 'révolution' sexuelle? Les politisations du sexe dans les années post-68". *L'Homme et la Société*. Paris: 2013, n. 189-90, pp. 15-34.

BARD, Christine; MOSSUZ-LAVAU, Janine (org.). *Le Planning familial: Histoire et mémoire (1956-2006)*. Rennes: Presses Universitaires de Rennes, 2006.

BEAUTHIER, Régine; PIETTE, Valérie; TRUFFIN, Barbara (org.). *La Modernisation de la sexualité (XIXe-XXe siècle)*. Bruxelles: Éditions de l'Université Libre de Bruxelles, 2010.

BERGER, Anne-Emmanuelle. *Le Grand théâtre du genre: Identités, sexualités et féminisme en "Amérique"*. Paris: Belin, 2013.

BLANCHARD, Véronique; REVENIN, Régis; YVOREL, Jean-Jacques (org.). *Les Jeunes et la sexualité: Initiations, interdits, identités (XIXe-XXIe siècle)*. Paris: Autrement, 2010.

BONNET, Marie-Jo. *Un Choix sans équivoque: Recherches historiques sur les relations amoureuses entre les femmes (XVIe-XXe siècle)*. Paris: Denoël, 1981.

BOUCHET, Thomas. *Socialismes et sensualité, du XIXe siècle à nos jours*. Paris: Stock, 2014.

BOUCHOUX, Corinne. "L'affaire Gabrielle Russier". *Vingtième Siècle*. Paris: 1992, n. 33, pp. 56-64.

BOURCIER, Marie-Hélène [Sam]. *Queer zones: Politique des identités sexuelles et des savoirs*. Paris: Amsterdam, 2006.

BOZON, Michel. *Sociologie de la sexualité*. Paris: Armand Colin, 2013.

_____; LERIDON, Henri. "Les Constructions sociales de la sexualité". *Population*, Paris: 1993, ano 48, v. 5, pp. 1.173-95.

BROQUA, Christophe. *Agir pour ne pas mourir! Act Up, les homosexuels et le sida*. Paris: Presses de Sciences Po, 2005.

BRUCKNER, Pascal; FINKIELKRAUT, Alain. *Le Nouveau Désordre amoureux*. Paris: Seuil, 1977.

CAHIERS D'HISTOIRE, REVUE D'HISTOIRE CRITIQUE: *Sexualité & dominations*. Paris: 2001, n. 84.

CAHIERS DU GENRE. *La Distinction entre sexe et genre: Une histoire entre biologie et culture*. Org. Ilana Löwy e Hélène Rouch. Paris: L'Harmattan, 2003, n. 34.

CARON-LEULLIEZ, Marianne; GEORGE, Jocelyne. *L'Accouchement sans douleur: Histoire d'une révolution oubliée*. Paris: L'Atelier, 2004.

CATTAN, Nadine; LEROY, Stéphane. *Atlas mondial des sexualités*. Paris: Autrement, 2013.

CAZALA, Julien; LECUYER, Yannick; TAXIL, Bérangère (org.). *Sexualité et droit international des droits de l'homme: Actes du colloque d'Angers du 26 et 27 mai 2016*. Paris: Pedone, 2017.

CHAPERON, Sylvie. "Kinsey en France: les sexualités masculine et féminine en débat". *Le Mouvement Social*. La Plaine Saint-Denis: 2002, n. 198, pp. 91-110.

_____. "Contester normes et savoirs sur la sexualité (France-Angleterre, 1880-1980)". Em: GUBIN, Éliane *et al.* (org.). *Le Siècle des féminismes*. Paris: L'Atelier, 2004.

CHETCUTI, Natacha. *Se dire lesbienne: Vie de couple, sexualité, représentation de soi*. Paris: Payot, 2010.

CLIO HFS. *Utopies sexuelles*. Org. Sylvie Chaperon e Agnès Fine. Saint-Denis La Plaine: 2005, n. 22.

COLLECTIF DE BOSTON. *Notre corps, nous-mêmes: Écrit par des femmes, pour les femmes*. Trad. Nicole Bizos-Cormier *et al.* Paris: Albin Michel, 1977.

COOK, Hera. *The Long Sexual Revolution: English Women, Sex, and Contraception 1800-1975*. Oxford/New York: Oxford University Press, 2004.

COULMONT, Baptiste. *Sex-shops: Une histoire française*. Paris: Dilecta, 2007.

DESCHAMPS, Catherine. *Le Miroir bisexuel: une socio-anthropologie de l'invisible*. Paris: Balland, 2002.

DISSIDENCES: *Sexualités en révolutions, XIXe-XXIe siècle*. Gravières: 2016, v. 15.

DORLIN, Elsa. *Sexe, genre et sexualités*. Paris: PUF, 2008.

ERIBON, Didier. *Réflexions sur la question gay*. Paris: Fayard, 1999.

ESPINEIRA, Karine; MAUD-YEUSE, Thomas; ALESSANDRIN, Arnaud (org.). *La transyclopédie: Tout savoir sur les transidentités*. Paris: Des ailes sur un Tracteur, 2012.

ESPRIT. *Le Sexe après sa révolution*. Quetigny: 2017, n. 436.

FARRIS, Sara R. *In the Name of Women's Rights: The Rise of Femonationalism*. Durham: Duke University Press, 2017.

FASSIN, Éric. *L'Inversion de la question homosexuelle*. Paris: Amsterdam, 2005.

_____; TRACHMAN, Mathieu. "Voiler les beurettes pour les dévoiler: Les doubles jeux d'un fantasme pornographique blanc". *Modern & Contemporary France*. Nottingham: 2013, v. 21, n. 2, pp. 199-217.

FAUSTO-STERLING, Anne. *Corps en tous genres: La dualité des sexes à l'épreuve de la science*. Trad. Oristelle Bonis et Françoise Bouillot. Paris: La Découverte, 2012.

FOERSTER, Maxime. *Elle ou lui? Une Histoire des transsexuels en France*. Paris: La Musardine, 2012.

GARBAGNOLI, Sara; PREARO, Massimo. *La Croisade anti-genre: Du Vatican aux manifs pour tous*. Paris: Textuel, 2017.

GAUTIER, Arlette. "Politiques démographiques et familiales dans les départements français d'Outre-mer depuis 1946". *Cahiers des Sciences Humaines de l'Orstom*. Montpellier: 1988, n. 4, pp. 68-77.

GAUTHIER, Xavière. *Paroles d'avortées: Quand l'avortement était clandestin*. Paris: La Martinière, 2004.

GENRE, SEXUALITE ET SOCIETE. *Révolution/libération*. Org. Massimo Prearo. Paris: 2010, n. 3.

GIAMI, Alain; HEKMA, Gert (org.). *Révolutions sexuelles*. Paris: La Musardine, 2015.

GOGUEL D'ALLONDANS, Thierry. *Les Sexualités initiatiques: La révolution sexuelle n'a pas eu lieu*. Paris: Belin, 2005.

GRANGER, Christophe. *Les Corps d'été: Naissance d'une variation saisonnière XXe siècle*. Paris: Autrement, 2009.

GUERRAND, Roger-Henri; RONSIN, Francis. *Jeanne Humbert et la lutte pour le contrôle des naissances*. Paris: Spartacus, 2001.

HEFEZ, Serge. *Le Nouvel ordre sexuel*. Paris: Kero, 2012.

HERZOG, Dagmar. *Sexuality in Europe: A Twentieth-Century History*. Cambridge: Cambridge University Press, 2011.

IDIER, Antoine. *Les Alinéas au placard: L'abrogation du délit d'homosexualité (1977-1982)*. Paris: Cartouche, 2013.

_____. *Les Vies de Guy Hocquenghem: Politique, sexualité, culture*. Paris: Fayard, 2017.

ILLOUZ, Eva. *Pourquoi l'amour fait mal: L'experience amoureuse dans la modernité*. Paris: Seuil, 2012.

JABLONKA, Ivan. *Enfants en exil: Transfert de pupilles réunionnais en métropole (1963-1982)*. Paris: Seuil, 2007.

JACKSON, Julian. *Arcadie: La vie homosexuelle en France, de l'après-guerre à la dépénalisation*. Paris: Autrement, 2009.

JASPARD, Maryse. *La Sexualité en France*. Paris: La Découverte, 1997.

KNIBIEHLER, Yvonne. *La Révolution maternelle depuis 1945: Femmes, maternité, citoyenneté*. Paris: Perrin, 1997.

KOLLONTAÏ, Alexandra. *Marxisme et révolution sexuelle*. Trad. Judith Stora-Sandor. Paris: Maspero, 1973.

LE BITOUX, Jean. *Les Oubliés de la mémoire*: Paris: Hachette, 2002.

LEBOVICI, Elisabeth. *Ce que le sida m'a fait: Art et activisme à la fin du XXe siècle*. Paris: Ringier, 2017.

LEMONIER, Marc. *Liberté, égalité, sexualité: Révolutions sexuelles en France (1954-1986)*. Paris: La Musardine, 2016.

L'ESPACE POLITIQUE. *(Géo)politique du sexe*. Org. Marianne Blidon e Sébastien Roux. Reims: 2011, n. 13.

MAINES, Rachel. *Technologies de l'orgasme: Le vibromasseur, l'"hystérie" et la satisfaction sexuelle des femmes*. Paris: Payot, 2009.

MARCUSE, Herbert. *Éros et civilisation*. Trad. Jean-Guy Nény e Boris Fraenkel. Paris: Minuit, 1963.

MEYEROWITZ, Joanne. *How Sex Changed: A History of Transsexuality in the United States*. Harvard: Harvard University Press, 2002.

MOSSUZ-LAVAU, Janine (org.). *Les Lois de l'amour: Les politiques de la sexualité en France (1950-1990)*. Paris: Payot, 1991.

_____. *Dictionnaire des sexualités*. Paris: Robert Laffont, 2014.

MUEL-DREYFUS, Francine. *Vichy et l'éternel féminin: Contribution à une sociologie politique de l'ordre des corps*. Paris: Seuil, 1996.

PALMIER, Jean-Michel. *Wilhelm Reich: La révolution sexuelle entre Marx et Freud*. Paris: L'Esprit du Temps, 2013.

PATERNOTTE, David. *Revendiquer le "mariage gay": Belgique, France, Espagne*. Bruxelles: Éditions de l'Université de Bruxelles, 2011.

PAVARD, Bibia. *Si je veux, quand je veux. Contraception et avortement dans la société française (1956-1979)*. Rennes: Presses Universitaires de Rennes, 2012.

_____; ROCHEFORT, Florence; ZANCARINI-FOURNEL, Michelle. *Les Lois Veil: Les événements fondateurs (contraception 1974, IVG 1975)*. Paris: Armand Colin, 2012.

PAVEAU, Marie-Anne. *Le Discours pornographique*. Paris: La Musardine, 2014.

PHETERSON, Gail. *Le Prisme de la prostitution*. Trad. Nicole-Claude Mathieu. Paris: L'Harmattan, 2001.

PINELL, Patrice (org.). *Une Épidémie politique: La lutte contre le sida en France (1981-1996)*. Paris: PUF, 2002.

PIQUARD, Jean-Claude. *La Fabuleuse histoire du clitoris*. Paris: H&O, 2013.

PREARO, Massimo. *Le Moment politique de l'homosexualité: Mouvements, identités et communautés en France*. Lyon: Presses Universitaires de Lyon, 2014.

PRECIADO, Beatriz [Paul B.]. *Manifeste contra-sexuel*. Paris: Balland, 2000.

_____. *Testo-junkie: Sexe, drogue et biopolitique*. Paris: Grasset, 2008.

_____. *Pornotopie. Playboy et l'invention de la sexualité multimédia*. Paris: Climats, 2011.

PUAR, Jasbir K. *Homonationalisme: La politique queer après le 11 Septembre 2001*. Trad. Maxime Cervulle e Judy Minx. Paris: Amsterdam, 2012.

RAUCH, André. *L'Identité masculine à l'ombre des femmes: De la Grande Guerre à la Gay Pride*. Paris: Fayard, 2004.

REBREYEND, Anne-Claire. "Comment écrire l'histoire des sexualités au XXe siècle?". *Clio HFS*. Saint-Denis La Plaine: 2005, n. 22, pp. 185-209.

_____. *Intimités amoureuses: France 1920-1975*. Toulouse: Presses Universitaires du Mirail, 2009.

REICH, Wilhelm. *La Révolution sexuelle: Pour une autonomie caracterielle de l'homme*. Trad. Constantin Sinelnikoff. Paris: Christian Bourgois, 1993.

RENNES, Juliette (org.). *Encyclopédie critique du genre: Corps, sexualité, rapports sociaux*. Paris: La Découverte, 2016.

RONSIN, Francis. *La Grève des ventres: Propagande néo-malthusienne et baisse de la natalité en France. XIXe-XXe siècle*. Paris: Aubier, 1980.

RUBIN, Gayle. *Surveiller et jouir: Anthropologie politique du sexe*. Trad. Flora Bolter *et al*. Paris: Epel, 2010.

_____; BUTLER, Judith. *Marché au sexe*. Trad. Éliane Sokol. Paris: Epel, 2002.

SCHLAGDENHAUFFEN, Régis. *Triangle rose: La persécution nazie des homosexuels et sa mémoire*. Paris: Autrement, 2011.

SERANO, Julia. *Whipping Girl: A Transsexual Woman on Sexism and the Scapegoating of Femininity*. New York: Seal, 2007.

SEVEGRAND, Martine. *L'Amour en toutes lettres: Questions à l'abbé Viollet sur la sexualité (1924-1943)*. Paris: Albin Michel, 1996.

SHEPARD, Todd. *Mâle décolonisation: L'"homme arabe" et la France, de l'indépendance algérienne à la révolution iranienne*. Trad. Clément Baude. Paris: Payot, 2017.

SIBERTIN-BLANC, Guillaume. *Deleuze et l'Anti-OEdipe: La production du désir*. Paris: PUF, 2010.

SIMON, Pierre *et al*. *Rapport sur le comportement sexuel des Français*. Paris: Julliard & Charron, 1972.

SOHN, Anne-Marie. *Du premier baiser à l'alcôve: La sexualité des Français au quotidien (1850-1950)*. Paris: Aubier, 1996.

TAMAGNE, Florence. *Histoire de l'homosexualité en Europe (Berlin, Londres, Paris, 1919-1939)*. Paris: Seuil, 2000.

TCHERKÉZOFF, Serge. *Le Mythe occidental de la sexualité polynésienne (1928-1999): Margaret Mead, Derek Freeman et Samoa*. Paris: PUF, 2001.

TONNAC, Jean-Philippe de. *La Révolution asexuelle: Ne pas faire l'amour, un nouveau phénomène de société*. Paris: Albin Michel, 2006.

TRACHMAN, Mathieu. *Le Travail pornographique: Enquête sur la production de fantasmes*. Paris: La Découverte, 2013.

VERGÈS, Françoise. *Le Ventre des femmes: Capitalisme, racialisation, féminisme*. Paris: Albin Michel, 2017.

VIGARELLO, Georges. *Histoire du viol (XVIe-XXe siècle)*. Paris: Seuil, 1998.

VÖRÖS, Florian. *Cultures pornographiques: Anthologie des porn studies*. Paris: Amsterdam, 2015.

WARR, Tracey; JONES, Amelia. *Le Corps de l'artiste*. Trad. Denis Armand Canal. Paris: Phaidon, 2011.
WITTIG, Monique. *La Pensée straight*. Paris: Balland, 2001.
WOLINSKI, Georges. *La Sexualité des Français, de De Gaulle à Sarkozy*. Paris: Glénat, 2010.

SOBRE OS AUTORES

Sylvie Steinberg é orientadora na École des Hautes Études en Sciences Sociales (EHESS), especializada em Idade Moderna. Em 2001, publicou, pela Fayard, *La Confusion des sexes: Le travestissement de la Renaissance à la Révolution* [Confusão dos sexos: o travestimento, do Renascimento à Revolução]. Seu livro *Une Tache au front: La bâtardise aux XVIe et XVIIe siècles* [Marcado na testa: a bastardia nos séculos XVI e XVII] (Paris: Albin Michel, 2016) estuda o passado do direito e do imaginário da filiação franceses. É membro do comitê de redação da revista *Clio: Femmes, Genre, Histoire* [Clio: Mulheres, Gênero, História], para a qual coorganizou o número *Érotiques* (2010).

Christine Bard é professora de História Contemporânea na Universidade de Angers e membro honorário do Instituto Universitário da França. Publicou, depois de sua tese *Les Filles de Marianne* [As filhas de Marianne] (Paris: Fayard, 1995), *Les Garçonnes: Modes et fantasmes des Années Folles* [As garçonnes: modas e fantasias dos Anos Loucos] (Paris: Flammarion, 1998), *Les Femmes dans la société française au XXe siècle* [As mulheres na sociedade francesa do século XX] (Paris: Armand Colin, 2003), *Une Histoire politique du pantalon* [Uma história política da calça] (Paris: Seuil, 2010), *Ce que soulève la jupe* [O que levanta a saia] (Paris: Autrement, 2010), *Le Féminisme au-delà des idées reçues* [O feminismo para além das ideias recebidas] (Paris: Le Cavalier Bleu, 2012), *Les Insoumises: La révolution féministe, une Anthologie* [As insubmissas: a revolução feminista, uma antologia] (org., Paris: Le Monde, 2013), *Histoire des femmes dans la France des XIXe et XXe siècles* [História das mulheres na França nos séculos XIX e XX] (com Frédérique El Amrani e Bibia Pavard, Paris: Ellipses, 2013). Recentemente coorganizou o *Dictionnaire des féministes: France XVIIIe-XXIe siècle* [Dicionário de feministas: França, séculos XVIII-XXI] (Paris: PUF, 2017). Foi cientista responsável pelo programa de pesquisa interdisciplinar Gedi (Gênero e Discriminações Sexistas e Homofóbicas), preside a associação Archives du Féminisme, dirige a coleção de mesmo nome na Presses Universitaires de Rennes e coordena o museu virtual de história das mulheres e do gênero, o Musea (Universidade de Angers).

Didier Lett é professor de História Medieval na Universidade Paris-Diderot (Paris VII) e membro sênior do Instituto Universitário da França. Especialista em infância, família, parentesco e gênero, é autor, em especial, de *Hommes et femmes au Moyen Âge: Histoire du genre (XIIe-XVe siècle)* [Homens e mulheres na Idade Média: história do gênero (séculos XII-XV)] (Paris: Armand Colin, 2013, col. Cursus), *Famille et parenté dans l'Occident médiéval (Ve-XVe siècle)* [Família e parentesco no Ocidente medieval (séculos V-XV)] (Paris: Hachette, 2000, col. Carré Histoire) e *L'Enfant des miracles: Enfance et société au Moyen Âge (XIIe-XIIIe siècle)* [Filho dos milagres: infância e sociedade na Idade Média (séculos XII-XIII)] (Paris: Aubier, 1997).

Gabrielle Houbre é historiadora na Universidade Paris-Diderot (USPC), membro do Centre d'Études et de Recherches Interdisciplinaires en Lettres Arts Cinéma (Cerilac) e membro honorário do Instituto Universitário da França. É autora, em especial, de *La Discipline de l'amour: L'éducation sentimentale des filles et des garçons à l'âge du romantisme* [A disciplina do amor: a educação sentimental de meninas e meninos na época do romantismo] (Paris: Plon, 1997), *Histoire de la grandeur et de la décadence de Marie Isabelle, modiste, dresseuse de chevaux, femme d'affaires, etc.* [História da grandeza e da decadência de Maria Isabelle, modista, equitadora, mulher de negócios etc.] (Paris: Perrin, 2003), *Histoire des mères et filles* [História de mães e filhas] (Paris: La Martinière, 2006), *Le Livre des courtisanes: Archives secrètes de la police des moeurs* [O livro das cortesãs: arquivos secretos da polícia de costumes] (Paris: Tallandier, 2006), e coorganizou *Prostitutions: Des représentations aveuglantes* [Prostituições: representações fulgurantes] (Paris: Musée d'Orsay/Flammarion, 2015).

Sandra Boehringer é professora de História Grega na Universidade de Estrasburgo e membro do laboratório Archimède (UMR 7044). Autora de *L'Homosexualité féminine dans l'Antiquité grecque et romaine* [A homossexualidade feminina na Antiguidade grega e romana] (Paris: Les Belles Lettres, 2007), coorganizou, com Violaine Sebillotte Cuchet, *Hommes et femmes dans l'Antiquité. Le Genre: méthode et documents* [Homens e mulheres na Antiguidade. O gênero: método e documentos] (Paris: Armand Colin, 2011) e, com Daniele Lorenzini, *Foucault, la sexualité, l'Antiquité* [Foucault, a sexualidade, a Antiguidade] (Paris: Kimé, 2016). Com Claude Calame e Florence Dupont, ministra na École des Hautes Études en Sciences Sociales (EHESS) o seminário "Tomando os antigos ao pé da letra: o que a Antiguidade faz à modernidade".

FONTES Antwerp, Fakt e Love
PAPEL Supremo Alto Alvura 250 g/m² (capa), Pólen Soft 80 g/m² (miolo)
IMPRESSÃO Dsystem Indústria Gráfica Ltda.
DATA Junho de 2021